Theorie und Ideengeschichte der Steuergerechtigkeit

Reiner Sahm

Theorie und Ideengeschichte der Steuergerechtigkeit

Eine steuertheoretische, steuerrechtliche und politische Betrachtung

OPEN

Springer Gabler

Reiner Sahm
Berlin, Deutschland

Dissertation, Freie Universität Berlin, 2018

ISBN 978-3-658-25902-0 ISBN 978-3-658-25903-7 (eBook)
https://doi.org/10.1007/978-3-658-25903-7

Die Deutsche Nationalbibliothek verzeichnet diese Publikation in der Deutschen Nationalbibliografie; detaillierte bibliografische Daten sind im Internet über http://dnb.d-nb.de abrufbar.

Springer Gabler

Springer Gabler ist ein Imprint der eingetragenen Gesellschaft Springer Fachmedien Wiesbaden GmbH und ist ein Teil von Springer Nature
Die Anschrift der Gesellschaft ist: Abraham-Lincoln-Str. 46, 65189 Wiesbaden, Germany

Vorwort

Die vorliegende Arbeit wurde unter dem Titel „Das Prinzip der Gerechtigkeit in der Entwicklung des Steuerwesens in den deutschen Staaten seit dem 16. Jahrhundert" im Sommersemester 2018 von dem Fachbereich Wirtschaftswissenschaft der Freien Universität Berlin als Dissertation angenommen. Für die Veröffentlichung wurden Empfehlungen meiner Gutachter berücksichtigt.

Besonders möchte ich meinem verehrten Doktorvater, Herrn Prof. Dr. Jochen Hundsdoerfer, Freie Universität Berlin, Institut für Betriebswirtschaftliche Prüfungs- und Steuerlehre, danken, der mich mit Literatur, Anregungen und steter Diskussionsbereitschaft gefördert hat. Ohne seine Bereitschaft, mich als Externen – der sein Diplom-Examen im Jahr 1969 abgeschlossen hat – zu betreuen, wäre diese Arbeit nicht als Dissertation begonnen und zum Abschluss gebracht worden.

Mein Zweitgutachter, Herr Prof. Dr. Mark Spoerer, Universität Regensburg, Lehrstuhl für Wirtschafts- und Sozialgeschichte, hat meine Arbeit aus volkswirtschaftlicher und sozialgeschichtlicher Sicht begleitet. Nachdem ich ihm und seinen Studenten an der Universität Regensburg mein Vorhaben vorgetragen hatte, sagte er seine Unterstützung zu und ließ mir viele Kommentare und Anregungen zukommen. Herzlichen Dank!

Berlin, im Februar 2019 | Reiner Sahm

Inhalt

Abkürzungsverzeichnis

AO	Abgabenordnung
BFH	Bundesfinanzhof
BFHE	Entscheidungssammlung des Bundesfinanzhofs
BGB	Bürgerliches Gesetzbuch
BStBl.	Bundessteuerblatt
BGBl.	Bundesgesetzblatt
BT-Drucks.	Bundestagsdrucksache
BVerfG	Bundesverfassungsgericht
BVerfGE	Entscheidungen des Bundesverfassungsgerichts
DStZ	Deutsche Steuerzeitung
EG-Vertrag	Vertrag zur Gründung der Europäischen Gemeinschaft vom 25. März 1957
ErbStG	Erbschaftsteuergesetz
EStG	Einkommensteuergesetz
EuGH	Rechtsprechung des Gerichtshofes der Europäischen Gemeinschaften
GG	Grundgesetz
GS	Preußische Gesetzsammlung
ICIJ	International Consortium of Investigative Journalists
KStG	Körperschaftsteuergesetz
OECD	Organisation for Economic Co-operation and Development
RAO	Reichabgabenordnung
RdF	Reichsminister der Finanzen
RFH	Reichsfinanzhof
RFHE	Sammlung der Entscheidungen und Gutachten des Reichsfinanzhofs
RFM	Reichsfinanzministerium
RGBl.	Reichsgesetzblatt
RStBl.	Reichssteuerblatt

StAnpG	Steueranpassungsgesetz
UStG	Umsatzsteuergesetz
VStG	Vermögenssteuergesetz

Einführung 1

1.1 Problemstellung

> Die Steuer ist eine geschichtliche Erscheinung, die durch die wechselnden staatstheoretischen und staatsphilosophischen Meinungen, von der herrschenden sozialethischen Geistesverfassung und Werteinstellung, von den bestehenden wirtschaftlichen und sozialen Verhältnissen mitgeprägt worden ist.[1]

Klaus Tipke, Nestor der deutschen Steuerrechtswissenschaft und Verfechter einer rationalen Steuergerechtigkeitstheorie, verweist darauf, dass das Steuergerechtigkeitsverständnis und -empfinden nichts Absolutes ist, d. h., dass es eingeschränkt allgemeingültig ist. Es unterliegt einem evolutionären Prozess, ist abhängig von Raum und Zeit, von Situation und Milieu und auch von den gesellschaftlichen Verhältnissen einer Epoche.[2]

Steuergerechtigkeit bedeutet die „Forderung nach einer gerechten Verteilung der Abgabenlast auf die Gesamtheit der Steuerpflichtigen, die den gesellschaftspolitischen Gerechtigkeitsvorstellungen entspricht."[3] Die Evolution der Steuergerechtigkeitsidee

1 Tipke, Klaus: Die Steuerrechtsordnung, Bd. 1: Wissenschaftsorganisatorische, systematische und grundrechtlich-rechtsstaatliche Grundlagen, 2., völlig überarbeitete Aufl., Köln 2000, S. 241.

2 Ebd., S. 241.

3 Dautzenberg, Norbert: Steuergerechtigkeit, auf: http://wirtschaftslexikon.gabler.de/Definition/steuergerechtigkeit.html (letzter Zugriff: 15.02.2017).

R. Sahm, *Theorie und Ideengeschichte der Steuergerechtigkeit*,
https://doi.org/10.1007/978-3-658-25903-7_1

führt historisch von der Kopfsteuer über die Proportionalsteuer zur progressiven Einkommensteuer, die sich nach der heutigen Gerechtigkeitsvorstellung aus dem Leistungsfähigkeitsprinzip ergibt.

Steuergerechtigkeit betraf immer die Frage, nach welchem Maßstab festgelegt werden soll, wie hoch der Anteil des Einkommens oder Vermögens sein soll, den der Einzelne als Steuer abzuführen hat. Diese Frage wurde im Laufe der Geschichte meist aufgrund der jeweiligen Macht- und Interessenkonstellationen gelöst, selten jedoch durch Gerechtigkeitsüberlegungen.

In der Literatur wurde mit dem Beginn einer generellen Steuerlehre Ende des 16. und Anfang des 17. Jahrhunderts die Allgemeinheit der Steuerpflicht zur Voraussetzung der Besteuerung überhaupt erhoben. Die Kameralisten forderten mit dem Gebot der Gleichmäßigkeit, dass alle Bürger nach gleichen, in ihrem Verhältnis zum Staat begründeten Maßstab belastet werden sollen. Es waren die großen Autoren der Aufklärung, die mit der Besteuerung nach der individuellen Leistungsfähigkeit ein eigenständiges Prinzip ausformulierten und mit den Vorschlägen der Steuerprogression und der Freilassung des Existenzminimums die Öffentlichkeit erreicht haben. Mit der liberalen Denkweise der Französischen Revolution entstand

> eine endgültige Abkehr sowohl von dem Prinzip des Feudalstaates, die Steuerpflicht in erster Linie nach Rang und Stand statt nach ökonomischen Maßstäben zu bemessen, als auch von der regionalen Finanzautonomie und den Steuerprivilegien der Territorialherren.[4]

Im parlamentarischen Zeitalter ist zwar die Gesetzmäßigkeit, weitgehend auch die Allgemeinheit der Besteuerung, gesichert, nicht jedoch die Gerechtigkeit[5], die Gleichmäßigkeit der Steuerlastverteilung im Einzelnen und die gleichmäßige Durchsetzung der Steuergesetze.[6] Der Staatsrechtslehrer Klaus Vogel beklagte schon 1977 – und das gilt bis heute unverändert – dass die Steuerrechtswissenschaft und

---

4 Schmölders, Günter: Geschichte der Besteuerung, in: Strickroth, Georg u.a. (Hrsg.): Handwörterbuch des Steuerrechts unter Einschluß von betriebswirtschaftlicher Steuerlehre, Finanzrecht, Finanzwissenschaft, Bd. 1, 2. Aufl., München/Bonn 1981, S. 617–626, S. 621.

5 Bei Klaus Vogel kommt dies schon im Titel seines viel beachteten Vortrags „Der Verlust des Rechtsgedankens im Steuerrecht als Herausforderung an das Verfassungsrecht" zum Ausdruck; Vogel, Klaus: Der Verlust des Rechtsgedankens im Steuerrecht als Herausforderung an das Verfassungsrecht, in: Deutsche Steuerjuristische Gesellschaft e. V. 12 (1989), S. 123–144.

6 Tipke, Klaus: Die Steuerrechtsordnung, S. 543.

Steuerrechtspraxis an Fragen der Steuergerechtigkeit nicht interessiert seien,[7] dabei bilden Steuern einen der zentralen Streitpunkte in Politik und Wirtschaft, die in besonderem Maße auf Gerechtigkeit angelegt sein müssen.

Gerechtigkeit ist der höchste Anspruch, den die Moralphilosophie an das Zusammenleben der Menschen stellt.[8] Gerechtigkeit ist unausweichlich mit Wertungen verbunden[9] und ein menschliches Bedürfnis, das zutiefst subjektiv geprägt ist. Auch Steuerrecht ist „in einzigartiger Weise gerechtigkeitsbedürftig und gerechtigkeitsempfindlich".[10]

Die Philosophie bietet eine Vielzahl von Ethikkonzepten an, deutsche Philosophen haben sich jedoch nicht mit dem Steuerwesen befasst.[11] Immanuel Kants „Grundlegung zur Metaphysik der Sitten" erschien 1785, kurz nach der Amerikanischen Revolution (1776) und unmittelbar vor der Französischen Revolution (1789), und lieferte einen beträchtlichen Ausschnitt des zeitgenössischen Denkens über Moral und Politik. Kant verknüpfte Gerechtigkeit mit der Moral und der Freiheit und hat es wie folgt auf den Punkt gebracht: „Wenn die Gerechtigkeit untergeht, so hat es keinen Werth mehr, daß Menschen auf Erden leben."[12]

Im Gegensatz zu den deutschen Philosophen haben sich angelsächsische Staatsphilosophen – wie Thomas Hobbes (1588–1679), David Hume (1711–1776), Adam Smith (1723–1790) und John Stuart Mill (1806–1873) – mit der Steuergerechtigkeit als Teilbereich der Gerechtigkeit befasst.[13] Adam Smith bietet in seinem fünften Buch[14] eine genaue Abhandlung über die Besteuerung und über die Staatsausgaben. Dieses Buch enthält auch die bis heute anerkannten vier Grundsätze der Besteuerung (equality, certainty, convenience and economy). Die Tatsache, dass

---

7 Vogel, Klaus: Die Besonderheit des Steuerrechts, in: Deutsche Steuer-Zeitung /A 1977, S. 5–12, S. 5.

8 Tipke, Klaus: Die Steuerrechtsordnung, S. 238.

9 Sandel, Michael J.: Gerechtigkeit. Wie wir das Richtige tun, Berlin 2013, S. 357.

10 Isensee, Josef: Gemeinwohl und Bürgersinn im Steuerstaat des Grundgesetzes. Gemeinnützigkeit als Bewährungsprobe des Steuerrechts vor der Verfassung, in: Maurer, Hartmut u. a. (Hrsg.): Das akzeptierte Grundgesetz. Festschrift für Günter Dürig zum 70. Geburtstag, München 1990, S. 33–65, S. 33.

11 Tipke, Klaus: Die Steuerrechtsordnung, S. 237.

12 Kant, Immanuel: Grundlegung zur Metaphysik der Sitten (1785), hrsg. v. Karl Vorländer, 3. Aufl., Leipzig 1919, S. 159.

13 Tipke, Klaus: Die Steuerrechtsordnung, S. 237.

14 Smith, Adam: Die Finanzen des Landesherrn oder des Staates, Fünftes Buch, in: Smith, Adam: Der Wohlstand der Nationen. Eine Untersuchung seiner Natur und seiner Ursachen, aus dem Englischen übertragen und mit einer umfassenden Würdigung des Gesamtwerkes hrsg. von Horst Claus Recktenwald, 13. Aufl., München 2013.

diese vier Steuermaximen bis heute fortwirken, ist nicht verwunderlich, da es bei der Besteuerung um Gleichbehandlung, um die unterschiedliche Lastenverteilung zwischen Reich und Arm und um die Grenzen geht, die die Freiheitsrechte dem Steuereingriff setzen.[15]

Recht ist fixierte Geschichte; Bedeutung und Inhalt rechtlicher Institutionen lassen sich ohne Kenntnis ihrer Geschichte nicht ermessen.[16] Schon der Nationalökonom Wilhelm Roscher stellte 1863 in einem Aufsatz fest: „Wer die Gegenwart seiner Wissenschaft recht verstehen und ihre Zukunft beherrschen will, der muss ihre Vergangenheit kennen."[17] Dieter Schneider hat auf die Bedeutung der Wissenschaftsgeschichte hingewiesen und hervorgehoben, dass das Studium der Wissenschaftsgeschichte den Blick auf die wesentlichen Problemstellungen und Problemlösungsansätze schärfen und den Spreu der Details vom Weizen trennen soll.[18] Klaus Tipke verweist in seiner Steuerrechtsordnung darauf, „eine durchgehende zusammenhängende Geschichte der Evolution der Steuergerechtigkeitsidee muß aber erst noch geschrieben werden."[19]

1.2 Zielsetzung der Untersuchung

Die vorliegende Arbeit will die Literaturmeinungen zur Entwicklung der Steuergerechtigkeitsideen und -prinzipien herausarbeiten[20] und die Leitbilder „gerechter"

15 Tipke, Klaus: Die Steuerrechtsordnung, S. 237.

16 Seer, Roman: § 1 Steuerrecht als Teil der Rechtsordnung, in: Tipke, Klaus/Lang, Joachim (Hrsg.): Steuerrecht, fortgeführt von Roman Seer u. a., 22. Aufl., Köln 2015, 1–33, S. 5.

17 Roscher, Wilhelm: Ein grosser Nationalökonom des vierzehnten Jahrhunderts, in: Zeitschrift für die gesamte Staatswissenschaft 19 (1863), S. 305–318, S. 305.

18 Schneider, Dieter: Geschichte betriebswirtschaftlicher Theorie: allgemeine Betriebswirtschaftslehre für das Hauptstudium, München/Wien 1981, S. 2.

19 Tipke, Klaus: Die Steuerrechtsordnung, S. 241. Auch in der 22. Auflage Tipke, Klaus/ Lang, Joachim (Hrsg.): Steuerrecht, wird darauf hingewiesen, dass auf dem Gebiet des Steuerwesens zahlreiche Lücken rechtshistorischer Forschung vorhanden seien und dass ein Bedürfnis nach einer rechtshistorischen Gesamtdarstellung besteht; vgl. Seer, Roman: § 1 Steuerrecht als Teil der Rechtsordnung, S. 5.

20 Ilmar Tammelo verbindet die Ideengeschichte mit der Suche nach Gerechtigkeit: „Trotz der auf den ersten Blick unlösbar scheinenden Verwirrung, die die Vielfältigkeit des Gerechtigkeitsbegriffes hervorgerufen hat, ist aus der Ideengeschichte so manches über die Gerechtigkeit zu lernen. So geht aus ihr hervor, daß die menschlichen Verhältnisse nur dann als gerecht qualifiziert werden, wenn sie an Prinzipien oder Regeln gemessen werden können; das gerechte Verhalten ist ein regelhaftes – es hält sich an Regeln

Besteuerung in den deutschen Staaten seit dem 16. Jahrhundert den ethisch-sozialpolitischen Besteuerungsgrundsätzen unserer Zeit gegenüberstellen.

Da Dogmengeschichte nur selten den Verlauf der politischen Geschichte und der wirtschaftlichen Entwicklung erklärt, sollen die Zeitansichten von Theorie und Praxis, die unmittelbarer als die wissenschaftliche Forschungsarbeit das steuerpolitische Handeln geleitet haben, in die Untersuchung eingebunden werden; denn immer stehen die Ideale einer Zeit hinter den Erscheinungen der Wirklichkeit.[21] Wilhelm Gerloff betonte in seinem 1948 erschienenen Lehrbuch, dass in der Regel nicht die Theorie den Tatsachen vorausgegangen sei, vielmehr hätten die Tatsachen der Theorie die Aufgaben gestellt und den Weg gewiesen.[22]

Ethisch-sozialpolitische Besteuerungsgrundsätze sind die ältesten und die am häufigsten diskutierten Grundsätze des Steuerwesens. Sie zielen darauf ab, die Steuerverteilung in einem ethisch als befriedigend angesehenen Sinn zu regeln. Die Steuergerechtigkeit lebt sowohl von der Besteuerungsmoral des Staates als auch von der Steuermoral der Bürger.[23] Ohne Zweifel ist daher eine sorgfältige, weitestgehende Beachtung des Gerechtigkeitsprinzips aus Gründen der Sozialethik und aus Zweckmäßigkeitserwägungen geboten. Die „Zweckmäßigkeitsfrage" hilft, die Widerstände der Steuerpflichtigen tendenziell zu reduzieren, und erhöht auf diese Weise die Rationalität des Besteuerungsprozesses.[24]

1.3 Aufbau der Untersuchung

Die vorliegende Arbeit gliedert sich nach der dogmengeschichtlichen Reihenfolge der aufeinander aufbauenden Literaturmeinungen zur Entwicklung der Steuergerechtigkeitsideen und -prinzipien unter Einbeziehung der politischen und wirtschaftlichen Entwicklung in den deutschen Staaten. Für jeden Zeitabschnitt werden die steuerpolitischen Ideale im Rahmen des jeweiligen Staatsverständnisses

---

und Kriterien." Tammelo, Ilmar: Theorie der Gerechtigkeit (Kolleg Rechtstheorie 1), Freiburg/München 1977, S. 42.

21 Mann, Fritz Karl: Steuerpolitische Ideale, Vergleichende Studien zur Geschichte der ökonomischen und politischen Ideen und ihres Wirkens in der öffentlichen Meinung 1600–1935 (Finanzwissenschaftliche Forschungen 5), Jena 1937, S. VI.

22 Gerloff, Wilhelm: Die öffentliche Finanzwirtschaft, Bd. 1: Allgemeiner Teil, 2., neu bearbeitete Aufl., Frankfurt am Main 1948, Vorwort.

23 Seer, Roman: § 1 Steuerrecht als Teil der Rechtsordnung, S. 3.

24 Neumark, Fritz: Grundsätze gerechter und ökonomisch rationaler Steuerpolitik, Tübingen 1970, S. 69.

behandelt und mit den ethisch-sozialpolitischen Besteuerungsgrundsätzen unserer Zeit abgeglichen.

In Kapitel 2 erfolgt eine Analyse der systemtragenden ethisch-sozialen Prinzipien, wie sie von zeitgenössischen deutschen Wissenschaftlern erörtert werden. Hier werden Fritz Neumarks „Grundsätze gerechter und ökonomisch rationaler Steuerpolitik" dargelegt. Diesem Werk steht an Umfang, Sorgfalt und Tiefe nichts Vergleichbares gegenüber,[25] und es stellt somit einen idealen Kontrapunkt zur Entwicklung des Steuerwesens in den einzelnen Kapiteln dar.

In Kapitel 3 werden die Steuern und die Steuerpolitik sowie die Anfänge des Steuerrechts, wie sie für die Zeit bis etwa 1580 durchgehend zu finden sind, behandelt.

Im 4. Kapitel, das etwa den Zeitraum vom Ende des 16. Jahrhunderts bis zum Ende des Dreißigjährigen Krieges umfasst, intensivierte sich die wissenschaftliche Auseinandersetzung zur Staatsfinanzierung und zu Steuern. An die Stelle der älteren Ablehnung jeglicher Steuer trat eine generelle Steuerrechtfertigungslehre. Die Autoren dieser Zeit verfolgten mit ihren Schriften das Ziel, Fürsten und andere Herrscher durch Idealbilder von „guten" Regenten zum „rechten Handeln" anzuleiten. Es entstand eine lebhafte Diskussion um die gerechte Verteilung der Steuerlast, die zur Ausprägung von charakteristischen Steueridealen führte.[26]

Vor allem seit Mitte des 17. Jahrhunderts (Kapitel 5) erlangten zwei miteinander korrespondierende Prozesse eine maßgebliche Bedeutung. Zum einen entstand eine neue Regierungsform, die das feudal-ständestaatliche Ordnungsgefüge ablöste, zum anderen fand eine grundlegende Veränderung der staatlichen Wirtschaftspolitik statt, in der die vornehmlich seit dem 16. Jahrhundert verfolgte monetaristische Wirtschaftslehre durch die Wirtschaftstheorie und Wirtschaftspolitik des Merkantilismus (in einigen Ländern des Heiligen Römischen Reiches Deutscher Nation in Form des Kameralismus als Sonderform des Merkantilismus) ersetzt wurde. Das Versagen des Absolutismus verursachte eine Gegenbewegung und brachte damit neuartige steuerpolitische Ideen hervor; die Frage nach Gerechtigkeit trat verstärkt in den Vordergrund. Die rationalistische Naturrechtslehre führte zu einer systematischen Ausformulierung eines umfangreichen Kataloges an Steuergrundsätzen. Für den weiteren Verlauf der steuertheoretischen Ideen entfalteten die vier „Maximen" von Adam Smith eine nachhaltige Wirkung, denen John

25 Scheer, Christian: Steuerpolitische Ideale – gestern und morgen, in: Krause-Junk, Gerold (Hrsg.): Steuersysteme der Zukunft, Jahrestagung des Vereins für Socialpolitik, Gesellschaft für Wirtschafts- und Sozialwissenschaften in Kassel vom 25. bis 27. September 1996, Berlin 1998, S. 155–198, S. 155.

26 Ebd., S. 160.

Stuart Mill das Prädikat „classical" verlieh.[27] Internationale revolutionäre Ideen beeinflussten das steuerpolitische Denken in den deutschen Staaten; die liberale Grundlagenphilosophie von 1789 bildete mit den Grundrechten Freiheit, Gleichheit und Brüderlichkeit das Fundament.[28]

Gegen Ende des 18. Jahrhunderts (Kapitel 6) führten die liberale Denkweise der Französischen Revolution sowie die finanziellen Belastungen der Revolutionskriege und die zunehmende Staatsverschuldung zu Wandlungen in der Finanzpolitik und des Steuerverständnisses. Die Forderung nach „Gerechtigkeit" bzw. „Gleichmäßigkeit" nimmt unter allen Grundsätzen nicht nur die erste Stelle ein, sie war im gesamten 19. Jahrhundert der Maßstab, nach dem geurteilt wurde; aus ihr wurden die unterschiedlichsten „optimalen" Steuersysteme deduziert.[29] Es setzte sich die Ansicht durch, dass sich ein Steuersystem umso mehr dem Gerechtigkeitspostulat nähert, je höher der Anteil der direkten Steuern an der Gesamtsumme aller Steuern ist. Es waren die politischen Verhältnisse, die das in der Paulskirchenverfassung enthaltene Gebot der Besteuerungsgleichheit verhinderten; die Revolution in Deutschland fand mit der Kapitulation von Rastatt vor dem preußischen Korps unter Karl von der Groeben am 23. Juli 1849 ihr Ende.

Im Verlauf der Industrialisierung (Kapitel 7) wurden die objektiven Ertragsteuern von der subjektiven Einkommensteuer abgelöst, wobei die Verbesserung in der Verknüpfung von Steuergerechtigkeit, Gleichheit der Besteuerung und steuerlicher Leistungsfähigkeit gesehen wurde. Die Einkommensteuer wurde zu einem bevorzugten Instrument des Staates, der sich vom Rechtsstaat zum Rechts-, Interventions-, Sozial-, Lenkungs- und Leistungsstaat entwickelte.[30]

An der Grenzscheide zwischen Liberalismus und Sozialreform[31] entstanden die großen Steuerreformen im Königreich Preußen von 1891/92 und 1892/93, die Finanzminister Johannes von Miquel ein „Werk der ausgleichenden Gerechtigkeit" nannte.[32] Der Nationalökonom und Finanzwissenschaftler Adolph Wagner trat mit Nachdruck dafür ein, dem Steuerwesen neben der rein finanziellen auch eine

27 Mill, John Stuart: Principles of Political Economy (1848), ND Toronto 1977, S. 802.

28 Schremmer, Eckart: Über „gerechte Steuern". Ein Blick zurück ins 19. Jahrhundert, in: Ders. (Hrsg.): Steuern, Abgaben und Dienste vom Mittelalter bis zur Gegenwart. Referate der 15. Jahrestagung der Gesellschaft für Sozial- und Wirtschaftsgeschichte vom 14. bis 17. April in Bamberg, Stuttgart 1994, S. 9–42, S. 12 ff.

29 Scheer, Christian: Steuerpolitische Ideale, S. 167.

30 Schremmer, Eckart: Über „gerechte Steuern", S. 22.

31 Mann, Fritz Karl: Steuerpolitische Ideale, S. 312.

32 Miquel, Johannes von: Rede zu der Reform der direkten Steuern im Abgeordnetenhaus am 20.11.1890, in: Schultze, Walther/Thimme, Friedrich (Hrsg.): Johannes von Miquels Reden, Bd. 3, Halle an der Saale 1913, S. 303–329, S. 329.

sozialpolitische Aufgabe zuzuschreiben, um bei der im freien Wettbewerb entstandenen Einkommens- und Vermögensverteilung korrigierend einzugreifen.[33] Heute werden die sozial- und verteilungspolitischen Ideen der Finanzwissenschaft des 19. Jahrhunderts vor allem mit seinem Namen in Verbindung gebracht.[34]

Nach dem Ersten Weltkrieg (Kapitel 8) kam es „zu einem nahezu vollkommenen Umschwung zugunsten ‚effizienzorientierter Leitbilder', zu einer ‚Ökonomisierung der Steuerlehre'".[35] Vor allem die jüngeren deutschen Finanzwissenschaftler forderten „von der ethischen zur ökonomischen Fragestellung" zu gelangen. Aus der Diskussion entstanden zwei neue Steuerideale: Das eine ist die Idee einer gezielten steuerpolitischen Beeinflussung der volkswirtschaftlichen Kapitalbildung durch einen entsprechenden Umbau des Steuersystems, das andere ist das Wiederaufleben des Gedankens einer steuerlichen Anspornwirkung der (Unternehmens-) Besteuerung.[36]

Reichsfinanzminister Matthias Erzberger führte 1920 die erste reichseinheitliche deutsche Einkommensteuer ein. Seine Finanzreform zeigt den Wandel im Staatszweck: die Fortbildung des Steuersystems zu einem sozial- und gesellschaftspolitischen Instrument. Die grundsätzliche Änderung des Staats- und Steuerzwecks wird als eine „Anpassung des Steuerrechts an die gesellschaftlich-politischen Vorstellungen unserer Zeit"[37] gesehen. Nicht mehr die Steuer als solche soll gerecht

---

33 Wagner, Adolph: Lehr- und Handbuch der politischen Oekonomie. 4. Hauptabteilung: Finanzwissenschaft, II. Theil: Theorie der Besteuerung, Gebührenlehre und allgemeine Steuerlehre, 2. Aufl., Leipzig 1890, S. 383.

34 Mann, Fritz Karl: Steuerpolitische Ideale, S. 316 und S. 322; Bickel, Wilhelm: Die Steuer als Instrument des Einkommens- und Vermögensausgleichs. Eine dogmenhistorische Betrachtung, in: Saitzew, Manuel u. a. (Hrsg.): Probleme der öffentlichen Finanzen und der Währungen. Festgabe für Eugen Grossmann, Zürich 1949, S. 15–30, S. 15 f.; Koch, Waldemar: Das Verhältnis zwischen gesellschaftlicher und steuerlicher Gerechtigkeit bei Adolph Wagner, in: Finanzarchiv NF 23 (1963/64), S. 36–52; Walz, Wolfgang Rainer: Steuergerechtigkeit und Rechtsanwendung. Grundlinien einer relativ autonomen Steuerrechtsdogmatik (R. v. Decker's rechts- und sozialwissenschaftlichen Abhandlungen 8), Heidelberg/Hamburg 1980; Oechsle, Klaus: Die steuerlichen Grundrechte in der jüngeren deutschen Verfassungsgeschichte. Zugleich eine Untersuchung über das historische Verhältnis von Steuerverfassungsrecht und Finanzwissenschaft (Tübinger Schriften zum Staats- und Verwaltungsrecht 20), Berlin 1993, S. 95 und S. 98 f.

35 Scheer, Christian: Steuerpolitische Ideale, S. 167 sowie im Einzelnen die Nachweise bei Scheer, Christian: Die deutsche Finanzwissenschaft 1918–1933 – Ein Überblick, in: Rieter, Heinz (Hrsg.): Deutsche Finanzwissenschaft zwischen 1918 und 1939 (Studien zur Entwicklung der ökonomischen Theorie 13), Berlin 1994, S. 11–141, S. 89 ff.

36 Scheer, Christian: Steuerpolitische Ideale, S. 168.

37 Möller, Alex: Reichsfinanzminister Matthias Erzberger und sein Reformwerk, (Blickpunkt Finanzen. Informationshefte des Bundesministeriums für Wirtschaft und Finanzen

sein, sondern das Ziel, das mit der Steuer erreicht werden soll, die „soziale Gerechtigkeit", soll als gerecht empfunden werden. Diese gerechte Steuer ist jedoch keine neutrale Steuer mehr; dieses Merkmal hat sie bis heute behalten.[38]

Während der nationalsozialistischen Herrschaft von 1933 bis 1945 (Kapitel 9) diente die Steuerpolitik zwei Zielen: Zum einen sollten mehr Geldmittel zur Finanzierung der Aufrüstung und später des Krieges beschafft werden, zum anderen sollte dies möglichst zulasten solcher Organisationen und Personengruppen geschehen, die nach der nationalsozialistischen Rassenlehre Menschen zweiter Klasse waren.[39] In das deutsche Steuerrecht zogen nationalsozialistische Grundsätze ein, die zu einer Ideologisierung des Steuerrechts führten.

In den Jahren nach dem Zweiten Weltkrieg (Kapitel 10) gewann in Westdeutschland das Leitbild einer die Kapitalbildung fördernden Besteuerung an Anziehungskraft.[40] Der neue Staatszweck, dem das Steuerrecht angepasst wurde, war jetzt Lenkung und Steuerung, weniger die Umverteilung. Die Funktion der Steuer hatte sich verändert. Die Frage war nicht mehr – oder allenfalls nachrangig –, ob die Steuern „gerecht" waren, sondern ob diese wirtschaftspolitisch „richtig" oder „nicht richtiger", „hilfreicher" oder „nicht hilfreicher" waren.[41]

Auf der Ebene des Staatenwettbewerbs (Kapitel 11) entstehen Gerechtigkeitsprobleme, wenn Staaten sich zu ihrem eigenen Vorteil unkooperativ gegenüber anderen Staaten verhalten. Dies ist denkbar durch staatliche Privilegierungen, durch internationale Steuergestaltung und durch internationale Steuerhinterziehung.

Die wesentlichen Entwicklungen und Schlussfolgerungen der Untersuchung werden in Kapitel 12 zusammengefasst.

---

7), Bonn 1971, S. 39.

38 Schremmer, Eckart: Über „gerechte Steuern", S. 25.

39 Schauer, Ralf Erich: Die Steuergesetzgebung des Nationalsozialismus als Mittel der Machtpolitik. Vom Steuerrecht zum Steuerunwesen (Europäische Hochschulschriften 3: Geschichte und ihre Hilfswissenschaften), Frankfurt am Main 2003, S. 249 f.

40 Scheer, Christian: Steuerpolitische Ideale, S. 168 f.

41 Schremmer, Eckart: Über „gerechte Steuern", S. 27.

1.4 Abgrenzung der dogmengeschichtlichen Untersuchung

Bis ins ausgehende Mittelalter kam im Heiligen Römischen Reich Deutscher Nation den Steuern nur eine sehr untergeordnete Bedeutung zu. Steuern wurden – zumindest in der Theorie – nicht als ordentliche Einnahmequelle akzeptiert, sondern dienten in Notzeiten nur als außerordentliche Quelle der Bedarfsdeckung.[42]

Das 16. Jahrhundert war von einer ungewöhnlichen Zunahme von Steuern gekennzeichnet, was zu einer Zunahme von Steuerrevolten geführt hat. Die Ursache für die von den Menschen als unerträglich hoch und ungerecht empfundenen Steuern lag in dem sich zunehmend entwickelnden Staat, der die administrativen Aufgaben und zunehmend stehende Heere über Steuern finanzieren musste.[43]

Die literarische Diskussion der Territorialsteuern wurde davon nachhaltig beeinflusst und führte ebenso zu Prozessen über Fragen der Besteuerung vor den Reichsgerichten.[44] Bereits im 16. Jahrhundert wurde in der Literatur auf die offensichtliche Ungerechtigkeit, dass die Steuerlast sehr ungleich auf die verschiedenen Stände verteilt war, hingewiesen. Dass die Reichen die Gesetze erstellten und die Armen die Steuerlast zu tragen hatten, war ein bekanntes zeitgenössisches Sprichwort.[45]

Gegen Ende des 16. Jahrhunderts intensivierte sich die wissenschaftliche Auseinandersetzung, und mit Beginn des 17. Jahrhunderts entstand eine intensive wissenschaftliche Diskussion über Steuern, die in die ersten Monografien zur Staatsfinanzierung einmündete. Sie waren der Beginn einer an Umfang rasch zunehmenden Finanzliteratur. In fast allen juristischen Abhandlungen findet man seit dieser Zeit eine allgemeine Rechtfertigung der Steuern unter Betonung ihrer Notwendigkeit und Unverzichtbarkeit für den Staat.[46] Der „Steuerstaat" hatte sich durchgesetzt, und mit der Ausbildung des Staates war der Siegeszug der Steuer weder in den deutschen Staaten noch in Europa aufzuhalten.[47]

---

42 Homburg, Stefan: Allgemeine Steuerlehre, 5. Aufl., München 2007, S. 30.

43 Blickle, Peter: „Der Stürn halb ist unser Beger, uns die zu ringren". Die Bedeutung des Steuerwesens für den Bauernkrieg von 1525, in: Schultz, Uwe (Hrsg.): Mit dem Zehnten fing es an. Eine Kulturgeschichte der Steuer, München 1986, S. 143–152, S. 144.

44 Schwennicke, Andreas: „Ohne Steuer kein Staat". Zur Entwicklung und politischen Funktion des Steuerrechts in den Territorien des Heiligen Römischen Reichs (1500–1800), Frankfurt am Main 1996, S. 31 f.

45 Ebd., S. 88.

46 Ebd., S. 101 und S. 110 ff.

47 Blickle, Peter: „Der Stürn halb ist unser Beger, uns die zu ringren", S. 152.

Die vorliegende Arbeit beginnt deshalb mit dem 16. Jahrhundert und untersucht das Prinzip der Gerechtigkeit in der Entwicklung der steuertheoretischen Diskussion in den deutschen Staaten seit dem Beginn der Frühen Neuzeit. Wesentliche Gedanken und Ereignisse aus anderen Nationen, die das steuerpolitische Denken und Handeln in den deutschen Staaten beeinflusst haben, werden berücksichtigt, der fast ausschließliche Schwerpunkt liegt jedoch auf Autoren des deutschen Sprachraumes.

Ein Steuergerechtigkeitskonzept als normativer Maßstab der Untersuchung 2

2.1 Steuergerechtigkeit durch Gleichbelastung

Der Begriff „Gerechtigkeit" ist wie alle Wertbegriffe unbestimmt. Darüber hinaus sind Gerechtigkeitsauffassungen abhängig von Zeit und Raum.[48]

Es ist allgemeine Meinung unter Ethikern, dass der Gleichheitsgrundsatz ein entscheidendes Kennzeichen der Gerechtigkeit ist.[49] Der englische Philosoph Thomas Hobbes hat die wichtige finanzpsychologische Beobachtung gemacht, dass die Menschen sich weniger durch die Steuerlast als solche, als durch ihre ungleichmäßige Verteilung bedrückt fühlen.[50] Auch der preußische Staats- und Finanzminister Johannes von Miquel führte in seiner Rede vor dem preußischen Abgeordnetenhaus aus, dass die Ungleichheit der Steuerlasten viel peinlicher sei als die absolute Höhe;[51] eine Meinung, der sich auch Enno Becker, der Vater der

---

48 Tipke, Klaus: Steuergerechtigkeit in Theorie und Praxis. Vom politischen Schlagwort zum Rechtsbegriff und zur praktischen Anwendung, Köln 1981, S. 9.

49 Tipke, Klaus: Die Steuerrechtsordnung, S. 284.

50 Hobbes, Thomas: Philosophical Elements of a True Citizen (1658), in: Hobbes Gesamtausgabe, Bd. 2, Aalen 1966, S. 173 f.

51 Miquel, Johannes von: Rede zur Rerform der direkten Steuern, Rede vor dem Abgeordnetenhaus am 20.11.1890, S. 305; Pausch, Alfons: Johannes von Miquel. Sein Leben und Werk, Stuttgart 1964, S. 33.

R. Sahm, *Theorie und Ideengeschichte der Steuergerechtigkeit*,
https://doi.org/10.1007/978-3-658-25903-7_2

Reichsabgabenordnung, anschloss.[52] In der heutigen Zeit zeigen die Ergebnisse einer empirischen Untersuchung aus dem Jahr 2005, dass die geltenden Steuerprinzipien weitgehend als legitim angesehen werden. Entscheidend für die Bewertung der individuellen Steuerbelastung „scheint zu sein, dass man selbst mit dem eigenen Lebensstandard zufrieden ist und nicht der Eindruck entsteht, andere würden weniger Steuern zahlen als man selbst."[53]

Roman Herzog nannte den Gleichheitssatz „die Magna Charta des Steuerrechts"[54], und der deutsche Staatsrechtler und Staatsphilosoph Josef Isensee betont:

> Mit der Gleichheit steht und fällt die Steuer. Da sie sich nun einmal nicht aus individuellem Interesse der Betroffenen rechtfertigen läßt, sondern allein aus dem Interesse der Allgemeinheit, akzeptiert sie der Bürger nur, wenn die Last alle nach gleichen Bedingungen trifft. Die allgemeine Lastengleichheit aber wird nur gewährleistet, wenn die jeweilige Steuer nach einsehbaren, konsistenten Prinzipien gesetzlich ausgestaltet ist.[55]

Das Ziel Steuergerechtigkeit ist nur dann zu erreichen, wenn sich der Gesetzgeber in der Ausgestaltung des Steuerrechts Prinzipien und Regeln unterwirft; denn nur dann entsteht ein Steuersystem,[56] das eine Einheit darstellt und frei von Widersprüchen, Überschneidungen oder Lücken ist.[57]

Eine Analyse dessen, wie sich das Prinzip der Gerechtigkeit im Steuerwesen in den deutschen Staaten seit dem 16. Jahrhundert entwickelt hat, kann nur durchgeführt werden, wenn sie durch eine Wertprämisse geleitet wird.[58]

---

52 Becker, Enno: Die Reichsabgabenordnung, 7. Aufl., Berlin 1930, S. 162, Anm. 4.

53 Liebig, Stefan/Mau, Steffen: Wann ist ein Steuersystem gerecht? Einstellungen zu allgemeinen Prinzipien der Besteuerung und zur Gerechtigkeit der eigenen Steuerlast, in: Zeitschrift für Soziologie 34 (2005), S. 468–486, S. 468.

54 Herzog, Roman: Steuer- und Finanzpolitik im geeinten Deutschland. Die Sicht des Bundesverfassungsgerichts, in: Bund der Steuerzahler (Hrsg.): Steuer und Finanzpolitik im geeinten Deutschland und Europa, Deutscher Steuerzahler Kongress, Wiesbaden 1991, S. 10–22, S. 11.

55 Isensee, Josef: Vom Beruf unserer Zeit für Steuervereinfachung, in: Steuer und Wirtschaft 71 (1994), S. 3–14, S. 3.

56 Hey, Johanna: § 3 Steuersystem und Steuerverfassungsrecht, in Tipke, Klaus/Lang, Joachim (Hrsg.): Steuerrecht, fortgeführt von Roman Seer u. a., 22. Aufl., Köln 2015, S. 63–137, S. 64.

57 Tipke, Klaus: Steuergerechtigkeit, S. 47.

58 Elschen, Rainer: Steuerliche Gerechtigkeit – Unzulässiger oder unzulänglicher Forschungsgegenstand der Steuerwissenschaften?, in: Steuer und Wirtschaft 65 (1988), S. 1–16, S. 6.

2.2 Steuergerechtigkeit durch sachgerechte Prinzipien

Die Regeln einer Rechtsordnung beruhen nach dem Verständnis der herrschenden Wertungsjurisprudenz auf bestimmten Wertungen, nach denen die Rechtsgemeinschaft ihre Verhältnisse ordnet.[59] Diese Wertungen bilden das inhaltliche System einer Rechtsordnung, die von Prinzipien als ordnungsstiftenden Grundwerten getragen wird. Diese Rechtsprinzipien sind Ausprägungen einer Leit- oder Rechtsidee[60] und gebieten als Richtwerte die optimale Verwirklichung des ihnen innewohnenden rechtsethischen Konsenses.[61] „Fehlt das innere System, die rechtsethische Prinzipienordnung, so ist das Steuerrecht auch keine Gerechtigkeitsordnung."[62]

Rechtsprinzipien können in unterschiedlichen Graden erfüllt werden, weil die Ordnung des Rechts pluralistisch zusammengefügt ist. Aus diesem Grunde können die verschiedensten Rechtsprinzipien zusammenwirken, sich ergänzen oder einander

---

59 „Urteile über Steuergerechtigkeit sind immer Werturteile, die von der subjektiven Wahl des Vergleichsmaßstabs abhängen." Hundsdoerfer, Jochen: Die einkommensteuerliche Abgrenzung von Einkommenserzielung und Konsum. Eine einzelwirtschaftliche Analyse, Wiesbaden 2002, S. 24. Ohne Besteuerungsgrundsätze, also ohne Werturteile darüber, was steuerliche Gerechtigkeit ist, ist es nicht möglich, Steuerwirkungen zu untersuchen; vgl. Schneider, Dieter: Steuerbilanzen. Rechnungslegung als Messung steuerlicher Leistungsfähigkeit, Wiesbaden 1978, S. 21: „Das Steuerrecht ist nicht wirkungs-, sondern wertungsabhängig." Wagner, Franz W.: Neutralität und Gleichmäßigkeit als ökonomische und rechtliche Kriterien steuerlicher Normkritik, in: Steuer und Wirtschaft 69 (1992), S. 2–13, S. 7: „Letztlich entspringt jede Begründung für ein Steuersystem einer Wertung. Die der Wertung zugrundeliegenden Axiome sollten erkennbar sein, deren ‚Richtigkeit' kann weder bewiesen noch widerlegt werden." Siegel, Theodor: Konsum- oder einkommensorientierte Besteuerung? Aspekte quantitativer und qualitativer Argumentation, in: Zeitschrift für betriebswirtschaftliche Forschung 52 (2000), S. 724–741, S. 738; vgl. Schmiel, Ute: Werturteilsfreiheit als Postulat für die Betriebswirtschaftliche Steuerlehre?, in: Zeitschrift für betriebswirtschaftliche Forschung 57 (2005), S. 525–545, S. 540; Tipke, Klaus: Die Steuerrechtsordnung, S. 6.

60 Prinzipien „sind allgemeine Rechtsgrundsätze und Rechtsgedanken, die der Konkretisierung durch Verfassung, Gesetz oder Rechtsprechung bedürfen." Weber-Grellet, Heinrich: Steuern im modernen Verfassungsstaat. Funktionen, Prinzipien und Strukturen des Steuerstaats und des Steuerrechts, Köln 2001, S. 155.

61 Hey, Johanna: § 3 Steuersystem und Steuerverfassungsrecht, S. 66 f.; Mössner, Jörg Manfred: Prinzipien im Steuerrecht, in: Tipke, Klaus u. a. (Hrsg.): Gestaltung der Steuerrechtsordnung. Festschrift für Joachim Lang zum 70. Geburtstag, Köln 2011, S. 83–99.

62 Lang, Joachim: § 4 Rechtsstaatliche Ordnung des Steuerrechts, in: Tipke, Klaus/Lang, Joachim (Hrsg.): Steuerrecht, 18. Aufl., Köln 2005, S. 64–130, S. 71. Klaus Vogel nennt die Steuerrechtswissenschaft daher auch „Steuergerechtigkeitswissenschaft", vgl. Vogel, Klaus: Steuerrechtswissenschaft als Steuergerechtigkeitswissenschaft, in: JuristenZeitung 48 (1993), S. 1123.

widersprechen. Sie haben entweder einen konstruktiven Inhalt (z. B. Konkretisierung des Leistungsfähigkeitsprinzips) oder einen prohibitiven Inhalt (z. B. rechtliche Schranken der Besteuerung) und haben unterschiedlichen Rang und unterschiedliche Wirkkraft.[63]

Ein gerechtes, von der Gesellschaft allgemein anerkanntes Rechtssystem entsteht nur auf der Grundlage von sachgerechten Wertungen. Sachgerechte Wertungen bringen zum einen den rechtsethischen Konsens der Gesellschaft zum Ausdruck, und zum anderen werden sie der Sachlogik des Regelungsgegenstandes gerecht, sie sind daher sachbezogen oder sachangemessen. Bei der Besteuerung ist die ökonomische Rationalität ein bedeutender Faktor der Sachgerechtigkeit; ökonomisch unvernünftige Besteuerungsformen sind meist entsprechend ungerecht.[64]

Unter Ethikern und zeitgenössischen Steuerrechtswissenschaftlern dürfte eine sehr weitgehende Übereinstimmung darüber herrschen, dass von „gerechter" Besteuerung nur dann die Rede sein kann, wenn den Prinzipien der Allgemeinheit, der Gleichmäßigkeit und der Leistungsfähigkeit Genüge getan ist. Diese drei Prinzipien können jedoch unterschiedlich interpretiert werden.[65]

2.2.1 Der Grundsatz der Allgemeinheit der Besteuerung

Der Grundsatz der Allgemeinheit der Besteuerung[66] ist eine unverzichtbare Grundvoraussetzung einer gerechten Steuerlastverteilung.[67] Nach diesem Grundsatz sollen alle natürlichen und juristischen Personen,

63 Hey, Johanna: § 3 Steuersystem und Steuerverfassungsrecht, S. 66 f.

64 Ebd., S. 66.

65 Neumark, Fritz: Grundsätze gerechter und ökonomisch rationaler Steuerpolitik, S. 69; Weber-Grellet, Heinrich: Steuern, S. 184; Tipke, Klaus: Die Steuerrechtsordnung, S. 316 ff.

66 Der Grundsatz der Allgemeinheit der Besteuerung wird heute nicht als selbstständiger Grundsatz erfasst, da er Ausfluss des Grundsatzes der Gleichmäßigkeit ist; vgl. z. B. Schneider, Dieter: Steuerbilanzen, S. 16; Hey, Johanna: § 3 Steuersystem und Steuerverfassungsrecht, S. 66 ff. Das Allgemeinheitsprinzip war ein zündendes Losungswort im Kampf gegen den ständischen Staat. Es war vom Zeitalter der Frühen Neuzeit an für das Verständnis der Menschen die wesentliche Voraussetzung einer gerechten Steuerpolitik; denn gegen den Grundsatz, alle Staatsbürger als steuerpflichtig zu betrachten, wurde in der frühen Finanzpolitik massiv verstoßen. Dies betraf insbesondere die Steuerfreiheiten des Klerus und des Adels, Steuerprivilegien, die erst im 19. bzw. im 20. Jahrhundert ihr Ende fanden. Aus der Historie heraus ist daher grundsätzlich eine Trennung notwendig, weshalb die Ausführungen zur Allgemeinheit der Besteuerung am Schluss eines jeden Kapitels gesondert ausgewiesen werden.

67 Meyer, Robert: Die Principien der gerechten Besteuerung in der neueren Finanzwissenschaft, Berlin 1884, S. 301 f.

> sofern sie über steuerliche Leistungsfähigkeit verfügen und einer der gesetzlich statuierten Steuerverpflichtungsgründe auf sie zutrifft, ohne Rücksicht auf außerökonomische Kriterien wie (rechtliche) Staatsangehörigkeit, Stand, Klasse, Religion, Rasse usw. zur Steuer herangezogen werden ...[68]

Das schließt insbesondere aus, dass z. B. Adel, Klerus, Beamte, Abgeordnete oder andere Staatsträger privilegiert werden; denn die Befreiung Einzelner von steuerlichen Lasten bedeutet in der Regel eine Mehrbelastung anderer. Außerdem führen persönliche und sachliche Steuerbefreiungen regelmäßig dazu, dass die Privilegierten Liquiditätsvorteile erhalten, die oft nachteilige Wettbewerbsverzerrungen zur Folge haben.[69]

Ein weiteres im Grundsatz der Allgemeinheit enthaltenes Postulat fordert, dass Ausnahmen von der subjektiven oder objektiven Steuerpflicht nur insoweit zugelassen werden können, „wie das aus gesamtwirtschafts-, sozial-, kultur-, gesundheitspolitischen oder steuertechnischen Gründen als geboten erscheint."[70]

2.2.2 Der Grundsatz der Gleichmäßigkeit der Besteuerung

Der allgemeine Gleichheitssatz[71] verlangt, dass die Steuerpflichtigen nicht nur rechtlich, sondern auch tatsächlich gleich belastet werden, d. h., dass die Besteuerungsgleichheit aus zwei Komponenten besteht.[72]

Zum Ersten ist der Gesetzgeber verpflichtet, alles unter einen sachgerechten Besteuerungsmaßstab Fallende als Steuersubjekt zu erfassen und grundsätzlich gleichmäßig zu belasten (Rechtsetzungsgleichheit). Auch wenn ein Gesetz diesem Grundsatz voll entspricht, kann es – gewollte oder ungewollte – Ungleichbehandlungen materiell gleicher Fälle enthalten. Eine in jeder Hinsicht hundertprozentige Gleichmäßigkeit der Steuertechnik ist schlechterdings nicht erreichbar.[73]

---

68 Neumark, Fritz: Grundsätze gerechter und ökonomisch rationaler Steuerpolitik, S. 75.

69 Davidsohn, Lars: Verfassungsrechtliche Würdigung der sozial- und wirtschaftspolitisch orientierten Besteuerungsideale des 19. und 20. Jahrhunderts, Bielefeld 2007, S. 9.

70 Neumark, Fritz: Grundsätze gerechter und ökonomisch rationaler Steuerpolitik, S. 75.

71 Unter dem Gesichtspunkt des hier vertretenen Gleichmäßigkeitspostulats wird nach Neumark (Neumark, Fritz: Grundsätze gerechter und ökonomisch rationaler Steuerpolitik, S. 92) nur die horizontale Gerechtigkeit verstanden; die vertikale Gerechtigkeit bezieht sich auf Probleme, die in Kapitel 2.3 erörtert werden.

72 Weber-Grellet, Heinrich: Steuern, S. 36; Tipke, Klaus: Die Steuerrechtsordnung, S. 5.

73 Neumark, Fritz: Grundsätze gerechter und ökonomisch rationaler Steuerpolitik, S. 91 und S. 99.

Zum Zweiten müssen die Finanzbehörden die Steuergesetze gleichmäßig anwenden und durchsetzen (Rechtsanwendungsgleichheit). Die Rechtsanwendung muss der Rechtslage entsprechen, diese verfahrensrechtlich garantieren und die Belastungsgleichheit gewährleisten. Wenn sich die Finanzbehörden uneingeschränkt von Zweckmäßigkeitserwägungen oder politischen Gesichtspunkten leiten lassen, so führt dies auch zu einer Verletzung der Gleichmäßigkeit der Besteuerung.

Abgesehen von gewollten Verstößen gegen den Gleichmäßigkeitsgrundsatz, wie z. B. aufgrund religiöser oder rassenpolitischer Motive im sogenannten Dritten Reich, sind in den meisten Fällen Beweggründe wie Effekte steuerlicher Ungleichbehandlung wirtschafts- bzw. sozialpolitischer Natur,[74] die nicht nur der Forderung nach Gleichmäßigkeit, sondern auch dem Leistungsfähigkeitsprinzip widersprechen.

Das Gleichmäßigkeitspostulat ist einerseits aus dem Gesichtswinkel von Einzelsteuern zu betrachten. Andererseits vermag nur eine sinnvolle Kombination mehrerer Steuerarten wenigstens tendenziell, dank wechselseitiger Kompensation der Auswirkungen der unterschiedlichen Eigenschaften dieser Steuerarten, der Gesamtheit der Postulate zu entsprechen.[75]

Wenn auch eine in jeder Hinsicht hundertprozentige Gleichmäßigkeit der Besteuerung nicht erreichbar ist, so dürfte grundsätzlich die folgende Definition den verschiedenen Aspekten Rechnung tragen:

> Gemäß dem Grundsatz der Gleichmäßigkeit der Besteuerung sind Personen, soweit sie zu irgendeiner Steuer herangezogen werden und sich in gleichen oder gleichartigen steuerlich relevanten Verhältnissen befinden, in bezug auf die betreffende Steuer gleich zu behandeln; als logische Konsequenz daraus ergibt sich das Prinzip der steuerlichen Ungleichbehandlung von Personen in ungleichen Verhältnissen.[76]

2.2.3 Das Prinzip der Besteuerung nach der Leistungsfähigkeit

Das Leistungsfähigkeitsprinzip fragt nicht danach, was der Steuerpflichtige vom Staat und von den Gemeinden als öffentliche Leistungen erhält, sondern nur danach, was er aus seinem Einkommen beitragen kann, damit der Staat seine Aufgaben erfüllen kann.[77] Für Unternehmen gilt das Gleiche – bezogen auf den Gewinn –, denn hinter Unternehmen stehen stets natürliche Personen. Infolgedessen ist die

74 Ebd., S. 92.

75 Ebd., S. 4.

76 Ebd., S. 120.

77 Tipke, Klaus: Die Steuerrechtsordnung, S. 479.

Besteuerung der Unternehmen auf die ursprünglich menschenbezogene Geltung des Leistungsfähigkeitsprinzips zurückzuführen.[78]

Das Problem ist, eine allgemeine Bemessungsgrundlage für die Besteuerung nach der Leistungsfähigkeit zu finden, die festzulegende Eigenschaften zur Gleichbehandlung aller Steuerpflichtigen zu verwirklichen erlaubt. Steuerliche Leistungsfähigkeit umfasst unterschiedliche gesellschaftliche Werturteile über eine distributive Gerechtigkeit. Die verschiedenen Begriffsinhalte von steuerlicher Leistungsfähigkeit sind in den vergangenen Jahrhunderten von zahlreichen Autoren im Einzelnen und unterschiedlich als Rechnungszweck erklärt worden. Sie können systematisch geordnet werden; dabei lassen sich vier alternative Bedeutungsinhalte auseinanderhalten:[79]

Zum einen wird steuerliche Leistungsfähigkeit in der Verwirklichung von Mittelerwerb je Abrechnungsperiode „Jahr" gesehen (dies führt zur Einkommensteuer), eine andere Möglichkeit besteht in der Verwirklichung von Bedürfnisbefriedigung je Jahr oder bezogen auf den gesamten Lebenszeitraum.

Zum anderen bedeutet steuerliche Leistungsfähigkeit die Möglichkeit der Bedürfnisbefriedigung in jedem Jahr, die durch eine Steuer auf das Gesamtvermögen zu erfassen wäre. Alternativ benennt steuerliche Leistungsfähigkeit die Möglichkeit zum Mittelerwerb je Jahr oder für den gesamten Lebenszeitraum.

Ein Steuersystem, das alternative Fassungen von steuerlicher Leistungsfähigkeit vermischt, kann keine Gleichbehandlung aller Steuerpflichtigen erreichen; denn das Vermengen von Alternativen vernichtet die Beurteilungsbasis für einzelne Argumente.[80]

Eine an der Möglichkeit zum Mittelerwerb oder zur Bedürfnisbefriedigung ausgerichtete Besteuerung scheint gegen den Sinn einer normativen Steuerrechtfertigungs- und Steuerbelastungslehre in einer demokratischen Gesellschaftsordnung zu verstoßen. Demzufolge kann steuerliche Leistungsfähigkeit nur auf die „Verwirklichung" und nicht auf ein „Potenzial" bezogen werden.[81]

---

78 Hey, Johanna: § 3 Steuersystem und Steuerverfassungsrecht, S. 77.

79 Schneider, Dieter: Mängel in der ökonomischen Begründung einer Steuerfreiheit für Kapitaleinkünfte, in: Steuer und Wirtschaft 77 (2000), S. 421–424, S. 422 f. sowie Ders.: Bezugsgrößen steuerlicher Leistungsfähigkeit und Vermögensbesteuerung, in: Finanzarchiv, N.F. 37 (1979), S. 26–49.

80 Schneider, Dieter: Bezugsgrößen steuerlicher Leistungsfähigkeit und Vermögensbesteuerung, in: Finanzarchiv, N. F. 37 (1979), S. 26–49, S. 48.

81 Ebd., S. 46.

Steuerliche Leistungsfähigkeit an der verwirklichten Bedürfnisbefriedigung zu messen, lässt sich zurzeit nicht realisieren; es muss daher auf die zweitbeste Lösung, die Besteuerung des verwirklichten Mittelerwerbs zurückgegriffen werden.[82]

Als Maßgrößen steuerlicher Leistungsfähigkeit kommen insbesondere Einkommen, Konsum und Vermögen des Steuerpflichtigen in Betracht.[83] Nach der herrschenden Meinung in der Betriebswirtschaftlichen Steuerlehre wird die einkommensteuerliche Leistungsfähigkeit eher im verwirklichten Mittelerwerb, gemessen durch das Markteinkommen, abgebildet.[84] Dabei wird Einkommen

> in der Wirtschaftstheorie verstanden als der Betrag, den eine Person während einer Periode höchstens konsumieren darf, ohne daß sie sich am Ende schlechter steht als am Anfang, d. h. ohne ihr Anfangsvermögen zu mindern. Das Einkommen umfaßt also all das, was die Person durch ihre ‚Unternehmungstätigkeit' während der Periode zusätzlich erwirtschaftet.[85]

Für diese Untersuchung wird die steuerliche Leistungsfähigkeit nach Neumark wie folgt definiert:

> Der Grundsatz der Bemessung und Verteilung der Steuerlasten nach der individuellen Leistungsfähigkeit der Pflichtigen gebietet, die den einzelnen insgesamt zufallenden Steuertraglasten so zu gestalten, daß diese unter Berücksichtigung aller für die Steuerfähigkeitsindikatoren bedeutsamen persönlichen Momente das Verhältnis der individuellen Leistungsfähigkeiten widerspiegeln und demgemäß die durch die Besteuerung bewirkten Einbußen der einzelnen an ökonomisch-finanzieller Dispositionskraft als relativ gleich schwer anzusehen sind.[86]

---

82 Ebd., S. 48.

83 Hundsdoerfer, Jochen: Die einkommensteuerliche Abgrenzung, S. 31. Vgl. Schneider, Dieter: Bezugsgrößen, S. 26–49; Wagner, Franz W.: Neutralität und Gleichmäßigkeit, S. 4.

84 Hundsdoerfer, Jochen: Die einkommensteuerliche Abgrenzung, S. 31 f.; vgl. Schneider, Dieter: Bezugsgrößen, S. 43–46; Elschen, Rainer: Steuerliche Gerechtigkeit, S. 11 f.

85 Schneider, Dieter: Steuerbilanzen, S. 36.

86 Neumark, Fritz: Grundsätze gerechter und ökonomisch rationaler Steuerpolitik, S. 135.

2.3 Das Redistributionspostulat oder der Grundsatz der steuerlichen Umverteilung von Einkommen und Vermögen

Das Umverteilungspostulat[87] ist Ausdruck der sozialen Komponente der Gerechtigkeit, der sozialen Steuergerechtigkeit.[88] Dabei ist abzuwägen, ob das Gemeinwohlinteresse an der Durchsetzung von Lenkungsnormen den Einbruch in die Besteuerung nach der Leistungsfähigkeit zu rechtfertigen vermag. Entsprechend sind die Wirkungen, die mit der Lenkungsmaßnahme erzielt werden sollen, der Intensität der Verletzung des Leistungsfähigkeitsprinzips abwägend gegenüberzustellen.[89]

Dem Gemeinwohl wird gedient, wenn die Lebensgrundlagen des Gemeinwesens und seiner Mitglieder gefestigt, erhalten oder verbessert werden. Daher ist die Durchsetzung einer Lenkungsnorm nur gerechtfertigt, wenn die Abwägung ergibt, dass diese zu einem größeren gesellschaftlichen Nutzen führt als eine reine Besteuerung nach dem Gleichheitssatz. Es kommt jedoch nicht nur auf den Gesamtnutzen an, die Wirkungen müssen die große Mehrheit der Bevölkerung erfassen, und die große Mehrheit der Nichtbegünstigten muss besser stehen als bei reiner steuerlicher Gleichbelastung.[90]

Für diese Untersuchung wird die steuerliche Umverteilung von Einkommen und Vermögen mit Neumark wie folgt definiert:

---

87 Unter dem Gesichtspunkt des Redistributionspostulates wird nach Neumark (Neumark, Fritz: Grundsätze gerechter und ökonomisch rationaler Steuerpolitik, S. 92) die vertikale Gerechtigkeit verstanden. Unter Berücksichtigung dieser Differenzierung und der geschichtlichen Entwicklung der sozial- und wirtschaftspolitisch orientierten Besteuerungsideale ab Mitte des 19. Jahrhunderts, die das deutsche Steuerrecht auch heute in erheblichem Maße prägen, wird der Grundsatz der steuerlichen Umverteilung von Einkommen und Vermögen als eine Teilfrage der Besteuerung nach der Leistungsfähigkeit gesondert herausgestellt. Dies erfolgt auch im Hinblick auf ein ideologisch veranlasstes, falsches Verständnis des Gleichheitssatzes und des Wesens der Progression; denn auch die Progression muss sich sachlich legitimieren; vgl. Weber-Grellet, Heinrich: Steuern, S. 172.

88 Tipke, Klaus: Die Steuerrechtsordnung, S. 82.

89 Birk, Dieter: Das Leistungsfähigkeitsprinzip als Maßstab der Steuernormen. Ein Beitrag zu den Grundfragen des Verhältnisses Steuerrecht und Verfassungsrecht (Steuerwissenschaft 13), Köln 1983, S. 232 und S. 244; Tipke, Klaus: Die Steuerrechtsordnung, S. 339.

90 Tipke, Klaus: Die Steuerrechtsordnung, S. 340–347; So sind z. B. wohlstandsmehrende Steuervergünstigungen nach dem Bedürfnisprinzip zu rechtfertigen. Derartige Förderungen durch Steuerentlastungen liegen im Interesse der Allgemeinheit, da die Lebensverhältnisse der Familien materiell gesichert und soziale Gegensätze zwischen Arbeitnehmern und Unternehmern abgebaut werden, vgl. Hey, Johanna: § 3 Steuersystem und Steuerverfassungsrecht, S. 102.

> Gemäß dem Umverteilungspostulat ist die Gesamtsteuerpolitik so zu gestalten, daß die interindividuelle Verteilung der Steuerlasten über das zur Verwirklichung des Leistungsfähigkeitsgrundsatzes erforderliche Maß hinaus einen progressiven Verlauf nimmt, um auf diese Weise eine gewisse, mit den Grundinstitutionen einer Marktwirtschaftsordnung noch zu vereinbarende und nach vorherrschender Auffassung als gerecht angesehene Redistribution von Einkommen und Vermögen zu erreichen, und zwar im Sinne einer Verringerung der Unterschiede in der durch Marktmechanismus und Marktmacht herbeigeführten primären Verteilung.[91]

91 Neumark, Fritz: Grundsätze. S. 195.

Steuern in der Frühen Neuzeit 3

3.1 Steuern im Heiligen Römischen Reich Deutscher Nation

3.1.1 Das Heilige Römische Reich Deutscher Nation

Seit dem 11. und 12. Jahrhundert hatte sich in Deutschland allmählich eine von der kaiserlichen Zentralgewalt weitgehend unabhängige Landesherrschaft herausgebildet. Diesen Zustand hatte Kaiser Friedrich II. durch die Fürstenprivilegien von 1220 und 1231–1232 bis zu einem gewissen Grad anerkannt. Den Fürsten wurden in der Goldenen Bulle von 1356 ausdrücklich weitere Vorrechte zugesprochen, auch verschiedene Städte nahmen für sich derartige Rechte in Anspruch. Die weltlichen und geistlichen Fürsten beharrten ihrerseits nachdrücklich auf ihrer Selbstständigkeit. Auf diese Weise gelang es den Territorialfürsten seit dem 14. und 15. Jahrhundert, die Landesherrschaft zur Landeshoheit auszubauen und gegen zentralistische Bestrebungen zu verteidigen. Die Folge war, dass sich in Deutschland, im Unterschied zu Frankreich oder England, keine Zentralgewalt etablieren konnte.[92]

Die Versuche, ein System direkter und indirekter Reichssteuern einzuführen, scheiterten an der erreichten Selbstständigkeit und Stärke der Fürsten, der Ritter und der Städte gegenüber der geschwächten Reichsgewalt. Die Reichsstädte und

---

92 Sahm, Reiner: Zum Teufel mit der Steuer! 5000 Jahre Steuern – ein langer Leidensweg der Menschheit, Wiesbaden 2012, S. 83.

R. Sahm, *Theorie und Ideengeschichte der Steuergerechtigkeit*,
https://doi.org/10.1007/978-3-658-25903-7_3

die Bischofsstädte leisteten dem deutschen Königtum jedoch außerordentliche steuerartige Beihilfen, besonders seit dem 13. Jahrhundert in Form von regelmäßigen „Städtesteuern“.[93]

Im 15. Jahrhundert kam es zwischen dem Kaiser, den Fürsten und den Städten immer wieder zu Verhandlungen über eine Reform der Reichsverfassung. Dabei spielte neben der Gliederung des Reichsgebietes in überregionale Kreise, einer Reichsgerichtsorganisation, dem Landfrieden und der Aufstellung eines Reichsheeres die Erhebung von Reichssteuern eine besondere Rolle. Die Notwendigkeit zeigte sich vor allem, als es darum ging, für den Kreuzzug gegen die Hussiten – und später gegen die Türken – ein schlagkräftiges Reichsheer aufzustellen. Die veränderte militärische Technik – der Einsatz von Schusswaffen – und der größere Bedarf an Fußtruppen machten die Wehrerfassung immer unzureichender und Söldnerheere notwendig. Dazu bedurfte es erheblicher Geldmittel, die in dem Versuch mündeten, die Reichsuntertanen mit einer direkten Reichssteuer – dem „Gemeinen Pfennig“ – zu belegen.[94]

Der „Gemeine Pfennig“ war die erste allgemeine Reichssteuer in der deutschen Geschichte und zugleich der Anfang einer Reichsverwaltung in Form einer Steuerbehörde, die im dualistischen Sinn der königlichen Verwaltung gegenübertrat.[95] Diese Geldsteuer sollte jeden Reichsangehörigen beiderlei Geschlechts, der älter als 15 Jahre war, unmittelbar belasten. Nach der Verordnung des Freiburger Reichsabschieds von 1498 durfte „weder Geistlicher noch Edelmann, Mittelbarer oder Unmittelbarer, Befreiter oder Unbefreiter […] sich dieser Abgabe entziehen und die Unterthanen konnten mit Gewalt darzu gezwungen werden.“[96] Für die Christen war es eine Synthese aus Kopf-, Vermögen-, Einkommen- und ständischer Personalsteuer, für die Juden eine weitaus höhere Kopfsteuer.[97]

Aufgrund der schwachen Reichsgewalt und der schlecht ausgebauten Reichsverwaltung blieb der „Gemeine Pfennig“ ohne nennenswerten Erfolg. Der permanente Widerstand einzelner Reichsstände gegen die Reichssteuern konnte nicht gebrochen werden, sodass der „Gemeine Pfennig“ zwischen 1427 und 1551 wohl elfmal

93 Wagner, Adolph: Finanzwissenschaft 3. Teil, Bd. 1: Steuergeschichte vom Altertum bis zur Gegenwart, Leipzig 1910, überarbeitet und erweitert in Gemeinschaft mit Hermann Deite, ND Glashütten im Taunus 1973, S. 47 ff.

94 Sahm, Reiner: 5000 Jahre Steuern, S. 85.

95 Moraw, Peter: Der „Gemeine Pfennig“. Neue Steuern und die Einheit des Reiches im 15. und 16. Jahrhundert in: Schultz, Uwe (Hrsg.): Mit dem Zehnten fing es an. Eine Kulturgeschichte der Steuer, München 1986, S. 130–142, S. 136 ff.

96 Lang, Karl Heinrich von: Historische Entwicklung der Teutschen Steuerverfassungen seit der Karolinger bis auf unsere Zeiten, Berlin/Stettin 1793, ND Aalen 1966, S. 184.

97 Moraw, Peter: Der „Gemeine Pfennig“, S. 137.

bewilligt und ausgeschrieben, aber nicht ein einziges Mal vollständig erhoben wurde. Er kam zu früh, denn mit diesem einfachen Steuersystem ließen sich die unzähligen politischen, rechtlichen und sozialen Verschiedenheiten, die zu dieser Zeit in Deutschland herrschten, nicht erfassen. Mit dem „Gemeinen Pfennig" wurde zu tief in die territorialen Belange der Fürsten eingegriffen, die ebenso wie die anderen Stände und die „Steuerbürger" eine solche Steuer als Zumutung empfanden. Es kam deshalb zum Ende dieses Steuersystems mit einem letzten „Pfennig" im Jahre 1551.[98]

Das Scheitern eines selbstständigen Reichssteuersystems in einer Zeit, in der Territorien in einem größeren Staatskörper nicht mehr ohne Steuern auskamen, erklärt es, dass man notgedrungen zu einem System von Matrikularumlagen im Reich gelangte. Die einzelnen Reichsstände übernahmen dabei bestimmte Summen, die sie auf ihre Untertanen als Beitrag zu den Reichskosten verteilten, und ließen sich dies von ihren Landständen bewilligen. Daraus bildete sich als endgültige Einrichtung das System der sogenannten Römermonate, so genannt nach den nicht mehr stattfindenden Romfahrten. Bei einer drohenden Gefahr oder beispielsweise als Beihilfe zu den Türkenkriegen forderte man die entsprechende Anzahl „Römermonate" an, die dann nach dem in der Reichsmatrikel festgelegten Schlüssel umgelegt wurden.[99]

Das Steuersystem des Reiches ist über die Stufe der außerordentlichen Steuern nicht hinausgekommen. Die Steuerdiskussionen in der ersten Hälfte des 16. Jahrhunderts drehten sich nicht um die Frage der prinzipiellen Berechtigung von Steuern, sondern ausschließlich um den Gemeinen Pfennig und um die Matrikel; es ging im Wesentlichen um Fragen der Höhe und der Verwendung der Steuern, worin man einen Schritt in Richtung Steuerstaat sehen kann.[100] Die Reichsstände entschieden als Verband auf den Reichstagen autonom über die Bewilligung, Durchführung und Verwendung der Gelder, dem Reich wurde keine Steuerhoheit zugestanden.[101]

98 Wagner, Adolph: Finanzwissenschaft 3. Teil, S. 53; Moraw, Peter: Der „Gemeine Pfennig", S. 136–141; Schomburg, Walter: Lexikon der deutschen Steuer und Zollgeschichte. Abgaben, Dienste, Gebühren, Steuern und Zölle von den Anfängen bis 1806, München 1992, S. 120 f.; Sahm, Reiner: 5000 Jahre Steuern, S. 85.

99 Wagner, Adolph: Finanzwissenschaft 3. Teil, S. 55 f.

100 Schmid, Peter: Reichssteuern, Reichsfinanzen und Reichsgewalt in der ersten Hälfte des 16. Jahrhunderts, in: Angermeier, Heinz/Seybold, Reinhard (Hrsg.): Säkulare Aspekte der Reformationszeit, München/Wien 1983, S. 153–198, S. 196.

101 Ebd., S. 197.

3.1.2 Die deutschen Territorien und Einzelstaaten

In den geistlichen und weltlichen Territorien und Einzelstaaten lag bei der allgemein vorherrschenden Naturalwirtschaft der Schwerpunkt der Leistungen jahrhundertelang in persönlichen Dienstpflichten und Naturallieferungen. Daneben wurde seit dem 12. Jahrhundert in allen deutschen Territorien die sogenannte Bede, die ursprünglich den Vögten, Grafen und Fürsten nur unregelmäßig und mehr oder weniger freiwillig geleistet wurde, als regelmäßig anfallende direkte Steuer erhoben.[102] Nach Fälligkeitsterminen wurde die „ordentliche Bede" ein- bis dreimal jährlich erhoben und lastete auf dem Grundbesitz der einzelnen Bürger und Bauern.[103]

Überwiegend wurde die Bede dann gefordert, wenn es sich um eine Beihilfe zur Kostendeckung von solchen „öffentlichen" Leistungen handelte, welche die Herrschenden von Amts wegen auszuführen hatten; dazu zählte vor allem der Heerdienst. Da dieser Heerdienst von dem Landesherrn aus den gewöhnlichen domanialen und anderen Einkünften zu leisten war, bestand die Bede aus einer nur auf „Bitte" zu leistenden, im Laufe der Zeit aber eingeforderten ordentlichen Steuer.[104]

3.1.3 Die deutschen Städte

Der staatspolitische Werdegang in Deutschland brachte es mit sich, dass die schwach ausgebildete Zentralgewalt sich nicht des Steuerwesens bemächtigen konnte, sondern zulassen musste, dass es eine nahezu ausschließliche Angelegenheit der Stände, insbesondere der Territorialherrscher und der städtischen Obrigkeiten, wurde.[105]

In den städtischen Kommunen, in denen sich ein eigenes Stadtrecht, eine selbstständige Verwaltung sowie eine Wehr- und Finanzhoheit herausgebildet hatten, wurden die Bürger auf vielfache Weise zur Finanzierung der kommunalen Aufgaben herangezogen. Da sind an erster Stelle die Bedürfnisse der Bürger nach Schutz vor Angriffen von außen zu nennen, die eine Umfriedung des Stadtgebietes durch Befestigungsanlagen sowie die Bereitstellung der entsprechenden Bewaffnung erforderten. Des Weiteren gehörte zur Stadt ein repräsentatives Verwaltungszentrum. Sodann musste eine Infrastruktur – Straßen, Wege, Brücken – angelegt werden, es waren die Wasserver- und -entsorgung zu sichern, Markteinrichtungen zu schaffen usw. Hinzu kamen der Bau von Schulen und die Einrichtungen für das Gesund-

---

102 Wagner, Adolph: Finanzwissenschaft 3. Teil, S. 67.

103 Schomburg, Walter: Lexikon, S. 36.

104 Wagner, Adolph: Finanzwissenschaft 3. Teil, S. 76.

105 Sahm, Reiner: 5000 Jahre Steuern, S. 87.

heitswesen und für die Armenpflege. Schließlich galt es, dafür Sorge zu tragen, dass die Einwohnerschaft ihren religiösen Bedürfnissen nachgehen konnte. Die Städte hatten auch Wirtschaftseinrichtungen – Teiche, Vorwerke, Mühlen, Schlachthöfe, Badestuben, Gasthäuser, Brauereien – vorzuhalten, die sie in der Regel an Bürger verpachteten. Verschiedene Städte hatten, um die Nahrungsmittelversorgung der Bürger abzusichern, ganze Dörfer im Umland erworben.[106]

Darüber hinaus wurden von den Städten finanzielle Beiträge gefordert, die nicht in unmittelbarem Zusammenhang mit innerstädtischen Angelegenheiten standen. Dazu gehörten die „Städtesteuern“, die die Reichs- und die Bischofsstädte an die Zentralgewalt zu entrichten hatten. Ebenso hatten die Freien Reichsstädte, die seit 1489 auf den Reichstagen eine geschlossene Kurie bildeten, sich an den Matrikularumlagen zu beteiligen wie die Reichsstädte, die auf dem Krongut errichtet worden waren. Die landesherrlichen Städte hatten den finanziellen Forderungen der Territorialherren zu entsprechen.[107]

Um sowohl die innerstädtischen als auch die von außen an die Kommunen herangetragenen Aufgaben finanzieren zu können, waren die Stadträte genötigt, sowohl von den Bürgern finanzielle Beiträge einzuziehen als auch Erträge städtischer Wirtschaftseinrichtungen einzusetzen. Diese neuen öffentlich-rechtlichen Verpflichtungen hatten zum ersten Mal in Deutschland die Natur wirklicher Steuern. Gierke[108] führt mit zahlreichen Beispielen den Nachweis, warum in den Städten zuerst von eigentlichen „Steuern“ und von der Steuerpflicht des Bürgers gesprochen werden kann.

> Die städtischen Steuern waren die ersten Beiträge, welche ein Gemeinwesen allein um des öffentlichen Wohls willen von seinen Gliedern als solchen forderte. Einziger und zureichender Grund für die Erhebung einer städtischen Steuer war das städtische Bedürfniß [...], und verpflichtet zur Tragung der Steuer waren alle Bürger und nur die Bürger allein um deshalb, weil sie Bürger waren. [...] An sich war daher auch die Steuerpflicht jedes vollberechtigten Bürgers gleich. Aber diese Pflicht bestand darin, nach Verhältniß und Vermögen beizutragen.[109]

Die Stadt trat den Einzelnen als höhere Person des öffentlichen Rechts gegenüber, sie war die Quelle der amtlichen Machtbefugnisse. So entwickelte sich die Stadt zu

106 Sahm, Reiner: 5000 Jahre Steuern, S. 87 f.

107 Ebd., S. 88.

108 Gierke, Otto: Das deutsche Genossenschaftsrecht, Bd. 2: Geschichte des deutschen Körperschaftsbegriffs, Berlin 1873, S. 698 ff.

109 Ebd., S. 698.

einer eigenen selbständigen einheitlichen Finanzhoheit, die anerkannte Vorhaben zu erfüllen hatte und dies mit Hilfe von Einnahmen aus Steuern auch tat.[110]

Die indirekten Steuern spielten zunächst eine maßgebliche Rolle. Sie wurden auf Waren erhoben, die von der Bürgerschaft unbedingt nachgefragt wurden, also Verzehr- und Genussmittel. Diese Steuern wurden als Ungeld, Zise oder Akzise bezeichnet und sind auch als solche anerkannt und empfunden worden.

Neben diesen indirekten Verbrauch- und Verkehrsteuern gingen die Stadträte dazu über, bei den Wohlhabenderen auch das Vermögen und das Einkommen zu besteuern, wobei die wirtschaftliche Leistungsfähigkeit der Bürger berücksichtigt wurde. Um diese festzustellen, vertraute man auf die Steuerehrlichkeit der Bürger, die eine eidliche Selbsteinschätzung vor Steuerkommissionen – daher „Eidsteuer" – abgeben mussten.[111]

Neben diesen allgemeineren direkten Steuern finden sich in den Städten Realsteuern, besonders Grund- und Gebäudesteuern und teilweise auch Gewerbesteuern.[112]

3.2 Die ungleichmäßige Verteilung der Steuerlasten

3.2.1 Die Bauern im Kampf um Gerechtigkeit

In Deutschland begannen bäuerliche Unruhen verstärkt Ende des 15. Jahrhunderts und erreichten in den Zwanzigerjahren des 16. Jahrhunderts ihren Höhepunkt.[113] Wesentliche Ursachen der Unruhen waren einerseits die aus den Kreisen der Theologie in immer weitere Kreise vordringenden Erörterungen über das Naturrecht, das auf der Überzeugung beruht, dass ein Minimum von Rechten den Menschen von Gott aus zu allen Zeiten und unter allen Verhältnissen zustehe. Der Glaube an eine unerschütterliche, unanfechtbare „göttliche Gerechtigkeit" stand dabei im Gegensatz zu bestehender Leibeigenschaft.[114]

Andererseits empfanden die Bauern die undurchschaubaren feudalrechtlichen Abgaben als zu hoch und ungerecht.[115] In den Beschwerden und Forderungen der

110 Ebd., S. 744 f.

111 Wagner, Adolph: Finanzwissenschaft 3. Teil, S. 60–63.

112 Ebd., S. 64.

113 Sahm, Reiner: 5000 Jahre Steuern, S. 99.

114 Waas, Adolf: Der Bauernkrieg. Die Bauern im Kampf um Gerechtigkeit 1300 bis 1525, München o. J, S. 57 f. und S. 93.

115 Blickle, Peter: „Der Stürn halb ist unser Beger, uns die zu ringren", S. 143.

Untertanen wurde die Summe der Abgaben und Belastungen als schiere Tyrannei dargestellt. In der Tat ist das erste Jahrhundert der Neuzeit von einem bislang ungewöhnlichen Anwachsen der Steuern gekennzeichnet. Die traditionelle Belastung der zahlenmäßig am stärksten und am härtesten betroffenen Landbevölkerung erhöhte sich um ein Vielfaches. Dazu kamen Preiserhöhungen durch indirekte Steuern auf Wein, Bier, Fleisch und Mehl.[116]

Weiteres Leid kam durch die Kriegssteuern als Ersatz für nicht geleistete Heerfahrtspflicht, die von den Obrigkeiten auf die Untertanen umgelegt wurden. Die Erfindung und die Perfektionierung der Feuerwaffen hatten einen tiefen Wandel im Heerwesen verursacht. An die Stelle der alten Vasallenheere traten Söldnerheere, die zu höheren Kriegskosten und damit zu einem dauerhaften Anstieg der steuerlichen Belastungen führten.[117]

In fast allen deutschen Aufstandsgebieten fanden bis April 1525 die zwölf Artikel der oberschwäbischen Bauern Verbreitung[118] und wurden zu einer Art Bekennerschrift der ganzen Bauernbewegung. In den Artikeln 2, 7, 8 und 11 wird auf die untragbaren Belastungen eingegangen. In Artikel 2 bekennen die Bauern sich zur Zahlung des großen Zehnten – der auf Getreide und Großvieh zu entrichten war –, hingegen lehnten sie den kleinen Zehnten – der auf Früchte und Kleinvieh zu leisten war – ab. In Artikel 7 und 9 wird gefordert, dass der Herr den Bauern keine weiteren Lasten auferlegen soll, insbesondere sollen die untragbaren Pachtzinsen überprüft werden. In Artikel 11 wird gefordert, den „Todfall“ abzuschaffen.[119]

Mit der Opposition der Aufständischen gegen die Abhängigkeiten und die zu leistenden Steuern und Abgaben wurde das gesamte Bündel der feudalen Belastungen infrage gestellt – und damit das bestehende System als solches. Der Bauernaufstand war zweifellos die größte Massenerhebung in Europa vor der Französischen Revolution und auch der Aufstand mit der weitreichendsten Pers-

---

116 Sahm, Reiner: 5000 Jahre Steuern, S. 105.

117 Karl Heinrich Lang hat sich 1793 mit der historischen Entwicklung der „Teutschen Steuerverfassungen seit der Karolinger bis auf unsere Zeiten“ beschäftigt. In seiner „Musterrolle der bis zu Anfang des 16ten Jahrhunderts vorkommenden Auflagen und andern Unterthanschuldigkeiten“ führt er Abgaben und Steuern auf, deren Zahl sich auf fast 750 beläuft. Nach seiner Erkenntnis ist „jede Veränderung in dem System der Auflagen oder dem Steuerwesen [...] in einer vorausgegangenen Veränderung des Kriegswesens ganz sicher zu suchen.“ Lang, Karl Heinrich von: Historische Entwicklung, S. 4; Sahm, Reiner: 5000 Jahre Steuern, S. 105.

118 Jonscher, Reinhard: Der Bauernkrieg in Thüringen, Mühlhausen 2003, S. 102 f.

119 Waas, Adolf: Der Bauernkrieg, S. 95. Bei dem „Todfall“ handelte es sich um das Heimfallrecht, das die Abhängigkeit der Bauern von den Grundherren und dessen grundherrlichem Erbrecht aus früheren Zeiten dokumentieren sollte.

pektive.[120] Die Aufständischen wollten eine neue gesellschaftliche und politische Ordnung. Sie wollten nicht nur die Steuerfreiheit der „Herrenstände“ aufheben, sondern wollten auch, dass diese ihre privilegierte politische, wirtschaftliche und soziale Stellung aufgaben.[121]

3.2.2 Die ungleichmäßige Lastenverteilung

Im Heiligen Römischen Reich Deutscher Nation war ein zentraler Streitpunkt der „Gemeine Pfennig“. Einerseits entzündete sich die Kritik an der Heranziehung auch der Geistlichkeit und der Fürsten, andererseits an der überproportionalen steuerlichen Belastung vor allem der Kaufleute.[122] Immer wenn im 16. Jahrhundert dem Kaiser eine Reichssteuer bewilligt wurde, entstand dabei die Frage, ob diese mithilfe des „Gemeinen Pfennigs“ oder mit dem „Römermonat“ zu erheben wäre. Der Kaiser selbst und „die ihm anhängende demokratische Parthie“ stimmten meistens für die Erhebung des „Gemeinen Pfennigs“, der Adel arbeitete aber jederzeit dagegen, da ihm an der Umsetzung der „Römermonate“ gelegen war. Der wesentliche Unterschied beider Steuern ist folgender: Zu dem „Gemeinen Pfennig“

> musste jeder Fürst von seinem Vermögen, so gut wie der Bauer, der Edelmann, der Beamte, der Erzbischof, der Domherr, der Pfarrer, der reiche Kapitalist, wenn er auch kein Haus und Acker hatte, ein seinem Vermögen oder seinem Einkommen angemeßenes Prozent beisteuern, und die Last der Steuermasse fiel mehr auf den reichern, als den ärmern Theil.[123]

Bei dem „Römermonat“ hingegen zahlten die Stände, der Adel, die Geistlichen und Beamten nichts, die gesamte Last blieb allein bei den Bürgern und Bauern. „Ja die Vertheilung der Römermonate unter die Stände selbst war immer höchst ungleich und beschwerend und daher eine unversiegliche Quelle von Moderationsgesuchen.“[124]

Die Diskussion um den „Gemeinen Pfennig“ erreichte einen entscheidenden Punkt auf dem Reichstag von Speyer im Jahre 1544, als sich der Kurfürsten- und Fürstenrat in dieser Frage spalteten. Letztendlich haben sich die Gegner des „Gemeinen Pfennigs“ durchgesetzt, jedoch unter Festschreibung der grundsätzlichen Steuerpflicht aller Reichsuntertanen in der Bestimmung des „Reichsabschieds“

120 Blickle, Peter: „Der Stürn halb ist unser Beger, uns die zu ringren“, S. 145.

121 Ebd., S. 144 f.

122 Schmid, Peter: Reichssteuern, Reichsfinanzen und Reichsgewalt, S. 171 f.

123 Lang, Karl Heinrich von: Historische Entwicklung, S. 190.

124 Ebd., S. 190.

von 1548. Mit der gleichzeitig getroffenen Entscheidung für die Reichsmatrikel verlagerte sich, soweit es um den nicht reichsunmittelbaren Adel und Klerus ging, die Diskussion auf die Territorialebene.[125]

Steuern sollten nur eine vorrübergehende Erscheinung bleiben und nur ein letztes Mittel zur Finanzierung des Herrschers darstellen, denn Steuern haftete das Merkmal der politischen Abhängigkeit und der Unfreiheit an.[126] „Sparsamkeit ist die beste Steuer" – dieses Sprichwort war das charakteristische Steuerideal, das von vielen Autoren aufgegriffen wurde, um auch auf die zunehmend durch Steuern finanzierten Kosten der Hofhaltung hinzuweisen.[127]

In der Literatur des 16. Jahrhunderts werden neue Landessteuern nur dann als gerecht angesehen, wenn diese mit Zustimmung der Untertanen bzw. Stände erhoben werden. Nur dann, wenn ein legitimer Zweck für die Auferlegung neuer Steuern gegeben war – worüber Beratungen mit den Ständen zu pflegen waren –, war eine Steuerforderung des Landesherrn grundsätzlich berechtigt.[128] Dies gilt nach überwiegender Ansicht dann nicht, wenn Steuern „in höchster lands not" erhoben werden müssen; in diesem Fall müssen die Untertanen ihre Zustimmung geben.[129]

Der erste große Untertanenprozess, der die literarische Diskussion über Territorialsteuern nachhaltig beeinflusst hat und in der Literatur nachweisbar ist, ist ein sich über mehr als hundert Jahre hinziehender Rechtsstreit der „vier großen Dörfer" Hatten, Rittershofen, Ober- und Niederbetschdorf im Hattgau gegen den Grafen Hanau-Lichtenberg vor dem Reichskammergericht.[130] Die Anfänge des Falles reichten bis in den Bauernkrieg zurück. Bei der Auseinandersetzung ging es u. a. um den zu leistenden Huldigungseid, um die Waldnutzung und immer wieder auch um Fragen der Besteuerung.[131]

---

125 Schwennicke, Andreas: „Ohne Steuer kein Staat", S. 91 f.

126 Schmid, Peter: Reichssteuern, Reichsfinanzen und Reichsgewalt, S. 161.

127 Ebd., S. 41.

128 Wachenhausen, Manfred: Staatsausgabe und Öffentliches Interesse in den Steuerrechtfertigungslehren des naturrechtlichen Rationalismus. Ein dogmengeschichtlicher Beitrag zur Rationalität des Modernen Staates in seinem Verhältnis zum Individuum (Schriften zur Verfassungsgeschichte 16), Berlin 1972, S. 68 ff.

129 Schwennicke, Andreas: „Ohne Steuer kein Staat", S. 65 ff.

130 Bierbrauer, Peter u. a. (Saarbrücker Arbeitsgruppe): Huldigungseid und Herrschaftsstruktur im Hattgau (Elsaß), in: Jahrbuch für westdeutsche Landesgeschichte 6 (1980), S. 117–155, S. 117 f.

131 Ebd., S. 145, Anm. 116.

3.2.3 Die Steuerfreiheit der Geistlichkeit

Im Laufe des 15. Jahrhunderts hatte in den deutschsprachigen Kernlanden des Heiligen Römischen Reiches Deutscher Nation die Unzufriedenheit über die außerordentlich hohen finanziellen Ansprüche der römisch-katholischen Kirche und über die Art und Weise, wie der Klerus mit den erhobenen Finanzmitteln verfuhr, stetig zugenommen. Die römisch-katholische Kirche hatte über die Jahrhunderte ein vielgestaltiges Abgabensystem geschaffen, durch das sich der Klerus einen wesentlichen Anteil an den wirtschaftlichen Ergebnissen, die von den Bauern, den Handwerkern, den Kaufleuten erzielt wurden, aneignen konnte.[132]

Dieses vielschichtige Abgabensystem ermöglichte es der römisch-katholischen Kirche, sowohl ihre religiöse Funktion wahrzunehmen und die dafür erforderlichen materiellen und personellen Bedingungen zu sichern, als auch in einem zunehmenden Maße weltliche Politik zu betreiben. Entsprechend wurde in erster Linie dafür gesorgt, dass ein wachsender Teil der finanziellen Erhebungen direkt der Kammer des Papstes zufiel.[133]

Auch aus dem reformatorischen Umfeld wurde die Steuerfreiheit der Geistlichkeit wie des Adels heftig angegriffen.[134] Sie widersprach dem Prinzip der Allgemeinheit, weil die Herrenstände Geistlichkeit und Adel von ihr befreit waren, und sie widersprach dem Gleichmäßigkeitsprinzip, weil sie die Bauern neben den Natural- und Geldabgaben an ihre Grundherren über das herkömmliche Maß zusätzlich belastete.[135] Andererseits oblag dem Klerus z. B. die Fürsorge für Kranke und Arme und die Organisation des Unterrichts- und Bildungswesens.[136]

Eine besondere Belastung für die christliche Bevölkerung war der Zehnt, der vor allem von der Bauernschaft erhoben wurde. Von dem Zehnt sollte jeweils ein Viertel dem Bischof, dem Klerus, den Armen und dem Kirchenbau zukommen. Bäuerliche Wirtschaften, die zu einer kirchlichen Einrichtung gehörten, hatten

132 Sahm, Reiner: 5000 Jahre Steuern, S. 109.

133 Ebd., S. 109.

134 „Dann diser Text trifft furderlicher dann yrgent ein anderer den Adel / und die geystligkeit / Dann wann es geldt und zinße antrifft / so stossen sie die Köpfe zesammen / ziehen sich aus der schlingen / und erdencken also vil list wider das Euangelion / und alle Christenliche brüderschafft / das sie one entgeldt mit geniessen / Ja den besten genieß haben / und alle burde auf die burger pawen und gemeynen man treyben“; Linck, Wentzeslaus, Altenburg o. J. (1516), zitiert in: Schwennicke, Andreas: „Ohne Steuer kein Staat“, S. 89.

135 Blickle, Peter: „Der Stürn halb ist unser Beger, uns die zu ringren“, S. 146.

136 Vgl. Reif, Walter: Abweichungen vom Grundsatz der Allgemeinheit der Besteuerung, Nürnberg 1953, S. 47 f.; Davidsohn, Lars: Verfassungsrechtliche Würdigung, S. 12.

neben dem Zehnten die Grundrente zu entrichten. Der Klerus in den Ländern war dazu berechtigt, verschiedene Gebühren und Abgaben zu erheben.[137]

Die Steuerimmunität des Klerus und der Kirche wurde nicht durch das Gewohnheitsrecht, sondern durch einen Konzilsbeschluss geschaffen. Die Kirche nahm erstmalig auf dem dritten Laterankonzil (1179) grundsätzlich zur Frage der Besteuerung ihrer Güter und Personen durch die weltliche Gewalt Stellung. Nach einer Erneuerung der kirchlichen Steuerimmunitätsgesetzgebung auf dem vierten Laterankonzil (1215) wurde die Bulle „Clericis laicos" von Papst Bonifaz VIII. am 25. Februar 1296 erlassen, nach der eine Auferlegung von weltlichen Steuern auf kirchliches Gut ohne Zustimmung des Papstes verboten wurde. Die Bulle nennt der Reihe nach den Kaiser, Könige, Fürsten, Herzöge, Grafen, Barone, lokale Gewalthaber, Hauptleute, Beamte und die Vorsteher von Städten, denen die Auferlegung solcher Steuern untersagt wurde. Ein Verstoß gegen dieses Verbot wurde mit der Exkommunikation in ihrer schärfsten Form bedroht.[138]

Wegen der Bulle musste Bonifaz VIII. mit Frankreich und England in einen für die Könige siegreichen Kampf eintreten, bei dem es sich im Grunde um die Frage gehandelt hat, ob „bloss der Papst das Recht der geistlichen Besteuerung habe, oder ob dieses Recht auch dem Landsherren zustehe."[139] Als das Papsttum im Jahr 1305 zum Spielball französischer Machtinteressen wurde, büßte es seine Autorität als überparteiliche Macht ein; die kirchliche Immunität hatte ihren stärksten Schützer verloren. Sie konnte nicht einmal durch Spezialprivilegien gerettet werden.[140] In Deutschland wurde das Reichsrecht immer mehr durch das lokale Recht abgelöst, was zur Folge hatte, dass Kirchen, Klöster und Kleriker sich mehr oder weniger „an den weltlichen Arm" anlehnen mussten. Wo die Einsicht in das Bedürfnis der Zeit vorhanden war, kam es zu einer „Angleichung des kirchlichen Elementes an den weltlichen Staatsorganismus."[141]

In der politischen Praxis und in der juristischen Literatur blieb die Steuerfreiheit von Kirchengut und Klerikern umstritten. Auch in der Rechtsprechung wurde die Steuerfreiheit der Kirche nur einschränkend interpretiert. Es gelang jedoch

137 Sahm, Reiner: 5000 Jahre Steuern, S. 110.

138 Mack, Eugen: Die kirchliche Steuerfreiheit in Deutschland seit der Dekretalenfestsetzung (Kirchliche Abhandlungen 88), Stuttgart 1916, ND Amsterdam 1965, S. 17 ff.

139 Gottlob, Adolf: Die päpstlichen Kreuzzugs-Steuern des 13. Jahrhunderts. Ihre rechtliche Grundlage, politische Geschichte und technische Verwaltung, Heiligenstadt 1892, S. 134.

140 Mack, Eugen: Die kirchliche Steuerfreiheit in Deutschland, S. 245.

141 Ebd., S. 246.

den Herrschern in Bayern, Österreich, Sachsen und Brandenburg bis zum Ende des 15. Jahrhunderts, die Kirche an den außerordentlichen Lasten zu beteiligen.[142]

3.2.4 Die „Steuerpflicht" des Adels

Schon im 15. Jahrhundert war die Frage, ob überhaupt eine Steuerpflicht des Adels begründet werden kann, Gegenstand heftiger politischer Auseinandersetzungen. Im Hinblick auf die Reichssteuern stellte sich wiederholt die Frage, wie der Adel beteiligt werden sollte. Die Hussitenkriegssteuer von 1427 und die Türkenkriegssteuer von 1471/74 sahen eine Beisteuer der Grafen, Herren und niederen Adligen durch eine ständische Personalsteuer vor.[143] Andere Reichssteuerprojekte lehnte der Adel ab, da er sich zu unentgoltenen Dienstleistungen im Bereich der Verteidigung verpflichtet fühlte.[144] Dies änderte sich im 16. Jahrhundert; nach der Ordnung des „Gemeinen Pfennigs" von 1542/44 wurden alle weltlichen und geistlichen Reichsstände und deren Untertanen mit einer Vermögensteuer belastet.[145]

Die Heranziehung des Adels zu den territorialen Steuern war seit Mitte des 16. Jahrhunderts streitig. In der deutschen Literatur wurde einerseits betont, dass der Adel mit seinen Lehen nicht durch Ritterdienste und Steuern doppelt belastet werden dürfe, „dieweil sie dieselbigen mit ihrem leibe verdienen und Ritterdienste davon thun müssen dürffen sie keine stewer am gelde geben."[146] Andererseits wurde die Meinung vertreten, dass der Adel die an sich gebrachten steuerbaren Bauerngüter weiterhin versteuern müsse und auch steuerpflichtig sei, sofern er städtische Güter besitzt oder Handel treibt.[147] Eine generelle Steuerfreiheit des Adels – so führt Pistoris aus – sei nirgendwo im Recht bestimmt. Grund für die Steuerbefreiung seien allein die Ritterdienste und nicht die Person oder der Adel an sich.[148] Sofern Adelige in einer Stadt wohnten, wird die Verbindung von Bürgerrecht und Steuerpflicht dafür

142 Ebd., S. 57 ff. (Bayern), S. 79 ff. (Österreich), S. 107 ff. (Sachsen) und S. 147 ff. (Brandenburg).

143 Isenmann, Eberhard: Reichsfinanzen und Reichssteuern im 15. Jahrhundert, in: Zeitschrift für historische Forschung 7 (1980), S. 1–75 und S. 129–218, S. 158 und S. 163 ff.

144 Ebd., S. 186.

145 Ebd., S. 197.

146 Pistoris, Modestinus/Pistoris, Simon/Fachsius, Ludovicus: Consilia sive responsa Trium Saxoniae Iureconsultorum celeberrimorum. Pistoris, Jacob (Hrsg.), Bd. 2, Leipzig 1599, cons. IX, n. 46, S. 75; zitiert nach: Schwennicke, Andreas: „Ohne Steuer kein Staat", S. 98.

147 Schwennicke, Andreas: „Ohne Steuer kein Staat", S. 178 f.

148 Ebd., S. 98 f.

ausschlaggebend gewesen sein, dass man es als gerecht ansah, dass in diesem Fall auch der Adel einen Teil der städtischen Lasten mitzutragen hatte.[149]

Insgesamt kann festgestellt werden, dass die Reichweite der Steuerpflicht und der Rechtsgrund einer Steuerfreiheit des Adels im 16. Jahrhundert weitgehend umstritten und unklar blieben.[150]

3.3 Zusammenfassung und Fazit

Zum Grundsatz der Allgemeinheit der Besteuerung

Der „Gemeine Pfennig“ war die erste allgemeine Steuer in der deutschen Geschichte und sollte als Geldsteuer jeden Reichsangehörigen, der älter als 15 Jahre war, unmittelbar belasten. Damit war in der Frühen Neuzeit – abgesehen von der Belastung der Juden – das Prinzip der Allgemeinheit der Besteuerung grundsätzlich erfüllt, doch blieb der „Gemeine Pfennig“ aufgrund des permanenten Widerstands einzelner Reichsstände gegen diese Reichssteuer ohne nennenswerten Erfolg.

In den deutschen Territorien und Einzelstaaten wurde die „ordentliche Bede“ mehr oder weniger freiwillig geleistet, im Lauf der Zeit wurde diese jedoch als ordentliche Steuer eingefordert und lastete auf dem Grundbesitz der einzelnen Bürger und Bauern.

Die städtischen Steuern waren die ersten Beiträge, die von allen Bürgern – allein deshalb, weil sie Bürger waren – zur Erfüllung des öffentlichen Wohls gefordert wurden. Durch die Steuerpflicht aller Bürger – dazu zählten auch die Adeligen – entwickelte sich die Stadt zu einer Finanzhoheit, die die anerkannten Gemeinzwecke erfüllte.

In der politischen Praxis und in der Literatur wurde die Steuerfreiheit von Kirchengut, Klerikern und des Adels heftig angegriffen. Die Steuerimmunität des Klerus und der Kirche wurde durch Konzilsbeschluss geschaffen, und ein Verstoß gegen dieses Verbot wurde mit der Exkommunikation in ihrer schärfsten Form bedroht. Auch in der Rechtsprechung wurde die Steuerfreiheit nur einschränkend interpretiert. Eine generelle Steuerfreiheit des Adels war nirgends im Recht bestimmt. Grund für die reale Steuerbefreiung waren allein die Ritterdienste und nicht der Adel oder die Person an sich.

---

149 Erler, Adalbert: Bürgerrecht und Steuerpflicht im mittelalterlichen Städtewesen mit besonderer Untersuchung des Steuereides (1939), 2. Aufl., Frankfurt am Main 1963, S. 18 ff.

150 Ebd., S. 100.

Zum Grundsatz der Gleichmäßigkeit der Besteuerung

Zentraler Streitpunkt im Reich war die Frage, ob mit der Bewilligung einer Reichssteuer durch den Kaiser, diese mithilfe des „Gemeinen Pfennigs" oder mit dem „Römermonat" zu erheben wäre. Hintergrund dieser Auseinandersetzung war, dass beim „Gemeinen Pfennig" die Last der Steuermasse auf den reicheren Teil fiel, hingegen bezahlten bei dem „Römermonat" die Stände, der Adel, die Geistlichen und Beamten, nichts. Aufgrund der Machtverhältnisse haben sich die Gegner des „Gemeinen Pfennigs" durchgesetzt, sodass die gesamte Last bei den Bürgern und Bauern blieb. Darüber hinaus widersprach der Kirchenzehnt dem Gleichmäßigkeitsprinzip, da dieser die Bauern neben Natural- und Geldabgaben an ihre Grundherren zusätzlich belastete.

Zum Prinzip der Besteuerung nach der Leistungsfähigkeit

In den Städten war grundsätzlich die Steuerpflicht für jeden Bürger gleich, aber diese Pflicht bestand darin, nach Verhältnis und Vermögen beizutragen. Damit wurde bereits in der Frühen Neuzeit die Leistungsfähigkeit der Bürger zum Maßstab der steuerlichen Belastung. Zu dieser Zeit vertraute man auf die Steuerehrlichkeit der Bürger, die eine eidliche Selbsteinschätzung vor Steuerkommissionen abgeben mussten.

4 Steuerrechtfertigung und Steuergerechtigkeit bis zur Mitte des 17. Jahrhunderts

4.1 Anfänge einer generellen Steuerlehre

Ende des 16. und Anfang des 17. Jahrhunderts stieg die Zahl der Streitigkeiten über Steuern stark an, gleichzeitig intensivierte sich die wissenschaftliche Auseinandersetzung zur Staatsfinanzierung und zu Steuern. An die Stelle der älteren Ablehnung jeglicher Steuern trat eine generelle Steuerrechtfertigungslehre.[151] Leitbild war dabei das wohlgeordnete Gemeinwesen mit einer sparsamen Verwaltung, einer aktiven Wirtschaft und der durch die Obrigkeit garantierten Rechtswahrung.[152] Die landesherrlichen Einkünfte wurden erstmals ausführlich in den ersten Schriften und Monografien zur Legitimation der Fürstensouveränität behandelt.[153] Sie bildeten den Auftakt für eine rasch zunehmende Finanzliteratur.[154]

Die Autoren dieser Zeit konnten auf wissenschaftliche Vorarbeiten kaum zurückgreifen, sie verfolgten mit ihren Schriften das Ziel, Fürsten und andere Herrscher durch Idealbilder vom „guten" Regenten zum „rechten Handeln" anzuleiten.

---

151 Schwennicke, Andreas: „Ohne Steuer kein Staat", S. 101.

152 Stolleis, Michael: Pecunia nervus rerum. Zur Staatsfinanzierung in der frühen Neuzeit, Frankfurt am Main 1983, S. 87.

153 Schulz, Hermann: Das System und die Prinzipien der Einkünfte im werdenden Staat der Neuzeit, dargestellt anhand der kameralwissenschaftlichen Literatur (1600–1836), Berlin 1982, S. 25–28.

154 Schwennicke, Andreas: „Ohne Steuer kein Staat", S. 112.

R. Sahm, *Theorie und Ideengeschichte der Steuergerechtigkeit*,
https://doi.org/10.1007/978-3-658-25903-7_4

Gegen Ende des 16. Jahrhunderts veränderten sich die Vorschläge über Grundsätze des Regierens und Verwaltens und führten zu neuen Legitimationslehren von der Souveränität des Staates bzw. des Regenten.[155]

Schon in der vor- und frühkameralistischen Literatur wird Jean Bodin (1530–1596) erwähnt, der sich in seiner „Respublica" (1583, 1592) offen zu „pecunia nervus rerum" bekannte und damit den Standpunkt vertrat, dass die politische Macht von Herrscher und Staat nur durch eine gute Finanzlage erlangt und vermehrt werden kann.[156] Er erhob die Allgemeinheit der Steuerpflicht zur Voraussetzung der Besteuerung überhaupt.[157] Sein Grundgedanke war von der Vorstellung getragen, dass alle Besteuerung der Untertanen legitimiert sein müsse; damit lehnte er die Verwendung der Gelder einerseits für den Privatnutzen des Fürsten, andererseits für das Privatwohl der Untertanen ab.[158]

Weiter als Bodin ging ein paar Jahre später Theophilus Ellychnius (1623) bei seiner Gliederung der Einnahmen des Fürsten, in der ersten deutschsprachigen Schrift, die sich ausschließlich mit den landesherrlichen Einkünften befasste.[159] Andere Autoren stellten die fürstlichen Einkünfte unter verschiedenen Gesichtspunkten dar; dabei traten zunehmend Überlegungen zu den rechtlichen Voraussetzungen und wirtschaftlichen Auswirkungen in den Vordergrund. Die Autoren wendeten

---

155 Schulz, Hermann: Das System und die Prinzipien der Einkünfte, S. 26–28.

156 Ebd, S. 29; Mayer, Theodor: Geschichte der Finanzwirtschaft und Finanzwissenschaft vom Spätmittelalter bis zum Ende des 18. Jahrhunderts, in: Gerloff, Wilhelm/Meisel, Franz (Hrsg.): Handbuch der Finanzwissenschaft 1, Tübingen 1926, S. 210–244, S. 238 f.

157 Schulz, Hermann: Das System und die Prinzipien der Einkünfte, S. 70.

158 Stolleis, Michael: Pecunia nervus rerum, S. 90.

159 Theophilus Ellychnius unterscheidet (1) Einkünfte ohne Belastung der Untertanen: Erhalt und Pflege der Allmenden; Reduktion der Staatsausgaben; (2) spontane Dotationen an den Fürsten aus freiem Willen; (3) Einkünfte aus dem Transit von Fremden und Ausländern; Geleit-, Ein- und Ausfuhrzölle; (4) legitime Einkünfte von Untertanen: Kopfsteuern, Vermögensteuern, Notsteuern; besondere Einnahmen wie Konfiskationen; Zoll, Weg- und Lagergeld insbesondere auf Luxusgüter; Geldstrafen; Zinsen und Gefälle aus landwirtschaftlicher und gewerblicher Produktion der Untertanen; Anleihen; ausnahmsweise Finanzhilfen von der Kirche; Erlaubnisgelder für bestimmte Bauformen; (5) eher diskutable Einkünfte: Staatsbetriebe; Geldhandel; Abgaben für Geburt, Heirat und Beerdigung der Untertanen; Rekognitionsgelder bei Herrschaftsantritt; Gerichtsgebühren; Verkauf von staatseigenen Gütern; (6) „unlöbliche und unzimliche Stuck": missbräuchlicher obrigkeitlicher Monopolhandel und andere Machenschaften; vgl. Körner, Martin: Steuern und Abgaben in Theorie und Praxis im Mittelalter und in der frühen Neuzeit, in: Schremmer, Eckart (Hrsg.): Steuern, Abgaben und Dienste vom Mittelalter bis zur Gegenwart. Referate der 15. Arbeitstagung der Gesellschaft für Sozial- und Wirtschaftsgeschichte vom 14. bis 17. April 1993 in Bamberg, Stuttgart 1994, S. 53–76, S. 61

sich hin zu rein rationalen Geldbeschaffungsmethoden, zur verstärkten empirischen Fundierung der Wirtschaftspolitik und zum Aufbau eines effektiven Steuersystems.[160]

In diesem Sinn wird in der Forschungsliteratur immer wieder auf Georg Obrecht (1547–1612)[161] verwiesen, der der Frage nachging, auf welche Weise die Einkommen eines Herrschers billig vermehrt werden können, um damit große und nützliche Ausgaben zu erledigen.[162] Dabei setzte Obrecht im Zusammenhang von Finanzen und Staatsräson folgende Akzente: Zunächst ging es ihm um die fast vollständige Identifizierung von Staatswohl und Staatsfinanzierung, dann um die juristisch relevanten Beziehungen zwischen „Justitia" und „Necessitas", wobei jedoch die Belastung der Untertanen durch Steuern begrenzt sein soll. Außerdem begründete er die Bevorzugung der gestaffelten Vermögensteuer vor der starren Kopfsteuer rechtlich und konstatierte, dass aus Gerechtigkeitserwägungen die armen Leute nicht belastet werden dürfen.

Mit seinen Vorschlägen nimmt er einen wichtigen Platz in der gesamten Entwicklung ein, die auf eine Stärkung des Absolutismus durch unabhängige Finanzquellen hinauslief, ohne von den Ständen abhängig zu sein.[163]

Das Steuerbewilligungsrecht der Stände besaß im frühen 17. Jahrhundert seine unbestreitbare Gültigkeit, da es gewachsenes, praktiziertes und damit gültiges Recht war.[164] Allerdings vertraten die meisten Autoren auch die Ansicht, dass in Notfällen die Zustimmung der Stände entfallen könnte,[165] es sei denn, der Herrscher kann keinen legitimen Grund für seine Steuerforderung vorbringen, wenn er z. B. einen ungerechten Krieg führen will.[166]

Der wachsende Finanzbedarf des frühmodernen Staates fand auch in der juristischen Steuerliteratur seinen Niederschlag: Jakob Bornitz (1560–1625), Christoph Besold (1577–1638), Kaspar Klock (1583–1655) und Hermann Conring (1606–1681) zählen zu den bekanntesten Autoren. Aus ihrer praktischen Tätigkeit heraus erschloss sich ihnen die steigende Bedeutung der Geldeinkünfte für das Werden und Wachsen des Staates.[167]

---

160 Stolleis, Michael: Pecunia nervus rerum, S. 81.

161 Wilke bezeichnet Georg Obrecht als den ersten Deutschen, der steuerliche Fragen wissenschaftlich zu behandeln unternahm; Wilke, Gustav: Die Entwicklung der Theorie des staatlichen Steuersystems in der deutschen Finanzwissenschaft des 19. Jahrhunderts, in: Finanz-Archiv 38 (1921), S. 1–108, S. 6.

162 Schulz, Hermann: Das System und die Prinzipien der Einkünfte, S. 41.

163 Stolleis, Michael: Pecunia nervus rerum, S. 82 f.

164 Schulz, Hermann: Das System und die Prinzipien der Einkünfte, S. 55 f.

165 Stolleis, Michael: Pecunia nervus rerum, S. 95; Mayer, Theodor: Geschichte der Finanzwirtschaft und Finanzwissenschaft, S. 240.

166 Schwennicke, Andreas: „Ohne Steuer kein Staat", S. 144 f.

167 Schulz, Hermann: Das System und die Prinzipien der Einkünfte, S. 44 f.

„Pecunia nervus rerum", die sprichwörtliche Wendung, das Geld sei der Nerv aller Dinge – und vor allem der Nerv des Krieges –, reichte bis in die Antike zurück. Aber erst mit einem durch Bodin vermittelten Bild gewannen die Sätze „pecunia nervus rerum" und „pecunia nervus belli" eine solche Beliebtheit, dass zu vermuten ist, dass hierin ein wesentlicher Punkt des Selbstverständnisses der Zeit gesehen werden kann. Ihr massenhaftes Vorkommen beweist, wie sehr man vom Wahrheitsgehalt dieser Sätze überzeugt war.[168] Die Gründe für die Verbreitung dieser Maximen lassen sich wie folgt zusammenfassen:[169] Die wichtigste Ursache war der fundamentale Wandel der mittelalterlichen Ökonomie, der Übergang von der Natural- zur Geldwirtschaft. Die neu empfundene Macht des Geldes zeigte sich im Wesentlichen bei der Finanzierung der Kriege und der großen politischen Machtkämpfe, und parallel zur Ausweitung der Staatsaufgaben setzte eine Ausweitung und Bürokratisierung des Staatsapparates ein, in denen man den Übergang zum „modernen Staat" erblickt. Ende des 16. Jahrhunderts glückte im Deutschen Reich der Aufbau einer bescheidenen Reichsfinanzverwaltung.[170] Diese hatte die Aufgabe, die Matrikularbeiträge von den Reichsgliedern einzutreiben, was sich als nicht so einfach erwies, denn die Behörde verfügte lediglich über einen Personal- und Sachmitteletat von 30 Beamten und 300 Federkielen.[171]

Die oben genannten Autoren der juristischen Steuerliteratur haben die enge Beziehung zwischen dem Leitsatz „pecunia nervus rerum", der Konzentration und Intensivierung der Staatstätigkeit und ihrer Abhängigkeit von der Finanzierbarkeit besonders deutlich gesehen.[172] Steuer und Staat bedingten sich wechselseitig, Staatsbildung und Finanzentwicklung gingen Hand in Hand.[173]

Bornitz hat jene später immer wiederholte Unterscheidung zwischen guter und schlechter Staatsräson eingeführt.[174] Besold unterschied wie Bornitz die gute Staatsräson von der schlechten und bejahte die bei allen Staatsräson-Schriftstellern zentrale Frage, ob verwerfliche Mittel zu einem guten Zweck erlaubt seien. Bezeichnend ist, dass für Besold außerordentliche Auflagen einer ausführlichen Rechtfertigung und einer rechtlichen „causa" bedürfen.[175] Daneben trat auch bei Besold die Idee der Ge-

168 Stolleis, Michael: Pecunia nervus rerum, S. 65.

169 Ebd., S. 68 f.

170 Homburg, Stefan: Allgemeine Steuerlehre, S. 32 f.

171 Ebd., S. 32 f.

172 Stolleis, Michael: Pecunia nervus rerum, S. 71 f.

173 Ullmann, Hans-Peter: Der deutsche Steuerstaat. Geschichte der öffentlichen Finanzen vom 18. Jahrhundert bis heute, München 2005, S. 13.

174 Stolleis, Michael: Pecunia nervus rerum, S. 84.

175 Mayer, Theodor: Geschichte der Finanzwirtschaft, S. 240.

genseitigkeit in den Vordergrund, der Staat dürfe dann Leistungen fordern, wenn er auch seinen Bürgern ein Äquivalent in Form von gemeinnützigen Leistungen bietet. Für Besold war dies die Gegenleistung für Freiheit und Sicherheit, den Ausbau der Infrastruktur, die Garantie des Geldwertes und einer wirksamen Justiz.[176]

Als ungewöhnlich umfassendes und reifes Werk wird in der Forschungsliteratur[177] die Dissertation des späteren kaiserlichen Pfalzgrafen, Syndicus der Stadt Braunschweig und Kanzlers von Minden, Hildesheim sowie der Grafschaft Stolberg, Kaspar Klock, hervorgehoben. Mit seiner im Jahr 1608 verteidigten Dissertation, die er zu dem im 1634 erschienenen Werk „Tractatus de contributionibus" umarbeitete, war Klock der wichtigste Autor des 17. Jahrhunderts in Steuerfragen. Die Bedeutung seiner Werke lässt sich an der Anzahl der Neuauflagen bis in die Mitte des 18. Jahrhunderts ablesen.[178]

Klock wird in unserer Zeit oft als Pionier der Finanzwissenschaft und als wichtigster Begründer der deutschen Steuerlehre benannt, die die Grundlage für die Smith'sche Finanzwissenschaft legte.[179] Er suchte nach einer gerechten, auf Leistung beruhenden, ohne großen Verwaltungsaufwand zu überwachenden Form der Besteuerung. Er musste, da es dafür eine reine Theorie und scharfe Begriffe noch nicht gab, das Ziel mit Hilfsvorstellungen beschreiben wie z. B. „wie die Leistung, so die Besteuerung". Klock näherte sich so den Prinzipien der Leistungsfähigkeit und der progressiven Besteuerung.[180]

Das Gleichheitsprinzip stützte er auf das Naturgesetz und plädierte dafür, die Steuervorrechte des Adels und der Geistlichkeit zu vermindern.[181] Aus ethischen Gründen forderte er auch die Steuerbefreiung des Existenzminimums und warnte vor indirekten Steuern, da diese vor allem die Armen belasteten. Da die Mehrheit der Kameralisten rein fiskalisch dachte und höchstens aus Sorge um die Schatzkammer für eine Steuerermäßigung eintrat, war eine solche Sichtweise durchaus unüblich. Bei Klock tritt schon der Gedanke an die Einkommensteuer zutage, da er die Steuern auf Ertrag abwerfende Güter beschränken wollte. Er forderte die Anlage

176 Stolleis, Michael: Pecunia nervus rerum, S. 89.

177 Homburg, Stefan: Allgemeine Steuerlehre, S. 35; Schwennicke, Andreas: „Ohne Steuer kein Staat", 114 ff.; Stolleis, Michael: Pecunia nervus rerum, S. 90 f.; Wilke, Gustav: Die Entwicklung der Theorie, S. 7.

178 Schwennicke, Andreas: „Ohne Steuer kein Staat", S. 115.

179 Schefold, Bertram: Kaspar Klock. Der Vater der guten Staatsfinanzen, in: Frankfurter Allgemeine Zeitung vom 25.01.2014, S. 1–6; auf: http://www.faz.net/aktuell/wirtschaft/wirtschaftswissen/die-weltverbesserer/kaspar-klock-der-vater-der-guten-staatsfinanzen-12769341.html (letzter Zugriff: 28.02.2017).

180 Ebd., S. 1.

181 Mayer, Theodor: Geschichte der Finanzwirtschaft, S. 240.

von Katastern zur Feststellung der Leistungsfähigkeit des einzelnen Objektes; er war auch einer der Ersten, die zwischen Roheinkommen und Reineinkommen sauber trennten, indem er Werbungskosten zulassen wollte.[182]

Klock zeigte, dass sich im Wesen der staatlichen Finanzen der Länder der Welt Geschichte und Kultur ausdrücken und dass die Besteuerung dem Entwicklungsstand angepasst werden muss. So führte er z. B. aus, dass in den reichen Niederlanden indirekte Steuern eher akzeptabel als in armen Ländern waren, weil die Löhne unter geregelten Verhältnissen das Existenzminimum garantierten. Im Elend Deutschlands nach dem Dreißigjährigen Krieg hatte eine Überlast der indirekten Steuern jedoch Hunger zur Folge.[183] Klock schrieb aber ebenso über die sinnvolle Verwendung der Finanzen, nicht für fürstliche Verschwendung, sondern um das Gemeinwohl zu fördern; der Reichtum aller fördere dann auch den Glanz des Hofes.[184]

Hermann Conring erörterte im Einzelnen Fragen der Steuergerechtigkeit.[185] Er bevorzugte die gestaffelte Vermögen- vor der Kopfsteuer und wies auch auf Gebote der politischen Klugheit der Lastenverteilung des Herrschers hin. Er lehnte die Besteuerung von Lebensmitteln ab, forderte sie hingegen für Luxuswaren. Schließlich behandelte er die Vermehrung und Erhaltung des Staatsschatzes; keineswegs sollte die Vermehrung des Staatsschatzes um jeden Preis verfolgt werden. Das Unabänderliche müsse man den Untertanen wenigstens gerecht erscheinen lassen: „justissimum est, quod necessarium", und die „necessitas" gebietet auch die Begrenzung. Gerechtigkeit und politische Klugheit erforderten also überflüssig gewordene Lasten auch wieder abzuschaffen.[186]

Zusammenfassend kann festgestellt werden, dass jeder der Autoren, Obrecht, Bornitz, Besold, Klock und Conring, auf eine soziale Harmonie hin argumentierte. Allen Autoren war klar, dass man systematisch nach gleichmäßig fließenden Einnahmequellen suchen müsse, dabei jedoch die Gebote der politischen Klugheit und des Rechts nicht verletzen dürfe.[187]

Zwischen 1590 und 1670 bahnte sich unverkennbar ein Wandel der bis dahin vorherrschenden Meinungen in mehreren Punkten an: Erstens wird die Steuer als dauerhaftes Instrument akzeptiert. Einwendungen richten sich gegen die Höhe, den Maßstab (Vermögen- oder Kopfsteuer) und gegen die Art der Erhebung (direkte oder

---

182 Homburg, Stefan: Allgemeine Steuerlehre, S. 35.

183 Schefold, Bertram: Kaspar Klock, S. 2.

184 Ebd., S. 2.

185 Conring, Hermann: De Aerario boni Principis (1663); vgl. Stolleis, Michael: Pecunia nervus rerum, S. 93.

186 Stolleis, Michael: Pecunia nervus rerum, S. 92 f.

187 Ebd., S. 94 f.

indirekte Steuer). Zweitens schwächt sich der Legitimationsgrund „urgens necessitas" – es muss eine dringende Not gegeben sein – allmählich ab; am Ende genügt der öffentliche Bedarf, um eine Belastung zu rechtfertigen. Und drittens geht man von einer ethischen Betrachtung zu einer empirischen über. Die in den Vordergrund rückende Empirie über ökonomische Gesetzmäßigkeiten und politische Interessen trieb ab Mitte des 17. Jahrhunderts bei den Merkantilisten einem Höhepunkt zu.[188]

4.2 Die Leitbilder „gerechter" Besteuerung

Die Autoren des frühmodernen Staates wollten mit ihren Vorschlägen die Obrigkeit auf die Einhaltung bestimmter Grundsätze und Regeln verpflichten. Dabei griffen sie zurück auf rechtliche und wirtschaftliche Erkenntnisse und auf ihre empirischen Erfahrungen über das Obrigkeitsverhalten. In den Schriften schlug sich dies in dem Versuch nieder, der landesherrlichen oder staatlichen Tätigkeit auf dem Gebiet der Finanzen Richtung, Ziel und Maß zu geben.[189] Dabei war die Formulierung von wirtschaftlich begründeten, individuellen und gesamtwirtschaftlichen Prinzipien bestimmend. Um die landesherrliche Zugriffsbefugnis zu begrenzen, gilt das Prinzip vom Vorrang eigener Gütereinnahmen (Vorrang der Kammergefälle). Ergänzt wird dieses Prinzip durch die Formulierung und Präzisierung der Regel von der „necessitas", dem Notcharakter der Steuern. Dieser ursprünglich materiell verstandene Begriff erfährt im Laufe der Zeit eine Veränderung: Aus einer als ethisch-christlich bewerteten bzw. existenziell verstandenen Not wird eine relative Not, die Notwendigkeit der Erfüllung aller möglichen selbst gesetzten Regierungsaufgaben.[190] Die Folgen für das Verständnis der Steuer sind weitgehend:

> Indem die Autoren vom Merkmal der „von außen" kommenden materiellen Not als Rechtfertigungsvoraussetzung der Steuererhebung abrücken, geben sie auch die Vorstellung von der Steuer als einer notwendig zeitlich beschränkten, temporären Einrichtung preis. Aus der „extraordinären Hilfe" wird die „ordentliche Steuer".[191]

Mit Beginn des 17. Jahrhunderts bemerken die Autoren die Veränderungen in den fürstlichen Haushalten, die aufgrund eines gestiegenen Luxus der Hofhaltung zu

---

188 Ebd., S. 96.

189 Schulz, Hermann: Das System und die Prinzipien der Einkünfte, S. 60.

190 Ebd., S. 64.

191 Ebd., S. 64.

einer Zunahme von außerordentlichen Steuern führt. Statt neuer Steuern sollen die Ausgaben der Hofhaltung verringert werden.[192] Appelle zur Sparsamkeit des Herrschers finden sich fast durchweg in der juristischen Literatur, wobei häufig auf den Bauernkrieg Bezug genommen wird. Ein ähnliches Bewusstsein für die kritische Lage des Gemeinwesens sowie Warnungen vor Neuerungen im Steuerwesen lassen sich erst wieder im Gefolge der Französischen Revolution feststellen.[193] In den wiederkehrenden Mahnungen zur Mäßigung spiegeln sich die zeitweilig erdrückend hohen und ungleich verteilten Belastungen der Bevölkerung wider.[194] In bildhafter Sprache plädieren die Autoren für eine Begrenzung der Steuerbelastung durch die Warnung nicht nur vor einer Besteuerung der Substanz, sondern auch vor negativen Anreizeffekten.[195] Dies wird verdeutlicht durch plastische Vergleiche: „Doch wer zugleich das Fell abzieht / Bringt sich um kümfftigen Profit", reimte Karl Ferdinand Pescherinus 1718, und schon 1612 wusste Jacob Bornitz „Wann die Hüner gar geschlacht werden, so legen sie nimmer Eyer".[196] Der Gedanke, die zulässige Gesamtsumme der Steuern zur Erfüllung der obrigkeitlichen Aufgaben zu bestimmen, führt zum Grundsatz des Übermaßverbotes. Der Fürst darf von seinem Recht auf Unterstützung nur im Rahmen des Bedarfs Gebrauch machen, soweit dies zur Erfüllung seiner anerkannten Herrschaftsaufgabe, des Schutzes vor inneren und äußeren Feinden, dient.[197]

4.3 Die Diskussion um die gerechte Verteilung der Steuerlast

4.3.1 Maßstab und Art der Erhebung als Brennpunkte der Auseinandersetzung

Die meisten Autoren des 17. Jahrhunderts halten als Maßstab zur Aufbringung der direkten Steuern eine Vermögensteuer für die sinnvollste und gerechteste Lösung. Dabei soll jedoch nicht das Vermögen als solches, sondern es sollen seine Erträge als Maßstab dienen. Einige Autoren wollen auch alle Gegenstände der

192 Schwennicke, Andreas: „Ohne Steuer kein Staat", S. 124.

193 Ebd., S. 123 f.

194 Schulz, Hermann: Das System und die Prinzipien der Einkünfte, S. 66.

195 Scheer, Christian: Steuerpolitische Ideale, S. 160, mit Hinweis auf den Holländer Pieter De la Court in Anm. 25.

196 Zitate bei Homburg, Stefan: Allgemeine Steuerlehre, S. 35.

197 Schulz, Hermann: Das System und die Prinzipien der Einkünfte, S. 72.

Steuer unterwerfen, die Nutzungen gewähren: Dazu gehören auch die Erträge aus Arbeitsleistungen und immateriellen Gütern. Hingegen sollen Gegenstände, die keinen Ertrag bringen, steuerfrei bleiben.[198]

Als Alternative zur Vermögensteuer wird häufig die Kopfsteuer diskutiert, die jedoch von der großen Mehrheit der Autoren als ungerecht und schädlich abgelehnt wird.[199] Die Kopfsteuer gab es bereits im Altertum und unterwarf sogar die Besitzlosen dieser Steuer, die jeder Mensch in gleicher Höhe unabhängig von seinem Einkommen, Vermögen, Familienstand etc. entrichten musste. Sie war die inhumanste und unvollkommenste Art einer direkten Steuer, die jeden ohne Rücksicht auf seine Leistungsfähigkeit erfasste und deren unterdrückender Charakter als Einbuße an Freiheit empfunden wurde.

Kaiser Ludwig von Bayern führte 1342 die erste regelmäßige staatliche Kopfsteuer, den „Güldenen Opferpfennig“ ein, der Juden auferlegt wurde. Nach Ludwigs Verordnung hatte sowohl jeder Jude, jede verwitwete Jüdin als auch jeder junge Jude über zwölf Jahre mit einem Vermögen von zwölf Gulden jährlich einen Gulden als Leibzoll an den König zu entrichten.[200] Der Versuch, eine Kopfsteuer, die „poll tax“ in England einzuführen, endete mit einer großen Bauernrevolte im Jahr 1381.[201]

Seit Ende des 16. Jahrhunderts nahm in der politischen Praxis die Bedeutung der indirekten Verbrauchsbesteuerung stark zu.[202] Neue territoriale Verbrauchsteuern blieben jedoch wenig ertragreich und in den wenigsten Fällen auf Dauer durchsetzbar, da die Untertanen immer häufiger die Erhebung und Abführung verweigerten.[203] Die praktischen Schwierigkeiten bei der Einführung von Verbrauchsteuern auf umfangreiche Warenkategorien spiegelten sich auch in der politischen und juristischen Literatur wider.[204]

198 Ebd., S. 170 f.

199 Ebd., S. 172.

200 Schomburg, Walter: Lexikon, S. 136.

201 Dieses geschichtliche Ereignis hielt Margaret Thatcher nicht davon ab, die verhasste Kopfsteuer als Kommunalsteuer Ende der 1980er-Jahre in Großbritannien wieder einzuführen. Der Erfolg war, dass 18 Millionen Briten sich weigerten, die Steuer zu bezahlen, denn sie war ein glatter Verstoß gegen jede Version des Leistungsprinzips. Die Proteste gipfelten am 31. März 1990 in einer Demonstration mit rund 70.000 Teilnehmern in London, wobei es zu gewalttätigen Ausschreitungen kam. Letztlich war die „poll tax“ ausschlaggebend für die Krise und den Rücktritt der Regierung Thatcher. Vgl. Die Zeit vom 20.04.1990, Nr. 17.

202 Schwennicke, Andreas: „Ohne Steuer kein Staat“, S. 155.

203 Ebd., S. 158.

204 Vgl. hierzu die Ausführungen in Kapitel 5.2.2.

Nach fast einhelliger Auffassung galt um die Jahrhundertwende von 16. zum 17. Jahrhundert die Luxussteuer als Idealsteuer.[205] So hieß es bei den Autoren, dass Gegenstände, die nicht für den Lebensunterhalt notwendig seien, sondern überflüssigem Luxus dienten, vorrangig besteuert werden sollten. Lebensnotwendige Verbrauchsgegenstände sollten steuerlich unbelastet bleiben.[206]

4.3.2 Zum Wandel im Verständnis der Steuerfreiheit von Adel und Klerus

Im 17. Jahrhundert entwickelte sich ein neues Verständnis hinsichtlich der eingeschränkten Beteiligung – z. B. bei den (Reichs-)Türkensteuern – der Kirche und des Adels an den Steuern. In der Literatur wurde zunehmend die Untertaneneigenschaft auch des Adels betont und die soziale Schieflage der Steuerlastverteilung heftig kritisiert. Immer häufiger wurde ein funktionaler Zusammenhang zwischen der Steuerfreiheit und der Forderung nach Ausschluss von Kirche und Adel von gewinnorientierter Betätigung hergestellt; denn für die Immunität war jahrhundertelang Voraussetzung, dass der Steuerbefreite nicht am Handel teilnahm. Außerdem wurde die Ansicht vertreten, dass der Adel nur aufgrund seiner nicht mehr geleisteten Ritterdienste steuerfrei gewesen sei.[207]

Die Steuerfreiheit des Adels behandelte auch ein Gutachten aus dem Jahre 1641: Im römischen Recht lasse sich nirgends eine eindeutige Bestimmung finden, vielmehr ordne dieses an, dass Adel und Nichtadelige hinsichtlich der Lasten gleichbehandelt werden müssten. Im Übrigen bestehe auch kein allgemeines Gewohnheitsrecht, da der Adel in England, Spanien und in vielen deutschen Provinzen steuerpflichtig sei.[208]

Gegenüber der kirchlichen Steuerfreiheit blieben die meisten evangelischen Autoren kritisch eingestellt. Nach allgemeiner Auffassung müsse die Kirche zu den Reichs- und außerordentlichen Kriegssteuern beitragen. Auch die Besteuerung des persönlichen Vermögens der Kleriker in Notfällen blieb heftig umstritten.[209]

---

205 Schwenicke, Andreas: Ohne Steuer kein Staat, S. 162.

206 Ebd., S. 161 f.

207 Ebd., S. 180.

208 Ebd., S. 181.

209 Ebd., S. 176 f.

4.4 Zusammenfassung und Fazit

Um die Jahrhundertwende vom 16. zum 17. Jahrhundert fand der wachsende Finanzbedarf des frühmodernen Staates seinen Niederschlag in der juristischen Steuerliteratur. Den Autoren erschloss sich die steigende Bedeutung der Geldeinkünfte für das Werden und Wachsen des Staates aus ihrer praktischen Tätigkeit. Der Wandel von der Natural- zur Geldwirtschaft und die neu empfundene Macht des Geldes hatten zu einem neuen Selbstverständnis dieser Zeit geführt. An die Stelle der Ablehnung jeglicher Steuern trat eine generelle Steuerrechtfertigungslehre; es genügte der öffentliche Bedarf, um eine steuerliche Belastung zu rechtfertigen. In den Schriften schlug sich der Versuch nieder, mit Leitbildern „gerechter" Besteuerung der Obrigkeit auf dem Gebiet Finanzen Richtung, Ziel und Maß zu geben.

Zum Grundsatz der Allgemeinheit der Besteuerung

Bereits im 16. Jahrhundert erhob Jean Bodin die Allgemeinheit der Steuerpflicht zur Voraussetzung der Besteuerung überhaupt. Er gründete seine Auffassung darauf, dass jede Besteuerung der Untertanen legitimiert und jede private Verwendung der Gelder der Obrigkeit ausgeschlossen sein müsse. Kasper Klock stützte das Gleichheitsprinzip auf das Naturrecht und forderte die Verminderung der Steuervorrechte des Adels und der Geistlichkeit.

Es entwickelte sich ein neues Verständnis hinsichtlich der eingeschränkten Beteiligung des Adels und der Kirche an den Steuern. Immer häufiger wurde ein funktionaler Zusammenhang zwischen Steuerfreiheit und der Forderung nach Ausschluss von Adel und Kirche von gewinnorientierter Betätigung hergestellt. Im Übrigen bestehe für den Adel auch kein allgemeines Gewohnheitsrecht, da dieser in anderen europäischen Ländern und in vielen deutschen Provinzen steuerpflichtig sei.

Zum Grundsatz der Gleichmäßigkeit der Besteuerung

Die gleichmäßige Durchführung der Besteuerung wurde in der Literatur als entscheidend angesehen.[210] Seit Ende des 16. Jahrhunderts nahm die Bedeutung der indirekten Verbrauchsbesteuerung stark zu, was zu Unruhen in der Bevölkerung führte. In der Literatur schlug sich dies nieder, denn nach fast einhelliger Meinung wurde die Luxussteuer als ideale indirekte Steuer angesehen; entsprechend sollten die lebensnotwendigen Verbrauchsgegenstände steuerlich unbelastet bleiben. Zur Aufbringung der direkten Steuern wurde eine Vermögensteuer als die sinnvollste und gerechteste Lösung angesehen, wobei für die Besteuerung nicht das Vermö-

210 Schwenicke, Andreas: Ohne Steuer kein Staat, S. 169.

gen selbst, sondern die Erträge als Maßstab dienen sollten. Dahinter verbarg sich einerseits die Kritik an der schematischen Besteuerung von Grundstücken nach veralteten Katastern, andererseits daran, dass Gegenstände, die keinen Ertrag brachten, steuerfrei bleiben sollten.

Zum Prinzip der Besteuerung nach der Leistungsfähigkeit

In allen juristischen Abhandlungen des 16. und 17. Jahrhunderts ist der Satz enthalten, dass die Untertanen nach ihrer Leistungsfähigkeit zu belasten seien; denn wer mehr verdiene, solle auch mehr zum öffentlichen Wohl beitragen.[211]

Kaspar Klock suchte nach einer gerechten, auf Leistung beruhenden Form der Besteuerung. Er wollte die Steuer nur auf Ertrag abwerfende Güter beschränken und näherte sich so dem Gedanken einer Einkommensteuer. Er forderte die Feststellung der Leistungsfähigkeit des einzelnen zu belastenden Objektes und war einer der Ersten, die die mit den Einnahmen zusammenhängende Ausgaben zur Feststellung des Reineinkommens zulassen wollten. Aus ethischen Gründen forderte er ebenso die Steuerbefreiung des Existenzminimums und warnte vor indirekten Steuern, da diese vor allem die Armen belasteten. Heutzutage wird Klock als Pionier der Finanzwissenschaft und als wichtigster Begründer der deutschen Steuerlehre benannt.

211 Ebd., S. 167 f.

5 Die Entwicklung der Steuergerechtigkeitsideen und -prinzipien von Mitte des 17. bis Ende des 18. Jahrhunderts

5.1 Das Zeitalter des Kameralismus

Für das Abgaben- und Steuerwesen erlangten im 17. Jahrhundert zwei miteinander korrespondierende Prozesse in einer Reihe europäischer Staaten eine maßgebliche Bedeutung. Der eine Prozess war das Entstehen einer neuen Regierungsform, die das feudal-ständestaatliche Ordnungsgefüge ablöste, und der andere Prozess bestand in einer grundlegenden Veränderung der staatlichen Wirtschaftspolitik, indem die vornehmlich seit dem 16. Jahrhundert verfolgte monetaristische Wirtschaftslehre und -praxis durch die Wirtschaftstheorie und Wirtschaftspolitik des Merkantilismus ersetzt wurde. Beide Prozesse setzten Ende des 16. Jahrhunderts ein und kamen im 17. und 18. Jahrhundert vor allem in Frankreich, England, Russland und in einigen Ländern des Heiligen Römischen Reiches Deutscher Nation – in Form des Kameralismus als Sonderform des Merkantilismus – zur Entfaltung.[212]

Mit der Beendigung des Dreißigjährigen Krieges begann eine neue Periode, die bis zu den Auswirkungen der Aufklärungsphilosophie und der Französischen Revolution reichte und mit der Wende vom 18. zum 19. Jahrhundert ausklang. Die wichtigsten Tatsachen, die diese Epoche von der vorhergehenden strukturell unterschieden, waren der Sieg des absoluten Staates über den ständischen Staat und die Einbeziehung der Lenkung der Wirtschaft in den Aufgabenbereich dieses Staates,

212 Sahm, Reiner: 5000 Jahre Steuern, S. 130.

R. Sahm, *Theorie und Ideengeschichte der Steuergerechtigkeit*,
https://doi.org/10.1007/978-3-658-25903-7_5

die damit im Zusammenhang stehende politische Zersplitterung in geschlossene Einzelstaaten und der wirtschaftliche Zusammenbruch im Dreißigjährigen Krieg. In Deutschland erhielten durch die Friedensakte von Münster und Osnabrück (1648) die einzelnen Länder die volle Souveränität zugebilligt.[213]

5.1.1 Das Entstehen einer neuen Regierungsform

Die ersten theoretischen Grundlagen einer neuen Regierungsform lieferten Staatstheoretiker. Einer der Ersten war der Franzose Jean Bodin (1530–1596),[214] der seine Staatstheorie in seinem 1576 unter dem Titel „Six livres de la Republique" erschienenen Hauptwerk dargelegte. Er beschrieb sein Ideal von einem Staat, der eine absolute und unteilbare Souveränität besitzt und über das alleinige Gesetzgebungsrecht verfügt, um einander befehdende Gruppen zu Ruhe und Ordnung zu zwingen. Das Staatsideal von Bodin betonte die umfassenden Rechte der obersten Gewalt, war aber von den Staatsvorstellungen des voll ausgebildeten Absolutismus noch weit entfernt.[215]

Der Engländer Thomas Hobbes (1588–1679) bereiste mehrfach den europäischen Kontinent und machte sich mit den in den verschiedenen Ländern herrschenden Gesellschaftsverhältnissen vertraut. Im Laufe seiner wissenschaftlichen Betrachtungen kam er – aufbauend auf den Ideen von Bodin – in seinem Meisterwerk „Leviathan", das 1651 erschien, zu der Erkenntnis, dass der Mensch ein egoistisches Wesen sei, das von grundlegenden Leidenschaften bestimmt werde. Die damit verbundene völlige Anarchie könne – so Hobbes – nicht ausgeschaltet, wohl aber durch instruierende Vernunft gezügelt werden. Im Interesse der Selbsterhaltung könnten die Menschen untereinander Vereinbarungen treffen und sich zur Bändigung ihrer Leidenschaften einem Souverän unterwerfen. Dieser Souverän, gleichgültig ob Monarch, Aristokratie oder Demokratie, stehe in keinem vertraglichen Verhältnis zu den Mitgliedern des so gebildeten Staates und könne deshalb auch nicht von ihnen belangt werden. Die Macht des Souveräns sei unbegrenzt, erstrecke sich auf weltliche und geistige Fragen und sei unteilbar. Allerdings hätten die Gesellschaftsmitglieder das Recht zum Ungehorsam, wenn sich zeige, dass der Souverän nicht mehr imstande sei, Ordnung zu halten und den Schutz des Lebens

213 Lütge, Friedrich: Deutsche Sozial- und Wirtschaftsgeschichte. Ein Überblick, 3. Aufl., Berlin/Heidelberg/New York 1979, S. 322.

214 Vgl. hierzu die Ausführungen in Kapitel 4.1.

215 Herzfeld, Hans (Hrsg.): Geschichte in Gestalten, Bd. 1, Frankfurt am Main 1981, S. 167 f.; Sahm, Reiner: 5000 Jahre Steuern, S. 131.

der Gesellschaftsmitglieder zu gewährleisten. Sie könnten sich dann einem neuen Souverän unterwerfen.[216]

Es fehlte jedoch nicht an Gegnern, die die Auswüchse dieser Lehre bekämpften und darauf hinwiesen, dass das Naturrecht, das das Privateigentum schütze, auch den Fürsten verpflichte. Der Philosoph John Locke (1632–1704) argumentierte gegen diese Machtfülle; nur dann, wenn das steuerzahlende Volk durch seine Repräsentanten die öffentlichen Bedürfnisse anerkennt und die Steuern gutheißt, könne die Besteuerung gerechtfertigt werden.[217]

Das Charakteristische dieser nun in Erscheinung tretenden absolutistischen Regierungsform war, dass der Monarch die Herrschaftsgewalt in seinem Land allein ausübte und sich bei seinen Entscheidungen nicht an die Zustimmung autonomer politischer Körperschaften gebunden fühlte. Der absolute Fürst erkannte wohl das göttliche und historische Recht an, stand aber selbst über den gegebenen Gesetzen und konnte sie brechen. Er war der einzige Repräsentant der Staatsgewalt, der die unumschränkte Macht als oberster Gesetzgeber, Regierungsoberhaupt, oberster Richter und Militärbefehlshaber besaß. Dieser Machtgedanke schloss in sich die anmaßende Forderung ein, Recht setzen zu können.[218]

Die Entwicklung zu der absolutistischen Staatsform stand im Zusammenhang mit lang währenden militärischen Auseinandersetzungen, die dazu führten, dass sich die ökonomische Leistungsfähigkeit der daran beteiligten Länder allmählich erschöpfte und es einer bestimmten Art und Weise der wirtschaftlichen Rekonstruktion bedurfte. Die Notwendigkeit zu einer solchen Rekonstruktion zwang zu einer Zentralisierung der Möglichkeiten. Das bedingte wiederum eine entsprechende Führung und Organisation, die unter den gegebenen Umständen in den Händen eines Monarchen liegen musste und einen funktionstüchtigen zentralen Staatsapparat voraussetzte. Diese Amtsgewalt umfasste die Beamtenschaft, das stehende Heer sowie die Staatskirche, die auf die Konfession des Monarchen ausgerichtet war. Die herausragende Position der Obrigkeit wurde zumeist von einem großen, mit erheblichem finanziellen, materiell-technischen und geistig-kulturellen Aufwand verbundenen Repräsentationsbedürfnis begleitet.[219]

216 Ebd., Bd. 2, S. 212–214; Sahm, Reiner: 5000 Jahre Steuern, S. 131.

217 Mann, Fritz Karl: Steuerpolitische Ideale, S. 19.

218 Lütge, Friedrich: Deutsche Sozial- und Wirtschaftsgeschichte, S. 324; Sahm, Reiner: 5000 Jahre Steuern, S. 131. Un roi, une foi, une loi – ein König, ein Glaube, ein Gesetz – unter dieser Devise herrschte Ludwig der XIV. als Sonnenkönig ein halbes Jahrhundert lang und gab entscheidende Impulse für die Entfaltung des Absolutismus in Europa.

219 Sahm, Reiner: 5000 Jahre Steuern, S. 131 f.

5.1.2 Die Veränderungen der staatlichen Wirtschaftspolitik durch den Kameralismus

Eine der Grundvoraussetzungen für das Funktionieren des absolutistischen Staates bestand in der Hebung der Wirtschafts- und Steuerkraft des Landes; dazu musste ein staatswirtschaftliches System begründet und funktionstüchtig gehalten werden. Das Herzstück bildete ein leistungsfähiges Finanz- und Steuerwesen, das in der Lage war, das Beamtentum, das stehende Heer und die sonstigen Staatsaufgaben zu finanzieren.[220]

Das Schwergewicht bei den wirtschaftspolitischen Maßnahmen lag auf einer Beeinflussung des Handels mit dem Ziel, eine aktive Handelsbilanz zu erzielen und damit den eigenen Reichtum zu stärken. In Deutschland standen nicht der Handel im Vordergrund, sondern Landwirtschaft und Gewerbe, die es im Zuge der Wiederaufbaumaßnahmen nach dem Dreißigjährigen Krieg zu fördern und zu entwickeln galt. Die Fokussierung auf natürliche Wachstumsvorgänge und die Entwicklung der produktiven Kräfte war das Ziel im deutschen Merkantilismus; hier hat die Bezeichnung „Kameralismus" im Vordergrund gestanden, abgeleitet von „camera", der fürstlichen Schatzkammer, die es zu bereichern galt.[221]

Ausgangspunkt aller wirtschaftlichen Handlungsstrategien waren die „Nahrungsgeschäfte", also die Techniken des Produzierens und Herstellens in Landwirtschaft und Gewerbe. Der Boden, die beweglichen Güter und die Arbeitskraft der Untertanen waren demgemäß die Quellen des Reichtums im Staate und dessen „Vermögen".[222]

Im auffallenden Unterschied zur Wissenschaft in Westeuropa entwickelten sich die Kameralwissenschaften im 18. Jahrhundert zu einer eigenständigen, auch universitär gepflegten Wissenschaftsdisziplin. Die Kameralwissenschaftler offerierten eine Fülle wirtschaftspolitischer und administrativer Handlungsstrategien, die einen steuerlich abschöpfungsfähigen Reichtum im Land herbeiführen sollten.[223]

---

220 Lütge, Friedrich: Deutsche Sozial- und Wirtschaftsgeschichte, S. 328; Sahm, Reiner: 5000 Jahre Steuern, S. 132.

221 Lütge, Friedrich: Deutsche Sozial- und Wirtschaftsgeschichte, S. 329; Isenmann, Moritz: Einleitung, in: Isenmann, Moritz (Hrsg.): Merkantilismus. Wiederaufnahme einer Debatte. (Vierteljahresschrift für Sozial- und Wirtschaftsgeschichte, Beiheft 228), Stuttgart 2014, S. 9–21, S. 14.

222 Justi, Johann Heinrich Gottlob von: Grundsätze der Policey-Wissenschaft (1756), 3. Aufl., Göttingen 1782, S. 10–14.

223 Simon, Thomas: Merkantilismus und Kameralismus. Zur Tragfähigkeit des Merkantilismusbegriffs und seiner Abgrenzung zum deutschen „Kameralismus", in: Isenmann, Moritz (Hrsg): Merkantilismus. Wiederaufnahme einer Debatte (Vierteljahresschrift für Sozial- und Wirtschaftsgeschichte, Beiheft 228), Stuttgart 2014, S. 65–82, S. 75 f.

Nachdem im unmittelbaren Anschluss an den Dreißigjährigen Krieg die Zahl juristischer Dissertationen zu Steuern von 1650 bis 1689 mit 50 feststellbaren Titeln ihren absoluten Höhepunkt erreicht hatte, nahm die Anzahl von Werken der mehr ertragsorientierten kameralistischen Steuerliteratur seit Ende des 17. Jahrhunderts stark zu.[224] Die Autoren befassten sich mit der idealen Ausgestaltung des Steuersystems und dem gegenseitigen Verhältnis der einzelnen Steuern. Nach dem Abflauen des „Akzisenstreits“[225] kamen nach 1720 als neue Diskussionsschwerpunkte die Durchführung der Besteuerung und die Möglichkeit einer Reform der über Jahrhunderte gewachsenen territorialen Steuerordnungen hinzu.[226]

5.1.3 Neue Schwerpunkte der Staatsfinanzierung

Bei den Veränderungen im Steuer- und Abgabewesen kam es in erster Linie darauf an, die Einnahmen auf eine neue Basis zu stellen. Bislang hatten die Anleihen, die die privaten Finanziers den Landesherren für deren unterschiedliche Vorhaben gewährten, eine außerordentlich große Rolle gespielt. Die Verarmung, die durch den Dreißigjährigen Krieg entstanden war, hatte aber dazu geführt, dass in den deutschen Territorien Anleihen auf längere Zeit nur in Maßen aufgenommen werden konnten, die Landesherren mussten also neue Einnahmequellen erschließen. Das war nicht einfach, denn in den zurückliegenden Jahrhunderten war eine Vielzahl von Steuern und Abgaben aus den unterschiedlichsten Gründen und Anlässen eingeführt worden, ohne darauf Rücksicht zu nehmen, wie sie sich auf diejenigen auswirkten, die sie zu entrichten hatten.[227]

Am Beispiel Bayerns und Preußens wird der Anstieg des Anteils der Steuereinnahmen am Gesamtetat der Territorien deutlich. Bayern hatte Mitte des 18. Jahrhunderts einen Etat in Höhe von 3,8 Millionen fl. Davon entfielen 73,7 Prozent auf Steuereinnahmen und 26,3 Prozent auf Abgaben der Bauern und auf Einnahmen aus Regalien. In Preußen betrugen beim Regierungsantritt Friedrichs des Großen

---

224 Schulz, Hermann: Das System und die Prinzipien der Einkünfte, führt im Quellen- und Literaturverzeichnis 395 Quellen aus der kameralwissenschaftlichen Literatur für den Zeitraum von 1600–1835 an. Bei Jenetzky, Johannes: System und Entwicklung des materiellen Steuerrechts in der wissenschaftlichen Literatur des Kameralismus von 1680–1840, dargestellt anhand der gedruckten zeitgenössischen Quellen (Schriften zum Steuerrecht 17), Berlin 1978, finden sich 327 Titel für den Zeitraum 1680–1840; vgl. Schwennicke, Andreas: „Ohne Steuer kein Staat“, S. 19.

225 Vgl. hierzu Kapitel 5.2.2.

226 Schwenicke, Andreas: Ohne Steuer kein Staat, S. 202 f.

227 Sahm, Reiner: 5000 Jahre Steuern, S. 134.

die reinen Staatseinnahmen 7 Millionen Taler, davon entfielen 3,3 Millionen (= 47 Prozent) auf die Erzielung von Reinerträgen aus den Domänen. In den Jahren ab 1806 betrugen die gesamten Steuereinnahmen ca. 70 Prozent, die aus dem Domänenbesitz ca. 30 Prozent der gesamten Staatseinnahmen. Aus beiden Beispielen kann man ersehen – was ganz allgemein für diese Epoche gilt –, dass die Bedeutung der Steuern laufend größer wurde.[228]

Staatsbildung und Finanzentwicklung gingen Hand in Hand. Mit dem Wachsen der Staatsintervention, dem Vordringen der Geldwirtschaft und der Einführung stehender Heere wuchs der Finanzbedarf vom 17. Jahrhundert an in allen europäischen Ländern; die Steuern gediehen zu einer ständigen Zwangsabgabe.[229] In der Literatur des 18. Jahrhunderts wurden die aus der ständigen Kriegsrüstung resultierenden Finanzbedürfnisse als hauptsächlicher Grund und zugleich als Rechtfertigung für die dauernde Auferlegung von Steuern angesehen.[230]

Um die finanziellen Mittel nur für die Kriegsführung aufzubringen, wurden von den Monarchen und ihren Regierungen im Wesentlichen die folgenden Methoden angewandt: Vorerst stützte man sich auf einen über einen längeren Zeitraum angesammelten Kriegsschatz. Friedrich II. bestritt die Ausgaben für den Ersten und Zweiten Schlesischen Krieg ausschließlich aus dem Kriegsschatz. Die zweite Methode bestand in der Manipulation der Währung, also der Vermehrung von unterwertigem Geld. Als dritte Methode wurde die Erhebung von Sondersteuern in Form von Kriegssteuern und von Kontributionen praktiziert. Die vierte Methode war die Aufnahme von Anleihen und die fünfte schließlich die Subsidien, die man im Ausland beschaffte.[231]

---

228 Lütge, Friedrich: Deutsche Sozial- und Wirtschaftsgeschichte, S. 397.

229 Ullmann, Hans-Peter: Der deutsche Steuerstaat, S. 15; Mann, Fritz Karl: Steuerpolitische Ideale, S. 47 und S. 277.

230 Lang, Karl Heinrich von: Historische Entwicklung, S. 203 ff.; Justi, Johann Heinrich Gottlob von: Ausführliche Abhandlung von denen Steuern und Abgaben nach ächten, aus dem Endzweck der bürgerlichen Gesellschaften abfließenden Grundsätzen und zur Wohlfarth der Völker dienlichen Maaßregeln abgefasset, Königsberg/Leipzig 1762, ND Wiesbaden 1977, S. 7.

231 Lütge, Friedrich: Deutsche Sozial- und Wirtschaftsgeschichte, S. 399.

5.2 Die Ideale des Absolutismus

5.2.1 Zur Entwicklung der steuerpolitischen Anschauungen

Die Spaltung der politischen Entwicklung in eher absolutistisch regierte oder eher ständisch verwaltete Territorien fand ihren Niederschlag in der Steuerrechtsliteratur; es überwog ein herrschaftsstabilisierender Grundton, wobei die Autoren – je nach ihrem politischen Hintergrund – mehr absolutistische oder mehr ständische Positionen vertraten. In den Territorien, in denen der Einfluss der Stände geringer geworden war, wagten sich nur wenige Autoren an diese komplexe und politisch brisante Materie. Diese Grundstabilität der politischen Verhältnisse des 18. Jahrhunderts dürfte ein wesentliches Moment dafür gewesen sein, dass die Frage der Besteuerung nicht zur Keimzelle revolutionärer Ideen in den deutschen Staaten wurde.[232]

Die überwiegende Auffassung in der juristischen Literatur ging davon aus, dass der Adel wegen des Verbots der doppelten Belastung mit Diensten und Steuern steuerfrei zu sein hat. Da der Adel auch vom Handel und Gewerbe ausgeschlossen war,[233] ergab es sich, dass im 18. Jahrhundert der historisch gewachsene Bestand an Privilegien als Grundlage der Steuerfreiheit im Vordergrund stand. Erst gegen Ende des 18. Jahrhunderts wurde in verstärktem Maße auch die historische Begründung der Steuerfreiheit des Adels infrage gestellt.[234]

Die Privilegierung von Kirchenvermögen und des Klerus blieb über die Mitte des 17. Jahrhunderts hinaus in der Diskussion, wobei gerade protestantische Autoren der Steuerfreiheit der Kirche oft kritisch gegenüberstanden. Dabei berief sich die Literatur auch auf den Gedanken, dass die Kleriker auch Bürger seien und sich daher an den örtlichen Lasten beteiligen müssten.[235]

Die Reform- und Idealsteuerdiskussionen, die Mitte des 17. Jahrhunderts begonnen hatten, wurden im 18. Jahrhundert in zuvor nicht bekannter Weise von intensiven politischen Debatten um die ideale Gestaltung der Steuersysteme fortgeführt. Aus der Rechtfertigung der Besteuerung – der Steuerbegründungslehre – wurden Regeln der Steuerverteilung abgeleitet. Der gemeinsame Grundgedanke der Steuerlehren dieser Zeit, die später unter dem Sammelnamen „Äquivalenztheorie" zusammen-

232 Schwennicke, Andreas: „Ohne Steuer kein Staat", 349 f.

233 Zur Diskussion des Handelsverbots vgl. Stollberg-Rilinger, Barbara: Handelsgeist und Adelsethos. Zur Diskussion um das Handelsverbot für den deutschen Adel vom 16. bis zum 18. Jahrhundert, in: Zeitschrift für historische Forschung 15, 1988, S. 290 ff.

234 Ebd., S. 318–327.

235 Ebd., S. 328.

gefasst worden sind, war, dass Leistung und Gegenleistung einander entsprechen müssten. Die Frage lautete: Welcher Preis entsprach den staatlichen Diensten?

In ethischer Hinsicht stellte sich die Frage, welcher Steuerbetrag gerecht war. Die entwickelten Gerechtigkeitspostulate zielten darauf ab, die zwischen den Individuen durchzuführende Steuerverteilung in einem ethisch als befriedigend angesehenen Sinne zu regeln. Dabei ist insbesondere von großer Bedeutung, ob die den Steuerpflichtigen auferlegte „Belastung" im Vergleich zu der, die ihre Kollegen, Nachbarn etc. zu tragen hatten, als richtig bemessen erschienen.[236] Die meisten Steuergrundsätze entstanden aus dem Wunsch, wirtschaftlich, sozial und ethisch als nachteilig empfundene Steuerformen und -techniken zu beseitigen und an ihre Stelle bessere zu setzen.[237] Fast alle monografischen Abhandlungen zu Steuern befassten sich mit der systematischen Ausformulierung eines umfangreichen Kataloges an Steuergrundsätzen.[238]

5.2.2 Das Ideal der Akzise

Ab der Mitte des 17. Jahrhunderts änderte sich die juristische und politische Beurteilung der idealen Steuerlastverteilung innerhalb weniger Jahre.[239] Die überwältigende Mehrheit sowohl der Praktiker als auch der Theoretiker stimmte im Grundsatz darin überein, dass die Kontributionen (Steuern auf bewegliche und unbewegliche Güter) und Schatzungen (reelle Vermögensteuern) durch Akzisen ergänzt und sogar ersetzt werden sollten.[240] Der entscheidende Grund für die Popularität der Akzise lag in der – bereits erörterten – Verarmung, die durch den Dreißigjährigen Krieg entstanden war.

Die Ansichten über das, was der Begriff Akzise beschrieb, gingen weit auseinander,[241] es lässt sich jedoch festhalten, dass man unter Akzise eine überwiegend den Verbrauch und Verkehr treffende Besteuerung verstand; denn mehrfach traf

236 Vgl. dazu die Hinweise bei Schmölders, Günter: Das Gerechtigkeitspostulat in der Besteuerung, in: Finanzarchiv 23 (1963), S. 53–65.

237 Neumark, Fritz: Grundsätze gerechter und ökonomisch rationaler Steuerpolitik, S. 17.

238 Scheer, Christian: Steuerpolitische Ideale, S. 164.

239 Schwennicke, Andreas: „Ohne Steuer kein Staat", S. 291.

240 Mann, Fritz Karl: Steuerpolitische Ideale, S. 50.

241 Vgl. Wolf, Jürgen Rainer: „… zu Einführung einer Gott wohlgefälligen Gleichheit auf ewig …". Steuerreformen im Zeitalter des Absolutismus und der Aufklärung, in: Schultz, Uwe (Hrsg.): Mit dem Zehnten fing es an. Eine Kulturgeschichte der Steuer, München 1986, S. 162–173, S. 168.

sie die Person, den Besitz und die Produktion und wurde wie eine Katastersteuer veranlagt. Die Einführung und Vermehrung der Akzisen lagen sowohl im Interesse breiter Volksschichten, als auch der absoluten Fürsten, und die Gründe für die Akzise sind in stereotyper Weise wiederholt worden, sobald die indirekten gegenüber den direkten Steuern verteidigt werden sollten.[242]

Für die Akzise sprachen viele Gründe:[243] zunächst ihre fiskalische Ergiebigkeit – der preußische Fiskus z. B. zog aus der Akzise den Vorteil, dass 1806 über 60 Prozent der Steuereinnahmen aus der städtischen Akzise und dem Zoll flossen, und nur 40 Prozent aus der ländlichen Kontribution[244] – und ihre Unmerklichkeit. Sie war ein „heimlicher Dieb", weil sie in einem Augenblick gezahlt wurde, in dem der Mensch an einen Genuss oder ein Vergnügen dachte. Außerdem konnte sie einfach erhoben werden und bestrafte die Verschwendung, regte also zur Sparsamkeit an und nahm – so stellte man fest – nur vom erzielten Ergebnis. Verhinderten zuvor die zäh verteidigten Steuerprivilegien von Adel und Geistlichkeit eine gleichmäßige Lastenverteilung, galt bei bei der Akzise: Wer verbrauchte oder verzehrte, wurde steuerpflichtig, gleichgültig, welchem Stande er angehörte. Auch aus verfassungspolitischen Gründen war die Akzise den Herrschern des 16. bis 18. Jahrhunderts willkommen, denn einmal eingeführte Verbrauchsabgaben konnten ohne neue Zustimmung der Stände fortgeführt werden. Damit verstärkte die Akzise die finanzielle Unabhängigkeit der Fürsten und damit deren Macht.

Die Hervorhebung der Akzise als ideale Steuerform – die durch massive Interessen wirtschaftlicher und politischer Art Unterstützung fand – führte zwangsläufig zu heftigen Gegenbewegungen. Es war deshalb kein Wunder, dass in mehreren Ländern fast gleichzeitig der sogenannte Akzisestreit ausbrach. Die meisten Autoren des 18. Jahrhunderts nahmen Anstoß an der Besteuerung der Grundnahrungsmittel.[245] Die Kritik richtete sich primär gegen die vorgeschlagene Mehlakzise, denn „die Armen würden durch die aus der Mehlaccise hervorgehende Vertheuerung des Brodes, das ja ihr fast ausschließliches Nahrungsmittel sei, zu Rebellion oder zur Auswanderung gezwungen."[246]

---

242 Mann, Fritz Karl: Steuerpolitische Ideale, S. 51 f.

243 Ebd., S. 53–58.

244 Schmoller, Gustav von: Skizze einer Finanzgeschichte von Frankreich, Österreich, England und Preußen (1500–1900). Historische Betrachtungen über Staatenbildung und Finanzentwicklung, Sonderabdruck aus: Jahrbuch für Gesetzgebung, Verwaltung und Volkswirtschaft im Deutschen Reich 33 (1909), S. 1–64, S. 46.

245 Schwennicke, Andreas: „Ohne Steuer kein Staat", S. 314.

246 Zitiert in: Inama-Sternegg, Karl Theodor Ferdinand Michael von: Der Accisenstreit deutscher Finanztheoretiker im 17. und 18. Jahrhundert, in: Zeitschrift für die gesammte Staatswissenschaft 21 (1865), S. 515–545, S. 532.

Mit der literarischen Auseinandersetzung über die Akzise wurde zum ersten Mal in der breiten Öffentlichkeit diskutiert, in welcher Art welche Bevölkerungsgruppen zur Finanzierung der Staatsaufgaben herangezogen werden sollten.[247] Dieser Streit hatte maßgebenden Einfluss auf die theoretischen Erörterungen über indirekte und direkte Steuern[248] und auf die Steuersysteme der verschiedenen deutschen Staaten. Er hat die Fürsten, das Beamtentum und den Bürger- und Bauernstand insofern zusammengeschlossen, als die Verbrauchsteuern die Ausnahme von Adel und Geistlichkeit durchbrachen und wenigstens eine teilweise Allgemeinheit der Steuerpflicht verwirklichten.[249]

5.3 Die Ideale des Naturrechts

5.3.1 Die Ansätze einer Naturrechtslehre der Besteuerung

In keinem Bereich gelangte der Absolutismus schneller an seine Grenzen als in der Finanzwirtschaft.[250] Alle notwendigen Voraussetzungen für ein geordnetes und ergiebiges Abgabesystem fehlten, und das Emporschrauben des Steuertarifs gefährdete die wirtschaftliche Existenz und die persönliche Freiheit der Untertanen. Dieses Versagen des Absolutismus rief eine Gegenbewegung in fast allen Ländern und eine neuartige steuerpolitische Idee hervor. Diese Idee war das Ergebnis eines neuen wissenschaftlichen Bewusstseins; denn die Menschen waren trotz Humanismus und Reformation abgestoßen von den Spaltungen, die das geistige, politische und religiöse Leben durchzogen. In dieser neuen Zeit erstrebten die Menschen einen sicheren Halt und einige Vordenker glaubten, diesen an den der Naturordnung entsprechenden unveränderlichen Begriffen und Normen zu finden.[251]

Da auch in der Politik die Idee der Staatsräson den Menschen keinen festen Beistand hatte bieten können, trat die Frage nach Gerechtigkeit verstärkt in den

247 Schwennicke, Andreas: „Ohne Steuer kein Staat“, S. 353.

248 Die Unterscheidung zwischen direkten und indirekten Steuern geht auf den französischen Physiokraten Quesnay zurück; vgl. Gömmel, Rainer/Klump, Rainer: Merkantilisten und Physiokraten in Frankreich. Geschichte der volkswirtschaftlichen Lehrmeinungen, Darmstadt 1994, S. 133 f. Da diese Unterteilung nach wie vor geläufig ist und in den zeitgenössischen Diskussionen ständig vorgenommen wurde, wird sie hier beibehalten.

249 Mann, Fritz Karl: Steuerpolitische Ideale, S. 99.

250 Ebd., S. 80 ff.

251 Ebd., S. 81.

Vordergrund.[252] Was aber macht eine gerechte Ordnung aus, woran kann man eine ungerechte Ordnung erkennen? Was sind die Kriterien der Gerechtigkeit, und wie kann man Gewissheit über sie gelangen? Gibt es bestimmte Regeln oder Prinzipien, die gleichsam aus sich heraus eine gerechte Ordnung oder eine gerechte Entscheidung hervorbringen?[253]

Ein naheliegender Antwortversuch besteht darin, sich bestimmter Regeln und Handlungsweisen zu bedienen, die gleichsam aus sich heraus eine gerechte Ordnung hervorbringen. Die bekannteste Regel hat Eingang in das römische Recht gefunden: „Iustitia est constans et perpetua voluntas ius suum cuique tribuendi" (Die Gerechtigkeit ist der beständige und dauerhafte Wille, jedem sein Recht zukommen zu lassen), wie es der römische Jurist Ulpianus formulierte. Die Formel „jedem das Seine" (suum cuique) ist jedoch inhaltsleer, da sie letztlich zur Rechtfertigung jeder beliebigen Ordnung dienen kann.[254]

Womöglich könnte die Rechts- und Staatsphilosophie die Antwort auf die Frage nach der gerechten sozialen und staatlichen Ordnung geben. In der Antike wurde gefragt: Welche Herrschaft ist gerecht? In der Neuzeit hingegen: Ist Herrschaft überhaupt gerecht?

Für die rationalistische Naturrechtslehre des 17. und 18. Jahrhunderts mit ihren bedeutendsten Vertretern wie Thomas Hobbes, John Locke, Jean-Jacques Rousseau und Immanuel Kant war der Staat ein im Grunde künstliches Produkt, und der Mensch wurde zum Herrscher und Beherrscher seiner selbst, zum „autonomen Produzenten seiner Geschichtswelt".[255] Vor allem dachte die Naturrechtslehre des 17./18. Jahrhunderts entschieden vom Individuum her, was man deutlich an der Verwendung der beiden tragenden Hauptelemente der neuen Lehre sieht: dem Gedanken des Naturzustandes und der Lehre vom Gesellschafts- beziehungsweise Herrschaftsvertrag. Da im Naturzustand alle Menschen frei und gleich sind, gründet sich die Herrschaft auf der Zustimmung der Herrschaftsunterworfenen. Dieser Gedanke „ist bis auf den heutigen Tag die entscheidende Legitimationsfigur staatlicher Ordnung und Herrschaft."[256]

Zur Legitimation der Herrschaft trat ihre Limitation. Bei Hobbes gab es nur den souveränen Staat, bei Locke – den man den Begründer des Liberalismus nennt[257] –

---

252 Ebd., S. 82.

253 Dreier, Horst: „Wir hatten Gerechtigkeit erhofft … doch bekommen haben wir den Rechtsstaat", in: Frankfurter Allgemeine Zeitung vom 05.01.2015, S. 6.

254 Ebd., S. 6.

255 Ebd., S. 6

256 Ebd., S. 6.

257 Ebd., S. 6; Locke, John: www.Philosophenlexikon.de (letzter Zugriff 20.02.2017).

erweiterte sich dieser zum Rechtsstaat. Jean-Jacques Rousseaus Gesellschaftsvertrag („Du Contrat Social ou Principes du Droit Politique“, 1762) ist die Antwort auf die Frage, wie individuelle Freiheit und staatliche Ordnung miteinander vereinbar sind. Ihm zufolge lag die Funktion der Vorstellung eines ursprünglichen Vertrages darin, jeden Gesetzgeber darauf zu verpflichten, seine Gesetze so zu erlassen,

> als ob sie aus dem vereinigten Willen eines ganzen Volkes haben entspringen können, und jeden Untertan, sofern er Bürger sein will, so zu sehen, als ob er zu einem solchen Willen mit zusammengestimmt habe. Denn das ist der Probierstein der Rechtmäßigkeit eines jeden öffentlichen Gesetzes.[258]

Kant meinte in seiner Rede von der „wahren Republik“ im Kern eine repräsentative Demokratie, flankiert von rechtsstaatlichen Garantien und dem zentralen Recht eines jeden auf Freiheit.[259]

Wie konnte ein „natürliches“ System der Besteuerung gefunden werden? Den Ansatz hierfür bildete der politische und wirtschaftliche Individualismus, den insbesondere Locke mit dem Naturrecht verband. Man glaubte, dass – wie in der Natur – auch in der Wirtschaft Freiheit herrschen müsse und jeder staatliche Eingriff schädlich wäre. Das Neuartige dieser Gedanken war, dass die Freiheit in der Wirtschaft als ein für alle ökonomischen Vorgänge verbindliches Naturgesetz verkündet wurde.[260]

Schritt für Schritt drangen – neben den Idealen des Absolutismus – die naturrechtlichen Gedanken in die Regierungskreise und die politische Opposition vor, sie wurden zum wissenschaftlichen und politischen Rüstzeug der kommenden Elite, bis diese die politische Herrschaft übernahm.[261]

5.3.2 Die Ansätze einer Steuerrechtslehre als organische Einheit

Sehr fruchtbar war der Versuch, den Blutkreislaufgedanken auf das Gebiet der Finanzwirtschaft zu übertragen. Wenn Zufluss und Abfluss öffentlicher Gelder als eine organische Einheit begriffen wurden, dann stellte die Steuer keinen lästigen Fremdkörper mehr dar, sondern war ein Teil eines natürlichen Verlaufs. Damit

---

258 Rousseau, Jean-Jacques, zitiert bei: Dreier, Horst: „Wir hatten Gerechtigkeit erhofft“, S. 6

259 Kant, Immanuel, zitiert bei: Dreier, Horst: „Wir hatten Gerechtigkeit erhofft“, S. 6

260 Mann, Fritz Karl: Steuerpolitische Ideale, S. 85.

261 Ebd., S. 87.

war eine der praktischen Finanzpolitik einleuchtende Rechtfertigung der Steuer gefunden.[262]

Der französische Philosoph François de la Mothe le Vayer (1588–1672) hat für diese im 17. Jahrhundert entstandene Lehre einen anschaulichen Naturvergleich angeführt: Die Mehrzahl der Steuern sollte den Dämpfen gleichen, die von der Erde aufsteigen und sich zu Wolken verdichteten, dann niedersanken und an den Ort zurückkehrten, von dem sie ausgegangen sind.[263] Bei ihm sucht man vergeblich nach ethischen Normen; sein Prinzip wurde nicht aus der Gerechtigkeitsidee hergeleitet, sondern Ausgangspunkt und Ziel seiner Betrachtung war der Fortbestand des Staates. Die Staatserhaltung jedoch setzte den Fortbestand der Finanzwirtschaft voraus.[264]

De la Mothe le Vayer rechtfertigte die Gleichmäßigkeit der Lastenverteilung mit dem Staatsinteresse und strebte eine Lastenverteilung an, die sich nach den wirtschaftlichen Kräften richtete. Das wäre nur möglich, wenn die Fähigkeit der Bürger zur Steuerzahlung erhalten bliebe und die Steuerlast der Leistungsfähigkeit der Bürger angepasst würde. Darüber hinaus dürfte es grundsätzlich keine Steuerbefreiung geben. Damit hat François de la Mothe le Vayer im 17. Jahrhundert im Kampf gegen die Steuerprivilegien der oberen Stände ein eindrucksvolles wirtschaftspolitisches Argument formuliert, das in die naturrechtliche Steuerlehre einging und bis in die heutige Zeit Bestand hat.[265]

5.3.3 Das Gerechtigkeitsideal im Zeitalter der Aufklärung

5.3.3.1 Die Auffassungen über Steuergerechtigkeit

Die Mehrzahl der Autoren, die auf dem Boden des Naturrechts standen, wollten nicht das überkommene Gefüge der Besitzverteilung verändern, sondern Belastungskorrekturen im Wege einer Steuerreform durchführen. Nur dieses Ziel war mit den Forderungen nach Allgemeinheit und Gleichmäßigkeit der Besteuerung gemeint. Hauptsächlich im 18. Jahrhundert verbreitete sich die Ansicht, dass die Besteuerung lediglich die Wirtschaft begleiten sollte, ohne diese zu stören. Auch aus diesem Grunde sollte die Steuer keine „außerfiskalischen" Zwecke erfüllen;

262 Ebd., S. 88; vgl. die weiteren Ausführungen in Kapitel 5.3.3.5.

263 Mann, Fritz Karl: Steuerpolitische Ideale, S. 90.

264 Ebd., S. 94.

265 Ebd., S. 95.

diese Auffassung erschien zur damaligen Zeit nicht nur als zweckmäßig, sondern insbesondere auch als gerecht.[266]

Es waren die großen politischen Autoren der Aufklärungszeit, die mit den Vorschlägen der Steuerprogression und der Freilassung des Existenzminimums die öffentliche Meinung für die beiden sozialpolitischen Maßnahmen gewannen.[267] Im 17. Jahrhundert vertrat Kardinal Richelieu (1585–1642) den Grundsatz, die Herrscher sollten sich „den Überfluss der Reichen zunutze machen, bevor sie die Armen durch außerordentliche Lasten anstrengen".[268] Zur gleichen Zeit rechtfertigte Kaspar Klock (1583–1655) die Steuerfreiheit der Armen damit, dass nur die Früchte durch die Steuer erfasst werden dürften und diese daher beim Mangel eines Vermögens oder eines Ertrages fortfallen müssten.[269]

Ein Jahrhundert später griff Montesquieu (1689–1755) den Progressionsgedanken auf, doch er empfahl stattdessen einen degressiven Tarif für die Personalbesteuerung. Unverbindlicher setzte er sich für die Freihaltung des physischen Existenzminimums ein, und zwar sowohl bei der Personal- als auch bei der Grundsteuer. Mit Montesquieu begann die Bildung eines neuen naturrechtlichen Gleichheitsideals, die Vorschläge der Steuerdegression und der Freilassung des Existenzminimums konnten sich sowohl aus dem Naturrechtsideal als auch aus dem Gerechtigkeitsideal voll entfalten.[270]

Jean-Jacques Rousseau (1712–1778) ging von der allgemeinen Auffassung aus, dass die Steuer nach der Größe des Vermögens abgestuft werden müsste, doch bedurfte nach seiner Ansicht die Proportionalität einer erheblichen Korrektur. Rousseau schlug deshalb einen radikalen Weg ein, indem er darauf hinwies, dass das physische Existenzminimum bei allen Menschen gleich wäre, deshalb müsste das Lebensnotwendige steuerfrei bleiben; das Überflüssige könnte im Notfall ganz weggesteuert werden. Schien bisher die Progression als Ausfluss der Steuergerechtigkeit ein unentbehrliches Mittel einer Belastung nach den Fähigkeiten zu sein, so wurde nun der soziale Aspekt in den Mittelpunkt der Auseinandersetzung gerückt.

---

266 Petty, William: A Treatise of Taxes and Contributions, London 1662, in: Hull, Charles Henry (Hrsg.): The Economic Writings of Sir William Petty, Cambridge 1899, S. 1–98, S. 32.

267 Mann, Fritz Karl: Steuerpolitische Ideale, S. 160.

268 Richelieu, Armand-Jean du Plessis, Premier Duc: Politisches Testament und kleinere Schriften (1633), übers. von Frieda Schmidt (Klassiker der Politik 14), Bremen 1984, S. 120.

269 Klock, Caspar: De contributionibus hodie ut plurimum in Germania usitatis. Dissertatio Theoretico-practica., Basel 1608, S. 58, zitiert bei: Mann, Fritz Karl: Steuerpolitische Ideale, S. 160.

270 Mann, Fritz Karl: Steuerpolitische Ideale, S. 160 f.

5.3.3.2 Die ethischen Steuertheorien

Um sich vor der Willkür und den Übergriffen des absoluten Fürstenstaates des 17. und 18. Jahrhunderts zu schützen, stellte sich die Frage, wo die natürliche Grenze der Besteuerung lag. Der politische, soziale und ökonomische Individualismus, der sich mit dem vordringenden Naturrecht verband, zielte auf die Schwächung des Staates ab; er wollte zwischen der Privatsphäre und der Staatsphäre eine feste Grenze ziehen. Es musste ein Prüfstein gefunden werden, um die gerechte von der ungerechten Steuer zu trennen. Damit trat die Idee der Steuergerechtigkeit in den Mittelpunkt der wissenschaftlichen Diskussionen, die ethische Steuertheorien befruchteten.[271]

Der englische Autor Thomas Hobbes hat die Steuer als einen Preis für den Frieden bzw. als Lohn für die Verteidigung der Bürger beschrieben.[272] Der Staatsrechtslehrer Samuel von Pufendorf (1632–1694) gilt als der erste deutsche Autor, der die Steuern grundsätzlich als ein Entgelt für den dem Einzelnen für Leben und Vermögen gewährten Schutz betrachtete. Auf dieser Assekuranztheorie baute von Pufendorf eine Kombination von Kopfsteuern für den Schutz des Lebens und von Steuern, die nach der Größe der aus dem Vermögen gezogenen Einkünfte bemessen werden sollen, auf. Eine Ergänzung sollte diese direkte Besteuerung durch Konsumtionssteuern finden, deren Bedeutung nach der Not durch den Dreißigjährigen Krieg in der Theorie lange Zeit nicht mehr gewürdigt worden war.[273]

In diesen Ansichten, die bei verschiedenen Autoren in ähnlicher Form dargelegt wurden, lag eine entscheidende Wende im steuerpolitischen Denken. Aus der Idee der Gerechtigkeit wurden sowohl die Notwendigkeit der Besteuerung als auch die Steuerhöhe sowie die Steuerverteilung abgeleitet.[274]

Während der Absolutismus eine steuerpolitische Harmonie von Fürst und Volk vorausgesetzt hatte, wurden nunmehr der Staat und die Bürger als gleichberechtigte Partner auf steuerlichem Gebiet anerkannt.[275] Die Assekuranztheorie als Versicherungsprämie für den staatlichen Schutz von Leben und Eigentum formte die öffentliche Meinung in Steuerfragen. Die beiden Grundsätze der Besteuerung,

---

271 Ebd., S. 104.

272 „The wages due to them that hold the publique Sword, to defend private men in the exercise of several Trades and Callings." Hobbes, Thomas: Leviathan. The Matter, Form and Power of a Commonwealth Ecclesiastical and Civil (1658), London 1886; auf: https: ebooks/adelaide.edu.au/h/hobbes/Thomas /h68l/ chapter 30.html (letzter Zugriff: 28.02.2017).

273 Wilke, Gustav: Die Entwicklung der Theorie, S. 9.

274 Mann, Fritz Karl: Steuerpolitische Ideale, S. 107.

275 Ebd., S. 109 f.

das Allgemeinheits- und das Gleichmäßigkeitspostulat, wurden zu politischen Glaubensartikeln.[276] Die Erfolge, die der Individualismus und das Naturrecht im 17. Jahrhundert erzielten, haben auch zur Verbreitung der assekuranztheoretischen Grundansicht beigetragen, denn diese entsprach zugleich den innerpolitischen Zielen: der Brechung der Standesherrschaft.[277]

Die naturrechtlichen Steuerpostulate waren Spiegelbild der politischen Lage und können daher als Gradmesser des Freiheitsdranges und der Demokratisierung dienen. Diese fanden in der Erklärung der Menschen- und Bürgerrechte vom 26. August 1789 in Frankreich – sowie später in vielen Verfassungen – ihren Niederschlag.

5.3.3.3 Das Ideal eines rationalen Steuersystems

Zu Beginn des Jahres 1707 publizierte Sébastien Le Prestre de Vauban (1633–1707) – der eine Karriere im Dienst des Königs Ludwig XIV. gemacht hatte – anonym die Schrift „Projet d'une dîme royale" („Projekt eines königlichen Zehnten"), in welcher er die Steuerpolitik des französischen Absolutismus im Hinblick auf die unterdrückten Schichten kritisierte. Er schlug eine Reform der Steuern vor und verteilte die Schrift an zahlreiche Freunde und politisch interessierte Bekannte. Vauban trug das Projekt dem König vor, es wurde jedoch abgelehnt, da es mit seiner gleichmäßigen Besteuerung aller Abgaben in Höhe eines Zehntels auch den bis dahin weitgehend steuerfreien Adel belastet hätte. Die Schrift wurde gleich nach dem Erscheinen verboten.[278]

Obwohl es sich um ein praktisches Problem, Gesundung der französischen Staatsfinanzen, handelte, entwickelte Vauban rationale Grundsätze als Fundament einer natürlichen Finanzverfassung. Seine „Grundmaximen", die „Maximes fondamentales de ce Système"[279], enthielten eine assekuranztheoretische Begründungs- und Verteilungslehre: Die Untertanen benötigen den staatlichen Schutz, und der Souverän des Staates das Geld der Untertanen, um ihnen diesen Schutz zu gewähren. Da der Staatsbedarf von der Hilfe der Untertanen abhängt, müssen auch alle Untertanen dazu beitragen. Vauban strebte in erster Linie eine gleichmäßige Lastenverteilung an, ohne dass sich jemand dieser Verpflichtung entziehen können sollte. Anpassung an die Leistungsfähigkeit und Gleichmäßigkeit der Belastung bedeuteten für Vauban nichts anderes als die Wiederherstellung der Naturordnung.[280]

---

276 Ebd., S. 110.

277 Ebd., S. 111.

278 Ebd., S. 117.

279 Vauban, Sébastien Le Prestre: Dîme Royale (1707), zitiert in Mann, Fritz Karl: Steuerpolitische Ideale, S. 117.

280 Mann, Fritz Karl: Steuerpolitische Ideale, S. 118 f.

Um zu verstehen, aus welcher Situation heraus Vauban die Steuerpolitik des französischen Absolutismus kritisierte, müssen wir auf die staatspolitische Situation der damaligen Zeit zurückblicken:

Im 17. Jahrhundert ging mit der Festigung der Zentralgewalt eine stete Zunahme der finanziellen Aufwendungen einher, die sich aus den Repräsentationsansprüchen des Hofes und des sich bei Hofe versammelnden hohen und niederen Adels und der Geistlichkeit ergaben. Die Ausbildung des zentralisierten Staatswesens und die Wahrung seiner inneren und äußeren Interessen bedingten gleichfalls erhebliche Finanzmittel.[281] Ebenso war es erforderlich, dem Königreich mit militärischen oder diplomatischen Mitteln den gebührenden internationalen Rang zu sichern und ihn notfalls zu verteidigen.[282]

Die Finanzquellen, aus denen diese erheblichen Aufwendungen des absolutistischen Systems gespeist wurden, waren längst nicht ausreichend. Aus dem Widerspruch zwischen den stetig wachsenden finanziellen Forderungen des Königs, des Hofes, des Adels und des Staatsapparates, insbesondere des Militärs, einerseits und den begrenzten Möglichkeiten, die das überkommene Steuer- und Abgabensystem boten, andererseits, ergab sich für Jean-Baptiste Colbert (1619–1683) die Notwendigkeit, einen ungewöhnlichen Weg einzuschlagen. Seine staatlich gelenkte Förderung des Handels hatte zweierlei zur Folge: Zum einen erhöhte sie den finanziellen Spielraum für die Herrschenden, denn es gelang Colbert bis 1672, das Budget auszugleichen.[283] Zum anderen erhielt der Modernisierungsprozess im Königreich Frankreich durch die wesentlichen Veränderungen in der Sozialstruktur einen ungewöhnlich starken Impuls.

Die finanziellen Leistungen, die das Finanzwesen hervorgebracht hat, haben Frankreich von 1500 bis 1789 zur führenden Macht Europas gemacht. Diese Finanzen schufen den ersten national monarchischen Einheitsstaat Europas, jedoch zu einem hohen Preis: ein Teil der Bevölkerung stand vor dem Hungertod, das Land vor der Revolution;[284] denn die direkte Hauptsteuer, die „Taille", traf vornehmlich die ländliche bäuerliche und abhängige Bevölkerung. Außer der Taille wurde im 18. Jahrhundert zudem die „Capitation", eine Art allgemeine klassifizierte Standes-, Berufs-, Personal- und Einkommensteuer eingeführt. Dazu kamen der „Zehnte" und „Zwanzigste", die in der Zeit des Spanischen Erbfolgekriegs 1710 eingeführt wurden. Der damalige „Zehnte" war eine allgemeine Einkommensteuer aller

281 Birjukowitsch, W. W. u. a.: Geschichte der Neuzeit, 1. Bd., Berlin 1954, S. 185–187.

282 Markov, Walter u. a. (Hrsg.): Kleine Enzyklopädie Weltgeschichte, Leipzig 1964, S. 224.

283 Herzfeld, Hans (Hrsg.): Geschichte in Gestalten, S. 267.

284 Schmoller, Gustav von: Skizze einer Finanzgeschichte, S. 12 f.

Art von Einkommen.[285] Besonders drückend für die sogenannten kleinen Leute war die in Stadt und Land auf Salz erhobene indirekte Steuer, die „Gabelle", die bereits 1341 eingeführt und im Jahr 1790 wieder abgeschafft wurde. Neben den Geldleistungen bestanden sehr schwere Naturallasten, und die Steuerverteilung war die denkbar ungerechteste, wie Schmoller ausführt.[286] Das Erdrückendste für Volk und Finanzen aber war die Form der Erhebung durch die Steuerpächter, eine bis ins 18. Jahrhundert hinein vorherrschende Form der Privatisierung des Steuereintreibens. Die Regierung war in ihren Händen, weil sie auf Jahre hinaus Vorschüsse von den Steuerpächtern erhielten und diese mit staatlicher Autorität ausgestattet rigoros gegen die Untergebenen vorgehen konnten. Sie erhielten in der Regel 25 Prozent der Steuersumme und 15 Prozent für die Vorausbezahlung und trieben außerdem vom Volk ein Mehrfaches der Steuerschuld ein.[287]

Die Regierenden sahen die enormen Einnahmen als etwas an, das sie wie Privatleute als ihr eigenes Vermögen benutzen durften. Sie scheuten vor dem ungerechtesten Steuerdruck nicht zurück, weil sie die Folgen damals nicht überblickten.[288] Für sie waren die „Maximes fondamentales" von Vauban – der in erster Linie eine gleichmäßige Lastenverteilung anstrebte – etwas völlig Fremdes und Unverständliches.

Obwohl die Schrift von Vauban sachliche Mängel enthielt – so unterschied dieser u. a. nicht Rohertrag und Reinertrag –, schuf dieser doch mit seiner „Dîme royale" die Idee eines Systems der Staatseinnahmen.[289] Mit der Verankerung des Allgemeinheits- und Gleichmäßigkeitspostulates in einem rationalistischen Steuersystem wurde durch Vauban die Möglichkeit einer Verbreitung dieser beiden Forderungen über die ganze Welt ermöglicht. Wir treffen sie in allen maßgeblichen Schriften des Aufklärungszeitalters und finden sie in allen Verfassungen bis in unsere jüngste Gegenwart.[290]

5.3.3.4 Die direkte Besteuerung als Ideal

Die neue geistige Haltung strahlte auf alle Bereiche der Steuerpolitik aus. Überall zeigten sich Ansätze zu einem Bündnis der Ökonomie mit der mächtigsten geistigen Bewegung dieser Zeit, dem revolutionären, individualisierten Naturrecht. Der Glaube an die Naturordnung führte allmählich zu einem völligen Meinungs-

285 Wagner, Adolph: Finanzwissenschaft 3. Teil, S. 161.

286 Schmoller, Gustav von: Skizze einer Finanzgeschichte, S. 15.

287 Ebd., S. 15.

288 Ebd., S. 16.

289 Mann, Fritz Karl: Steuerpolitische Ideale, S. 121.

290 Ebd., S. 123.

umschwung.[291] Die Vorzüge der Akzise waren überwiegend mit ihrer fiskalischen Ergiebigkeit, der Einfachheit der Erhebung, dem Antrieb zur Sparsamkeit sowie mit ihrer Unmerklichkeit begründet worden. Die Frage der Gerechtigkeit trat hinter diesen praktischen Erwägungen zurück.

Das Naturrecht hatte dagegen jedoch ein neues Ziel gesetzt: Das Haupterfordernis der Besteuerung war die Gerechtigkeit![292] Um diese zu erreichen, mussten – unter Berücksichtigung der in der öffentlichen Meinung anerkannten Assekuranztheorie – Staatsleistung und Steuerleistung verglichen werden. Nur diejenige Steuer war gerecht, deren Höhe den durch die Staatstätigkeit erzielten individuellen Vorteilen oder zumindest dem anteiligen Kostenanteil daran entsprach. Dabei konnte vorausgesetzt werden, dass der Reiche aus dem staatlichen Schutz mehr Vorteile zog als der Arme. Dies führte zu der Überzeugung, dass man als Maßstab für die Steuerhöhe an das Vermögen, den Ertrag und das Einkommen anknüpfen könne. Damit führten die vom Naturrecht ausgehenden Überlegungen zwangsläufig zu einer Bevorzugung der direkten Steuern.[293]

Langsam vollzog sich der Meinungsumschwung in den meisten Ländern Europas. Voran ging Frankreich, das nicht im gleichen Umfang wie Deutschland, Holland und England das Akziseideal umgesetzt hatte. Reformpolitiker plädierten in der Mehrzahl für eine Aufhebung der indirekten Steuern oder wenigstens für die Umwandlung der indirekten in direkte Steuern.

Nach dem Tode Ludwigs XIV. wandte sich die neue Regierung unter Philipp d'Orléans an die breite Öffentlichkeit und lud diese zur Mitarbeit ein. Die Öffentlichkeit reagierte mit zahlreichen Plänen, um die Steuern zu erleichtern, die Staatslasten zu vermindern und den Handel zu heben.

Die zur finanziellen Sanierung des absolutistischen Frankreichs entwickelten Pläne entsprangen einem tief verwurzelten naturrechtlichen Denken: Die willkürliche und ungerechte Steuerverfassung der Vergangenheit sollte durch ein auf ethischer Grundlage errichtetes Steuersystem abgelöst werden. Entsprechend der vom Naturrecht verlangten Allgemeinheit der Steuerpflicht sprach sich eine überwältigende Mehrheit der Autoren für die direkte Besteuerung aus.[294]

Dieses Gedankengut schlug sich auch in Deutschland, Österreich, Italien und England nieder. Karl Ferdinand Pescherinus griff auf das neue Finanzsystem von Vauban zurück und ließ in seiner Nachahmung der „Dîme royale" zwei Steuer-

291 Ebd., S. 124.

292 Ebd., S. 124.

293 Ebd., S. 125; nach der älteren Ausdrucksweise war nur diejenige Steuer gerecht, die unmittelbar nach den „Fähigkeiten" abgestuft war.

294 Ebd., S. 133.

gruppen fortbestehen: die „Generalzehenden“ und die Ein- und Ausfuhrzölle. Alle anderen Verkehrs-, Verbrauch- und Luxussteuern sowie das Salzmonopol entfernte er aus dem Vauban'schen Fonds.[295]

Obwohl die meisten Vorschläge einer direkten Steuer verbunden waren mit einer schroffen Ablehnung der indirekten Abgaben, waren viele wissenschaftliche und politische Schriftsteller nicht bereit, dieser Zeitströmung zu folgen. Sie vertraten den Standpunkt, dass direkte Steuern weit davon entfernt wären, gerecht zu sein; denn diese seien die willkürlichsten Zwangsabgaben. Zu verstehen sind diese Auffassungen daraus, dass die Finanztechnik zu Beginn des 18. Jahrhunderts zu rückständig war, um der durch das Naturrecht verlangten Allgemeinheit und Gleichmäßigkeit der Besteuerung und damit der Gerechtigkeit zu genügen.

In Kriegszeiten jedoch waren die allgemeinen direkten Steuern Wegbereiter für die erfolgreiche Finanzierung der Kriegslasten. Ludwig XIV. hat mit einer allgemeinen klassifizierten Kopfsteuer im Orléanischen Krieg (1695) sowie durch den allgemeinen Zehnten im Spanischen Erbfolgekrieg (1710) die Ständeprivilegien durchbrochen. Der englische Premierminister William Pitt hat 1799 eine allgemeine Einkommensteuer für die Dauer des Krieges gegen Frankreich eingeführt. Diese neue Einkommensteuer trug maßgebend dazu bei, dass Napoleon besiegt werden konnte, weshalb diese einmal später als die Steuer bezeichnet wurde, die Napoleon bezwang.[296] Obwohl sowohl im wissenschaftlichen und politischen Schrifttum als auch in der vom Kriegsbedarf ausgehenden Entwicklung mehr und mehr den direkten Steuern Vorrang eingeräumt wurde, blieben die europäischen Steuerverfassungen noch lange unter der Vorherrschaft der indirekten Abgaben.[297]

5.3.3.5 Die Vision einer Alleinsteuer

In der kameralistischen Auseinandersetzung mit der Vision einer einzigen Steuer begegneten sich zwei völlig verschieden gelagerte wissenschaftliche Richtungen. Einerseits strebte die deutsche Kameralistik nach einem praktischen, einfachen und gerechten Steuersystem; denn grundsätzlich bestand Einigkeit darüber, dass

---

295 Mann, Fritz Karl: Der Marschall Vauban und die Volkswirtschaftslehre des Absolutismus. Eine Kritik des Merkantilsystems, München/Leipzig 1914, S. 469 ff.

296 Bundesministerium der Finanzen: Neue Ideen und Wege der Besteuerung im 18. und frühen 19. Jahrhundert, vom 09.12.2010, auf: http://www.bundesfinanzministerium.de/Content/DE/Standardartikel/Ministerium/Geschaeftsbereich/Bundesfinanzakademie/Steuermuseum/Museumsfuehrer/10-neue-ideen-und-wege-der-besteuerung.html (letzter Zugriff: 20.02.2017), S. 2.

297 Mann, Fritz Karl: Steuerpolitische Ideale, S. 143.

weniger Steuerarten besser sind als mehr Steuerarten. Andererseits lehnte man die Ideen des Physiokratismus ab.[298]

Die ersten einflussreichen Alleinsteuerpläne wurden von den Lehren des Naturrechts des 17. Jahrhunderts geprägt. Mann unterscheidet drei Gruppen:[299]

Nach Auffassung der ersten Gruppe sollten unabhängig von Steuergegenstand, Steuermaßstab und Steuertarif alle Steuern letzten Endes von den Grundeigentümern getragen werden, da alle Gewinne auf der ausschließlichen Produktivität des Bodens beruhten. John Locke hat in seiner Schrift über die Zinssenkung und die Geldwertsteigerung diesen Gedanken aufgegriffen und aus ihnen das Programm einer einzigen Grundsteuer abgeleitet. Schon die Persönlichkeit des Verfassers sicherte der Schrift eine Resonanz.

Zur zweiten Gruppe gehören mehrere französische Pläne vom Beginn des 18. Jahrhunderts. Das Allheilmittel sollte eine Grundsteuer sein, deren Erhebung nicht den staatlichen Beamten, sondern Pächtern und Unterpächtern anvertraut werden sollte. Die Vorschläge gingen jedoch weit auseinander; so sollte die einzige Steuer sowohl das Vermögen als auch das Einkommen erfassen, in anderen Fällen wurde sie auf das Vermögen beschränkt. Ebenfalls wurde eine einzige Klassensteuer, eine einzige Grundsteuer oder auch eine Haussteuer empfohlen, die ergiebig genug wäre, die meisten Zwangsabgaben zu ersetzen. So sollten weiterhin die inneren Verkehrsschranken und Binnenzölle und die Privilegien der oberen Stände beseitigt werden. Fernerhin sollten sogar Wohlhabende und Reiche grundsätzlich steuerfrei sein, wenn sie kein Grundeigentum besaßen: Das waren Beamte, freie Berufe, die Gewerbetreibenden und die Kaufleute. In den fortschrittlicheren Ländern, in England und Frankreich, reihte sich Versuch an Versuch, den Plan der Alleinsteuer heimisch zu machen. Doch der Widerspruch zu den ethischen Grundsätzen war zu offensichtlich, die Diskussionen fanden nur im akademischen Bereich ihren Widerhall und kamen der Verwirklichung nicht näher.

Zur dritten Gruppe zählten die Physiokraten, die aus wenigen Obersätzen ein vollständiges Regelwerk des politischen, gesellschaftlichen und wirtschaftlichen Lebens abgeleitet haben. Der Gründer der Physiokratie, François Quesnay (1694–1774), wollte ähnlich den Philosophen des griechischen Altertums ein umfassendes Wissenschaftssystem begründen, das Ökonomie mit Politik, Sozial-ethik und anderen Lehren des Gesellschaftslebens verband. Wenn es eines Beweises für

298 Jenetzky, Johannes: System und Entwicklung, S. 133 f.

299 Mann, Fritz Karl: Steuerpolitische Ideale, S. 168–201.

die zeitgemäße Verbindung von naturrechtlicher Philosophie und ökonomischer Analyse bedürfte, so wäre die Entstehung der Physiokratie ein schlagender Beleg.[300]

Innerhalb der physiokratischen Wirtschaftslehre gingen die stärksten Anregungen von der organizistischen Gesamtbetrachtung aus.[301] Die Hauptleistung dieser bereits ein Jahrhundert vor Quesnay entwickelten Finanzlehre war der Versuch, den Kreislaufgedanken auf die Finanzwirtschaft zu übertragen. Der Arzt und Ökonom Quesnay wendete die Erkenntnis des Blutkreislaufs auf die „économie politique" an. Zwar blieb der unmittelbare Einfluß Quesnays national beschränkt,[302] doch Joseph Schumpeter hat seine Würdigung für Quesnay wie folgt zum Ausdruck gebracht:

> All essential ideas and at the same time all the vigour of an outstanding personality were combined in François Quesnay, who had created these ideas from within himself to a far greater degree than any other economist had done. He was one of the greatest and most original thinkers in our field.[303]

Die physiokratischen Gedankengänge bewegten sich auf einer ungleich höheren Ebene als sämtliche Alleinsteuerpläne der Vergangenheit. Quesnay unterschied drei Gesellschaftsklassen:[304] Zur landwirtschaftlichen Bevölkerung gehörten die beiden ersten Klassen, der produktive Ackerbauer und der nicht unmittelbar produktive Grundeigentümer. In der dritten Klasse versammelten sich alle Übrigen, insbesondere die Gewerbetreibenden und Händler, die nur dadurch leben konnten, dass sie von den beiden anderen Klassen unterhalten wurden.

Da der Wirtschaftstheorie der Physiokraten zufolge ausschließlich die Landwirtschaft eine Nettowertschöpfung („produit net") hervorbringen kann, sollten alle Steuern aus diesem Überschuss finanziert werden. Es wäre deshalb auch nur diejenige Steuer gerecht, die den „produit net" erfasst; denn alle Steuern, die auf andere Erträge als den Bodenertrag erhoben würden, stellten nur einen Umweg dar und würden daher auf die produktiven Klassen überwälzt werden. Dieser Umweg – so wurde argumentiert – erhöhte die Erhebungskosten, konnte aber nicht verhindern, dass im Endergebnis nur der „produit net" erfasst würde.[305]

---

300 Salin, Edgar: Geschichte der Volkswirtschaftslehre, in: Spiethoff, Arthur (Hrsg.): Enzyklopädie der Rechts- und Staatswissenschaft, Abteilung Staatswissenschaft, Berlin/Heidelberg 1923, S. 1–44, S. 14.

301 Mann, Fritz Karl: Steuerpolitische Ideale, S. 187.

302 Salin, Edgar: Geschichte der Volkswirtschaftslehre, S. 17.

303 Schumpeter, Joseph A.: Economic Doctrine and Method. An Historical Sketch, London 1957, S. 44.

304 Mann, Fritz Karl: Steuerpolitische Ideale, S. 188 ff.

305 Ebd., S. 190.

In Frankreich fanden die physiokratischen Gedanken sowohl in der verfassungsgebenden als auch in der gesetzgebenden Nationalversammlung nach dem 9. Juli 1789 Beachtung. Die neuen Machthaber wagten es jedoch nicht, das Schicksal des Staates von einer einzigen Steuer abhängig zu machen; von Anfang an wurde an eine Mehrheit von Staatssteuern gedacht, im Bericht von François de La Rochefoucauld vom 18. August 1790 fand sich sogar ein weit verästeltes Steuersystem.[306]

Ein physiokratisches Experiment wurde in Deutschland durch den reformeifrigen Markgrafen Karl Friedrich von Baden-Durlach (1728–1811) gewagt, der an Stelle aller früheren Abgaben eine einzige Grundsteuer einführte. Heftige Beschwerden der Bevölkerung setzten jedoch ein, da der Reinertrag der Grundstücke nicht zu ermitteln war und dieser zu hoch geschätzt wurde. Das neue Verfahren wurde bald wieder eingestellt, in der Gemeinde Dietlingen hielt es sich jedoch bis zum Jahr 1802.[307]

Ansatzpunkt der antiphysiokratischen Kritik war die Lehre vom Boden als alleiniger Quelle aller Reichtümer. In der Literatur wurde bald dargelegt, dass alle arbeitenden Menschen den Wert der produzierten Gegenstände erhöhten und letztendlich jeder Gewinn auf dem Zusammenwirken von Boden, Arbeit und Kapital beruhte.[308]

Einen weiteren Angriffspunkt bildete die physiokratische Steuerabwälzungstheorie. Die Kameralisten erkannten, dass die Preisgestaltung von den Konkurrenzbedingungen des Marktes abhing und der Landwirt auch wegen der Verderblichkeit seiner Produkte – anders als der Kaufmann oder Fabrikant – unter Verkaufszwang stand. Dieser fehlende Einfluss auf das Preisgefüge zwang den Landwirt, auferlegte Steuern auch wirtschaftlich zu tragen.[309] Damit traf die „einzige Steuer" die Ärmsten der Armen am härtesten.[310]

Die abschließende Idee einer Einheitssteuer im Kameralismus verband die Befürwortung einer allgemeinen Einkommensteuer mit der Erkenntnis, dass es besser wäre, die Gerechtigkeit der Besteuerung durch ein kompliziertes System von

---

306 Ebd., S. 198 f.

307 Dollfus, Roger: Über die Idee der einzigen Steuer, Basel 1897, S. 48–50.

308 Jenetzky, Johannes: System und Entwicklung, S. 135.

309 Justi, Johann Heinrich Gottlob von: Staatswirthschaft oder Systematische Abhandlung aller Oekonomischen und Cameral=Wissenschaften, die zur Regierung eines Landes erfordert werden, Zweyter Theil, Welcher die Lehre von dem vernünftigen Gebrauche des Vermögens des Staats, und mithin die eigentliche Cameral- oder Finanz-Wissenschaft in sich begreift, (1755), 2. Aufl., Leipzig 1758, S. 361 f.

310 Eschenmayer, Philipp Christoph Heinrich: Vorschlag zu einem einfachen Steuer-Systeme, Heidelberg 1808, S. 15.

Normen zu schaffen als die erforderliche Gerechtigkeit durch ein bewusst einfach gestaltetes Normensystem zu verletzen.[311]

5.3.3.6 Die Fundamentalprinzipien gerechter Besteuerung

Nach Ansicht der Kameralisten umfasste die Staatshoheitsgewalt nur diejenigen Berechtigungen, deren Wahrnehmung zum Erreichen des gesellschaftlichen Endzwecks notwendig und dienlich war.[312] Interpretierte man die Staatsmacht als zweckgerichtet, so galt es nur noch, den Inhalt und die Grenzen der staatlichen Rechte zu bestimmen. Den deutschen Kameralisten kam das Verdienst zu, sich diesbezüglich mit der Aufstellung von Grundsätzen, Prinzipien, Maximen und Postulaten für die Gestaltung der Steuern eingesetzt zu haben.[313]

Die vier bekannten Steuerregeln von Adam Smith (Verhältnismäßigkeit, Bestimmtheit, Bequemlichkeit und Billigkeit der Besteuerung)[314] waren daher keineswegs etwas Neues. Sie waren lediglich eine Wiederholung dessen, was in der kameralistischen Literatur durchaus bekannt und geläufig war.[315]

Die Entwicklung der Grundsätze der Besteuerung waren eine eigenständige Leistung der kameralistischen Finanzwissenschaft, die nach Originalität und Folgewirkung ohne Vergleich dasteht.[316] Aufbau, Entwicklung und Zweck entsprachen den rechtsethischen Forderungen der Aufklärungsphilosophen und werden auch in heutiger Zeit noch mit geringen Nuancen als steuerpolitische Ideale mit Verfassungsauftrag anerkannt.[317]

Die Eigenart dieses Evolutionsprozesses ist darin zu sehen, dass die Prinzipien in den Anfängen des Steuerrechts kaum in den vorhandenen Steuersystemen berücksichtigt wurden. Im Verlauf des 19. Jahrhunderts jedoch gelang es dann, kontinuierlich die Steuergesetze inhaltlich den aufgestellten Prinzipien anzu-

311 Kessler, Heinrich: Finanzsystem nach den Verhältnissen Württembergs, Stuttgart 1821, S. 33.

312 Justi, Johann Heinrich Gottlob von: Staatswirthschaft oder Systematische Abhandlung aller Oekonomischen und Cameral=Wissenschaften, die zur Regierung eines Landes erfordert werden. Erster Theil, Welcher die Lehre von Erhaltung und Vermehrung des Vermögens des Staats, und mithin die Staatskunst, die Poicey- und Commercien-Wissenschaft nebst der Haushaltungskunst in sich begreift, (1755), 2. Aufl., Leipzig 1758, S. 59 f.; Ders., Staatswirthschaft. Zweyter Theil, S. 3 f.

313 Gerloff, Wilhelm: Steuerwirtschaftslehre, in: Gerloff, Wilhelm/Meisel, Franz (Hrsg.): Handbuch der Finanzwissenschaft, Tübingen 1926, S. 436–489, S. 450.

314 Vgl. hierzu Kapitel 5.4.1.

315 Gerloff, Wilhelm: Steuerwirtschaftslehre, S. 450.

316 Jenetzky, Johannes: System und Entwicklung, S. 99.

317 Ebd., S. 99.

nähern. Heute stimmen diese kameralistischen Besteuerungsgrundsätze mit dem geltenden Steuerrecht überein, soweit es sich nicht um durch die Zeit überholte Grundsätze handelt.[318]

5.3.3.6.1 Die frühe Kameralepoche (ca. 1650–1730)

Die frühen Kameralisten gingen dazu über, grundsätzliche Vorstellungen zur abstrakten und generellen Ausgestaltung der Steuern zu erfassen und diese zu einer Art „Allgemeinem Teil" der Steuerlehre zusammenzustellen.[319] Diese „Generalregeln"[320] waren steuerpolitische Ideale und Maßstäbe, die in den Gesetzen oft genug keine Entsprechung fanden, gleichwohl aber von den Kameralisten mit dem Verlangen nach unbedingter Beachtung und Verwirklichung verfolgt wurden.[321]

Diese Steuerprinzipien waren im Wesentlichen Gerechtigkeitspostulate, stellten aber auch wirtschafts- und finanzpolitische Erwägungen dar. Die Forderung nach Gleichheit der Besteuerung wurde als eine elementare Gerechtigkeitsregel mit unabdingbarem Geltungsanspruch aufgestellt. Die Kameralisten unterschieden im Laufe der Zeit mehrere zu selbstständigen Grundsätzen erhobene Betrachtungsweisen, die den Gehalt des Gleichheitspostulats bestimmten.[322]

Das Allgemeinheitspostulat wurde aus drei verschiedenen Überlegungen heraus begründet: Der individualistische Ansatz basierte erstens auf dem Standpunkt, dass alle Menschen aus der Verwendung der Steuergelder ein gleiches Maß an Schutz genössen und deshalb gehalten sind, in gleicher Weise zu diesen Schutzkosten beizusteuern. Zweitens wies Lith auf die wirtschaftliche Abhängigkeit von individueller und kollektiver Leistungskraft hin und schloss volks- und gesamtwirtschaftliche Überlegungen mit ein.[323] Er sah die Allgemeinheit der Besteuerung als ein Wesensmerkmal jeder Steuer an und forderte dementsprechend eine Besteuerung ohne

318 Ebd., S. 99 f.

319 Schulz, Hermann: Das System und die Prinzipien der Einkünfte, S. 114 f.

320 Pescherinus, Carl Ferdinand: Politische Gedanken über die bisher zwar ungebräuchlichen aber doch dem Lande und Fürsten höchstersprieslichen Gerneralzehenden. Worinn derselben Vollkommenheit erwiesen, die Beschaffenheit der Anlagen und die Unzulänglichkeit derjenigen, so bisher gebrauchet worden, gezeiget, auch worauf die Glückseligkeit eines Staats beruhe, demonstriret wird. Beigabe zu Schröder, Wilhelm von: Fürstliche Schatz- und Rentkammer, nebst seinem Tractat vom Goldmachen, Königsberg/Leipzig 1752, S. 485–622, S. 518.

321 Schulz, Hermann: Das System und die Prinzipien der Einkünfte, S. 115.

322 Ebd., S. 116 ff.

323 Lith, Johann Wilhelm von der: Politische Betrachtungen über die verschiedenen Arten der Steuern, Breslau 1751, S. 8 f.

Ansehen der Person.[324] Die dritte Überlegung stammte von den frühen Kameralisten, die in der Akzise bzw. der Praxis der Akzisebesteuerung den Ansatz eines privilegienfreien Kurses gegenüber dem Adel und dem Klerus sahen, der diese Kreise überhaupt in die Steuerpflicht mit einbezog. Die späteren Kameralisten erkannten die Fragwürdigkeit einer solchen einseitigen Verbrauchsbesteuerung und setzten sich daher für die durchgehende, direkte Besteuerung ein.[325]

Wie zum Allgemeinheitspostulat entwickelten die Kameralisten auch zum Prinzip materiell gleicher Belastung aller Steuerpflichtigen die These, dass sich die Beitragslast eines jeden nach dem Maß der Vorteile zu richten hätte, die dieser unter dem Schutz des Staates genösse oder genießen könnte. Endgültige Antworten darauf, ob die Höhe der verursachten Kosten (Kostentheorie) oder der Wert des dem Einzelnen zufließenden Nutzens (Nutzentheorie) zugrunde gelegt werden sollten, wurden jedoch nicht gefunden.[326]

Die Kameralisten bekannten sich zum Grundsatz der „Mäßigkeit“, d.h. zum Verbot übermäßiger Abgaben. Der inhaltlich vage Mäßigkeitsgrundsatz wurde ergänzt durch das konkrete Verbot der Steuerbelastung jenseits der „Einkünfte“. Damit legten die Kameralisten die Basis für eine Besteuerung nach der Leistungsfähigkeit, die die Steuerkraft eines jeden Pflichtigen berücksichtigt, und betonten, dass der erzielte Ertrag bzw. Gewinn als Ausdruck dieser Kraft das richtige Besteuerungsgut wäre.[327] Ein Bürger, der im Verhältnis zu den Mitbürgern bei gleichen Erträgen mehr oder weniger als sie an Steuer zu entrichten hätte, wäre den Autoren zufolge über das rechte Maß belastet bzw. befreit. Zu den Wegbereitern dieses Prinzips der Besteuerung nach der Leistungsfähigkeit zählten Veit Ludwig von Seckendorff und Johann Daniel Eulner. Seckendorf führte 1720 hierzu wie folgt aus:

> So pflegen die christlichen hohen Obrigkeiten, welche dieses rechts fähig sind [...], eine rechtmäßige billige proportion damit zu halten, niemanden deswegen zur ungebühr vor andern zu beschweren, oder zu befreyen, sondern sich damit, als christliche und milde Regenten zu erweisen, welche ihre macht nicht zu unterdrückung, nachtheil

324 Lith, Johann Wilhelm von der: Neue vollständig erwiesene Abhandlung von denen Steuern und deren vortheilhafter Einrichtung in einem Lande nach den Grundsätzen einer wahren die Verbesserung der Macht des Regenten und die Glückseligkeit seiner Unterthanen wirkenden Staatskunst, Ulm 1766, S. 168.

325 Schulz, Hermann: Das System und die Prinzipien der Einkünfte, S. 126.

326 Ebd., S. 127.

327 „Daß derjenige, welcher den genieß eines guts oder anderer einkunfft hat, auch die beschwerungen nach rechter und gleicher proportion, wie andere seine mit=unterthanen nach dem ihrigen tragen mögen.“ Siehe Seckendorff, Veit Ludwig von: Teutscher Fürsten-Staat samt des Seel. Herrn Autoris Zugabe sonderbarer und wichtiger Materialien, Jena 1720, S. 496.

und quaal, sondern zu schutz, rettung und erquickung der armen bedrängten unterthanen zu gebrauchen haben.[328]

Deutlicher forderte Eulner 1741: „Steuren und Tributen nur von der Nutzbarkeit und Einkommen eines jeden steuerbaren Stücks“ zu nehmen, d.h. „von allen [...] Renthen und Einkommen“, sodass „keiner vor dem andern beschweret werde, sondern ein jeder nach seinem Vermögen neben dem andern gleiche Anlage und Steuer gebe“.[329]

Als eigenständiges Prinzip wurde die Besteuerung nach der individuellen Leistungsfähigkeit zur Mitte des 18. Jahrhunderts ausformuliert. Johann Heinrich Gottlob Justi (1717–1771) begründete dies wie folgt:

Der erste und hauptsächlichste Grundsatz, den man bey denen Steuern und Abgaben unaufhörlich vor Augen haben muß ist, daß sich die Unterthanen im Stande befinden müssen, solche leisten zu können. Sie befinden sich aber alsdenn nur im Stande, solches zu thun, wenn sie die Abgaben tragen können, ohne Abbruch ihrer Nothdurft, und ohne den Hauptstamm ihres Vermögens anzugreifen. Abgaben, die sich nicht in diese Gränzen einschließen, verdienen diesen Nahmen nicht; sie sind tyrannische Erpressungen und ein gewaltsamer Raub des Vermögens der Unterthanen.[330]

Die historisch gewachsenen Steuerfreiheiten lehnten die Kameralisten – nach dem Verfassungsverständnis der Aufklärungszeit – nahezu einhellig ab. Josef von Sonnenfels bezeichnete 1771 die vorhandenen Steuerfreiheiten als „Diebstahl am gemeinen Wesen, oder an den Mitbürgern“.[331] Auch Seckendorff forderte für die historisch begründeten Steuerbefreiten die Steuerpflicht.[332] Den Adel traf die Verpflichtung, seine nicht mehr ausgeübten Kriegsdienste durch Steuerzahlungen auszugleichen,

328 Ebd., S. 507.

329 Eulner, Johann Daniel: Practische Vorschläge, welcher gestalt Steuer und Contribution zum Nutzen eines Landesherrn und ohne Nachtheil der Unterthanen nach Anleitung der Reichsabschiede einzurichten seyn, zweyte mit Anmerckungen und einem Appendice vermehrte Auflage: wie Contribution und Accise gegen einander balanciren / und wie weit solche neben der Contribution ohne Nachtheil der Unterthanen bestehen könne. Durch einen neu ausgefundenen Modum Accisandi mit nöthiger Anweisung versehen und practisch ausgeführet, Marburg 1741, S. 91 f.

330 Justi, Johann Heinrich Gottlob von: Ausführliche Abhandlung, S. 23, § 10.

331 Sonnenfels, Josef von: Grundsätze der Polizey, Handlung und Finanz. Zu dem Leitfaden des politischen Studiums (1771), 5. Aufl., Wien 1787, S. 165.

332 Seckendorff, Veit Ludwig von: Teutscher Fürsten-Staat, S. 500.

da das neuzeitliche Kriegswesen aus dem Steueraufkommen bestritten wurde.[333] Der Geistlichkeit wurde jede Berechtigung auf Steuerfreiheit abgesprochen.[334]

Der entscheidende Durchbruch im Denken der kameralistischen Schriftsteller lag im Wechsel des Verständnisses steuerlicher Rechtsbeziehungen vom Privatrecht zum öffentlichen Recht. Justi, der auch eine Schlüsselstellung für die im Kameralismus entwickelten Besteuerungsprinzipien einnahm, leitete als Erster aus den allgemeinen staatswirtschaftlichen Grundsätzen das Recht des Regenten ab, alle historisch gewachsenen Steuerfreiheiten aufzuheben: „denn die Glückseligkeit des Staats ist dessen höchstes Gesetz."[335]

Die Aufhebung der standesbedingten Steuerfreiheiten wurde von allen Kameralisten gewünscht; Mitte des 19. Jahrhunderts wurden diese Forderungen durch die Gesetzgebung umgesetzt. Inwieweit der Kameralismus an diesen Gesetzgebungsverfahren mitgewirkt hat, ist schwer nachzuvollziehen; der aufklärerische Zeitgeist wurde wahrscheinlich von den Vertretern der Lehre und Wissenschaft mit beeinflusst.[336]

Unabhängig von der Kritik an den historisch begründeten Steuerfreiheiten entwickelten die kameralistischen Autoren spezielle Steuerfreiheiten, die aus Gerechtigkeitsgründen oder wegen der wirtschaftlichen Notwendigkeit als zweckmäßig gefordert wurden.[337] Es erforderte z. B. keiner besonderen Begründung, Hospitäler, Armenhäuser und Glaubensstiftungen von allen Steuern zu befreien.[338] Auch für diejenigen, die keinen Gewinn erwirtschafteten, entstand von vornherein keine Steuerpflicht. Bedürftige, Vermögenslose und arme Leute galten als nicht belastbar und waren daher von der Entrichtung der Abgaben ganz freizustellen.[339] „Erhalt des Notbedarfs", „Schonung der Armen" und Besteuerung erst ab „Überschreiten des Existenzminimums" waren die Stichworte, die die unterschiedlichen Begrün-

333 Justi, Johann Heinrich Gottlob von: Staatswirthschaft, Erster Theil, S. 428.

334 Ebd., S. 426 f.

335 Ebd., S. 45.

336 Sensburg, Ernst Philipp Freiherr von: Pragmatische Untersuchung des Ursprunges und der Ausbildung alter Abgaben und Steuern zur Vorbereitung eines gleichheitlichern, und repräsentativen Verfassungen angemessenern Abgaben-Systems, Erlangen 1823, S. 137.

337 Jakob, Ludwig Heinrich von: Die Staatsfinanzwissenschaft. Theoretisch und praktisch dargestellt und erläutert durch Beyspiele aus der neuern Finanzgeschichte europäischer Staaten, Bd. 2, Halle 1821, §§ 1151–1174.

338 Kröncke, Claus: Über die Grundsätze einer gerechten Besteuerung aus: Abhandlungen über staatswirthschaftliche Gegenstände, Vierter Theil, Heidelberg 1819, S. 30.

339 Jakob, Ludwig Heinrich von: Die Staatsfinanzwissenschaft, Bd. 2, § 1161.

dungsansätze zur Festlegung der absoluten Steuerbelastungsgrenze und damit die Untergrenze der Besteuerung markierten.[340]

Neben den Gerechtigkeitsmaximen entwickelten die Kameralisten Grundsätze des Steuerrechts aus wirtschafts- und finanzpolitischen Erwägungen, die zum Teil um die Mitte des 19. Jahrhunderts von John Stuart Mill den Namen der „klassischen Maximen" erhielten. Als eigenständige Maximen wurden neben dem Verbot der Doppelbesteuerung, dem Grundsatz der Ertrags- bzw. Gewinnbesteuerung, dem Grundsatz der Wirtschaftsfreundlichkeit und Wirtschaftsförderlichkeit der Steuern, sowie dem Grundsatz der Vermögensgeheimhaltung, die folgenden Grundsätze formuliert:[341]

Präzise Steuerbestimmung sollten für die Untertanen Klarheit schaffen: „Jedermann muß so wohl den Grund der Abgaben wissen, als die Größe und Quantität derselben, damit er nicht der Willkühr und denen Bedrückungen der Einnahme bedienten, ausgesetzet ist".[342]

Außerdem müsse man den Abgaben „eine solche Einrichtung geben, daß sie auf die bequemste und leichteste Art und mit so wenigen Kosten als es immer möglich ist, so wohl auf Seiten des Staats als der Unterthanen gehoben werden können."[343] Damit wurde 1762 das klassische Bequemlichkeitspostulat vorweggenommen, das in der nachkameralen Zeit als geistige Errungenschaft Adam Smiths 1776 angesehen wurde.[344]

Schon vor Adam Smith hatten Justi, Bergius und Sonnenfels in Deutschland den Grundsatz der Wohlfeilheit der Besteuerung zu einem weiteren selbstständigen Besteuerungsprinzip erhoben.[345]

Aus diesem Postulat leiteten die Kameralisten den Grundsatz der Besteuerung nach dem Zustand des Landes und der Steuerpflichtigen ab. Steuern sollten ohne Schaden für die Untertanen erbracht und auch ohne Nachteil für die Wirtschaft des Landes erhoben werden können. Aber nicht nur die Höhe der gesamten Steu-

---

340 Schulz, Hermann: Das System und die Prinzipien der Einkünfte, S. 134.

341 Ebd., S. 134 ff.

342 Justi, Johann Heinrich Gottlob von: Ausführliche Abhandlung, S. 42.

343 Ebd., S. 42.

344 Smith, Adam: Der Wohlstand der Nationen, S. 704.

345 Justi, Johann Heinrich Gottlob von: Staatswirthschaft, Zweyter Theil, S. 306 ff.; Bergius, Johann Heinrich Ludwig: Policey- und Cameral-Magazin in welchem nach alphabetischer Ordnung die vornehmsten und wichtigsten bey dem Policey- und Cameralwesen vorkommende Materien nach richtigen und vernünftigen Grundsätzen practisch abgehandelt und durch landesherrliche Gesetze und hin und wieder wirklich gemachte Einrichtungen erläutert werden, Bd. 1, Frankfurt am Main 1767, S. 3 ff.

ern, sondern auch ihre Erhebung und Verwendung müssten dabei stets mit dem Herrschaftszweck in Übereinstimmung stehen.[346]

Eine umfassende „gerechte" und „kluge" Steuerordnung erforderte die Einheit und Widerspruchsfreiheit einer Mehrheit von Steuern. Justi sah in der Vielzahl von Steuern etwas Unvollkommenes, doch waren die Kameralisten Realisten genug, diese Erkenntnis zu nutzen, um möglichst weitgehend die aufgestellten Besteuerungsgrundsätze in einer Steuerordnung zu berücksichtigen.[347]

5.3.3.6.2 Die spätere Kameralepoche (ca. 1730–1835)

Mit den späteren Kameralisten erreichten die Besteuerungsgrundsätze den hohen Grad steuerlicher Ideale, die der Konkretisierung bedurften.[348] Viele früher strittige konkrete Einzelfragen hatten sich historisch überholt oder konnten gelöst werden. In der erreichten Form konnten diese abstrahierenden Maximen als unbestrittene Erkenntnisse Eingang in die Finanzwissenschaft finden. Hierin lag die bleibende Leistung der kameralistischen Steuerliteratur.[349] Der Historiker Friedrich Meinecke hat es einmal so ausgedrückt:

> Mochte auch den Staatsmännern selber nichts Neues damit gelehrt werden, so war doch neu, daß es gelehrt wurde. Denn erst durch die Erfassung als Prinzip erhalten die historischen Tendenzen ihre volle Stoßkraft und steigern sich zu dem, was man Idee nennen kann.[350]

Während die früheren Kameralisten die Besteuerungsgrundsätze mehr willkürlich als planvoll aneinandergereiht hatten, gingen die späten dazu über, die „obersten Prinzipien der positiven Gesetzgebung" in solche der Justizgesetze, der Polizeygesetze sowie der Finanzgesetze zu gliedern.[351]

Gegen Ende der Kameralzeit begegnen uns die Besteuerungsgrundsätze als steuerpolitische Ideale mit dem Anspruch auf vollständige Verwirklichung in der Steuergesetzgebung und Steuerverwaltung. Gleichzeitig relativierten die Autoren jedoch den unmittelbaren Nutzwert der Maximen, da bei der Durchführung die-

346 Justi, Johann Heinrich Gottlob von: Staatswirthschaft, Zweyter Theil, S. 311 ff.

347 Schulz, Hermann: Das System und die Prinzipien der Einkünfte, S. 151 f.

348 Jenetzky, Johannes: System und Entwicklung, S. 121 f.

349 Ebd., S. 122.

350 Meinecke, Friedrich: Die Idee der Staatsräson in der neueren Geschichte, München/ Berlin 1924, S. 49.

351 Jakob, Ludwig Heinrich von: Einleitung in das Studium der Staatswissenschaften als Leitfaden für seine Vorlesungen ausgearbeitet, Bd. 1, Halle 1819, S. 254 ff. und S. 264 f.

ser Ziele viel Unkenntnis und Uneinigkeit bestünde.[352] Nahezu geschlossen und nachhaltig jedoch äußerten sich die Kameralisten zur Reform der Steuern unter den Gesichtspunkten der Begrenzung und gerechten Verteilung der Steuerlast, die oft an erster Stelle des Kataloges der Steuerprinzipien standen:[353]

Das Gebot der Beschränkung der Steuern auf das staatsnotwendige Maß – auf die unvermeidlichen Ausgaben des Staates – galt als Maxime der „Gerechtigkeit". Denn „mehr als die Noth soll nicht gesteuert werden. [...] Wo daher Steuern als Ergänzung der übrigen Staatseinkünfte zur Befriedigung der Staatsbedürfnisse notwendig sind, [...] da darf man sie auch als gerechtfertiget ansehen."[354] Die späten Kameralisten reduzierten das Gebot der absoluten Beschränkung auf das Notwendigste, auf ein Minimum, da auf die Leistungskraft des Volkes Rücksicht zu nehmen wäre.[355]

Das Mäßigkeitstheorem – die Untertanen sollten nur mit mäßigen Steuern belegt werden dürfen, „denn schon aus den Grundsätzen eines natürlichen Staatsrechts folgt ein gewisses Maas der Steuern"[356] – war zu unbestimmt, weshalb es durch das Gebot des Substanzschutzes und das Prinzip der Erhaltung der steuerlichen Leistungsfähigkeit abgelöst wurde. Das Verbot „drückender Auflagen" war in den Augen der Kameralisten nun zu wenig aussagekräftig und fand wie das Prinzip der Mäßigkeit der Steuern bald keine Aufnahme mehr in den Katalog der Steuerprinzipien.

Das Gebot des Substanzschutzes hingegen wurde auf mehrfache Weise begründet. Insbesondere sollte die Beitragsfähigkeit der Bürger erhalten bleiben[357] und „nie das steuerbare Kapital selbst" angegriffen werden dürfen.[358] Auch den Grundsatz der nur teilweisen Gewinnbesteuerung wussten die Autoren des Kameralismus mehrfach zu begründen. Beraubte man die Bürger der Früchte ihres Fleißes, so entfiele bei ihnen jeder „Ansporn", und die Neigung, das Land zu verlassen, machte sich breit.

352 Schulz, Hermann: Das System und die Prinzipien der Einkünfte, S. 356.

353 Ebd., 356 ff.

354 Rau, Karl Heinrich: Lehrbuch der politischen Oekonomie, Bd. 3: Grundsätze der Finanzwissenschaft, Erste Abtheilung, 3. Aufl., Leipzig/Heidelberg 1855, S. 343 f.

355 Jung (genannt Stilling), Johann Heinrich: Lehrbuch der Finanz-Wissenschaft, Leipzig 1789, ND Wiesbaden 1978, S. 3 f., §§ 7 und 8.

356 Lang, Karl Heinrich von: Historische Entwicklung, S. 206.

357 Sonnenfels, Joseph von: Grundsätze, S. 199–202.

358 Sturm, Karl Christian Gottlob: Grundlinien einer Encyklopaedie der Kameralwissenschaften, Jena 1807, S. 334.

Dem Rückgang des Erwerbs würden der Verfall des Vermögens und damit auch der Niedergang des Staates folgen.[359]

Die späten Kameralisten verstanden unter zureichenden Gesamtsteuereinkünften,

> daß diejenigen, welche im Staate leben, die Segnungen der Staatsverbindung empfinden und die Vortheile mancher einzelnen Anstalten genießen, dafür auch an den Beschwerden und Aufopferungen Theil nehmen müssen, ohne welche der Staat seine volle Wirksamkeit nicht äußern könnte.[360]

Aus der Erkenntnis, dass eine stetig zunehmende Staatstätigkeit auch steigende Abgaben verursacht, wurde die Pflicht sowohl für die Herrschenden als auch für die Untertanen abgeleitet, stetig steigende Abgaben zu fordern und entsprechend auch zu entrichten.[361]

Dem Prinzip der Steuergleichheit maßen sowohl die frühen als auch die späten Kameralisten den höchsten Stellenwert zu. Dabei erkannten sie jedoch, dass es äußerst schwierig war, diese Forderung nach Gerechtigkeit in die Praxis umzusetzen.[362] Die Autoren führten ungerechtfertigte Steuerbefreiungen und Unzulänglichkeiten der verschiedenen Steuerarten als Ursachen für die tatsächlichen Steuerungleichheiten an.[363]

Ohne Ausnahme verstanden die Kameralisten unter dem bis heute gültigen Prinzip der Allgemeinheit der Steuern die unverrückbare Maßgabe, dass alle Staatsbürger steuerpflichtig seien. Das Gebot der „Gleichmäßigkeit" oder Gleichförmigkeit der Steuern stellte sich für die Autoren wie folgt dar: „alle Bürger sollen

359 Lith, Johann Wilhelm von der: Neue vollständige erwiesene Abhandlung, S. 13 f.

360 Rau, Karl Heinrich: Lehrbuch der politischen Ökonomie, Erste Abtheilung, S. 343.

361 Lueder, August Ferdinand: Über Nationalindustrie und Staatswirthschaft, nach Adam Smith bearbeitet, Bd. 1–3, Berlin 1800–1804, S. 506.

362 Justi, Johann Heinrich Gottlob von: System des Finanzwesens. Nach vernünftigen aus dem Endzweck der bürgerlichen Gesellschaften und aus der Natur aller Quellen der Einkünfte des Staats hergeleiteten Grundsätzen und Regeln, Halle an der Saale 1766, ND Aalen 1969, S. 364; Jung (genannt Stilling), Johann Heinrich: Lehrbuch der Finanz-Wissenschaft, S. 215.

363 Lips, Alexander: Ueber die allein wahre und einzige Steuer die Einkommen-Taxe und ihre Ausführbarkeit. Ein Versuch die Kosten der General-Landes-Vermessung zum Behuf der General-Steuer-Rektifikazion, das Steuerprovisorium und die Mehrheit der Steuern überhaupt zu umgehen, und an deren Stelle eine allgemeine, einzige, gleiche, gerechte, alle treffende, keinen drückende, kraftvolle, und in ihrer Erhebung höchst einfache Nazionalauflage zu setzen, Erlangen 1812, S. 5.

nach gleichen Regeln und nach einem gleichen in ihrem Verhältniß zum Staate begründeten Maaßstabe beigezogen werden.“[364]

Die stets gleichbleibende Begründung für die Steuergleichheit war die Garantie der bürgerlichen Freiheit und des Schutzes vor Angriffen von innen und von außen. Justi führte dieses Staatsziel wie folgt aus:

> da sie alle gleichen Schutz genießen; so müssen sie auch zu dem großen Aufwand des Staats gleichmäßig Beytrag thun [...] und da derjenige, welcher ein größeres Vermögen besitzet, auch einen größern Schutz genießet: so kommt eben diese gerechte Gleichheit darauf an, daß ein jeder Unterthan nach Proportion seines Vermögens seinen Beytrag zu dem Aufwand des Staats leistet.[365]

Für die Kameralisten stand fest, dass die Steuern in der Staatlichkeit der Gesellschaft begründet waren und daher jeder Staatsbürger für die Vorteile, die ihm aus der Staatsbürgerschaft erwuchsen, Steuern zu entrichten hatte.[366] Einig waren sich die Kameralisten auch darin, dass Steuerbefreiungen als ungerechtfertigt gegenüber anderen Bürgern waren, mag es sich dabei um eine generelle Steuerbefreiung oder um Steuerfreiheiten einzelner Personen aus alten Verträgen oder Privilegien handeln.[367] Keine Einigkeit bestand jedoch darin, ob die Steuertarife proportional oder progressiv zu gestalten waren. Sprachen sich die Autoren des Frühkameralismus noch eindeutig für eine „rechtmäßige und billige Proportionalität“ bei der Besteuerung aus,[368] so zog die Steuerpraxis der wirtschaftlich fortgeschrittenen

---

364 Rau, Karl Heinrich: Lehrbuch der politischen Ökonomie, Erste Abtheilung, S. 344. Nach Justi sollten die „Abgaben mit einer vollkommenen Gleichheit und gerechten Verhältniß den Unterthanen aufgeleget werden“; Justi, Johann Heinrich Gottlob von: Ausführliche Abhandlung, S. 26 f.

365 Ebd., S. 27.

366 Ebd., S. 27; Jung (genannt Stilling) Johann Heinrich: Lehrbuch der Finanz-Wissenschaft, §§ 5, 6, 7 und 8; Wilke stellt heraus, dass Sonnenfels die Tendenz der tatsächlichen Entwicklung des Finanzwesens der deutschen Staaten richtig erfasst habe und daher die Steuern als regelmäßige staatliche Einnahmequelle behandelte. Damit beginne sich die wissenschaftliche Behandlung des Finanzwesens von der mehr privatwirtschaftlichen Betrachtungsweise über die Domänen- und Regalienwirtschaft zu lösen und zu einer staatswirtschaftlichen Erörterung finanzieller Probleme vorzudringen; Wilke, Gustav: Die Entwicklung der Theorie, S. 11.

367 Rüdiger, Johann Christian Christoph: Anfangsgründe der allgemeinen Staatslehre mit einem kurzen Lehrbegriff der ökonomischen Policey, Halle 1795, S. 130.

368 Eulner, Johann Daniel: Practische Vorschläge, S. 792.

westeuropäischen Staaten, insbesondere Englands, die Idee der Steuerprogression nach sich.[369]

Justi entwickelte als Erster das folgende Beispiel einer gemischten Vermögens- und Einkommensbesteuerung zweier unterschiedlich begüterter Kaufleute:[370]

	Kfm. Martin	Kfm. Christoph	prop.Verhältnis
Vermögen	20.000 Thaler	60.000 Thaler	1 : 3
Gewinn (pro Jahr)	3.000 Thaler	9. 000 Thaler	
Haushaltskosten*	2.000 Thaler	2.000 Thaler	
Verbleibender Rest	1.000 Thaler	7.000 Thaler	
1 % Steuer auf das Vermögen (proportional)	200 Thaler	600 Thaler	1 : 3
Verbleibender Rest	800 Thaler	6.400 Thaler	1 : 8
*Kosten der Haushaltung, Familie und Bedienung			

Kaufmann Martin behielt nur 800 Thaler übrig, Kaufmann Christoph hingegen hätte 6.400 Thaler zur Vergrößerung seines Vermögens übrig, das wäre achtmal mehr, obwohl er nur das Dreifache an Steuern entrichtet.

Dieses einfache Beispiel zeigt hervorragend, wie unbefriedigend die proportionale Besteuerung ist, was Justi veranlasste, auf die ungerechte Proportionalität bei der Steuerbelastung hinzuweisen, bei der die Reichen nicht entsprechend erfasst würden und die ganze Last auf den Schultern des Mittelstandes ruhe.[371]

Von Justi im Jahr 1762 ausgehend wurde die progressive Steueridee neben der proportionalen Besteuerung diskutiert. Am Ende der Kameralzeit war der Gedanke der progressiven Besteuerung vorherrschend; der Progressionsmaßstab blieb jedoch eine Frage der Finanzpolitik.[372]

Der Grundsatz der Sicherheit der Einnahmen beruhte auf dem Grundanliegen, dass in der Staatsmacht das Recht und die Pflicht begründet war, sich die Mittel zu verschaffen, welche zur Realisierung der Staatszwecke „gewiss und sowohl an Quantität und Qualität so bestimmt sind, dass keine Zweydeutigkeit dabey Statt

369 Raumer, Friedrich von: Das Brittische Besteuerungs-System, insbesondere die Einkommensteuer, dargestellt, mit Hinsicht auf die in der preußischen Monarchie zu treffenden Einrichtungen, Berlin 1810, S. 237.

370 Justi, Johann Heinrich Gottlob von: Ausführliche Abhandlung, S. 27 f.

371 Ebd., S. 28.

372 Jenetzky, Johannes: System und Entwicklung, S. 142–144.

findet."[373] Im Grundsatz der Bestimmtheit der Steuern und der Transparenz der staatlichen Einkünfte findet sich eine allgemein anerkannte Forderung der Kameralisten wieder, die lautete, dass jeder Steuerpflichtige die Steuerlast nach Art und Weise der Zeit sowie der Höhe nach im Voraus genau bestimmen können müsse.[374] Um die Besteuerung unmerklich erscheinen zu lassen, musste „die Erhebung der Abgaben [...] bequem und leicht eingerichtet seyn",[375] und um die Steuererhebungskosten so gering wie möglich („wohlfeil") zu halten, musste die Steuer „leicht und kostenlos ausgemittelt, erhoben und verrechnet werden können".[376]

Die späten Kameralisten betrachteten die Steuergestaltung als vorzügliches Mittel, Staat, Wirtschaft und Gesellschaft nach den wohlfahrtspolizeilichen Vorstellungen zu lenken, zu leiten und zu formen.[377] Gestützt auf die Überzeugung, dass der Staat in der Regel kein Unrecht tun kann, schlugen die Kameralisten ab der Periode des Hochkameralismus umwälzende Eingriffe in die private Vermögenssphäre durch steuerliche Maßnahmen vor. Die Steuer sollte Luxus und Verschwendung unterdrücken, und Handel, Erzeugung und Gewerbe sollten durch steuerliche Eingriffe je nach Bedarf eingeschränkt oder gefördert werden.[378]

Ein nicht sehr häufig anzutreffender Steuergrundsatz besagte, dass die Verteilung der Steuerlast der Struktur der Staatsverfassung und der Wirtschaft anzupassen wäre.[379] Ebenfalls selten traf man den Gedanken an, dass „die Unterthanen die Abgaben gleichsam aus eigener Bewegung und mit willigem und freudigem Herzen entrichten".[380]

Aus Gründen der Gerechtigkeit sollten die Steuern so gestaltet sein, dass sie dem Vermögen des Steuerpflichtigen und der Wirtschaft keinen höheren Schaden

---

373 Jakob, Ludwig Heinrich von: Die Staatsfinanzwissenschaft. Theoretisch und praktisch dargestellt und erläutert durch Beyspiele aus der neuern Finanzgeschichte europäischer Staaten, Bd. 1, Halle 1821, § 463.

374 Justi, Johann Heinrich Gottlob von: Ausführliche Abhandlung, S. 41; Smith, Adam: Der Wohlstand der Nationen, S. 704.

375 Justi, Johann Heinrich Gottlob von: Ausführliche Abhandlung, S. 42.

376 Lips, Alexander: Deutschlands National-Oekonomie. Ein Versuch zur endlichen Lösung der Frage: wie kann Deutschland zu lohnendem Ackerbau, zu blühender Industrie und wirksamem Handel gelangen?, Gießen 1830, S. 210.

377 Jenetzky, Johannes: System und Entwicklung, S. 84 ff.

378 Bensen, D. Heinrich: Materialien zur Polizei-, Kameral- und Finanzpraxis, Bd. 2, Erlangen 1802, S. 428.

379 Justi, Johann Heinrich Gottlob von: Ausführliche Abhandlung, S. 39 f.

380 Bergius, Johann Heinrich Ludwig: Policey- und Cameral-Magazin, S. 4.

zufügten, als sie dem Staat Gewinn brächten.[381] Die Maxime, dass das erlangte Wissen der Finanzbediensteten vor den anderen Bürgern geheim zu halten ist, formulierten die späteren Kameralisten, was seine Gültigkeit in Form des Steuergeheimnisses bis heute erhalten hat.[382]

Überwiegend vertraten die Kameralisten den Leitgedanken der harmonisch abgestimmten Steuervielfalt. Die Autoren betonten wiederholt, dass die Einheitssteuer undurchführbar und ökonomisch ungeeignet sei und wegen der verschiedenen persönlichen Verhältnisse zu einer ungleichen Steuerbelastung führe.[383] Aus der Erkenntnis, dass es viele Quellen des allgemeinen Wohlstandes gibt und direkte und indirekte Steuern Vor- und Nachteile gegenüber der jeweils anderen Besteuerungsform aufweisen, folgerten sie, dass nur ein Mischsystem von verschiedenen Steuern zu einem staatswissenschaftlich gerechten Ergebnis führen könne.[384]

Nach einhelliger Meinung der Kameralisten war die Besteuerung des „Ertrages" bzw. „Gewinnstes" ein anzustrebendes Ideal. Über den Begriff des „Gewinnstes" oder „Ertrages" bestand sachlich Übereinstimmung,[385] auch wenn der Begriff mit unterschiedlichen Worten erläutert wurde. Justi definierte diesen wie folgt: „Gewinnst ist der Vortheil, den wir nach Abrechnung unserer angewendeten Kosten und Bemühungen aus einer Sache ziehen."[386]

Die Autoren des Kameralismus erkannten schon früh, dass die Vermögensteuer konsequenterweise auch die Besteuerung ertragsloser Gegenstände erfassen würde und dass letztlich jede Steuer aus dem Einkommen erfolgen müsste.[387] Gegen die echten Vermögensteuern sprach auch, dass diese die Quelle erschöpfen würden, aus der sie fließen.[388] Justi betonte besonders die Notwendigkeit, dass die Vermögenssubstanz geschont werden müsse, und befürwortete die Besteuerung des

381 Jakob, Ludwig Heinrich von: Einleitung in das Studium der Staatswissenschaften, S. 370.

382 Jenetzky, Johannes: System und Entwicklung, S. 205–208.

383 Spaeth, Philipp Jacob: Gedanken über das Steuerwesen im Allgemeinen und über Steuer-Rektifikationen insbesondere, Stuttgart 1806, S. 30 ff.

384 Jakob, Ludwig Heinrich von: Die Staatsfinanzwissenschaft, Bd. 1, § 686, §§ 693–705.

385 Jenetzky, Johannes: System und Entwicklung, S. 194.

386 Justi, Johann Heinrich Gottlob von: Staatswirthschaft, Erster Theil, S. 444.

387 „Schonung des Capitales eines Volkes ist also eine nothwendige Anforderung an jedes Steuersystem." „Demnach beruht die Steuerfähigkeit der Bürger vorzüglich auf ihrem Einkommen […], so müssen die Steuern soviel als möglich nach dem Verhältnis des Einkommens vertheilt werden." „Das reine Einkommen eines Volkes ist die Quelle, aus der sämmtliche Steuern geschöpft werden müssen."; Rau, Karl Heinrich: Lehrbuch der politischen Oekonomie, Erste Abtheilung, S. 349 f., S. 352 und S. 355.

388 Lips, Alexander: Ueber die allein wahre und einzige Steuer, S. 14.

Gewinns, was von den kameralistischen Autoren konsequent befürwortet wurde. Carl Gotthelff Prätorius hatte es 1802 auf den Punkt gebracht:

> Abgaben müssen ihrer Natur nach nur vom reinen Ertrage genommen und nie so hoch angelegt werden, dass sie das Kapital des Staatsbürgers weder mittelbar noch unmittelbar angreifen. Dies ist unstreitig der erste und wichtigste Grundsatz.[389]

Auch Philipp Christoph Heinrich Eschenmayer betonte 1813:

> Die Besteuerung des Ertrages, des Einkommens der National-Glieder hingegen ist die eigentliche und wahre Basis, die weder das Vermögen, die Capitale, angreifet, noch den Genuss verkümmert, noch die National-Production lähmt.[390]

In seiner „Abhandlung von Domainen, Contributionen, Steuern, Schazungen und Abgaben" aus dem Jahr 1775 führt Jacob Friedrich Döhler gleichermaßen aus:

> Zweytens, müssen die Abgaben und Steuern der Freyheit, dem Credit und den Gewerben der Unterthanen nicht nachtheilig, sondern solche müssen lediglich auf den Gewinnst der Unterthanen gegründet seyn, nachdem es die Natur derer Gegenstände verträget, und diese Abgaben müssen auch einen gerechten Theil des Gewinnsts ausmachen: Der gerechte Theil des Gewinnsts aber muß so proporioniret seyn, das die Unterthanen von dem Üeberrest auch nothdürftig und bequem leben können.[391]

Aus dieser Erkenntnis heraus entwickelte sich ein eindeutiger Trend von der Vermögensteuer als Substanz- zur Einkommensteuer als Ertragsbesteuerung.[392] Diese schrittweise Evolution begann mit Justi und Sonnenfels. Justi hatte den Ertrag als alleinigen Gegenstand der Besteuerung festgestellt und fühlte sich als Erfinder der eigentlichen Gewerbesteuern, obwohl Eulner sie wissenschaftlich entworfen hatte und sie als direkte Ertragsteuer in der Praxis üblich waren.[393] Sonnenfels entdeckte die persönliche Arbeitsleistung als eine Einkommen produzierende Kraft ohne Einsatz von sachlichen Vermögenswerten. Dabei betonte er, dass der notwendige Unterhalt des „Wirthschafters" abzuziehen sei und nur der Rest Maßstab für die Steuerbemessung sein dürfe. Den Anspruch auf den eigenen Unterhalt und auf den

389 Prätorius, Carl Gotthelff: Versuch über das Besteurungswesen, Königsberg 1802, S. 64.

390 Eschenmayer, Philipp Christoph Heinrich: Über die Consumtions-Steuer: eine staatswirthschaftliche Abhandlung, Heidelberg 1813, S. 10.

391 Döhler, Jacob Friedrich: Abhandlung von Domainen, Contributionen, Steuern, Schazungen und Abgaben, Nürnberg 1775, S. 88, § 68.

392 Jenetzky, Johannes: System und Entwicklung, S. 192.

393 Eulner, Johann Daniel: Practische Vorschläge, S. 66–70.

Unterhalt der Familie leitete er von der Pflicht der Selbsterhaltung des Hausvaters ab.[394]

Eines der größten Probleme der Kameralisten bestand darin, den „Gewinnst" zu ermitteln. Den Autoren war die Problematik einer schematischen Gewinnermittlung aufgrund der steuerlich mangelnden Buchführungsgrundlagen bekannt.[395] Innerhalb des Systems der Ertragsbesteuerung durchlief der Besteuerungsmodus alle Stadien der Entwicklung von der rohen Kopfsteuer bis zur Versteuerung des bilanziell erzielten Gewinns. Mit dem Ausklang des Kameralismus war jedoch nur ein Teil der Entwicklung durchschritten.[396]

Für die wissenschaftsgeschichtliche Entwicklung kann man drei Epochen unterscheiden, die begrifflich klar zu differenzieren sind, sich jedoch zeitlich überlappen.[397]

Zunächst empfahl man die rein hypothetische schematische Besteuerung des Ertrags – ohne Berücksichtigung der real erzielten Erträge – in Anlehnung an äußerliche Tatbestandsmerkmale, die erfahrungsgemäß Gewinne versprachen. Der Staat hatte zwar kein Recht, von dem Bürger eine Steuererklärung über sein Einkommen zu verlangen, aber er hatte das Recht, die Merkmale des Messens und Bewertens zu bestimmen. Die Behörde konnte nur anhand von äußerlich erkennbaren objektiven Merkmalen den Ertrag des Bürgers schätzen.

Es folgte eine Periode, in der die typisierte Besteuerung diskutiert wurde. Besteuert wurden die üblicherweise erzielten mittleren Durchschnittsgewinne der aus dem 18. Jahrhundert stammenden Ertragsteuern aus den drei Quellen Grund und Boden, Gebäude und Gewerbebetriebe, die den Anforderungen des 19. Jahrhunderts gut zu entsprechen schienen.[398] Die äußerlichen Merkmale der Besteuerung des durchschnittlich erzielten möglichen Ertrags waren sehr verschieden, weshalb den unterschiedlichen Merkmalskombinationen mithilfe von Einschätzungstafeln Ertragswerte zugeordnet wurden. Diese galten als objektiv ermittelter Maßstab für die gesuchte Leistungsfähigkeit des entsprechenden Objekts.[399]

In der Spätphase der Kameralepoche waren die Kameralisten fest gewillt, den realen konkreten Gewinn als Besteuerungsmaßstab zu wählen; denn die Besteu-

394 Sonnenfels, Joseph von: Grundsätze, S. 262–267.

395 Eschenmayer, Philipp Christoph Heinrich: Vorschlag zu einem einfachen Steuersystem, S. 30.

396 Jenetzky, Johannes: System und Entwicklung, S. 225.

397 Ebd., S. 225 ff.

398 Schremmer, Eckart: Über „gerechte Steuern", S. 18.

399 Ebd., S. 18.

erung des reinen Einkommens war für sie das unbestreitbare Ideal.[400] Über die praktische verwaltungstechnische Durchführung war man sich nicht im Klaren. Die Gegensätze zwischen formal korrekter äußerlicher Schätzung und der Unmöglichkeit, mit dem zur damaligen Zeit unzureichenden Instrumentarium eine exakte, gerechte Einzelbesteuerung zu erreichen, konnten die Kameralisten nicht lösen.[401] Der Durchbruch zu einer realen Einzelbesteuerung von konkret erzielten Erträgen erfolgte erst im Laufe des 19. Jahrhunderts.

5.4 Internationale revolutionäre Theorien und ihr Einfluss auf das steuerpolitische Denken

5.4.1 Die Ideale des Liberalismus und die „klassischen Maximen" von Adam Smith

In Großbritannien machten die Landwirtschaft, der Bergbau, die Industrie sowie der Handel im 18. Jahrhundert beträchtliche Fortschritte, wozu nicht zuletzt die wirtschaftliche Erschließung überseeischer Gebiete beitrug. Mit dieser Entwicklung ging auch die wissenschaftliche Erforschung des Wirtschaftslebens einher. Der Engländer William Petty (1623–1687), der die Arbeitswerttheorie entwickelte und sich mit dem Erfassen ökonomischer Massen- und Durchschnittserscheinungen beschäftigte, sowie der Schotte Adam Smith (1723–1790) waren die herausragenden Nationalökonomen ihrer Zeit.[402]

Adam Smith, der sich zunächst wissenschaftlich mit Moraltheorie und Logik befasste, wandte sich nach einer Reise auf den europäischen Kontinent diesem neuen Wissenschaftsgebiet intensiv zu. Als Moraltheoretiker ging er der Frage nach, was die zivilisierte Gesellschaft freier Menschen zusammenhält, und fragte danach, weshalb Menschen neben ihrem Selbsterhaltungstrieb auch Nächstenliebe und Altruismus entwickeln. Es lag durchaus nahe, dass bei dieser Untersuchung das Interesse von Adam Smith auf die ökonomischen Grundlagen der Gesellschaft gelenkt wurde. Ergebnis seiner langjährigen Studien war 1776 die Publikation eines

400 Kröncke, Claus: Über die Grundsätze, S. 96; Rau, Karl Heinrich: Lehrbuch der politischen Oekonomie, Erste Abtheilung, S. 62 und S. 105.

401 Jenetzky, Johannes: System und Entwicklung, S. 229.

402 Sahm, Reiner: 5000 Jahre Steuern, S. 169.

mehr als tausendseitigen Manuskripts unter dem Titel „An Inquiry into the Nature and Causes of the Wealth of Nations".[403]

Eingehend untersuchte Smith dabei die Position, die dem Staat im Wirtschaftsprozess zukam. Dazu gaben ihm die umfangreiche Tätigkeit des Staates in Großbritannien und die seiner Ansicht nach schädlichen staatlichen Eingriffe in das Wirtschaftsgeschehen besonderen Anlass. Aufgrund seiner Erkenntnisse übte er Kritik an der Wirtschaftstheorie und der wirtschaftpolitischen Praxis der Merkantilisten und Physiokraten und forderte einschneidende Reformen.[404]

Seine wirtschaftspolitischen Empfehlungen lassen sich wie folgt zusammenfassen:

> Unter der Bedingung, daß ‚natürliche Freiheit' in einem Lande herrscht, der moralische Selbstschutz im Volke intakt ist und Wettbewerb und Rechtsordnung das ökonomische Verhalten disziplinieren, sind in der Regel Staatseingriffe in den Wirtschaftsablauf, aber keinesfalls der Staat selbst überflüssig, weil sonst der Wohlstand des Gemeinwesens abnimmt. Laissez faire in diesem Sinne ist natürlich mit schrankenloser Freiheit oder nacktem Egoismus im Wirtschaftsalltag oder mit einem ‚Leben ohne Zwänge' ebensowenig vereinbar wie mit Einschränkungen des Wettbewerbs, mit Sonderrechten einzelner Gruppen oder Regionen und mit Eingriffen und Vorschriften bei der Übertragung von Eigentumsrechten.[405]

Nach Ansicht von Smith hat der Staat im Wesentlichen Infrastrukturaufgaben zu erfüllen, muss für die Verfügbarkeit öffentlicher Güter in Bildungs- und Gesundheitswesen und für die Verteidigung des Landes Sorge tragen. Diese Aufgaben muss der Staat in einer Marktwirtschaft seinem Wesen nach erfüllen, damit er überhaupt lebensfähig ist und funktionieren kann.[406]

Smith verfasste im fünften und letzten Buch seines Werkes eine genaue Abhandlung über die Besteuerung und über die Staatsausgaben. Dieses Buch enthält auch die bis heute anerkannten Grundsätze der Besteuerung, die immer wieder von Gelehrten und Praktikern aller Länder wiederholt worden sind. John Stuart Mill hat 1848 diesen vier Prinzipien den Namen die „klassischen Maximen" gegeben und damit deren grundlegende Bedeutung hervorgehoben.[407]

Die erste Maxime enthielt die Norm für die Steuerverteilung:

---

403 Ebd., S. 169.

404 Ebd., S. 169.

405 Smith, Adam: Der Wohlstand der Nationen, S. LXII f.

406 Recktenwald, Horst Claus: Würdigung des Werkes, in: Smith, Adam, Der Wohlstand der Nationen. Eine Untersuchung seiner Natur und seiner Ursachen (1776), aus dem Englischen übertragen und mit einer umfassenden Würdigung des Gesamtwerkes hrsg. von Horst Claus Recktenwald, 13. Aufl., München 2013, S. XV–LXXIX, S. LXV.

407 Mill, John Stuart: Principles of Political Economy, S. 802.

> Die Bürger eines jeden Landes sollten eigentlich zur Finanzierung der öffentlichen Aufgaben soweit als möglich im Verhältnis zu ihren Fähigkeiten beisteuern, was bedeutet, daß sich ihr Beitrag nach dem Einkommen richten sollte, das sie jeweils unter dem Schutz des Staates erzielen.[408]

Smith entnahm die Norm der Steuerverteilung keinem ethischen Gebot; er sprach nicht von „equity" (Gerechtigkeit), sondern von „equality" (Gleichmäßigkeit). Er forderte eine Steuerbelastung, die sich an den Fähigkeiten orientierte, weil diese allein eine Gleichmäßigkeit verbürgte. Diese erste Maxime ist jedoch in der Literatur auf die ethische Ebene projiziert worden, indem man Gleichmäßigkeit mit Gerechtigkeit gleichsetzte. Die Steuerverteilung nach den Fähigkeiten wurde daher aus einem Gerechtigkeitsideal abgeleitet, was dazu geführt hat, dass diese erste Maxime zur anerkannten steuerpolitischen Richtschnur des 19. Jahrhunderts geworden ist.[409]

Die zweite Maxime forderte den Ausschluss der Willkür der Obrigkeit:

> Eine Steuer, die jeder einzelne zu zahlen verpflichtet ist, sollte genau und nicht willkürlich festgelegt sein. Der Steuertermin, die Zahlungsform und der zu entrichtende Betrag sollten für den Steuerpflichtigen und jeden anderen klar und offenkundig sein.[410]

Damit hatte Smith dem individualistischen Ideal der Aufklärungszeit – der politischen Freiheit – die Stichworte gegeben, die im 19. Jahrhundert immer wieder benutzt worden sind.[411] So schlug sich z. B. die Gefahr der Preisgabe der Privatsphäre gegenüber der Obrigkeit im Gesetz wegen Einführung einer Klassensteuer 1820 in Preußen nieder: Die Klassensteuer sollte „zwischen einer ohne genaues Eindringen in die Vermögensverhältnisse der Pflichtigen nicht ausführbaren und deshalb immer gehässigen Einkommensteuer und einer die Gesamt-Masse aller Einwohner ohne allen Unterschied gleich treffenden Kopfsteuer die Mitte halten."[412]

Die dritte Maxime bezog sich auf die Durchführung der Belastung durch die Steuerverwaltung:

> Jede Steuer sollte zu einer Zeit oder auf eine Art und Weise erhoben werden, daß die Zahlung der Abgabe dem Pflichtigen am leichtesten fällt.[413]

---

408 Smith, Adam: Der Wohlstand der Nationen, S. 703.

409 Mann, Fritz Karl: Steuerpolitische Ideale, S. 147 f. und S. 157.

410 Smith, Adam: Der Wohlstand der Nationen, S. 704

411 Mann, Fritz Karl: Steuerpolitische Ideale, S. 227.

412 Gesetz wegen Einführung einer Klassensteuer, gegeben Berlin, den 30ten Mai 1820, zitiert in: Bundesministerium der Finanzen: Neue Ideen und Wege.

413 Smith, Adam: Der Wohlstand der Nationen, S. 704.

Mit der vierten Maxime hat Smith eine über die Technik der Steuerverwaltung hinausreichende Problematik der Belastung der Steuerbürger dargelegt:

> Jede Steuer sollte so erhoben werden, daß sie aus den Taschen der Leute nicht viel mehr nimmt oder heraushält, als sie an Einnahmen in die Kasse des Staates bringt.[414]

Hierzu führte Smith aus, dass auf vier verschiedenen Wegen den Bürgern durch die Steuern mehr weggenommen wird (bzw. man ihnen nicht zukommen lässt), als dem Staat letztlich zufließt. Er begründete dies erstens damit, dass große Erhebungskosten den größeren Teil des Steueraufkommens aufzehren können, zweitens damit, dass eine Abgabe den Erwerbsfleiß der Bevölkerung beeinträchtigen kann. Als dritten Weg führte er diejenigen an, die erfolgslos versuchen, Steuer zu hinterziehen, und dadurch Strafen erleiden, und viertens verwies er auf die verhasste Überprüfung durch den Steuereinnehmer. Die Steuern sollten – so fasste er den Inhalt der Maxime zusammen – den Bürger nicht mehr belasten, als sie dem Staat Nutzen bringen.[415]

Seine im fünften Buch über die Besteuerung und Staatsausgaben vorgetragenen Argumente schlugen sich im 19. Jahrhundert in einer liberalen Weltanschauung nieder und prägten das Denken von liberalen Politikern und Schriftstellern. Smith hat seine Besteuerungsgrundsätze weder gewichtet noch auf Widersprüche hin untersucht und hat aus diesen auch kein „ideales Steuersystem“ entwickelt, doch spielen sie auch heute noch in Theorie und Praxis eine bedeutende Rolle.[416]

5.4.2 Der Einfluss der Freiheitsbestrebungen in den amerikanischen Kolonien

Es waren eigentlich geringfügige Anlässe, die einen weitreichenden gesellschaftlichen Entwicklungsprozess zunächst in Nordamerika und dann auf dem europäischen Kontinent auslösten. Im Jahr 1765 verabschiedete das britische Parlament zwei gegen die Interessen der Menschen in den Kolonien gerichtete Gesetze. Das eine Gesetz, die „Quartering Act“ (die Quartierakte) gab der Regierung das Recht, eine unbegrenzte Anzahl Truppen in die Kolonien zu entsenden und bei der Bevölkerung einzuquartieren. Das andere Gesetz war die „Stamp Act“ (die Stempelsteuerakte),

---

414 Ebd., S. 704.

415 Ebd., S. 705.

416 Ebd., S. LXIX mit dem Hinweis auf das Werk von Neumark, Fritz: Grundsätze gerechter und ökonomisch rationaler Steuerpolitik.

mit deren Erträgen die britischen Beamten und das Militär in den Kolonien bezahlt werden sollten. Beide Gesetze stießen in den Kolonien auf Ablehnung.[417]

Obgleich die Kolonisten sich nicht grundsätzlich sträubten zu den Staatsausgaben beizutragen, so wollten sie nicht billigen, dass ein Parlament, in dem kein Siedler Sitz und Stimme hatte, darüber befand, dass sie Steuern zu zahlen hatten. Aber die „Stamp Act", nach der für jede Urkunde und jede Druckschrift bei den Behörden ein Papier erworben werden musste, das nur abgestempelt rechtswirksam war, forderte die Kolonisten zum Widerstand heraus. Die Kolonisten beriefen sich dabei auf das allgemeine Natur- und Menschenrecht.[418]

Nachdem am 1. November 1765 das Stempelgesetz in Kraft getreten war, kam es zu Unruhen. Nun weigerte sich jedermann, Stempelpapiere zu erwerben oder sich an der Steuererhebung zu beteiligen. Die Stempelpapiere wurden vernichtet, Akten der Steuereinnehmer verbrannt und deren Einrichtungen zerstört.[419]

Ein weiterer Steuerplan erfolgte im Jahr 1767; nun wurden u. a. Glaswaren, Papier, Porzellan und Farben mit Abgaben belegt. Die Umsetzung dieses Steuerplanes löste in den amerikanischen Kolonien erneut einen entschiedenen Protest aus. Die Kolonisten verabredeten, keine englischen Waren mehr zu kaufen, solange diese mit einer Abgabe belegt waren.[420]

Unter dem Eindruck der Wirkung, die dieser Widerstand im Mutterland hatte, entschied sich Lord North 1770 für ein anderes Verfahren. Er verzichtete auf die Abgabe im Allgemeinen und belegte lediglich Tee mit einer geringfügigen Steuer. Das geschah in der Absicht, das Besteuerungsrecht Großbritanniens in den Kolonien weiterhin zu wahren, ohne den Handel insgesamt zu gefährden.[421]

Im Dezember 1773 nötigte der Magistrat von Boston den Kapitänen der eingelaufenen Schiffe das Versprechen ab, den Tee, den sie an Bord hatten, nicht an Land bringen zu lassen. Darüber beschwerte sich der Vertreter der Ostindischen Kompanie beim Statthalter, der daraufhin das Löschen des Tees anordnete. Eine Schar von Männern, die sich als Indianer verkleidet hatten, enterten am 18. Dezember 1773 unter Kriegsgeheul die Schiffe und warfen 342 Kisten mit Tee in das Hafenbecken.[422] Die sogenannte Tea Party setzte eine Bewegung in Gang, die nicht mehr zu stoppen war. Es kam am 19. April 1775 bei Concord und Lexington zu

417 Sahm, Reiner: 5000 Jahre Steuern, S. 177.

418 Ebd., S. 177 f.

419 Ebd., S. 181.

420 Schlosser, Friedrich Christoph: F. C. Schlossers Weltgeschichte für das deutsche Volk, Bd. 16, Frankfurt am Main 1854, S. 476.

421 Ebd., S. 476.

422 Ebd., S. 477.

Gefechten, bei denen die Engländer erhebliche Verluste erlitten. Diese militärische Auseinandersetzung wird als der eigentliche Beginn des nordamerikanischen Freiheitskampfes angesehen.[423]

Es war vor allem die Idee vom naturgegebenen Recht des Menschen auf „Leben, Freiheit und Streben nach Glück", die Thomas Jefferson, einer der Gründerväter der Vereinigten Staaten von Amerika, vertrat, und die bei vielen Kolonisten auf Zustimmung stieß. Am 4. Juli 1776 nahm der Kongress die von Thomas Jefferson entworfene Unabhängigkeitserklärung an und sagte sich damit vom Mutterland los. In dieser Erklärung wurden erstmals die Menschenrechte formuliert und gesetzlich verankert. Darin heißt es:

> Folgende Wahrheiten erachten wir als selbstverständlich: daß alle Menschen gleich geschaffen sind; daß sie von ihrem Schöpfer mit gewissen unveräußerlichen Rechten ausgestattet sind; daß dazu Leben, Freiheit und das Streben nach Glück gehören; daß zur Sicherung dieser Rechte Regierungen unter den Menschen eingerichtet werden, die ihre rechtmäßige Macht aus der Zustimmung der Regierten herleiten.

Ferner wurde in dieser Erklärung ein Widerstandsrecht des Volkes postuliert: „daß, wenn irgendeine Regierungsform sich für diese Zwecke als schädlich erweist, es das Recht des Volkes ist, sie zu ändern oder abzuschaffen und eine neue Regierung einzusetzen."[424]

Dem energischen Handeln der amerikanischen Steuerrebellen ist es einerseits mit zu verdanken, dass Bürger nicht ohne Einverständnis mit Steuern belegt werden können, andererseits war jeder Bürger aufgrund seiner geschützten Rechte verpflichtet, seinen Teil zum Wohl der Vereinigten Staaten beizutragen.[425]

5.4.3 Die liberale Denkweise von 1789 als Fundament neuer steuerpolitischer Ansichten

In der ersten Hälfte der Achtzigerjahre des 18. Jahrhunderts war die Finanzlage in Frankreich so desolat, dass sich kaum jemand fand, französische Staatsanleihen zu zeichnen. In seiner Ausweglosigkeit unterbreitete der Präsident des königlichen Finanzrats am 8. August 1788 König Ludwig XVI. den Vorschlag, die Generalstän-

---

423 Ebd., S. 480.

424 Die Unabhängigkeit, Kongreßsitzung vom 4. Juli 1776. Einstimmige Erklärung der dreizehn Vereinigten Staaten von Amerika, in: www. usa.usembassy.de – unabhängigkeit

425 Sahm, Reiner: 5000 Jahre Steuern, S. 189 f.

de – die Ständeversammlung von Adel, Geistlichkeit und Bürgertum, die seit 1614 noch nicht wieder getagt hatte – für den 1. Mai des nächsten Jahres einzuberufen.

Am 5. Mai 1789 traten die Generalstände zusammen und fassten den folgenden Beschluss: Alle bisher erhobenen Abgaben seien ungesetzmäßig, weil sie nicht von der Nation bewilligt worden seien.[426] Am 17. Juni 1789 stimmte daraufhin die Nationalversammlung mit überwiegender Mehrheit für ein Dekret, das die Steuererhebung und die Aufrechterhaltung des öffentlichen Schuldendienstes gewährleistete.[427] Am 22. Juni 1789 fand in Versailles die Kronsitzung statt, die dazu führte, dass den Generalständen das Steuerbewilligungsrecht ebenso zugestanden wurde wie die Garantie der Freiheit der Person und der Presse. Am 9. Juli 1789 erklärten die Vertreter der drei Stände sich zur verfassungsgebenden Nationalversammlung, der Konstituante.[428]

Der König ließ daraufhin Paris mit militärischen Einheiten, die aus ausländischen Söldnern bestanden, umstellen. Dies und weitere Ereignisse mobilisierten die Pariser, und als dann auch noch ein deutsches Dragonerregiment gegen die Demonstrierenden vorgegangen war, wurde in der Nacht zum 13. Juli die Sturmglocke angeschlagen. Am 14. Juli 1789 erstürmten die Pariser die Bastille.[429]

In den Provinzen löste sich in diesen Wochen das staatliche System auf, die Intendanten verließen ihre Posten, was zur Folge hatte, dass im Staatshaushalt keine Steuern mehr eingingen. Die Bevölkerung erwartete die Abschaffung der indirekten Steuern und die strenge Überwachung des Getreidehandels und weigerte sich, Steuern zu zahlen. Im Juli 1789 kam es allerorten zu Bauernerhebungen, in deren Gefolge die Feudalordnung zerstört wurde.[430]

Am Abend des 4. August 1789 tagte die Nationalversammlung und beschloss, alle Steuerprivilegien, die Fron, die „Tote Hand" und andere persönliche Dienstleistungen abzuschaffen. Des Weiteren sollten die dinglichen Feudalrechte zum Rückkauf freigegeben und auch alle Sonderrechte der Stände, Provinzen und Städte beseitigt werden. Dazu gehörten die Exklusivrechte auf Jagd, Kaninchengehege und

---

426 Schlosser, Friedrich Christoph: F. C. Schlossers Weltgeschichte für das deutsche Volk, Bd. 17, Frankfurt am Main 1855, S. 173.

427 Ebd., S. 173 f.

428 Sahm, Reiner: 5000 Jahre Steuern, S. 217 f.

429 Ebd., S. 218.

430 Ebd., S. 218 f.

Taubenschläge. Abgeschafft wurden ferner die Patrimonalgerichtsbarkeit und der Ämterkauf[431]; der Klerus verzichtete auf den Zehnt.[432]

Der höchste Wert der liberalen Denkweise von 1789 war die individuelle Freiheit, die sich schon in der englischen Bill of Rights von 1689 niedergeschlagen hatte. Durch die Freiheitsbestrebungen der Kolonisten in Nordamerika gelangte diese in die amerikanische Verfassung und stellte die erste einklagbare und durchsetzbare Grundrechteordnung dar. Die französischen Soldaten, die mitgeholfen hatten, den Amerikanern die Freiheit zu verschaffen, und die 1783 heimkehrten, waren von den „Söhnen der Freiheit" angesteckt worden. Mit der Französischen Revolution gelangten die Freiheitsrechte in die Erklärung der Menschen- und Bürgerrechte vom 26. August 1789. Der Entwurf einer Reichsverfassung in der Paulskirche von Frankfurt am Main von 1849 enthielt ebenfalls einen Grundrechtskatalog, die Weimarer Reichsverfassung von 1919 sowie das Grundgesetz von 1949 beinhalten Grundrechtsverbürgungen bzw. Grundrechte.[433]

In all diesen Verfassungen ist auch das Grundrecht der Gleichheit kodifiziert. In der französischen Verfassung vom 3. September 1791 wurde das Prinzip der Allgemeinheit und Gleichmäßigkeit der Besteuerung zum Ausdruck gebracht: „Die Verfassung verbürgt als natürliche und bürgerliche Rechte: [...] 2. daß alle Abgaben auf alle Bürger gleichmäßig unter Berücksichtigung ihrer Vermögensverhältnisse verteilt werden."[434]

Gleichheit in dem Sinne, dass die Menschen nicht von Natur aus unterschiedliche Rechte und einen unterschiedlichen Status haben, enthielt der Entwurf der Frankfurter Paulskirchenverfassung von 1849 und wurde in Art. 134 (1) der Weimarer Reichsverfassung von 1919 kodifiziert: „Alle Staatsbürger ohne Unterschied tragen im Verhältnis ihrer Mittel zu allen öffentlichen Lasten nach Maßgabe der Gesetze bei." Im Bonner Grundgesetz von 1949 ist der Gleichheitsgrundsatz in Art. 3 (1) verankert: „Alle Menschen sind vor dem Gesetz gleich."

---

431 Oswald Spengler hat den Ämterkauf „verschleierte Steuer" genannt, „die mit furchtbarer Härte allein auf der vornehmen Gesellschaft lastete und zur Aufzehrung ganzer Familienvermögen führte." Spengler, Oswald: Das Verhältnis von Wirtschaft und Steuerpolitik seit 1750. Vortrag gehalten am 19.09.1924 vor dem Verein zur Wahrung der wirtschaftlichen Interessen von Rheinland und Westfalen in Düsseldorf, in: Ders.: Politische Schriften, München 1933, S. 296–310.

432 Sahm, Reiner: 5000 Jahre Steuern, S. 219 f.

433 Schremmer, Eckart: Über „gerechte Steuern", S. 12.

434 Aus: http://www.verfassungen.eu/f/fverf91.htm (letzter Zugriff: 22.02.2017). Damit förderte die Französische Revolution „wirksam die Idee der Allgemeinheit und der Gleichmäßigkeit der Besteuerung nach der Leistungsfähigkeit.", vgl. Tipke, Klaus: Die Steuerrechtsordnung, S. 543.

Brüderlichkeit, das 1789 als drittes Grundrecht unabdingbar erklärt wurde, bezeichnet den Zusammenhalt einer Gesellschaft; es ist die Achtung vor dem anderen.[435] Uneigennützigkeit und der Wille zu helfen, also „soziale Verantwortlichkeit", schwingen im Begriff der Brüderlichkeit mit. Adolph Wagner entwickelte Ende des 19. Jahrhunderts die Lehre von der sozialen Funktion der Besteuerung, die schrittweise in die Steuerpolitik der Länder eindrang. Die soziale Staatszielbestimmung wurde in Art. 20 Abs. 1 und Art. 28 Abs. 1 im Grundgesetz der Bundesrepublik Deutschland verankert.

5.5 Zusammenfassung und Fazit

Mit Beendigung des Dreißigjährigen Krieges begann eine neue Periode: der Sieg des absoluten Staates über den ständischen Staat. Bei den Veränderungen im Steuer- und Abgabewesen kam es in erster Linie darauf an, das Einnahmewesen auf eine neue Basis zu stellen. Mit dem Wachsen der Staatsintervention, dem Vordringen der Geldwirtschaft und der Einführung stehender Heere wuchs der Finanzbedarf; die Steuern gediehen zu einer ständigen Zwangsabgabe.

Alle notwendigen Voraussetzungen für ein ergiebiges und geordnetes Abgabesystem fehlten jedoch und die zunehmenden steuerlichen Belastungen gefährdeten die wirtschaftliche Existenz und die persönliche Freiheit der Untertanen. Dieses Versagen des Absolutismus rief eine Gegenbewegung sowie eine neuartige steuerpolitische Idee hervor. Schritt für Schritt drangen naturrechtliche Gedanken in die regierten Kreise und in die politische Opposition vor. Staat und Bürger wurden nunmehr als gleichberechtigte Partner auf steuerlichem Gebiet anerkannt; denn da im Naturzustand alle Menschen frei und gleich sind, gründet sich die Herrschaft auf der Zustimmung der Herrschaftsunterworfenen.

Die Idee der Steuergerechtigkeit trat in den Mittelpunkt der wissenschaftlichen Diskussionen, die Grundsätze der Besteuerung, das Allgemeinheits-, das Gleichmäßigkeits- sowie das Leistungsfähigkeitsprinzip wurden zu politischen Glaubensartikeln. Aus diesem Evolutionsprozess heraus entstanden Grundsätze der Besteuerung, die eine eigenständige Leistung der kameralistischen Finanzwissenschaft waren, die nach Originalität und Folgewirkung ohne Vergleich dastand. Diese „Leitlinien" stellten im Wesentlichen Gerechtigkeitspostulate, aber auch wirtschafts- und finanzpolitische Erwägungen dar. Heute stimmen diese kamera-

435 Schremmer, Eckart: Über „gerechte Steuern", S. 12.

listischen Besteuerungsgrundsätze mit dem geltenden Steuerrecht überein, soweit es sich nicht um Grundsätze handelt, die durch die Zeit überholt sind.

Adam Smiths Werk „Wealth of Nations" von 1776 gilt als ein grundlegendes Werk der Wirtschaftswissenschaft. Seine im fünften Buch über die Besteuerung und Staatsausgaben vorgetragenen Argumente schlugen sich im 19. Jahrhundert in der liberalen Weltanschauung nieder und prägten das Denken von liberalen Politikern und Schriftstellern.

In den amerikanischen Kolonien setzte sich die allgemeine Auffassung durch, dass sich das Besteuerungsrecht nicht aus einer Staatsgewalt, sondern aus den allgemeinen Menschenrechten ableitet. In der von Thomas Jefferson entworfenen Unabhängigkeitserklärung wurden erstmals die Menschenrechte formuliert und gesetzlich verankert.

Die Freiheitsrechte gelangten in Frankreich in die Erklärung der Menschen- und Bürgerrechte (vom 26. August 1789) – und in der französischen Verfassung (vom 3. September 1791) wurde das Prinzip der Allgemeinheit, der Gleichmäßigkeit und der Leistungsfähigkeit der Besteuerung zum Ausdruck gebracht.

Günter Schmölders hat die Bedeutung der Französischen Revolution für die Geschichte der Besteuerung wie folgt zusammengefasst:

> Für die Geschichte der Besteuerung beginnt die Neuzeit im Grunde erst mit der großen Revolution in Frankreich, deren Ursprünge nicht zuletzt in dem ohnmächtigen Hass weiter Kreise der Bevölkerung gegen das Steuersystem des ‚Ancien Régime' zu suchen sind. [...] der doppelte Grundgedanke, von dem die Steuerreform getragen war, die ‚Gleichheit der Provinzen und der Personen vor der Besteuerung' (Vignes), bedeutete eine endgültige Abkehr sowohl von dem Prinzip des Feudalstaates, die Steuerpflicht in erster Linie nach Rang und Stand statt nach ökonomischen Maßstäben zu bemessen, als auch von der regionalen Finanzautonomie und den Steuerprivilegien der Territorialherren; ganz von selbst wurde Frankreich als zentralverwalteter Einzelstaat damit zur Heimstatt der neuzeitlichen Entwicklung der großen Staatssteuern.[436]

Zum Grundsatz der Allgemeinheit der Besteuerung

Ohne Ausnahme verstanden die Kameralisten unter dem bis heute gültigen Prinzip der Allgemeinheit der Besteuerung die unverrückbare Maßgabe, dass alle Staatsbürger steuerpflichtig sind. Begründung für die allgemeine Pflicht, Steuern zu zahlen, war die Garantie der bürgerlichen Freiheit und der Schutz vor Angriffen von innen und außen.

---

436 Schmölders, Günter: Geschichte der Besteuerung, S. 621.

Die frühen Kameralisten sahen in der Akzisebesteuerung den Ansatz eines privilegienfreien Kurses gegenüber dem Adel und dem Klerus, denn mit der Akzise wurden diese Kreise überhaupt erst in die Steuerpflicht einbezogen.

Die späteren Kameralisten haben die Fragwürdigkeit einer solchen einseitigen Verbrauchsbesteuerung erkannt und setzten sich daher für eine durchgehende direkte Besteuerung ein. Ihnen war jedoch bewusst, dass die Finanztechnik auch im beginnenden 19. Jahrhundert noch zu rückständig war, um dem Grundsatz der Steuergleichheit angemessen zu genügen.

Die historisch gewachsenen Steuerfreiheiten lehnten die Kameralisten nahezu einhellig ab. Ihrem Verständnis entsprechend traf den Adel die Verpflichtung, seine nicht mehr ausgeübten Kriegsdienste durch Steuerzahlungen auszugleichen, da das neuzeitliche Kriegswesen aus dem Steueraufkommen bestritten wurde. Der Geistlichkeit wurde jede Berechtigung auf Steuerfreiheit abgesprochen.

Zum Grundsatz der Gleichmäßigkeit der Besteuerung

Mit dem Gebot der Gleichmäßigkeit forderten die Kameralisten, dass alle Bürger nach gleichen Regeln und nach einem gleichen, in ihrem Verhältnis zum Staate begründeten Maßstab beigezogen werden sollen. Ein Bürger, der – bei gleichen Erträgen – im Verhältnis zu seinen Mitbürgern mehr oder weniger als sie an Steuer zu entrichten habe, ist den Kameralisten zufolge über das rechte Maß belastet bzw. befreit.

Garant für eine effektive Gleichmäßigkeit in der Besteuerung war, dass die Steuern nur vom „Gewinnst" oder „Ertrag" genommen werden durften. Aus dieser Erkenntnis heraus entwickelte sich ein eindeutiger Trend von der Vermögensteuer als Substanz- zur Einkommensteuer als Ertragsbesteuerung. Eines der größten Probleme bestand jedoch darin, den „Gewinnst" zu ermitteln, was aufgrund der mangelnden Buchführungsgrundlagen äußerst problematisch war. Innerhalb des Systems der Ertragsbesteuerung durchlief in der Kameralepoche der Besteuerungsmodus den Weg von der schematisierten hypothetischen Besteuerung über die generalisierte typisierte zur konkret individuellen Besteuerung des Ertrages.

Überwiegend vertraten die Kameralisten den Leitgedanken der harmonisch abgestimmten Steuervielfalt; denn eine gerechte Steuerordnung erforderte die Einheit und Widerspruchsfreiheit einer Mehrzahl von Steuern. Nur eine sinnvolle Kombination mehrerer Steuerarten ist in der Lage, wenigstens tendenziell – dank wechselseitiger Kompensation der Auswirkungen der unterschiedlichen Eigenschaften dieser Steuerarten – der Gesamtheit der Postulate zu entsprechen.

Zum Prinzip der Besteuerung nach der Leistungsfähigkeit

Es waren die großen politischen Autoren der Aufklärungszeit, die zur Mitte des 18. Jahrhunderts mit der Besteuerung nach der individuellen Leistungsfähigkeit ein eigenständiges Prinzip ausformulierten und mit den Vorschlägen der Steuerprogression und der Freilassung des Existenzminimums die Öffentlichkeit gewonnen haben. Die neue geistige Haltung strahlte auf alle Bereiche der Steuerpolitik aus, dem Glauben an die Naturordnung folgte ein völliger Meinungsumschwung: Die allgemein anerkannte Assekuranztheorie führte zu der Überzeugung, dass der sicherste Maßstab für die Steuerhöhe das Vermögen, der Ertrag und das Einkommen seien. Damit führten die vom Naturrecht ausgehenden Überlegungen zwangsläufig zu einer Bevorzugung der direkten Steuern.

Obwohl die überwältigende Mehrheit die direkte Besteuerung der indirekten Besteuerung vorzog, waren viele Autoren nicht bereit, diesem Ziel zu folgen, denn die Finanztechnik zu Beginn des 18. Jahrhunderts und die Bemessungsgrundlagen steuerlicher Leistungsfähigkeit waren zu rückständig bzw. zu schwer zu erfassen, um der Gerechtigkeit zu genügen.

Proportionale und progressive Besteuerung wurden kontrovers diskutiert. Der deutsche Kameralist Justi zeigte an einem Beispiel, wie unbefriedigend die proportionale Besteuerung ist, bei der die Reichen nicht entsprechend erfasst werden und die ganze Last auf den Schultern des Mittelstandes ruhe. Die Idee einer progressiven Besteuerung gewann in der Argumentation in dem Maße an Gewicht, in dem die Industrialisierung voranschritt; am Ende der Kameralzeit war der Gedanke der progressiven Besteuerung vorherrschend.

Unabhängig von der Kritik an den historisch begründeten Steuerfreiheiten entwickelten die kameralistischen Autoren spezielle Steuerfreiheiten – wie z. B. für Hospitäler, Armenhäuser etc. –, die wegen der wirtschaftlichen Notwendigkeit gefordert wurden. Arme Leute galten als nicht belastbar und seien daher von jeder steuerlichen Belastung freizustellen. „Erhalt des Notbedarfs", „Schonung der Armen" und die Besteuerung erst ab „Überschreiten des Existenzminimums" sind die Stichworte, die die Untergrenze der Besteuerung und die Festlegung der absoluten Belastungsgrenze markieren.

Zum Redistributionspostulat oder der Grundsatz der steuerlichen Umverteilung von Einkommen und Vermögen

Gestützt auf die Überzeugung, dass der Staat in der Regel kein Unrecht tun kann, schlugen die Kameralisten ab der Periode des Hochkameralismus Eingriffe in die private Vermögenssphäre durch steuerliche Maßnahmen vor. Die Steuern sollten

Luxus und Verschwendung unterdrücken, und die Wirtschaft sollte durch steuerliche Eingriffe je nach Bedarf eingeschränkt oder gefördert werden.
Jean-Jacques Rousseau verwies darauf, dass das physische Existenzminimum bei allen Menschen gleich sei, weshalb das Lebensnotwendige steuerfrei bleiben müsse; hingegen könne das Überflüssige im Notfall ganz weggesteuert werden. Innerhalb einer Sozialphilosophie, die in der Ungleichheit die Ursache allen menschlichen Elends erblickte, war diese Argumentation nur folgerichtig.

6 Die neue Grundlagenphilosophie von 1789 und die Versuche ihrer Verwirklichung in den Steuerordnungen der deutschen Staaten

6.1 Die neuen liberalen Anforderungen und ihre theoretische Umsetzung

6.1.1 Die Ideale des Finanzliberalismus

Für den klassischen Individualismus war der Staat ein Übel, und die „Besteuerung in jeder Form ist nichts weiter als eine Wahl von Übeln"[437], denn fiskalische Eingriffe in die Volkswirtschaft fesselten die Entfaltung der Lebensenergien, hemmten den Fortschritt und minderten den Wohlstand.[438]

Ebenso wenig dürfe eine verantwortungsbewusste Regierung Schulden machen; denn aus Staatsschulden entstünden Steuern, was Elend und Unterdrückung zur Folge habe.[439] Nicht nur Thomas Jefferson (1743–1826) hat unter dem Einfluss der französischen Aufklärung diesen Standpunkt vertreten, sondern auch der erste Präsident der Vereinigten Staaten von Amerika, George Washington (1732–1799).

437 Ricardo, David: Grundsätze der Volkswirtschaft und Besteuerung, 2. Aufl., Jena 1921, S. 163.

438 Mann, Fritz Karl: Steuerpolitische Ideale, S. 204 f.

439 Thomas Jefferson an Samuel Kercheval, Monticello, den 12.07.1816, zitiert nach: Mann, Fritz Karl: Steuerpolitische Ideale, S. 206

R. Sahm, *Theorie und Ideengeschichte der Steuergerechtigkeit*,
https://doi.org/10.1007/978-3-658-25903-7_6

In seiner Abschiedsbotschaft plädierte er für einen sparsamen Staat, denn wer Schulden tilgen wolle, müsse auch bereit sein, Steuern zu zahlen.[440]

Mäßigkeit der Besteuerung sei der Kern einer richtigen Finanzpolitik, so wiederholten es die Liberalen, aber auch die wissenschaftlichen Schriftsteller.[441] Die Argumente, die Adam Smith für den wirtschaftlichen Individualismus geprägt hatte, wurden in Frankreich wesentlich von Jean-Baptiste Say (1767–1832) aufgegriffen und verbreitet.

In England wurde das individualistische Ideal der Beschränkung der Staatsfunktion maßgeblich durch die liberalen Schriftsteller David Ricardo (1772–1823) und Jeremias Bentham (1748–1832) vertreten. Ricardo sah in der allgemeinen Einkommensteuer eine „verhasste Maßnahme“[442], Bentham verwarf grundsätzlich die direkten Steuern und pries die Überlegenheit der indirekten Abgaben.

Die „Gewalt der finanzpolitischen Lage“[443] führte jedoch in England zur Income Tax durch Premierminister William Pitt (1759–1806) in den Jahren 1799 bis 1802, die durch Premierminister Henry Addington (1757–1844) 1803 erneut erhoben wurde. Nach Abschluss der Napoleonischen Kriege wurde diese Income Tax wieder abgeschafft. Sie war das Vorbild der im Jahr 1842 durch Premierminister Robert Peel (1788–1850) eingeführten Einkommensteuer, die helfen sollte, die chronischen Fehlbeträge des Staatshaushaltes zu beseitigen.[444] Die Steuer überlebte wegen ihres großen Erfolges bei der Erhöhung der Staatseinnahmen, doch sie blieb weiterhin umstritten. Schatzkanzler William Ewart Gladstone (1809–1898) hielt vor dem englischen Parlament im Jahr 1862 seine berühmt gewordene pragmatische Rede, in der er seine Ansicht von der politischen Mission der Einkommensteuer wiedergab:

> Wir stehen vor der alten Streitfrage um die direkte und die indirekte Steuer […] Immer wenn ich an direkte und indirekte Steuern denke, kommen mir zwei anziehende Schwestern in den Sinn – die beide dieselben Eltern haben […] nämlich die Notwendigkeit und die Findigkeit.[445]

---

440 Washington, George, Abschiedsrede am 17.09.1796, in: Senatsdokument Nr. 3, 102. Kongress, 1. Sitzung. Washington D. C. 1991.

441 Mann, Fritz Karl: Steuerpolitische Ideale, S. 212 ff.

442 Ebd., S. 228.

443 Ebd., S. 229.

444 Ebd., S. 230 f.

445 Dowell, Stephen: A History of Taxation and Taxes in England. From the Earliest Times to the Present Day, London 1888, ND, 3. Aufl., New York 1965, S. 365 und S. 369; Textstelle übersetzt von Eckart Schremmer: Über „gerechte Steuern“, S. 17.

Schatzkanzler Sir Stafford Northcote setzte sich dagegen im Jahr 1874 für eine dauernde Beibehaltung der Income Tax ein, obwohl ein Budgetüberschuss existierte, der zu diesem Zeitpunkt den Verzicht erleichtert hätte.[446] Zunächst vereinzelt und erst später verstärkt wurde die Einkommensbesteuerung durch die angelsächsischen Schriftsteller nicht nur aus Nutzenerwägungen, sondern auch als ethisches Postulat gerechtfertigt und anerkannt.[447]

6.1.2 Die objektive Ertragsteuer

Nach 1789 wurde eine Steuer gesucht, die dem neuen liberalen Denken entsprach. Diese Steuer sollte die bestehende Einkommens- und Vermögensverteilung – die als Bestandteil der natürlichen Ordnung und somit als gerecht angesehen wurde – durch die Besteuerung nicht verändern und nach der steuerlichen Leistungsfähigkeit auf der Basis der Proportionalität verteilt werden. Die Merkmale dieser als gerecht angesehenen Steuer waren demnach: direkt, allgemein und gleichmäßig, proportional und neutral, d. h., es sollten keine außerfiskalischen Zwecke erfüllt werden.[448]

6.1.2.1 Die Einheitstheorien

Obwohl das neue System der objektiven Ertragsteuern in Form von Grund-, Gebäude- und Gewerbesteuer den liberalen Anforderungen des 19. Jahrhunderts gut zu entsprechen schien, hielt der Einfluss der physiokratischen Schule bis in das 19. Jahrhundert hinein auch in Deutschland an. Theodor Schmalz, der erste Rektor der im Jahr 1809 gegründeten Humboldt-Universität zu Berlin trat entschieden für eine einzige auf die Grundbesitzer nach dem Verhältnis des Reinertrages ihrer Grundstücke umgelegte Steuer als ideale Besteuerungsform ein.[449]

Der Gießener Professor Heinrich Wilhelm Crome griff 1817 den vom Grafen Julius von Soden 1808 und 1811 vorgetragenen Gedanken einer allgemeinen Produktensteuer auf. Er erklärte das Produkt, unter dem er „alles, was Geistes- und Körperkraft unter Mitwirkung der Natur hervorbringt" verstand, als den alleinigen

446 Haensel, Paul: Der Staatshaushalt und das Finanzsystem Großbritanniens, in: Gerloff, Wilhelm/ Meisel, Franz (Hrsg.): Handbuch der Finanzwissenschaft, Bd. 3, Tübingen 1929, S. 70–102, S. 76–79.

447 Mann, Fritz Karl: Steuerpolitische Ideale, S. 246.

448 Schremmer, Eckart: Über „gerechte Steuern", S. 17.

449 Schmalz, Theodor/Thaer, Albrecht Daniel (Hrsg.): Encyclopädie der Cameralwissenschaften, Königsberg 1819, S. 772 f.; vgl. auch Krug, Leopold: Abriss der Staatsökonomie oder Staatswirthschaftslehre, Berlin 1808, S. 180 f., § 194.

Gegenstand der Besteuerung.[450] Das Maß der Steuerpflicht des Einzelnen wurde entsprechend durch den Wert der von ihm hervorgebrachten Produkte bestimmt.[451]

Mehrere Autoren[452] sahen das „Vermögen" als Grundlage und Maßstab einer einzigen direkten Steuer. Claus Kroncke wollte das „positive Vermögen" des Einzelnen und damit alle drei von Smith übernommenen Produktionsfaktoren Boden, Arbeit und Kapital erfassen. Seinen Gedanken nahm der Erlanger Professor Johannes Paul Harl auf, der den Umfang der Steuerpflicht des Einzelnen allein nach der dem Wert des rechtlichen Staatsschutzes entsprechenden Größe des Vermögens des Bürgers bemaß. Mit dieser allgemeinen Vermögensteuer glaubte er ein ideell vollkommen gleichförmiges Steuersystem zu verwirklichen, ein Steuerideal, das die bisher erhobenen direkten und indirekten Abgaben ersetzen konnte. Der Gedanke einer einzigen direkten Vermögensteuer wurde in der ersten Hälfte des 19. Jahrhunderts noch von den Autoren Georg Gottfried Strelin, Dietrich Breitenstein, Karl von Rotteck und Karl Krehl getragen.[453]

Zusammenfassend kann man feststellen, dass die aufgeführten Einheitssteuertheorien nur dem Namen nach eine einzige Steuer darstellten; in Wirklichkeit handelte es sich bei ihnen um eine größere oder geringere Anzahl verschiedener Steuerformen.[454]

Im Gegensatz zu den Autoren der physiokratischen Schule stellten die Vertreter der allgemeinen Produkten- bzw. Vermögensteuer auf das Roheinkommen ab, was einen Rückschritt gegenüber der Erkenntnis der französischen und englischen Volkswirtschaftslehre bedeutete, denen zufolge die Steuern nur auf die reinen Einkünfte begründet werden dürfen, damit das nationale Wirtschaftsleben nicht gefährdet werde.[455] Positiv hervorzuheben ist, dass all diese idealen Steuersysteme den Keim der Entwicklung eines theoretischen Steuersystems enthielten. Entgegen der in der Vergangenheit üblichen isolierten Betrachtung wurden die wechselseitige Bedingtheit der verschiedenen Steuerarten, ihre Funktionen und ihre Wirkungen unter einem einheitlichen Gesichtspunkt erörtert und zusammengefasst. Der Heidelberger Professor Friedrich Seeger hat das Wesen und die Bedeutung eines aus einer Anzahl direkter Steuern zusammengestellten Systems der Besteuerung

450 Crome, Heinrich Wilhelm: Das Steuerwesen aus rechtlichen Gesichtspunkten betrachtet, Hildesheim 1817, S. 33.

451 Wilke, Gustav: Die Entwicklung der Theorie, S. 21.

452 Ebd., S. 21–28.

453 Zu den Autoren und ihren Werken vgl. Wilke, Gustav: Die Entwicklung der Theorie, S. 21–28.

454 Ebd., S. 28.

455 Ebd., S. 21.

zum ersten Mal erkannt und wies auf die Funktionen einer Ausgleichsteuer hin, die den ungleichen Belastungen entgegenwirken würde.[456]

6.1.2.2 Die Entwicklung eines umfassenden Steuersystems

Die Lehre von Adam Smith machte in Deutschland zuerst Georg Sartorius im Jahr 1796 in seinem „Handbuch der Staatswirthschaft" bekannt. Sartorius teilte – wie verschiedene andere deutsche Autoren, wie Jakob Kraus, Georg von Buquoy und Stocker von Neuforn – die Lehre Smiths, von der er jedoch teilweise abging, als an ihn praktische Aufgaben herantraten. In seinem 1815 veröffentlichten Buch „Ueber die gleiche Besteuerung der verschiedenen Landesteile des Königreichs Hannover" empfahl er im Interesse des gestiegenen königlichen Bedarfs außer der Grundsteuer und den Verbrauchsabgaben noch eine mäßige Gewerbe- sowie eine als Hilfssteuer gedachte Einkommensteuer.[457]

Auf der Grundlage der Smith'schen Lehre baute Johann Friedrich Eusebius Lotz ein System der direkten Besteuerung auf, mit dem er das gesamte Reineinkommen des Steuerpflichtigen im Wesentlichen erfassen und die Belastung gleichmäßig und allgemein durchführen wollte.[458] Die Steuerlehre von Lotz bedeutete einen wesentlichen Fortschritt gegenüber der von Adam Smith entwickelten Kombination von Grund- und Konsumtionsabgaben, da er die zunehmende industrielle Entwicklung berücksichtigte und auch die aus den anderen Zweigen produktiver Tätigkeit erzielten Reineinkommen der direkten Besteuerung unterwerfen wollte. Doch gelang ihm die organische Eingliederung vor allem der Kapitalrentenbesteuerung[459] in das Steuersystem nicht, sodass die Basis zu eng war, um eine größere Bedeutung in der Weiterentwicklung eines direkten Steuersystems einzunehmen.[460]

Erst der Hallenser Professor Ludwig Heinrich von Jakob – der dem theoretischen Steuersystem eine breitere Grundlage gab – führte diese Entwicklung zu einem

456 Ebd., S. 29.

457 Wilke, Gustav: Die Entwicklung der Theorie, S. 31.

458 Seeger, Friedrich: Versuch über das vorzüglichste Abgaben-System, Heidelberg 1811; vgl. Lotz, Johann Friedrich Eusebius: Handbuch der Staatswirthschaftslehre, Bd. 3, Erlangen 1822, S. 304 f.

459 Unter Kapitalrenten-Steuer oder Kapitalsteuer wurde eine Besteuerung der „Darlehens- und anderer ähnlicher Zinsen und Renten" verstanden. Die Frage nach der Rechtmäßigkeit und Ausführbarkeit einer solchen Steuer ist von fast allen Finanzwissenschaftlern behandelt, aber von jedem anders beantwortet worden. Vgl. Vocke, Wilhelm: Ueber Kapitalrentenbesteuerung mit besonderer Rücksicht auf Bayern. Artikel. Ueber Kapitalrentenbesteuerung im Allgemeinen, in: Zeitschrift für die gesamte Staatswissenschaft 24, 1 (1868), S. 47–79, S. 47.

460 Wilke, Gustav: Die Entwicklung der Theorie, S. 35.

vorläufigen Abschluss. In seiner 1821 erstmalig erschienenen „Staatsfinanzwissenschaft“ ging er vorwiegend von volkswirtschaftlichen Gesichtspunkten aus und entwickelte das erste selbstständige geschlossene System einer Finanzwissenschaft.[461] Ebenso wie Smith wollte er als Grundlage und Maßstab einer gerechten Steuerlastverteilung nur das reine Einkommen belasten, nicht jedoch das Stammvermögen oder werbende Vermögen, damit die Möglichkeit dauernder Erhebung der Abgaben gewahrt bleibe.

Von Jakob wollte alles Reineinkommen ohne Rücksicht auf seinen Ursprung besteuert wissen – im Gegensatz zu Smith, der im Wesentlichen nur die Grundrente besteuert wissen wollte. Die Smith'schen Produktionsfaktoren Boden, Kapital und Arbeit teilte er in eine Grundrente, Kapitalzinsrente und Industrierente.[462]

Die Industrierente teilte er – je nachdem, ob sie mit oder ohne Kapital erzielt wird – in persönlich sachliche (Unternehmergewinn) und persönliche (Arbeitslohn).[463] Aus Gründen der Gerechtigkeit[464] forderte Jakob eine gleichmäßige Erfassung sämtlicher Renten durch direkte Besteuerung – auch in Anbetracht der an Bedeutung zunehmenden Kapitalzinsen.[465] Auch im Interesse einer einseitigen Belastung einzelner Produktionsfaktoren hielt er die gleichmäßige Erfassung sämtlicher Renten für erforderlich und gab für die Berechnung der Steuerbelastungen ausführliche und wohlbegründete Regeln vor.[466]

Im Gegensatz zu von Jacob forderte John Stuart Mill zur Verwirklichung des Smith'schen Steuergrundsatzes (Gleichmäßigkeit der Besteuerung) die steuerliche Freistellung des Sparanteils bei dem „terminable income“ (z. B. Unternehmergewinn oder Arbeitslohn), da der Empfänger von „permanent income“ Rücklagen für die Familie und für einkommenslose Zeiten bilden müsse.[467] Er begründete dies damit, dass eine undifferenzierte Einkommensbesteuerung zu einer Doppelbelastung des Sparanteils führe, da die daraus erzielten Erträge wiederum der Besteuerung unterlägen, hingegen ausgegebenes Einkommen nicht mehr besteuert würde.[468] Da nicht nur das „terminable income“, sondern auch das „permanent income“ (z. B. Erträge aus Land- oder Wertpapierbesitz) von dieser Doppelbelastung betroffen waren, befürwortete Mill grundsätzlich eine Einkommensteuer, bei der die Ersparnisse

461 Ebd., S. 35.
462 Jakob, Ludwig Heinrich von: Die Staatsfinanzwissenschaft, Bd. 1, § 587.
463 Ebd., §§ 663–667.
464 Ebd., §§ 37, 461.
465 Ebd., §§ 604, 609, 645–653, 679–680.
466 Ebd., §§ 604–609.
467 Mill, John Stuart: Principles of Political Economy, S. 815.
468 Ebd., S. 816.

von der Steuer ausgenommen würden.[469] Einschränkend fügte Mill jedoch hinzu, dass dies zu erhöhter Steuerhinterziehung führen könne, da diese Spareinlagen schwierig zu überprüfen seien. Aufgrund seiner Erkenntnis, dass Empfänger von „terminable income“ normalerweise 25 Prozent von diesem Einkommen ansparen, schlug er vor, den Steuersatz für dieses Einkommen um ein Viertel tiefer anzusetzen als für das „permanent income“.[470]

Von Jakob wollte ausschließlich den Reinertrag der Einkommensquellen erfassen, deshalb verwarf er konsequent die Personalsteuern wie Kopf- und Rangsteuern[471] sowie die Vermögensteuern,[472] da diese weder mittelbar noch unmittelbar auf ein bestimmtes Reineinkommen Bezug nähmen. Er sah deshalb in der direkten Besteuerung die Grundlage und den Maßstab einer gerechten Verteilung der steuerlichen Abgaben, war sich jedoch sowohl der Unvollkommenheiten der Einkommensschätzungen als auch der Schwankungen des Einkommens bei den Steuerbürgern bewusst. Um diese unvermeidliche Ungerechtigkeit und Unzulänglichkeit der Veranlagung zu vermindern, wollte er einen Ausgleich durch eine teils direkte, teils indirekte Besteuerung durchführen.[473] Die direkte Besteuerung des geringen Einkommens der unteren Volksklassen hielt er aus praktischen Erwägungen wegen der damit unverhältnismäßig hohen Kosten nicht für angemessen.[474] Von Jakob forderte deshalb, die Konsumtionsteuern mit unterschiedlichen Prozentsätzen zu belegen und die Prozente bei verzichtbaren und wertvollen Gegenständen anzuheben.[475] Die Konsumartikel der unteren Volksklassen sollten dabei mit geringeren Prozentsätzen belegt werden.

Das Steuersystem von von Jakob stellt das erste durchdachte, volkswirtschaftlich wohlbegründete und einheitlich geschlossene Besteuerungssystem dar, das der erste Versuch einer folgerichtigen Verbindung von direkten und indirekten Steuern unter einem einheitlichen Gesichtspunkt war. Dieses System stellte die konsequente Durchführung der individualistischen Staats- und Wirtschaftslehre der Steuerwissenschaft seiner Zeit dar und blieb auf Jahrzehnte hinaus die Grundlage der Theorie des Steuersystems.[476]

---

469 Ebd., S. 816.

470 Ebd., S. 816 f.

471 Jakob, Ludwig Heinrich von: Die Staatsfinanzwissenschaft, Bd. 1, §§ 561–565.

472 Ebd., §§ 566–579.

473 Ebd., §§ 683–697.

474 Ebd., § 698.

475 Jakob, Ludwig Heinrich von: Die Staatsfinanzwissenschaft, Bd. 2, § 1112.

476 Wilke, Gustav: Die Entwicklung der Theorie, S. 38 f.

Das von von Jakob vorgeschlagene System hielten Friedrich Karl von Fulda und der westfälische, spätere württembergische Minister Karl August Freiherr von Malchus für die beste Methode zur Erfassung des gesamten Reineinkommens der Steuerpflichtigen. Beide sahen als Quellen der reinen Einkünfte den Reinertrag des Bodens, des Kapitals und der Arbeit und mit der Kombination von Steuern auf den Ertrag dieser Produktionsfaktoren eine gerechte Belastung des gesamten Reineinkommens verwirklicht.

Von Fulda wollte als Ergänzung dieser Ertragsteuern die Konsumsteuern, die auf Güter des inneren (Akzise) sowie teilweise auf Güter des äußeren (Zölle) Verkehrs entfielen, mit eingliedern. Er sah darin – ebenso wie von Jakob – ein Mittel, um die Ungleichheiten, die durch die Unvollkommenheit der Einkommensteuern verblieben, auszugleichen. Dabei war bei den „Consumtionsteuern" zu berücksichtigen, dass die ärmeren Klassen in geringeren Prozenten, und die wohlhabenderen Klassen mit höheren Tarifen belastet würden, um ein rechtes Maß der Verteilung vornehmen zu können.[477]

Von Malchus sah in der Nichterfassung der ohne Kapitalnutzung gezogenen reinen Arbeitsrente ein Gerechtigkeitsproblem, hielt jedoch die Konsumtionsbesteuerung für eine praktische Notwendigkeit, zumal auch die Erträgnisse der direkten Steuern einen hohen Finanzbedarf des Staates nicht ausgleichen konnten. Da nicht jede Art von Einkommen wegen der praktischen Begrenztheit der Schätzungsmethoden vollständig erfasst werden konnte, war nach seiner Ansicht auch aus Gerechtigkeitsgründen ein Ausgleich dieser Unvollkommenheiten durch die Besteuerung des Konsums geboten.[478]

Auch der Breslauer Professor Johann Schön sah ein aus Ertrag- und Verbrauchsteuern zusammengesetztes Steuersystem zur Erfassung des gesamten Reineinkommens des Steuerpflichtigen als gerecht und zweckmäßig an. Dabei fasste er die klassisch-liberalen Grundsätze der damaligen Zeit zusammen und betonte, dass die Steuern nur das reine Einkommen und nicht das Kapital erfassen dürften. Sie sollten weder für die Bürger lästig noch für den Staat kostspielig sein. Außerdem sollten die Steuergesetze so klar geregelt sein, dass die Steuerlast nur auf die im Gesetz geregelten Sachverhalte zutreffe und keinen anderen Steuerpflichtigen belastete.[479]

Den Abschluss dieser Entwicklung bildete Karl Heinrich Rau, dessen historischer Verdienst vorwiegend in der schärferen systematischen Zusammenfas-

477 Fulda, Friedrich Karl von: Handbuch der Finanzwissenschaft, Tübingen 1827, S. 274 ff.

478 Malchus, Carl August von: Handbuch der Finanzwissenschaft und Finanzverwaltung, 1. Theil: Finanzwissenschaft, Stuttgart/Tübingen 1830, S. 284–293.

479 Schoen, Johann: Die Staatswissenschaft, geschichts-philosophisch begründet (1831), 2. Aufl., Breslau 1840, S. 255.

sung der wirtschaftstheoretischen Erkenntnisse seiner Zeit lag.[480] 1855 sah er das Gerechtigkeitspostulat mit der Anerkennung der gleichmäßigen Belastung aller Steuerpflichtigen als erfüllt an und betrachtete alle einzelnen Steuern als Teile eines Ganzen, die in ein richtiges Verhältnis zueinander gesetzt werden müssten.[481]

Da die praktische Durchführung einer einzigen allgemeinen Einkommensteuer an der Verschiedenartigkeit der Einkommenszweige scheitern würde, wollte Rau diese ebenso wie von Jakob, von Malchus und Schön als Hilfssteuer im Steuersystem gelten lassen.[482] Um der Forderung nach Gerechtigkeit durch eine gleichmäßige Belastung aller Steuerpflichtigen Genüge zu tun, sollte insbesondere der notwendige Lebensbedarf von der steuerlichen Belastung freigestellt werden.[483]

6.1.2.3 Die ersten theoretischen Ansätze einer subjektiven allgemeinen Einkommensteuer

Es stellt sich die Frage, worin sich bei der objektiven Ertragsteuer die Gerechtigkeit zeigte; denn die Leistungsfähigkeit konnte nur anhand von äußerlich erkennbaren objektiven Merkmalen für den Ertrag des Besitzes eines Bürgers geschätzt werden. Die Steuer haftete auf dem Objekt, ohne die persönlichen Verhältnisse des steuerpflichtigen Eigentümers oder Nutznießers zu berücksichtigen.[484] Die Autoren der herrschenden Lehre empfanden wohl die Mängel der objektiven Ertragsteuer, denn Sartorius ebenso wie von Jakob, von Malchus und Schön wollten eine allgemeine Einkommensteuer als Hilfssteuer im Steuersystem gelten lassen. Deutlicher als bei diesen Autoren trat bei den Vertretern einer allgemeinen Vermögensteuer das Bestreben in den Vordergrund, die persönlichen Verhältnisse der Steuerpflichtigen zu berücksichtigen.[485]

Die entscheidenden Anstöße für den Aufstieg der Einkommensteuer ergaben sich auf der Basis der liberalen Ideologie aus den großen Umwälzungen des 19. Jahrhunderts.[486] In England wurde sie zuerst 1799 durch den englischen Premierminister William Pitt für die Finanzierung des Krieges gegen Frankreich und nach

480 Wilke, Gustav: Die Entwicklung der Theorie, S. 44.

481 Rau, Karl Heinrich: Lehrbuch der politischen Oekonomie, Bd. 3, Grundsätze der Finanzwissenschaft, Zweite Abtheilung, 3. Ausgabe, Leipzig/Heidelberg 1855, § 401.

482 Ebd., § 401.

483 Ebd., §§ 421 f.

484 Schremmer, Eckart: Über „gerechte Steuern", S. 18 f.

485 Wilke, Gustav: Die Entwicklung der Theorie, S. 51.

486 Schremmer, Eckart: Über „gerechte Steuern", S. 20

englischem Vorbild auf Initiative des Feiherrn von und zum Stein nach 1808 und 1812 vorübergehend in Preußen eingeführt.[487]

Die theoretische Auseinandersetzung zugunsten einer allgemeinen Einkommensteuer begann mit einem kurzen Aufsatz über „Die Einkommen-Besteurung als das gerechteste Finanz-System“ in der im Jahr 1810 erschienenen Zeitschrift „Minerva“, in dem der Autor Leupert engagiert für eine progressive Einkommensteuer eintrat.[488] Zwei Jahre später folgte der Erlanger Professor Alexander Lips mit seiner Schrift „Ueber die allein wahre und einzige Steuer, die Einkommen-Taxe und ihre Ausführbarkeit“, in der er eine Einkommensteuer mit sechs, das Einkommen nach seinen verschiedenen Quellen unterschiedlich belastenden Klassen empfahl.[489] Heinrich Kessler setzte sich 1821 in seinem – „Finanzsystem nach den Verhältnissen Württembergs“ – ebenso wie Wilhelm Joseph Behr in seiner „Lehre von der Wirthschaft des Staats oder Pragmatische Theorie der Finanzgesetzgebung und Finanzverwaltung“[490] für eine einzige direkte Einkommensteuer ein.

Weitere Unterstützung erfuhr die Einkommensteuer durch die angelsächsischen Schriftsteller, denn die allgemeine Einkommensteuer sollte nicht nur als wirtschaftliches, sondern auch als ethisches Postulat gerechtfertigt werden. In einer Ausgabe der „Edinburgh Review“ aus dem Jahr 1833 war der Satz zu lesen: „Keine Steuer ist eine gerechte Steuer, sofern sie die Individuen nicht in derselben Lage läßt, in der sie sie vorfindet.“[491] Dieses Postulat verbreitete sich schnell unter der treffenden Bezeichnung „leave-them-as-you-find-them-rule of taxation“[492] und wurde als klare Absage an die Progression verstanden. John Stuart Mill forderte aus Gründen der Steuergleichheit die steuerliche Freistellung des Existenzminimums. Mit der Freistellung des Existenzminimums ergäbe sich bei einer proportionalen Tarifstruktur ein indirekt progressiver Effekt, der dem Gleichheitsgebot genügend Rechnung trage. Aus diesem Grund sei eine allgemeine Steuerprogression nicht erforderlich. Da außerdem eine allgemeine Steuerprogression nicht wissenschaftlich

487 Die 1808 für die Provinz Ostpreußen und Litauen eingeführte Einkommensteuer wurde 1812 auf den Gesamtstaat ausgedehnt, jedoch 1820 durch eine Klassensteuer ersetzt, vgl. Schwennicke, Andreas: „Ohne Steuer kein Staat“, S. 337.

488 Leupert (Rechnungs-Kalkulator): Die Einkommen-Besteurung als das gerechteste Finanzsystem (Blos im Entwurf), in: Minerva. Ein Journal historischen und politischen Inhalts, Johann Wilhelm von Archenholz (Hrsg.) 3. Bd., Juli, August, September, Berlin 1810, S. 38–52.

489 Lips, Alexander: Ueber die allein wahre und einzige Steuer.

490 Behr, Wilhelm Joseph: Die Lehre von der Wirthschaft des Staats oder Pragmatische Theorie der Finanzgesetzgebung und Finanzverwaltung, Leipzig 1822.

491 Zitiert nach Mann, Fritz Karl: Steuerpolitische Ideale, S. 246.

492 Ebd., S. 247: Die Edinburgher Regel, ein Postulat der Besteuerungsneutralität.

begründet werden könne und auch derjenige, der mehr leiste noch bestraft werden würde, lehnte Mill eine progressive Tarifstruktur ab.[493] Unter diesem Gesichtspunkt erschien die proportionale Einkommensteuer zur damaligen Zeit alternativlos.[494]

6.2 Der Zustand in den deutschen Staaten bis zur Verfassung des Deutschen Reiches vom 28. März 1849

6.2.1 Die Napoleonischen Kriege und ihre finanziellen Folgen

Zwischen 1792 und 1815 gerieten die öffentlichen Finanzen aus dem Gleichgewicht, was vor allem an den Revolutions- und Napoleonischen Kriegen lag. Die deutschen Staaten mussten ihre Militärausgaben steigern und mehr als zwei Jahrzehnte auf hohem Niveau halten. Zum wichtigsten Mittel, diese Finanzschwierigkeiten zu bewältigen, entwickelte sich die Verschuldung, es kam zu einer regelrechten Schuldenexplosion.[495] Die meisten deutschen Staaten gingen in verschleierter Form einmal oder mehrfach bankrott. Sie bedienten ihre Schulden teilweise verspätet oder gar nicht. Fast alle Staaten erkannten, dass sie ihr Finanzwesen von Grund auf umgestalten mussten; diese Reformen des frühen 19. Jahrhunderts waren ein Kind der Krise.[496] In einer Zeit der finanziellen Krise galt es als vordringlichstes Ziel, die staatlichen Einnahmen zu erhöhen. Überall im Staat sollten dieselben Steuern erhoben und nach der Leistungsfähigkeit bemessen werden.[497]

Die rechtlichen Schranken fielen 1806 mit dem Ende des Heiligen Römischen Reiches Deutscher Nation. Unter dem Druck von Napoleon Bonaparte schloss sich eine Reihe deutscher Staaten zu einem Staatenbund zusammen, der sich als Rheinbund bezeichnete. Im Gefolge der Rheinbundgründung legte Kaiser Franz II. am 6. August 1806 die deutsche Kaiserkrone ab. Das Heilige Römische Reich Deutscher Nation hatte damit aufgehört zu bestehen.[498]

Nun waren auf dem Territorium des ehemaligen Heiligen Römischen Reiches Deutscher Nation unterschiedliche Staatengruppierungen entstanden. Die erste

---

493 Mill, John Stuart: Principles of Political Economy, S. 810 f.

494 Mann, Fritz Karl: Steuerpolitische Ideale, S. 247.

495 Ullmann, Hans-Peter: Der deutsche Steuerstaat, S. 24.

496 Ebd., S. 25.

497 Ebd., S. 27 f.

498 Schlosser, Friedrich Christoph: F. C. Schlossers Weltgeschichte für das deutsche Volk. Bd. 18, Frankfurt am Main 1856, S. 113 f.

Gruppierung bestand aus dem Kaiserreich Österreich mit den nationalen Gebieten, die zweite bestand aus dem Rheinbund und die dritte aus einzelnen Staaten bzw. staatlichen Gebilden.

6.2.2 Die Bemühungen preußischer Politiker auf wirtschafts- und steuerpolitischem Gebiet, um die Souveränität des Königreiches wiederzuerlangen

Das Königreich Preußen war als größter Bundesstaat unter diesen Gegebenheiten nicht nur isoliert, sondern auch das politische und militärische Ziel des französischen Kaisers. Einer militärischen Auseinandersetzung mit Frankreich war Preußen aus vielerlei Gründen nicht gewachsen, sodass es zwischen Oktober 1806 und Juni 1807 besiegt werden konnte. Im Juni 1807 kam es zu Friedensverhandlungen in Tilsit, in denen Napoleon Bedingungen stellte, die für das Königreich verheerend waren. Preußen verlor nicht nur einen großen Teil seines Territoriums, sondern wurde neben politischen und militärischen Demütigungen zu außerordentlichen Kontributionen und Leistungen für die französischen Streitkräfte verpflichtet.[499] Napoleon machte zur Bedingung, dass er seine Truppen erst aus Preußen abziehen werde, wenn die Kontributionen in Höhe von 12 Millionen Francs beglichen seien.[500] Es war deshalb ein hochpolitisches Anliegen der preußischen Staatsmänner, dafür zu sorgen, dass diese Kontributionen möglichst bald und vollständig aufgebracht wurden. Das war jedoch nicht ohne Weiteres möglich, denn nach dem Tilsiter Vertrag hatte das Königreich Preußen 54 Prozent seiner Einwohner und mehr als die Hälfte seines Territoriums verloren.[501]

Es war keine leichte Aufgabe, dem verarmten Land wesentlich höhere Steuerlasten als vor 1806 aufzuerlegen, die zahllosen verschiedenen Steuersysteme in ein einheitliches zu verwandeln und dabei das gewachsene Finanzsystem von Grund auf zu reformieren.[502]

---

499 Schmoller, Gustav: Die Epochen der preußischen Finanzpolitik, Separatabdruck aus: Jahrbuch Gesetzgebung, Verwaltung und Volkswirtschaft 1 (1877), S. 3–114, S. 80.

500 Kumpf, Johann Heinrich: 5000 Jahre Steuern und Zölle. Die finanzgeschichtliche Schausammlung der Bundesfinanzakademie in Brühl, Brühl 1996, S. 75.

501 Kleine Enzyklopädie Deutsche Geschichte, Leipzig 1965, S. 216; Sahm, Reiner: 5000 Jahre Steuern, S. 224.

502 Schmoller, Gustav: Die Epochen der preußischen Finanzpolitik, S. 82.

Für die preußische Staatsführung gab es nur zwei Möglichkeiten: Staatsbankrott oder die grundlegende Reform der Gesellschaft.[503] Heinrich Friedrich Karl Reichsfreiherr von und zum Stein (Preußischer Handelsminister von Januar 1804 bis Januar 1807) beschloss, die Domänen zu veräußern, und führte in Ostpreußen und Litauen, dann auch in Westpreußen eine progressive Einkommensteuer zur Abzahlung der französischen Kontributionen ein. Dies war das erste deutsche Einkommensteuergesetz überhaupt.[504]

Nach diesem Reglement vom 23. Februar 1808 sollte

> von sämmtlichen Eigenthümern und Einwohnern der Städte und des platten Landes in Ostpreußen und Lithauen, vom Militair- und Zivil-Stande, ohne alle Ausnahme als die, welche sich aus dem etwaigen gänzlichen Unvermögen von selbst ergiebt, eine Einkommensteuer so lange erhoben werden, bis das Kriegsschuldenwesen gänzlich getilgt seyn wird.[505]

Stein erklärte die Einkommensteuer für die billigste Abgabe, „da sie alle Staatsbürger und alle Quellen des Nationalwohlstandes gleichmäßig treffe."[506] Auf die Opposition dürfe man keine Rücksicht nehmen. Es herrsche da – er meinte damit vor allem den kurmärkischen Adel – ein tief verwurzelter Egoismus, verbunden mit halber Bildung und gemütsloser Rohheit.[507]

Im Edikt über die Finanzen des Staats vom 27. Oktober 1810 hatte König Friedrich Wilhelm III. von Preußen (1770–1840) völlige Gewerbefreiheit gegen Entrichtung einer mäßigen „Patentsteuer" bei gleichzeitiger Einstellung der bisherigen Gewerbesteuern angekündigt. Am Tag darauf wurde dann erstmals die allgemeine Gewerbesteuer in Preußen eingeführt, die 1820 neu gestaltet wurde.[508]

Am 30. Oktober 1810 versuchte Karl August von Hardenberg, eine Luxus- und Verbrauchsteuer einzuführen, um auf diese Weise mit der Praxis des Steuerprivilegs zu brechen. Sein Vorhaben, auch eine allgemeine Grundsteuer zu erheben, scheiterte am Unwillen des Adels.[509]

---

503 Ziegler, Dieter: Das Zeitalter der Industrialisierung (1815–1914), in: North, Michael (Hrsg.): Deutsche Wirtschaftsgeschichte. Ein Jahrtausend im Überblick, 2. Aufl., München 2005, S. 197–286, S. 198.

504 Schmoller, Gustav: Die Epochen der preußischen Finanzpolitik, S. 84.

505 Zitiert in: Kumpf, Johann Heinrich: 5000 Jahre Steuern und Zölle, S. 75.

506 Schmoller, Gustav: Die Epochen der preußischen Finanzpolitik, S. 84.

507 Ebd., S. 84.

508 Kumpf, Johann Heinrich: 5000 Jahre Steuern und Zölle, S. 77.

509 Sahm, Reiner: 5000 Jahre Steuern, S. 226.

Die geringen Erfolge bei dem Versuch, das Finanzsystem zu reformieren, führten in der Folgezeit zu einem Anwachsen der Staatsschulden. Diese betrugen Ende 1812 insgesamt 131,7 Millionen Thaler und stiegen bis zum Jahr 1820 auf 180 Millionen Thaler an.[510] Die Rückzahlung der Staatsschuld wurde als Ehrensache dargestellt, was in Anbetracht der Tatsache, dass die adligen Großgrundbesitzer, die die größten Gläubiger des Landes waren und maßgebenden Einfluss auf die preußische Politik hatten, nicht verwunderlich war.[511]

Die Steuerreformen zwischen 1818 und 1822 erwiesen sich fiskalisch als sehr ergiebig, jedoch wies das preußische Steuersystem massive Verstöße gegen den Gleichheitsgrundsatz auf. Die in 1820 eingeführte Mahl- und Schlachtsteuer[512] bot den Kritikern des preußischen Steuersystems die größte Angriffsfläche.[513]

Wegen ihrer unsozialen Wirkung war die Mahl- und Schlachtsteuer starker Kritik ausgesetzt. Durch die Mahlsteuer wurde Weizenmehl wesentlich stärker als andere Getreideprodukte belastet, was dazu führte, dass ärmere Stadtbewohner auf Roggenmehl oder auf die steuerlich unbelastete Kartoffel als Massengrundnahrungsmittel ausweichen mussten. Auch bei der Schlachtsteuer konnten Wohlhabende von besteuertem Großviehfleisch auf Geflügel, Wildbret oder Fisch ausweichen, der ärmeren Bevölkerung blieb hingegen nur der Konsumverzicht, um der Schlachtsteuer zu entgehen.[514] Beide Steuern führten dazu, dass die Steuerlast pro Kopf in den mahl- und schlachtsteuerpflichtigen Städten etwa dreimal höher war als die Klassensteuer[515] – eine Mischung aus Kopfsteuer und übrig gebliebe-

510 Schmoller, Gustav: Die Epochen der preußischen Finanzpolitik, S. 81.

511 Spoerer, Mark: Steuerlast, Steuerinzidenz und Steuerwettbewerb. Verteilungswirkungen der Besteuerung in Preußen und Württemberg (1815–1913) (Jahrbuch für Wirtschaftsgeschichte, Beiheft 6), Berlin 2004, S. 131.

512 Die Mahlsteuer wurde von dem zur Mühle gebrachten Getreide und den in das Steuergebiet eingeführten Fertigwaren erhoben; die Schlachtsteuer von den zum Schlachten angelieferten Tieren bzw. den eingeführten Fleisch- und Fettwaren.

513 Spoerer, Mark: Steuerlast, S. 131 ff.

514 Ebd., S. 132.

515 „Die Klassensteuer war von Anfang an eine antiquierte Steuer, da sie die Leistungsfähigkeit der Steuerpflichtigen nach ihrer Standeszugehörigkeit einschätzte." Spoerer, Mark: Steuerlast, S. 47. Die Klassensteuer teilte die Steuerpflichtigen nach äußeren Merkmalen, von denen sich auf die individuelle Leistungsfähigkeit schließen ließ, in vier Klassen mit gestaffelten Sätzen ein; denn sie sollte „zwischen einer ohne genaues Eindringen in die Vermögensverhältnisse der Pflichtigen nicht ausführbaren und deshalb immer gehässigen Einkommensteuer und einer die Gesamt-Masse aller Einwohner ohne allen Unterschied gleich treffenden Kopfsteuer die Mitte halten." Vgl. Kellenbenz, Hermann: Deutsche Wirtschaftsgeschichte, Bd. 2: Vom Ausgang des 18. Jahrhunderts bis zum

ner Einkommensteuer –, die 1820 für das „platte Land“ und die kleineren Städte eingeführt worden war.[516]

Ein weiterer gravierender Verstoß gegen den Gleichheitssatz ergab sich daraus, dass die Behörden um die mahl- und schlachtsteuerpflichtige Stadt eine Steuerlinie – anhand vorhandener Befestigungen, eines Flusses etc. – festlegten. Viele Städte waren jedoch über die mittelalterlichen Befestigungsmauern hinausgewachsen, sodass eine weitere, äußere Steuerlinie gezogen wurde, was zur Auswirkung hatte, dass die zwischen den Linien wohnenden Menschen einer doppelten Besteuerung unterworfen wurden. Diese mussten nicht nur die Klassensteuer zahlen, sondern auch über die Brot- und Fleischpreise die darin enthaltende Mahl- und Schlachtsteuer entrichten. Hinzu kam, dass die meisten Städte neben der staatlichen Mahl- und Schlachtsteuer einen Kommunalzuschlag erhoben, dessen Durchschnitt sich im Laufe der Jahre der maximal zulässigen Grenze von 50 Prozent näherte.[517]

Das Prinzip der gleichen Steuerlast bei gleichem Steuertatbestand hatte Preußen bewusst der fiskalischen Ergiebigkeit geopfert.[518]

6.2.3 Die Bestrebungen in den deutschen Staaten um eine Modernisierung des Steuerwesens

In den Rheinbundstaaten war man dem Vorbild Frankreichs gefolgt und hatte einen Modernisierungsschub erfahren. Das von Napoleon 1804 verfasste französische Zivilgesetzbuch, der Code civil oder Code Napoléon, kam auch in diesen Staaten zum Tragen und garantierte das Recht auf Privateigentum und andere bürgerliche und wirtschaftliche Freiheiten.[519] In ganz Frankreich begann Napoleon 1807 mit der umfassenden Grundsteuerkatastrierung, die die Durchführung und Sicherung der Grundsteuer in die Wege leitete. Ein Jahr später kam die Personal- und Mobiliarsteuer (Wohnungssteuer) hinzu, die durch eine Gewerbe- (Patent-) und eine Gebäudesteuer in Form der Tür- und Fenstersteuer ergänzt wurde. Damit war

---

Ende des Zweiten Weltkriegs, München 1981, S. 157; Kumpf, Johann Heinrich: 5000 Jahre Steuern und Zölle, S. 77.

516 Spoerer, Mark: Steuerlast, S. 16 und S. 132 f.

517 Ebd., S. 135.

518 Wie tiefgreifend die preußischen Steuerreformen von 1818–1822 nicht nur eine Steuerlastverteilung von oben nach unten bewirkten, sondern auch zu einer Umverteilung von Ost nach West führten, zeigt im Einzelnen Spoerer, Mark: Steuerlast, S. 47–55 und S. 133.

519 Sahm, Reiner: 5000 Jahre Steuern, S. 226.

das Ertragsteuersystem mit Grund-, Gewerbe- und Gebäudesteuern geschaffen, das in Frankreich über 100 Jahre lang in den Grundzügen bestehen blieb. Dieses System hat die Steuergesetzgebung in den westlichen und südlichen deutschen Staaten entscheidend beeinflusst.[520] Inhaltlich ging es in erster Linie darum, die Steuergleichheit durchzusetzen.[521]

Im Gefolge des Wiener Kongresses kam es in den deutschen Staaten zu einigen grundlegenden territorialen Veränderungen sowie zum Entstehen des Deutschen Bundes. Da die wesentlichen Souveränitätsrechte den Mitgliedern des Deutschen Bundes überlassen waren, blieben dem Bund selbst nur geringfügige eigene finanzwirtschaftliche Funktionen. Der Deutsche Bund umfasste 35 Monarchien bzw. Fürstentümer und vier Freie Städte mit eigenem individuellem Finanzsystem, das Steuerbewilligungsrecht übernahmen die Parlamente.[522]

Es hatten sich in den deutschen Staaten zwei Grundformen der Steuersysteme gebildet. Die eine Variante – die sich in den süddeutschen Staaten im frühen 19. Jahrhundert entwickelt hatte – setzte auf eine Objektbesteuerung in Gestalt eines dreigliedrigen Ertragsteuersystems mit Grund-, Gebäude- und Gewerbesteuer. Diese Besteuerung stellte nicht auf den real erzielten, sondern auf einen durchschnittlichen, anhand äußerer Merkmale ermittelten Ertrag ab. Die Schwächen dieser Ertragsteuern lagen darin, dass sie mit der wachsenden Leistungsfähigkeit der Besteuerten nicht Schritt hielten und sich vom wirtschaftlichen Wachstum und zunehmenden Wohlstand abkoppelten.[523] Die zweite Variante – die die Staaten in der Mitte und im Norden gewählt hatten – setzte weniger auf Ertrag-, sondern mehr auf Personalsteuern, ohne aber den Schritt zu einer modernen Einkommensteuer getan zu haben.[524]

Am 22. März 1833 schlossen sich der Preußisch-Hessische Zollverein, der Mitteldeutsche Handelsverein und der Süddeutsche Zollverein zum Deutschen Zollverein zusammen, was zur Folge hatte, dass unter dem Einfluss des Nationalökonomen Friedrich List die Binnenzölle bis zur Reichsgründung 1871 schrittweise zurückgedrängt wurden. Mit dem Deutschen Zollverein wurde ein einheitliches

520 Schmölders, Günter: Geschichte der Besteuerung, S. 621.

521 Kumpf, Johann Heinrich: 5000 Jahre Steuern und Zölle, S. 75.

522 Kellenbenz, Hermann: Deutsche Wirtschaftsgeschichte, S. 156; Sahm, Reiner: 5000 Jahre Steuern, S. 226 f.

523 Ullmann, Hans-Peter: Der deutsche Steuerstaat, S. 43 f.

524 Ebd., S. 44.

deutsches Wirtschaftsgebiet geschaffen, was als Vorstufe zur politischen Einigung angesehen wurde.[525]

Es waren nicht nur die Privilegierten, die sich gegen die steuerpolitischen Vorhaben zur Wehr setzten. Auch innerhalb der bäuerlichen Bevölkerung und der städtischen Einwohnerschaft kam es immer wieder zur Auflehnung gegen neue steuerliche Belastungen. Branntwein-, Bier-, Mahl- und Schlachtsteuern breiteten sich aus, was zu offenem Widerstand der bäuerlichen Bevölkerung führte, die selbst vor tätlichen Angriffen auf Steuereinnehmer nicht zurückschreckte. In Schlesien entzündete sich 1811 der Volkszorn, bewaffnete Bauern zogen durch das Land, deren Widerstand gegen die Steuern erst nach Einsatz des Militärs unter Kontrolle gebracht werden konnte.[526] 1830 musste das Militär in Kurhessen eingesetzt werden, um gegen den offenen Aufruhr vorzugehen. Fast alle Schichten der Bevölkerung der Provinz Hanau beteiligten sich an dem „Mautensturm", dem fast alle Zolleinrichtungen zum Opfer fielen.[527]

Die Revolution von 1848/49 begann und endete ebenfalls mit Steuerprotesten. So richteten sich die Agrarunruhen, die im März 1848 ausbrachen, auch gegen die staatlichen Abgaben, die vielfach als zu hoch und ungerecht verteilt empfunden wurden.[528] Nach den Agrarunruhen im März riefen die Rustikalvereine dazu auf, die Steuerprivilegien der Landeigentümer abzuschaffen. Als Reaktion auf demütigende Entscheidungen des Königs beschloss die preußische Nationalversammlung am 15. November 1848, dass die preußische Regierung nicht mehr berechtigt sei, Steuern zu erheben oder über sie zu verfügen. Dies gab den Anstoß zu einer breiten Steuerverweigerungskampagne in den preußischen Provinzen, die im Wesentlichen von den Bonner Demokraten Carl Schurz (1829–1906) und Gottfried Kinkel (1815–1882) unterstützt wurde.[529]

Als eine der Ursachen der Steuerproteste wurde von dem ehemaligen preußischen Finanzminister David Hansemann im Jahr 1850 rückblickend festgestellt: „Daß der Grundsatz der gleichmäßigen Besteuerung [...] nicht längst zur Ausführung gekommen ist, betrachte ich als eine der Ursachen der Revolution."[530] Schon die Verfassungsentwürfe aus der Zeit vor dem Zusammentreten der Nationalversamm-

525 Lütge, Friedrich: Deutsche Sozial- und Wirtschaftsgeschichte, S. 467; Kumpf, Johann Heinrich: 5000 Jahre Steuern und Zölle, S. 89.

526 Ullmann, Hans-Peter: Der deutsche Steuerstaat, S. 49.

527 Ebd., S. 50.

528 Kumpf, Johann Heinrich: 5000 Jahre Steuern und Zölle, S. 78.

529 Ebd., S. 79; Sahm, Reiner: 5000 Jahre Steuern, S. 131.

530 Hansemann, David Justus Ludwig: Das Preußische und Deutsche Verfassungswerk. Mit Rücksicht auf mein politisches Wirken, 2. Aufl., Berlin 1850, S. 103.

lung enthielten grundrechtliche Bestimmungen, die auch die Forderung nach einem Gleichheitssatz im Steuerrecht einschlossen.[531] Das von der Nationalversammlung vorgefundene Steuerrecht in den einzelnen deutschen Staaten wies eine Fülle von Ungleichheiten und Begünstigungen auf, die sachlicher und persönlicher Art waren. Da die überkommenen Ungleichheiten von vielen Reformern als untragbar angesehen wurden, wurde bereits von der Vorkommission des Verfassungsausschusses die Formulierung von der „Gleichheit der Besteuerung für Personen und Sachen" beschlossen.[532]

Die Nationalversammlung verabschiedete nach vielen kontroversen Debatten die Verfassung des deutschen Reiches vom 28. März 1849 (Paulskirchenverfassung).[533] Danach enthielt der § 173 als lex specialis zu § 137 Abs. 3 („Die Deutschen sind vor dem Gesetze gleich.") eine besondere Ausprägung des allgemeinen Gleichheitssatzes: „Die Besteuerung soll so geordnet werden, daß die Bevorzugung einzelner Stände und Güter im Staat und Gemeinde aufhört." Die Vorschrift des § 173 wurde einhellig als Gebot der Besteuerungsgleichheit und als Verpflichtung zur Rechtsetzungs- und Rechtsanwendungsgleichheit im Steuerrecht aufgefasst, enthielt jedoch keine Vorgaben für die Ausgestaltung des künftigen Steuersystems.[534]

Mit der Verabschiedung der Paulskirchenverfassung wählten die Parlamentarier den preußischen König zum Kaiser der Deutschen. Der preußische König Friedrich Wilhelm IV. lehnte jedoch die Kaiserkrone und die Anerkennung der Reichsverfassung ab, was zu bewaffneten Auseinandersetzungen führte. Die Aufstände wurden niedergeschlagen, die Revolution in Deutschland fand mit der Kapitulation von Rastatt vor dem preußischen Korps am 23. Juli 1849 ihr Ende.[535]

Die Revolution von 1848/49 hatte jedoch den Effekt, dass sich das bürgerliche mit dem adligen Lager gegen die unteren Schichten vereinte, was den Weg für die erste Finanzreform Preußens seit drei Jahrzehnten ebnete. Mit dem am 1. Mai 1851 verabschiedeten Gesetz blieb zwar die Mahl- und Schlachtsteuer erhalten, doch die Klassensteuer wurde auf jährliche Einkommen bis zu 1.000 Talern beschränkt. Darüber hinausgehende Einkommen unterlagen einer neu geschaffenen klassifizierten Einkommensteuer, für die ein Pauschalabzug gewährt wurde, wenn die Steuerpflichtigen in einer mahl- und schlachtsteuerpflichtigen Stadt wohnten.

531 Kempny, Simon: Die Staatsfinanzierung nach der Paulskirchenverfassung. Eine Untersuchung des Finanz- und Steuerverfassungsrechts der Verfassung des deutschen Reiches vom 28. März 1849, Tübingen 2011, S. 164.

532 Ebd., S. 165 f.

533 RGBl. 1849, 16tes Stück, S. 101–148.

534 Kempny, Simon: Die Staatsfinanzierung, S. 184–189.

535 Sahm, Reiner: 5000 Jahre Steuern, S. 232.

Beide Steuern beruhten auf einer Einschätzung nach äußeren Merkmalen, nach denen die Schätzungskommissionen die steuerbaren Einkommen festlegten. Die neu geschaffene klassifizierte Einkommensteuer brachte große Mehreinnahmen, ohne das Aufkommen aus der Klassensteuer nennenswert zu beeinträchtigen.[536]

1861 wurde die Grundsteuer in drei Gesetzen reformiert, was dazu führte, dass über 92 Prozent der Mehrbelastung von den östlichen Provinzen aufgebracht wurden und sich der Anteil der Grund- und Gebäudesteuer am gesamten Aufkommen der direkten Staatssteuern von insgesamt 38,4 Prozent auf 43,4 Prozent erhöhte. Die bedeutsamste Regelung des Grundsteuergesetzes war die Aufhebung der meisten Freistellungen, die aufgrund eines speziellen Titels grundsätzlich steuerpflichtige Personen eximierte. Als klassische Ertragsteuer des 19. Jahrhunderts orientierte sich diese Steuer nicht am tatsächlichen Bodenertrag, sondern an einem fiktiven, aus langjährigen Mittelwerten gebildeten Durchschnittssollertrag.[537]

Für Württemberg ergab sich für die regionale und sektorale Steuerlastverteilung ein ähnliches Bild wie für Preußen. Nach der Vereinheitlichung des Steuersystems 1821/23 führten die Reformen der direkten Steuern zu einer Steuerlastverlagerung in die zunehmend durch Gewerbe- und Dienstleistungen geprägten und überdurchschnittlich wachsenden Regionen – mit der Folge, dass die Steuerlast pro Kopf gesteigert wurde.[538]

6.3 Zusammenfassung und Fazit

Zur Verwirklichung des Allgemeinheitsgrundsatzes der Besteuerung

In den vorausgegangenen Jahrhunderten hatten die herrschenden Stände regelmäßig von verschiedenen steuerlichen Privilegien profitiert, was auch historisch bedingt war, denn Adel und Klerus hatten ohne Ausgleich Dienstleistungen militärischer, administrativer oder sozialer Art übernommen. Die weitgehenden Steuerprivilegien des Adels waren im 19. Jahrhundert vollkommen unbegründet, blieben jedoch vielfach wirksam und stellten damit eine grobe Verletzung des Allgemeinheitsgrundsatzes der Besteuerung dar. Bemerkenswert ist, dass dieser Grundsatz seinerzeit schon verfassungsrechtlich weitgehend anerkannt, als Programmsatz ausformuliert und somit ausdrücklich festgeschrieben worden war. Zu nennen sind vor allem die Königreiche Bayern und Sachsen und das Großherzogtum Baden, weiterhin aber

536 Spoerer, Mark: Steuerlast, S. 56 f.

537 Ebd., S. 60–67.

538 Ebd., S. 101.

auch die Verfassungen des Königreichs Württemberg, der Groß- bzw. Herzogtümer Hessen, Sachsen-Meiningen und Sachsen-Altenburg. Dies hatte jedoch nicht zur Folge, dass das bestehende Privilegienwesen in den deutschen Staaten vollständig beseitigt wurde. So konnte zur damaligen Zeit von einer Verwirklichung des Allgemeinheitsgrundsatzes noch keine Rede sein.[539]

Obwohl der Grundsatz der Allgemeinheit der Besteuerung als Fundamentalprinzip eine Grundvoraussetzung einer gerechten und sozialen Finanzpolitik ist und seit der Französischen Revolution unübersehbar gefordert wurde, weigerten sich die herrschenden Stände im 19. und selbst zu Beginn des 20. Jahrhunderts, auf ihre Privilegien zu verzichten. Die Reichskirche hatte mit dem Reichsdeputationshauptschluss vom 25. Februar 1803 aufgehört zu existieren. Der größte Teil des kirchlichen Vermögens war säkularisiert worden.

Zum Grundsatz der Gleichmäßigkeit der Besteuerung

Auf der Grundlage der liberalen Denkweise von 1789 wurde eine Steuer gesucht, die den neuen liberalen Anforderungen entsprach. Diese Steuer sollte die bestehende Einkommens- und Vermögensverteilung – die als Bestandteil der natürlichen Ordnung und somit als gerecht angesehen wurde – nicht verändern und nach der steuerlichen Leistungsfähigkeit auf der Basis der Proportionalität verteilt werden. Die Merkmale dieser neuen gerechten Steuer waren demnach: direkt, allgemein und gleichmäßig, proportional und neutral, d. h., es sollten keine außerfiskalischen Zwecke erfüllt werden.

In der Literatur entstanden Einheitstheorien, die den Reinertrag des Bodens bzw. das „Vermögen" als Grundlage und Maßstab einer einzigen Steuer ansahen. Diese Einheitstheorien stellten dem Namen nach eine einzige Steuer dar, enthielten jedoch eine größere oder geringere Zahl verschiedener Steuerformen.

Der Heidelberger Professor Friedrich Seeger hat die Bedeutung eines aus einer Anzahl direkter Steuern zusammengestellten Systems der Besteuerung zum ersten Mal erkannt und wies auf die Funktionen einer Ausgleichsteuer hin, die den ungleichen Belastungen entgegenwirken sollte. Auf der Grundlage der Lehre von Adam Smith entwickelte Johann Friedrich Eusebius Lotz ein System der direkten Besteuerung, mit dem er das gesamte Reineinkommen des Steuerpflichtigen im Wesentlichen erfassen und die Belastung gleichmäßig und allgemein durchführen wollte. Ludwig Heinrich von Jakob stellte das erste einheitlich geschlossene Besteuerungssystem dar, das den Versuch einer folgerichtigen Verbindung von direkten und indirekten Steuern unter einem einheitlichen Gesichtspunkt bedeutete. Dieses System blieb auf Jahrzehnte hinaus die maßgebende Grundlage der Theorie des

539 Davidsohn, Lars: Verfassungsrechtliche Würdigung, S. 12 f.

Steuersystems. Den Abschluss dieser Entwicklung bildeten die Überlegungen von Karl Heinrich Rau, der hervorhob, dass alle einzelnen Steuern als Teile eines Ganzen gesehen werden und die Steuerbelastung der verschiedenen Einkommensarten in ein richtiges Verhältnis zueinander gesetzt werden müssten.

Die Autoren, die das Ideal des absoluten Steuersystems der Ertragsteuern als erstrebenswertes Ziel darstellten, verkannten jedoch nicht die Kluft, die sie von der Praxis der Besteuerung trennte und sie hinderte, der Realität gerecht zu werden. In den ersten theoretischen Ansätzen einer subjektiven allgemeinen Einkommensteuer trat das Bestreben in den Vordergrund, die persönlichen Verhältnisse der Steuerpflichtigen zu berücksichtigen. Deshalb schien die allgemeine Einkommensteuer zunächst subjektiv zu sein. In Wirklichkeit war die Theorie der Einkommensteuer bis in die Mitte des 19. Jahrhunderts hinein nichts anderes als eine rechnerische Zusammenfassung der verschiedenen Ertragsteuern.

Die Grund-, Gebäude- und die Gewerbekataster erwiesen sich als schwerfällig und für eine gleichmäßige Besteuerung ungeeignet. Da diese nur zögerlich gepflegt wurden und damit zunehmend von den wirklichen Verhältnissen abwichen, entsprach die Steuerverteilung nach den Katastern nicht mehr der steuerlichen Leistungsfähigkeit der Objekte. Damit wurde die objektive Ertragsteuer zu einer ungerechten Steuer.

Die Steuerreformen zwischen 1818 und 1822 in Preußen erwiesen sich als fiskalisch sehr ergiebig, doch bewirkte insbesondere die Mahl- und Schlachtsteuer eine große steuerliche Ungleichheit. Einerseits erfolgte eine unterschiedliche Besteuerung der Menschen, je nachdem, ob sie auf dem Land oder in der Stadt wohnten, andererseits erwies sich diese Steuer als unsozial, da die ärmere Bevölkerung nur die Möglichkeit hatte, auf Massengrundnahrungsmittel auszuweichen oder auf Konsum zu verzichten. Fernerhin erfolgte teilweise eine doppelte Besteuerung aus Klassen- und Mahl- und Schlachtsteuer, die abhängig vom Wohnsitz in einer Stadt war.

Zum Prinzip der Besteuerung nach der Leistungsfähigkeit

Die objektiven Ertragsteuern, die die Erträge aus den drei Quellen Grund und Boden, Gebäude und Gewerbebetriebe erfassten, waren typisch für das 19. Jahrhundert in Europa. Die Leistungsfähigkeit konnte nur anhand der äußerlich erkennbaren objektiven Merkmale für den Ertrag des Besitzes eines Bürgers geschätzt werden. Die Steuer haftete auf dem Objekt ohne Berücksichtigung der persönlichen Verhältnisse des steuerpflichtigen Eigentümers oder Nutznießers. Der Gesetzgeber glaubte, auf diese Weise das Problem der Steuergerechtigkeit objektiv und ohne Ansehen der Person gelöst zu haben, bei vollem Schutz der Privatheit des Bürgers. Da der Eigentümer eines steuerbaren Objektes nur nach dem durchschnittlich-möglichen

Ertrag besteuert wurde, wurde der Fleißige begünstigt, während der Bürger, der aus der Bewirtschaftung seines Steuerobjektes unterdurchschnittliche Erträge erzielte, benachteiligt wurde, denn er wurde so hoch besteuert, als ob er einen durchschnittlich möglichen Ertrag erzielt hätte.

Zum Redistributionspostulat oder zum Grundsatz der steuerlichen Umverteilung von Einkommen und Vermögen

Bis zur Mitte des 19. Jahrhunderts wurde die Ungerechtigkeit und die Unmöglichkeit einer allgemeinen Einkommensteuer immer wieder betont. In England und Amerika verbreitete sich eine eindrucksvolle Lehre unter der Bezeichnung „leave-them-as-you-find-them-rule of taxation", die als klare Absage an die Progression verstanden wurde.

7 Die Entwicklung der Steuergerechtigkeitsideen und -prinzipien ab Mitte des 19. Jahrhunderts und ihre Realisierung in den Steuerreformen bis in das frühe 20. Jahrhundert

7.1 Die Entwicklung der Steuergerechtigkeitsideen und -prinzipien ab Mitte des 19. Jahrhunderts

Noch um die Jahrhundertmitte waren die klassischen Einwände gegen die allgemeine Einkommensteuer geläufig, die Ungerechtigkeit und auch die Unmöglichkeit einer allgemeinen Einkommensteuer wurden betont.[540] Als der Vereinigte Preußische Landtag den Entwurf einer Einkommensteuer im Jahr 1847 beriet, die im Gegensatz zur britischen Income Tax die Selbsterklärung enthielt, wurde diese Neuerung als peinigend und demoralisierend verurteilt. Ebenfalls wurde erklärt, dass die Einkommensteuer die geheiligte Privatsphäre verletze und mit rücksichtsloser Zudringlichkeit die Familienverhältnisse entschleiern würde.[541]

540 Mann, Fritz Karl: Steuerpolitische Ideale, S. 242.

541 Ebd., S. 243.

R. Sahm, *Theorie und Ideengeschichte der Steuergerechtigkeit*,
https://doi.org/10.1007/978-3-658-25903-7_7

7.1.1 Das Ideal der subjektiven allgemeinen Einkommensteuer

Die Revolution von 1848/49 gab der Theorie der allgemeinen Einkommensteuer neue Kraft und Bedeutung.[542] Die sich als fortschrittlich verstehenden Kräfte in Deutschland hielten es für ihre Pflicht, die Forderung nach einer allgemeinen Einkommensteuer auch theoretisch zu untermauern. Sie verteidigten „die verhasste Zwangsabgabe" als eine logische Folgerung aus dem klassischen Individualismus.[543] Die sich verändernden politischen Verhältnisse und die verstärkt vorgetragenen Ideen bewirkten, dass man sich in der deutschen Literatur ein volles Jahrzehnt fast ausschließlich mit dem Problem der allgemeinen Einkommensteuer beschäftigte.[544]

Die Industrialisierung prägte die Epoche wie keine andere Entwicklung ein Jahrhundert geprägt hat. Die eher rückständigen deutschen Staaten entwickelten sich im europäischen Vergleich zu einer der führenden Industrienationen. Zu Beginn des 19. Jahrhunderts lag der Anteil der Gesamtbevölkerung, der in der Landwirtschaft beschäftigt war, bei knapp zwei Dritteln, um die Jahrhundertmitte fiel er dann auf etwa 55 Prozent und ein Vierteljahrhundert später auf knapp unter 50 Prozent.[545] Im Verlauf der Industrialisierung mit ihren neuen Produktionsverfahren, Produkten und Produktionsstätten schwand der Glaube, die steuerbaren Erträge der steuerbaren Objekte anhand von Kombinationen äußerer Merkmale hinreichend genau abschätzen zu können.[546] Die sich ungerecht besteuert fühlenden Bürger beanstandeten die Belastung der fundierten Einkunftsarten[547] aus den Quellen Grund und Boden, Gebäude und Gewerbebetriebe. Im württembergischen Parlament hieß es z. B. 1871/72, dass das geltende Ertragsteuersystem der württembergischen Verfassung von 1819 widerspräche, da die Gleichheit aller Staatsbürger nicht gewährleistet sei.[548]

---

542 Wilke, Gustav: Die Entwicklung der Theorie, S. 56.

543 Mann, Fritz Karl: Steuerpolitische Ideale, S. 244.

544 Meyer, Robert: Die Prinzipien der gerechten Besteuerung, S. 83 f.

545 Ziegler, Dieter: Das Zeitalter der Industrialisierung, S. 285.

546 Schremmer, Eckart: Über „gerechte Steuern", S. 20.

547 Fundiertes Einkommen ist das auf Vermögen beruhende Einkommen. Unfundiertes Einkommen ist das nicht auf Vermögen beruhende, sondern aus Arbeit und Dienstleistungen stammende Einkommen; vgl. http://wirtschaftslexikon.gabler.de/Definition/unfundiertes-einkommen.html (letzter Zugriff: 28.02.2017).

548 Schremmer, Eckart: Zusammenhänge zwischen Katastersteuersystem, Wirtschaftswachstum und Wirtschaftsstruktur im 19. Jahrhundert. Das Beispiel Württemberg: 1821–1877/1903, in: Bog, Ingomar u. a. (Hrsg.): Wirtschaftliche und soziale Strukturen

Ein Weiteres kam hinzu: Ein Charakteristikum der durch Marktwirtschaft geprägten Gesellschaft des 19. Jahrhunderts war das Vordringen der Lohnarbeit und damit die Herausbildung der sozialen Klasse der Fabrikarbeiterschaft. Eine rasch wachsende Bevölkerungsgruppe wurde zu Lohn- und Gehaltsempfängern. Daneben wurde die alte, durch ständische Privilegien strukturierte Feudalgesellschaft von der wesentlich durch Besitz oder Nichtbesitz von Kapitalgütern strukturierten Marktgesellschaft abgelöst.[549] Es gab immer mehr Personen, die ein Zinseinkommen aus Kapitalmarktpapieren erhielten. Beide Einkunftsarten wurden von den objektiven Ertragsteuern nicht und von den übrigen Steuern nur unzureichend – wenn überhaupt – erfasst. Die Nichterfassung dieser Einkünfte verstieß nicht nur gegen das Gerechtigkeitsprinzip, der Staat sah insbesondere ein neues Einnahmepotenzial, das er noch nicht richtig in Anspruch nehmen konnte.[550]

Der Durchbruch der Industrialisierung, zunächst beschränkt auf einige wenige Sektoren und Regionen bis hin zur Hochindustrialisierung, veränderte die gesamte Gesellschaft. Denn nicht nur eine neue Wirtschaftsordnung, die Marktwirtschaft, setzte sich im 19. Jahrhundert durch, sondern auch der Staat begann, sich von einem Rechts- zu einem Rechts-, Sozial-, Lenkungs- und Leistungsstaat zu wandeln. Die schwerfälligen und zunehmend als ungerecht empfundenen Katastersteuern waren für eine aktive Wirtschafts-, Sozial- und Finanzpolitik denkbar ungeeignet und darüber hinaus fiskalisch nicht ergiebig genug.[551]

Eine der bedeutendsten Persönlichkeiten der deutschen Freihandelsbewegung war der deutsche Nationalökonom, Publizist und Politiker John Prince-Smith. Prince-Smith forderte 1877, Eingriffe in die vom freien Wettbewerb hervorgebrachte Einkommensverteilung zu unterlassen, denn

> eine allgemeine Einkommensteuer unterscheidet sich wesentlich von allen vorhin erwähnten Auflagen. Sie mischt sich gar nicht in die Produktion und Konsumtion, sondern hält sich lediglich an das Ergebniss. Sie lässt volle Freiheit des Erwerbens und nimmt erst vom Erworbenen. Und hierin liegt ihr grosser volkswirthschaftlicher Vorzug. Sie mindert, wie jede Besteuerung, die Fähigkeit, das Kapital zu mehren; aber sie richtet nicht, neben dem Schaden des Fortnehmens, noch durch die Art des Nehmens weiteren Schaden an, wie andere Steuern es thun. Sie erzeugt keinen Beweggrund, Produktion und Konsumtion anders einzurichten, als nach den rein

---

im saekularen Wandel. Festschrift für Wilhelm Abel zum 70. Geburtstag, Bd. 3, Hannover 1974, S. 679–706, S. 688 f.

549 Ziegler, Dieter: Das Zeitalter der Industrialisierung, S. 286.

550 Schremmer, Eckart: Über „gerechte Steuern", S. 20.

551 Ebd., S. 20; Ziegler, Dieter: Das Zeitalter der Industrialisierung, S. 197–286.

> volkswirthschaftlichen Bedingungen für den höchsten Ertrag. Sie erzeugt also kein Bestreben, sie abzuwälzen oder ihr auszuweichen, denn beides ist untuhnlich.[552]

Schließlich wurde die liberale Ideologie zum Wegbereiter der Einkommensteuer, da die parlamentarische Demokratie ihr Steuerbewilligungsrecht am wirksamsten bei den direkten Steuern ausüben konnte. Die Volksvertretung konnte zwischen den Opfern der Steuerpflichtigen und den öffentlichen Leistungen des Staates vergleichen und damit ihren Willen der jeweiligen Regierung auferlegen. Die liberale Ideologie nahm die naturrechtliche Überlieferung vom Vorrang der direkten Steuern wieder auf und gab dem Plan einer allgemeinen Einkommensteuer auch ein politisches Fundament.[553]

Das in der Vergangenheit herrschende Äquivalenzprinzip der Besteuerung wurde – zumindest in der Theorie – allmählich vom Leistungsfähigkeitsprinzip verdrängt. Die Steuer sollte nicht mehr als eine Art Marktpreis festgesetzt, sondern nach der persönlichen Leistungsfähigkeit der Steuerträger bemessen werden. Diesem Ziel konnte die Einkommensteuer viel besser Rechnung tragen, als es die überkommenen Objektsteuern konnten.[554] Die ganz auf das Individuum zugeschnittene steuerliche Leistungsfähigkeit und die darauf ausgerichtete Steuerlastverteilung galten den Autoren als das Höchstmaß an erreichbarer Gerechtigkeit. Aber auch wegen ihrer fiskalischen Ergiebigkeit, ihrer Anpassung an Struktur- und Wachstumsänderungen der Wirtschaft und ihrer geringen Erhebungskosten – nach Wegfall von Katastern und Einschätzungen – wurde die Einkommensteuer das neue Ideal der Besteuerung, sie wurde zur „Königin der Steuern".[555]

Das Ideal der subjektiven allgemeinen Einkommensteuer fasst Schremmer wie folgt zusammen: „Die entscheidenden Veränderungen der subjektiven Einkommensteuer gegenüber der objektiven Ertragsteuer liegen in der Verknüpfung von Steuergerechtigkeit, Gleichheit der Besteuerung und steuerlicher Leistungsfähigkeit."[556]

---

552 Prince-Smith, John: Über die Abwälzung, in: Michaelis, Otto (Hrsg.): John Prince-Smiths Gesammelte Schriften. Zur Physiologie des Verkehrs, Staat und Volkshaushalt. Ueber das Denken. Zur Münzreform. Zur Lohnfrage. Die Sozialdemokratie, Bd. 1, Berlin 1877, S. 43–64, S. 60.

553 Mann, Fritz Karl: Steuerpolitische Ideale, S. 247 f.

554 Homburg, Stefan.: Allgemeine Steuerlehre, S. 42.

555 Schremmer, Eckart: Über „gerechte Steuern", S. 21.

556 Ebd., S. 21.

7.1.2 Die individualistische Lehrmeinung

Der im Revolutionsjahr 1848 von Johann Friedrich Mentzendorff gemachte Vorschlag einer „indirekten Reineinkommensteuer“, die ausschließlich auf das Reineinkommen der Grundbesitzer und gewerblichen Unternehmer bezogen war, denen jedoch die Überwälzung auf die übrigen Teile der Bevölkerung überlassen bleiben sollte,[557] ist ohne Bedeutung für die weitere geschichtliche Entwicklung geblieben. Diese Lehre war in der Mitte des 19. Jahrhunderts heftigen Angriffen ausgesetzt.

Eduard Baumstark warf der allgemeinen Einkommensteuer in seiner im Jahr 1850 veröffentlichten Schrift „Zur Einkommensteuerfrage“[558] vor, sie genüge weder dem Gesetze der Allgemeinheit noch dem Gesetze der Gleichheit. Er hielt die bestehenden Steuersysteme für prinzipiell gerechtfertigt; denn eine allgemeine Einkommensteuer sei nur unter ganz speziellen Bedingungen zu empfehlen: als Ersatz für noch schlechtere Steuern, als Notbehelf oder vorübergehend als Aushilfsteuer, und das auch nur dann, wenn der Zweck eine höhere Belastung der Wohlhabenden sei.[559]

Lebhaft wandte sich auch Heinrich Ludwig Biersack in seinem 1850 erschienenen Werk „Ueber Besteuerung, ihre Grundsätze und ihre Ausführung“[560] gegen diese Lehre[561] und empfand die progressiven Steuern als verwerflich, „wenn sie einen socialistischen oder communistischen Zweck haben; wenn sie namentlich dazu dienen sollen, allmälig die in Ansehung des Besitzes von sachlichen Gütern bestehenden Verhältnisse aufzuheben.“[562]

Trotz dieser negativen Stellungnahmen entwickelte sich eine Bewegung mit immer neuen Verteidigern, die die Theorie einer allgemeinen Einkommensteuer weiter zu vertiefen suchten. Schon im Revolutionsjahr 1848 ragte aus dem Schrifttum dieser Zeit das Buch „Die allgemeine Einkommensteuer als einzige gerechte direkte Abgabe“[563] hervor, mit dem der preußische Landrat Karl von Sparre die Behauptung

557 Mentzendorff, Johann Friedrich: Neues Staatswirthschaftssystem zur Beförderung eines allgemeinen und dauernden Volkswohlstandes, IV. Theil, 1. Abtheilung, Magdeburg 1848, S. 36, § 11.

558 Baumstark, Eduard: Zur Einkommensteuerfrage, Greifswald 1850.

559 Meyer, Robert: Die Prinzipien der gerechten Besteuerung, S. 86.

560 Biersack, Heinrich Ludwig: Ueber Besteuerung, ihre Grundsätze und ihre Ausführung, Frankfurt am Main 1850.

561 Wilke, Gustav: Die Entwicklung der Theorie, S. 57.

562 Zitiert nach: Meyer, Robert: Die Prinzipien der gerechten Besteuerung, S. 89 f.

563 Sparre, Karl von: Die allgemeine Einkommensteuer als einzige gerechte direkte Abgabe, Gießen 1848.

aufstellte, dass dieser Sachverhalt aus Theorie und Erfahrung nachgewiesen wäre.[564] Ebenso wie bereits Murhard im Jahr 1834 berücksichtigte er bei der Ermittlung des Einkommens die persönlichen Verhältnisse des Steuersubjekts. Im Gegensatz zu Murhard wollte er jedoch nicht den absolut notwendigen Unterhalt, sondern den standesgemäßen Lebensbedarf des Steuerpflichtigen und seiner Familie von seinem Gesamteinkommen abziehen.[565] Er prophezeite der Einkommensteuer, dass sie nach und nach alle direkten Abgaben in sich aufnehmen und in Verbindung mit den indirekten Steuern die alleinige Grundlage der Staatsbedarfsbefriedigung sein würde.[566]

In der Literatur blieb es zunächst bei der Anerkennung der Besteuerung nach dem Einkommen, die jedoch auf verschiedene Weise begründet wurde. Robert von Mohl erschien die einzige direkte Einkommensteuer als die Verwirklichung einer gerechten Besteuerung, weil die Grundlage der Besteuerung nur die im Einkommen zum Ausdruck gelangende Leistungsfähigkeit des einzelnen Staatsbürgers sein könne.[567] Während von Mohl den Grund der Steuer in der Notwendigkeit des Staatsbedarfs erblickte und in diesem Sinn auch die Beschränkung der Steuerpflicht sah, bekannten sich andere Autoren entweder offen zu dem Prinzip der Leistung und Gegenleistung oder standen dieser Auffassung sehr nahe.[568] In der im Jahr 1855 in Zürich erschienenen Dissertation „Ueber die Einkommensteuer"[569] befürwortete Carl Wilhelm von Graffenried eine allgemeine, auf Selbstschätzung beruhende Einkommensteuer. Auch er forderte eine völlige Befreiung für den zum Lebensunterhalt notwendigen Teil des Einkommens von jeder Besteuerung. Von Graffenried wandte sich gegen die Heranziehung der Konsumbesteuerung als Ergänzung der Erträgnisse einer einzigen Einkommensteuer, wie sie Murhard und Sparre forderten, da diese ein mehr schädliches als nützliches Vermächtnis des Merkantilismus darstelle.[570]

Max Wirth, der die Steuer als Entgelt für Staatsleistungen definierte, vertrat den Standpunkt, dass die Verteilung der Steuern nach dem Grundsatz von Leistung und Gegenleistung zu einer progressiven Steuer und damit bis zur Absurdität führe,

564 Wilke, Gustav: Die Entwicklung der Theorie, S. 56; Mann, Fritz Karl: Steuerpolitische Ideale, S. 252 mit Anm. 3.

565 Wilke, Gustav: Die Entwicklung der Theorie, S. 56.

566 Meyer, Robert: Die Prinzipien der gerechten Besteuerung, S. 88 f.

567 Mohl, Robert von: Encyklopädie der Staatswissenschaften, Tübingen 1859, S. 368.

568 Meyer, Robert: Die Prinzipien der gerechten Besteuerung, S. 100 f.

569 Graffenried, Carl Wilhelm von: Ueber die Einkommensteuer: ein staatswissenschaftlicher Versuch, Zürich 1855.

570 Wilke, Gustav: Die Entwicklung der Theorie, S. 58.

da sie das ganze Einkommen verschlinge. Eine mäßige Progression hielt er jedoch für angemessen. Er lehnte die Steuerfreiheit des Existenzminimums ab, da es nur billig und gerecht sei, wenn auch der Ärmste einen – wenn auch nur geringen Anteil – an den Staatslasten trage, da auch er den Schutz des Staates genieße. Den direkten Steuern gab Wirth vor den indirekten Steuern den Vorzug und hoffte, dass die Einkommensteuer einen immer größeren Teil der Steuern in sich aufnähme. Da Wirth die direkte persönliche Einkommensteuer für eine gerechte Abgabe hielt, empfahl er aus psychologischen Gründen, diese zunächst neben den anderen Steuern einzuführen, um dann mithilfe der Einkommensteuer die übrigen Steuern ganz zu verdrängen.[571]

Georg Friedrich Wilhelm Roscher lehnte die Einkommensteuer als einzige Steuer ab, wollte jedoch diese als gleichberechtigte Steuer in das System der Steuern einfügen. Im Hinblick auf die verhältnismäßig hohe Belastung der unteren Klassen mit der Besteuerung der Konsumtion empfahl er, die Einkommensteuer auf das Einkommen der wohlhabenden Klassen mit einem niedrigeren Satz umzulegen. In Kriegs- oder anderen Notfällen mochte seiner Ansicht nach die Einkommensteuer bis zur vollen Deckung des Bedarfs anschwellen.[572]

Auch Lorenz von Stein wird zu den Anhängern der individualistischen Auffassung gezählt, obwohl er sich gegen die Anerkennung des Grundsatzes der Leistung und Gegenleistung verwehrte. Berücksichtigt werden muss dabei jedoch, dass sich seine Auffassung in seinem „Lehrbuch der Finanzwissenschaften“[573] – in nahezu zwei Jahrzehnte auseinanderliegenden Auflagen – stark veränderte.[574] Von Stein betrachtete das Steuerwesen als einen Prozess im Leben der menschlichen Gemeinschaft und leitete daraus, dass der Staat die uneingeschränkte Bedingung für das persönliche Leben des Einzelnen sei, ein absolutes wirtschaftliches Recht des Staates ab und führte dazu aus, dass „sich der souveräne Wille des Staats auch für sein finanzielles Leben aus der organisirten Gemeinschaft aller Willen bilden“ müsse.

> Aus dem Verständnis dieser Wechselwirkung zwischen der Souveränität des verfassungsgemäßen organisirten Staats und der freien Entwicklung seiner Angehörigen

571 Wirth, Max: Grundzüge der Nationalökonomie, 2. Aufl., Bd. 2, Köln 1861, S. 474 f.

572 Roscher, Wilhelm: System der Finanzwissenschaft. Ein Hand- und Lesebuch für Geschäftsmänner und Studierende (1854), Bd. 4, Erste Abtheilung, 2. Aufl., Stuttgart 1886, § 74.

573 Stein, Lorenz von: Lehrbuch der Finanzwissenschaft, Erster Theil: Die Finanzverfassung Europas. Mit specieller Vergleichung Englands, Frankreichs, Deutschlands, Oesterreichs, Italiens, Rußlands und anderer Länder, 5. Aufl., Leipzig 1885, ND Hildesheim/New York 1975, S. 53 f.

574 Meyer, Robert: Die Prinzipien der gerechten Besteuerung, S. 104.

> entsteht dann für das wirthschaftliche Leben aus dem Finanzwesen die Finanzwirtschaft des Staats [...], welche für die Einheit der souveränen Persönlichkeit des Staats und der freien Entwickelung seiner Angehörigen

sorgen würde.[575] Damit hatte von Stein die Frage nach der Gerechtigkeit aus seiner Darstellung eliminiert; denn er leitete konsequent alle an die Besteuerung gestellten Forderungen aus dem Interesse des Staates selbst ab.[576] Im Gegensatz zur Finanzgesetzgebung der absoluten Monarchie ergaben sich für Stein – abgesehen von den bekannten „Steuerprincipien" – drei Prinzipien der verfassungsmäßigen Finanzgesetzgebung: das Prinzip der Gesetzmäßigkeit jeder Anforderung des Staats an den Einzelnen, das Prinzip der Allgemeinheit der Leistungspflicht und das Prinzip der Gleichheit in der Leistung.[577]

Da der Staat auf Dauer eingerichtet sei und seine Bedürfnisse auch dauernd gegeben seien, müsse die Steuer so eingerichtet sein, dass sie dauernd gezahlt werden könne; die Steuer war daher ihrem obersten Prinzip nach eine Steuer vom Reineinkommen. Denn jede unberechtigte Einnahme des Staats bzw. jede Ausgabe, welche nicht für die Bedingungen der gesamten Volksentwicklung geschehe, müsse „streng logisch zur Armuth des Volkes führen".[578]

In den beiden letzten Auflagen des Lehrbuches der Finanzwissenschaften zeigt sich, in welche Richtung sich die Stein'sche Finanzwissenschaft entwickelte. Unter dem Einfluss der neueren Literatur berücksichtigte er zunehmend die sozialen Forderungen; denn das Prinzip der sozialen Steuerbefreiung bestehe darin,

> daß derjenige kein Steuersubject sein soll, dessen Einkommen zu gering ist, um noch eine kapitalbildende Kraft zu besitzen, und daß daher das Steuersubject erst bei demjenigen Einkommen anfängt, das groß genug ist, um bei verständiger Wirthschaft noch ein Kapital zu bilden. Es ist die Steuerbefreiung der nichtbesitzenden oder kapitallosen Arbeit.[579]

Einen völlig entgegengesetzten Standpunkt als von Stein vertrat 1866 Karl Bernhard Arwed Emminghaus, der als Klassisch-Liberaler den Staatsbedarf als unwirt-

575 Stein, Lorenz von: Lehrbuch der Finanzwissenschaft, Erster Theil, S. 53 f.

576 Ebd., S. 29 f.

577 Ebd., S. 193.

578 Ebd., S. 179.

579 Stein, Lorenz von: Lehrbuch der Finanzwissenschaft, Zweiter Theil, Die Finanzverwaltung Europas. Mit specieller Vergleichung Englands, Frankreichs, Deutschlands, Oesterreichs, Italien, Rußlands und anderer Länder. Erste Abteilung, Der Staatshaushalt, die Staatsausgaben, die wirtschaftlichen Staatseinnahmen und der allgemeine Theil der Steuerlehre, 5. Aufl., Leipzig 1885, ND Hildesheim/New York 1975, S. 409.

schaftlich bezeichnete. Es sei keine wirtschaftliche, sondern eine politische und ethische Frage, wie viel Interesse der Einzelne an der Staatsordnung habe.[580] Als überzeugter Liberaler sah er das unaufhaltsame Fortschreiten der Handelsfreiheit voraus, weshalb ihm eine einzige allgemeine Einkommensteuer als die Steuer der Zukunft erschien. Da im gleichen Maße, in dem die Zölle und die inneren Verbrauchsteuern abgeschafft würden, die direkten Steuern zunähmen, könne keine andere Steuer sich an Einfachheit und Gerechtigkeit mit dem Ideal einer einzigen Einkommensteuer vergleichen.[581]

Emminghaus wollte mit der Einkommensteuer eine erzieherische Funktion verbinden: Nicht das individuelle effektive Einkommen, sondern das Soll-Einkommen, das „der Steuerpflichtige unter Berücksichtigung seiner gesamten ökonomischen Lage und bei beständiger Ausbeutung derselben erzielen müßte“[582], wollte er besteuern. Damit umging er die steuertechnischen Bedenken, die viele Autoren gegenüber der Feststellung des Reineinkommens erhoben hatten.[583]

Bis in die Sechzigerjahre des 19. Jahrhunderts hinein wurden die individualistische Staats- und Gesellschaftslehre und das Prinzip der Leistung und Gegenleistung (Äquivalenztheorie) nicht aus ihrer herrschenden Stellung verdrängt. Anfang der Sechzigerjahre entwickelte sich jedoch in der deutschen Literatur eine prinzipielle Gegnerschaft zu der individualistischen Auffassung; überhaupt begann eine neue Periode, die sich von allen vorausgehenden Perioden unterschied.[584]

7.1.3 Das „ethische Steuerprinzip“ von Schäffle und Schmoller

Den Anstoß zu einer fundamentalen Veränderung in der gesamten Auffassung des Steuerwesens gaben zwei berühmte Abhandlungen von Albert Schäffle[585] und Gustav

580 Meyer, Robert: Die Prinzipien der gerechten Besteuerung, S. 118.

581 Emminghaus, Karl Bernhard Arwed: Einkommensteuer, in: Rentsch, Hermann (Hrsg.): Handwörterbuch der Volkswirtschaftslehre, Leipzig 1866, S. 246–253.

582 Mann, Fritz Karl: Steuerpolitische Ideale, S. 255.

583 Vgl. hierzu die Ausführungen in den Kapiteln 6.1.2.3 sowie 7.2.3.

584 Wilke, Gustav: Die Entwicklung der Theorie, S. 65; Meyer, Robert: Die Prinzipien der gerechten Besteuerung, S. 119.

585 Schäffle, Albert Eberhard Friedrich: Mensch und Gut in der Volkswirtschaft oder der ethisch-anthropologische und der chrematistische Standpunkt in der Nationalökonomie, mit besonderer Rücksicht auf die Grundprincipien der Steuerlehre, in: Deutsche Vierteljahresschrift 24.4. (1861), S. 232–307.

Schmoller[586] aus den Jahren 1861 und 1863. Im Gegensatz zur herrschenden Theorie, welche in dem Einkommen oder Reineinkommen ein selbstständiges Steuerobjekt sah, stellte Schäffle die Steuerpflicht des Menschen, die Person des Staatsbürgers, in den Mittelpunkt der Wirtschafts- und Steuerlehre. Er wies nach, dass ein Einkommen getrennt von der wirtschaftenden Person nicht denkbar ist, dass es nur durch den Bezug auf den Menschen als solches existiert. Nicht mehr der künstlich konstruierte, abstrakte, sondern der wirklich konkrete, von ethischen Motiven bewegte Mensch mit all seinen Bedürfnissen wurde jetzt der wissenschaftlichen Betrachtung zugrunde gelegt.[587] Seine wirtschaftliche Leistungsfähigkeit wurde nicht mehr nach dem abstrakten, auf die Verhältnisse der Produktion berechneten Begriff des reinen Einkommens gewertet, sondern kam in den die wirtschaftliche Kraft des Menschen doch erst tatsächlich bestimmenden Bedürfnissen zum Ausdruck.

Schon Schäffle verlangte eine Besteuerung der gesamten „qualificirten" Vermögenspersönlichkeit und bestimmte das Einkommen als die Summe wirtschaftlicher Güter, die ein Mensch in einer gewissen Zeit zur Befriedigung seiner Bedürfnisse ohne Schmälerung seines Vermögens verwenden könne.[588] Auch Schmoller teilte diesen Einkommensbegriff und charakterisierte das Verhältnis des Einzelnen zum Staat als „Unterthanschaft"; denn die Steuerpflicht beruhe auf der Bürgerpflicht schlechthin.[589]

In seinem 1880 erschienenen Buch „Die Grundsätze der Steuerpolitik und die schwebenden Finanzfragen Deutschlands und Oesterreichs"[590] sowie in dem 1895/97 veröffentlichen zweibändigem Werk „Die Steuern"[591] ging Schäffle unter anderem auf die direkte und indirekte Besteuerung ein, da ihm eine notwendige systematische Einheit des Steuersystems nur in der Kombination von direkten und indirekten

586 Schmoller, Gustav: Die Lehre vom Einkommen in ihrem Zusammenhang mit den Grundprincipien der Steuerlehre, in: Zeitschrift für die gesamte Staatswissenschaft 19 (1863), S. 1–86, S. 52: „Das Einkommen ist kein Produkt eines beliebigen wirthschaftlichen Rechnungsexempels, sondern ein lebendiges Ganzes, wie es aus dem Begriffe der Persönlichkeit in ihrem Zusammenhang mit der Bedürfnissbefriedigung hervorgeht."

587 Meyer, Robert: Die Prinzipien der gerechten Besteuerung, S. 126 f.

588 Ebd., S. 127; Wilke, Gustav: Die Entwicklung der Theorie, S. 80.

589 Wilke, Gustav: Die Entwicklung der Theorie, S. 80.

590 Schäffle, Albert Eberhard Friedrich: Die Grundsätze der Steuerpolitik und die schwebenden Finanzfragen Deutschlands und Oesterreichs, Tübingen 1880.

591 Schäffle, Albert Eberhard Friedrich: Die Steuern, Allgemeiner Teil, in: Frankenstein, Kuno (Hrsg.): Hand- und Lehrbuch der Staatswissenschaften, Zweite Abteilung: Finanzwissenschaft, Bd. 2, Leipzig 1895, S. 1–420.

Steuern möglich erschien; denn beide setzten einander voraus und ergänzten sich gegenseitig, indem die eine dasjenige erfasse, was der anderen entgehe.[592]

Das System der direkten Steuern wollte Schäffle aus fünf Partialeinkommensteuern zusammensetzen: aus der Grundsteuer, die er aus den wirklichen persönlichen Reineinkünften aus dem Grundbesitz ermitteln wollte, aus der Gebäudesteuer, die er zu einer Steuer auf die wirklichen reinen Einkünfte aus dem Gebäude fortbilden wollte, aus der Steuer auf Handel und Gewerbe, die er in eine feste Steuer in Abhängigkeit der verschiedenen Gewerbearten in den verschiedenen Ortsgrößen nach dem Unterschied ihrer mittleren Einträglichkeit und in eine bewegliche Steuer auf die nach objektiven Merkmalen festzustellende besondere Einträglichkeit des einzelnen Geschäfts geteilt wissen wollte, aus der Rentensteuer und aus der Steuer vom Dienst- und Berufseinkommen.[593] Diese kombinierten Partialeinkommensteuern sollten je nach Staatsbedarf jährlich erhöht oder vermindert werden. Die indirekten Konsumsteuern einschließlich der Zölle begrenzte Schäffle vorwiegend auf den Ver- und Gebrauch an sich entbehrlicher, aber allgemein begehrter Gegenstände unter ausdrücklicher Ausschließung von Erzeugnissen des notwendigen Lebensbedarfs.[594]

Beide Autoren, sowohl Schäffle als auch Schmoller, haben mit ihren Abhandlungen die Grundlagen für die weitere Entwicklung geschaffen, ohne dass man ihre Ausführungen als abgeschlossene, fertige Theorie bezeichnen kann.[595] Das von ihnen aufgestellte „ethische" Steuerprinzip, wonach jeder nach seiner gesamten ökonomisch-politischen Leistungsfähigkeit das Wohl der Gesamtheit zu fördern verpflichtet sei,[596] wurde in der Folgezeit von einer Gruppe von Autoren aufgegriffen, die sich mit der Reform der direkten Steuern beschäftigten. Zuvor lebte jedoch das Ideal des absolutistischen Zeitalters, alle Steuerarten in einer Universalakzise zusammenzufassen, wieder auf.[597]

7.1.4 Die Theorie der Ausgabenbesteuerung

In der Literatur tritt eine Erscheinung zutage, die völlig im Gegensatz zur herrschenden Lehre stand: eine Theorie der Ausgabenbesteuerung, die den Verbrauch

592 Ebd., S. 80 ff.

593 Schäffle, Albert Eberhard Friedrich: Die Grundsätze der Steuerpolitik, S. 294 f., sowie Ders.: Die Steuern, S. 170 f. und S. 218 f.

594 Schäffle: Grundsätze S. 88 f.; Ders.: Die Steuern, S. 257 f. und S. 325 f.

595 Meyer, Robert: Die Prinzipien der gerechten Besteuerung, S. 129 f.

596 Ebd., S. 138.

597 Mann, Fritz Karl: Steuerpolitische Ideale, S. 257 f.

in den Mittelpunkt stellte. Zu ihren Vertretern zählten Eduard Pfeiffer, Heinrich Maurus, Hugo Alexander Eisenhart und Leon von Bilinski.[598]

Eduard Pfeiffer wollte sämtliche Abgaben durch eine einzige proportionale Verbrauchsteuer ersetzen.[599] Er hob hervor,

> daß das Prinzip auf welchem diese Steuer fußt, als das gerechteste gelten muß, weil durch sie allein eine gleichmäßige Verteilung der Staatslasten ermöglicht wird. Denn sie allein gibt die Möglichkeit, die Leistungen für den Staat so zu vertheilen, daß jedem Einzelnen ein gleiches Opfer zugemuthet werde.[600]

Er begründete seine Auffassung damit, dass die Einkommensteuer zu mancherlei Ungleichheiten und Bevorzugungen führe und außerdem wie eine Strafe für den Fleißigen und Sparsamen wirke. Denn mit ihr nehme der Staat seinen Löwenanteil, sobald es jemanden durch besondere Anstrengung gelungen sei, seine wirtschaftliche Lage zu verbessern.[601] Im Gegensatz dazu könne bei der Verbrauchsteuer jeder seinen Steuerbetrag, den er zu entrichten habe, falls er ihm zu hoch erscheine, so ermäßigen, wie er wolle. Auch in finanzieller Hinsicht böten sich Vorteile, denn die Kosten der Erhebung seien gering, die Erhebung leicht und sicher, und Steuerumgehungen könnten daher kaum vorkommen.[602] Aus der damaligen Zeit heraus ist verständlich, dass Pfeiffer darauf verwies, dass durch die Einführung einer allgemeinen Verbrauchsteuer der Weg gegeben wäre, auf dem man zu der lang ersehnten Einheit in der Besteuerung der verschiedenen deutschen Staaten gelangen könnte.[603]

Zu einem ähnlichen Resultat gelangte Heinrich Maurus, der die Beitragsfähigkeit als Grund der Besteuerung verwarf und den durch die Staatstätigkeit gesicherten Genuss als Grundlage und Maßstab der Besteuerung anerkannte. Er hielt die Steuer für ungerecht, wenn sie dem Besteuerten mehr nehme, als der Staat ihm für Lebenszwecke, wie Sicherheit etc. gebe. Die Einkommensbesteuerung hielt er für gefährlich, da diese einerseits eine Strafe für Fleiß und Geschicklichkeit darstelle und andererseits die ersparten Einkommensteile mit belaste; er verlangte vielmehr eine allgemeine Besteuerung der Artikel des Genusses und des Luxus. Die Durchführung dachte Maurus sich in Form einer indirekten, bei den Produ-

---

598 Meyer, Robert: Die Prinzipien der gerechten Besteuerung, S. 130.

599 Pfeiffer, Eduard: Die Staatseinnahmen, Geschichte, Kritik und Statistik derselben, Stuttgart/ Leipzig 1866, S. 554.

600 Ebd., S. 543 f.

601 Ebd., S. 544.

602 Ebd., S. 545 f.

603 Ebd., S. 554.

zenten erhobenen Steuer. Dazu sollte noch eine Abgabe für arbeitsfähige, aber ihre Arbeitskraft nicht benutzende Staatsbürger kommen, da jedermann verpflichtet sei, in der Gesellschaft zu arbeiten.[604]

Hugo Alexander Eisenhart hielt die allgemeine Einkommensteuer nur insofern für brauchbar, als sie dem unvorhergesehenen und außerordentlichen Staatsbedarf genügen sollte. Für die gewöhnlichen Verhältnisse hielt er die Schwierigkeit der Einkommensermittlung und die Lästigkeit des Eindringens in die Privatverhältnisse für zu bedeutend. An ihre Stelle sollte ein System direkter und indirekter Verbrauchsteuern treten, die jedoch die notwendigen Bedürfnisse der Steuerbürger nicht belasten dürften.[605]

Leon von Bilinski wollte die Luxussteuer zusammen mit den Verbrauchsteuern – neben dem Ertragsteuersystem und der allgemeinen Einkommensteuer – zur Ergänzung der noch übrig gelassenen Lücken verwenden. Mit der Luxussteuer sollte der hauptsächliche Verbrauch der Reichen besteuert werden. Er sah darin auch eine Möglichkeit, einen Teil der sozialen Frage zu lösen, da damit die Reichen verhältnismäßig höher belastet würden als die Armen und sie daher ein wichtiges und unentbehrliches Glied eines rationellen Steuersystems wäre.[606]

7.1.5 Die Reform des direkten Steuerwesens

Zahlreiche Autoren knüpften an die Theorien von Schäffle und Schmoller an und machten Vorschläge zu einer Weiterentwicklung dieser neuen Lehre. Carl Walcker[607] verwarf 1869 die indirekten Steuern u. a. wegen ihres unethischen Charakters vollständig und forderte eine den einzelnen Einkommensarten angepasste Einkommensteuer. Er bekannte sich ausdrücklich zu dem von Schäffle und Schmoller aufgestellten „ethischen" Steuerprinzip, wonach jeder nach seiner gesamten ökonomisch-politischen Leistungsfähigkeit das Wohl der Gesamtheit zu fördern verpflichtet sei. Er lehnte die von Pfeiffer verlangte Steuerfreiheit der Ersparnisse

604 Maurus, Heinrich: Die moderne Besteuerung und die Besteuerungsform vom Standpunkte des gemeinen Rechts, Heidelberg 1870, S. 120 ff.

605 Eisenhart, Hugo Alexander: Die Kunst der Besteuerung, Berlin 1868, S. 145 und S. 170 ff.

606 Bilinski, Leon von: Die Luxussteuer als Correctiv der Einkommensteuer. Finanzwissenschaftlicher Beitrag zur Lösung der socialen Frage, Leipzig 1875, S. 7–133.

607 Walcker, Carl: Die Selbstverwaltung des Steuerwesens im Allgemeinen und die russische Steuerreform. Mit besonderer Berücksichtigung der Projecte der allerhöchst verordneten russischen Steuerreform-Commision. Zugleich ein Beitrag zur Kenntnis innerrussicher und baltischer Zustände und Parteien, Berlin 1869.

ab und verwarf auch die Steuerprogression als Ungerechtigkeit gegenüber den Reichen. Auch die Erbschaftsteuer sei überhaupt eine irrationale Steuerform.[608]

Adolf Held sah das Besteuerungsrecht im Wesen des Staats begründet und führte 1872 aus, dass der Staat nicht dem Einzelnen nehme, was diesem kraft ursprünglichen Rechts gehöre, sondern was er notwendig brauche und worauf er ein ursprüngliches Recht habe.[609] Aus diesem Grund forderte Held als erste Regel der Steuerverteilung die Allgemeinheit der Steuer, d. h., jeder, der ein Einkommen habe, solle Steuer zahlen. Als zweite Regel hob er die Gleichheit der Steuern heraus, d. h., das Einkommen, das in verschiedenen Produktionszweigen erworben werde, solle ohne Rücksicht auf die Art seiner Quelle gleichmäßig besteuert werden. Der dritte Grundsatz bestand in einer weitestgehenden Schonung des Nationalwohlstandes dergestalt, dass weder den Ärmeren die Existenz gefährdet noch den Reicheren die Möglichkeit genommen werde, Kapital anzusammeln.[610]

Die Einkommensteuer als einzige Steuer verwarf Held und verlangte für die unteren Klassen nur eine ganz leichte direkte Steuer und ein System indirekter Steuern auf entbehrliche Genussgegenstände. Im Interesse der Einfachheit der Steuern hielt er Unterschiede mit Rücksicht auf individuelle Verhältnisse sowie auf die Beschaffenheit des Einkommens für entbehrlich. Bei den Steuersätzen wollte er deshalb auch bei den unteren Klassen eine genaue Abschätzung des Einkommens vermeiden und nur wenige progressive Sätze vorsehen und schlug beispielhaft vier Klassen vor:

I. Einkommen bis 300 Thaler 1–2 %,
II. Einkommen von 300 bis 1000 Thaler 3–4 %,
III. für Personen von 1000–3000 Thaler Einkommen als auch
IV. für Personen über 3000 Thaler Einkommen wäre ein Steuersatz von 5 % denkbar, der in Notzeiten bei Klasse IV. auf 10 % und darüber gesteigert werden könnte.[611]

Held war einer der Gutachter des im Jahr 1873 gegründeten Vereins für Socialpolitik, der sich in seiner Anfangszeit mit der Personalbesteuerung beschäftigte. Fünf Gutachter äußerten sich zu den vom Verein aufgeworfenen Fragen, ob das Einkommensteuerprinzip auf alle Klassen der Gesellschaft anwendbar sei, ob die

608 Meyer, Robert: Die Prinzipien der gerechten Besteuerung, S. 137 f.

609 Held, Adolf: Die Einkommensteuer. Finanzwissenschaftliche Studien zur Reform der directen Steuern in Deutschland, Bonn 1872, S. 35.

610 Ebd., S. 121.

611 Ebd., S. 215 f.

Einkommensteuer progressiv sein bzw. „fundiertes" Einkommen stärker belasten solle, ob eine Selbsteinschätzung stattfinden solle, ob und welche indirekten Steuern bei der Heranziehung nach der persönlichen Leistungsfähigkeit entfallen könnten. Gutachter waren die Professoren Erwin Nasser, Adolf Held, Constantin Rößler und Graf Wintzigerode sowie der Sekretär der Handelskammer Leipzig Julius Gensel.[612]

Alle Gutachter stellten das Prinzip der Leistungsfähigkeit in den Vordergrund, waren jedoch in Einzelfragen unterschiedlicher Meinung. Gensel und Wintzingerode lehnten die Steuerfreiheit des Existenzminimums prinzipiell ab, hielten jedoch die Progression für notwendig. Gensel fügte hinzu, dass nur so die Gleichheit der Opfer erzielt werde. Außerdem wollte er das Vermögen selbstständig besteuern, da dies der wesentliche Inhalt der Forderung nach einer stärkeren Besteuerung des fundierten Einkommens sei. Rößler hingegen leitete aus dem Prinzip der Leistungsfähigkeit die Konsequenz ab, dass das Existenzminimum unbesteuert bleiben solle und individuelle Verschiedenheiten der Leistungsfähigkeit Berücksichtigung finden müssten. Die Progression lehnte er als kommunistisches Projekt ebenso wie die Vermögensteuer ab. Nasser verwarf den Maßstab der Leistungsfähigkeit, da diese durch so viele Momente beeinträchtigt würde, dass dieser Maßstab der Willkür Tür und Tor öffne.[613]

Diesem letzten Argument trat Friedrich Julius Neumann mit einem weiteren vom Verein für Socialpolitik eingeholten Gutachten vor der Verabschiedung des Einkommensteuergesetzes 1874 entgegen. Zunächst verwies er darauf, dass es sich bei dem Abgabewesen des Staates um eine Gemeinwirtschaft zur Erreichung höherer sittlicher Zwecke handele. Wie im Privatleben, wo es sich um die Erfüllung sittlicher Pflichten – z. B. der Erziehung der Kinder oder der Sicherung der Eltern – handele, sei die Leistungsfähigkeit ein gerechter Maßstab der Leistung, so könne sich auch die sittliche Leistung für den Staat nur nach der Leistungsfähigkeit bestimmen. Nur auf diese Weise sei es auch möglich, dass der Staat – was er im Notfall tun müsse – die ganze Kraft seiner Angehörigen in Anspruch nehmen könne. Die Abgaben auf dieser Grundlage nennt Neumann „Steuern", die Abgaben, die auf dem Prinzip von Leistung und Gegenleistungen beruhen, „Gebühren und Beiträge".[614]

Dem von vielen Seiten erhobenen Vorwurf, aus der Leistungsfähigkeit lasse sich kein rechnerischer Maßstab ableiten, begegnete Neumann mit dem Hinweis, dass sich auf vielen Gebieten, in denen Gerechtigkeit ausgeführt werden müsse, kein

612 Meyer, Robert: Die Prinzipien der gerechten Besteuerung, S. 142 f.

613 Ebd., S. 143 f.

614 Neumann, Friedrich Julius: Die progressive Einkommensteuer im Staats- und Gemeinde-Haushalt. Gutachten über Personalbesteuerung, auf Veranlassung des Vereins für Socialpolitik (Schriften des Vereins für Socialpolitik 8), Leipzig 1874, S. 58–70.

rechnerischer Maßstab finden lasse und demnach in Zahlen entschieden werden müsse. Die Schwierigkeit der Ausführung könne die Richtigkeit des Prinzips nicht infrage stellen. Er zog aus diesem Grundsatz auch die entsprechenden Konsequenzen: progressive bzw. degressive Besteuerung, da das höhere Einkommen regelmäßig leichter entbehrlichen Ausgaben diene,[615] und Freilassung der unteren Klassen von direkten Steuern. Nach Neumann litten die unteren Klassen unter den direkten Steuern ungleich empfindlicher als die höheren. Daher sei ihre direkte Besteuerung – unabhängig von der wirtschaftlichen Unzweckmäßigkeit – eine Ungerechtigkeit.[616] Außerdem forderte er die Nichtberücksichtigung des Erwerbs der unselbstständigen Familienmitglieder bei der Einschätzung des Einkommens.[617] Eine geringere Leistungsfähigkeit infolge von Verschuldung und Alter, Krankheit, Kinderzahl und außerordentlicher Unglücksfälle solle berücksichtigt werden,[618] und die Einkommensteuer solle mit einer Vermögensteuer kombiniert werden.[619]

Die Forderung nach progressiver Besteuerung wurde von Friedrich Wilhelm Hans von Scheel unterstützt. Er hielt die Berücksichtigung der sozialen Verhältnisse insbesondere darum für notwendig, weil die zu seiner Zeit auftretenden und sich verschärfenden Vermögensungleichheiten die soziale und politische Freiheit gefährdeten.[620] Unter Berücksichtigung der „sozialen Steuerfähigkeit" hielt Scheel einen Normalsteuersatz, der die standesmäßige Lebenshaltung in keiner Weise beeinträchtigt, für geboten. Er hielt es für selbstverständlich, „dass auch die höchste Stufe der Progressivsteuer einen genügenden Spielraum nicht nur für die Lebenshaltung, sondern auch für den Erwerbstrieb lassen […] muss."[621] Weiterhin vertrat er den Standpunkt, dass die Verringerung des Steuersatzes bei abnehmendem Einkommen (Degression) nicht zur völligen Steuerfreiheit führen dürfe, da die Steuerpflicht sich unmittelbar aus der Staatsangehörigkeit ergebe und niemand ein Recht auf Steuerfreiheit habe.[622] Eine stärkere Belastung des fundierten Einkommens solle insbesondere bei Erbübergang erreicht werden, bei dem das Prinzip der Progression auch greifen solle, um den sozialen Frieden herzustellen.[623]

615 Ebd., S. 106 ff.

616 Ebd., S. 154 ff.

617 Ebd., S. 171 ff.

618 Ebd., S. 176 f.

619 Ebd., S. 185 ff.

620 Scheel, Friedrich Wilhelm Hans von: Die progressive Besteuerung, in: Zeitschrift für die gesammte Staatswissenschaft 31 (1875), S. 289–303, S. 290 f.

621 Ebd., S. 296.

622 Ebd., S. 291.

623 Ebd., S. 302.

Georg Hirth befürwortete die Progression aus doppeltem Grund: Erstens verwies er darauf, dass der Staat ein weit höheres Anrecht auf ein relativ müheloses, durch ererbte Kapitalien, Spekulationen etc. erzieltes Einkommen habe als auf dasjenige, was als Frucht harter Arbeit anzusehen sei. Er hielt es für vollkommen gerecht, wenn der Staat seinen Anteil an dem Gewinn nach dem Interesse bemesse, welches die Bürger an der Aufrechterhaltung staatlicher Ordnung hatten; dieses Interesse des einzelnen Besitzenden wachse nach seiner Ansicht progressiv.[624] Zweitens schien es ihm weise und gerecht zu sein, das Einkommen und Vermögen der Bürger dergestalt mit wachsenden Prozentsätzen zu besteuern, dass dem Wohlhabenden immer noch Mittel zum Luxus und zur Verschwendung in ausreichendem Maß zur Verfügung blieben. Die direkte progressive Einkommensteuer würde die Wohlhabenden nach ihrer wirklichen Steuerkraft zu den Staatslasten heranziehen und die Überbürdung der Unbemittelten mit Steuern beseitigen.[625]

Ein gemäßigter Anhänger der progressiven Einkommensteuer war Karl Burkhart,[626] der die Degression der Progression vorzog, da nicht die Mehrbelastung der höheren, sondern die Minderbelastung der niedrigen Einkommen das Wesentliche sei.[627]

In den Schriften des Vereins für Socialpolitik wurden im Jahr 1877 zehn Gutachten publiziert, die im Wesentlichen denselben Standpunkt wie Neumann einnahmen. Die Autoren Bruch, Wolf, Meier, Reitzenstein, Heitz und Samter waren sich über die Zugrundelegung des Leistungsprinzips einig. Bis auf Heitz – der die Progression für den Staat nicht, dagegen für die Gemeinden zulassen wollte – akzeptierten alle die progressive Besteuerung und eine stärkere Besteuerung des fundierten Einkommens bzw. eine Kombination der Einkommensteuer mit einer Vermögensteuer.[628]

---

624 Hirth, Georg: Über Culturpolizei und Rechtsgleichheit. Zur Lösung der socialen Frage, in: Ders. (Hrsg.): Annalen des Deutschen Reiches für Gesetzgebung, Verwaltung und Statistik, Leipzig 1873, S. 848 f.

625 Ebd., S. 851 f.

626 Burkhart, Karl: Die bestehenden Einkommensteuern. Eine vergleichende Darstellung, im Auftrage des deutschen Steuer-Reformvereins bearbeitet, Leipzig 1875.

627 Meyer, Robert: Die Prinzipien der gerechten Besteuerung, S. 149.

628 Ebd., S. 150.

7.1.6 Der Einfluss der sozialpolitischen Bewegungen auf steuerpolitische Ideale

7.1.6.1 Der proletarische Sozialismus

Nach dem Ende der Märzrevolution von 1848 und der Aufhebung der Pressezensur brachte der junge Karl Marx als Redakteur der Neuen Rheinischen Zeitung seine Ablehnung des Staates und der politischen Institutionen auf den Punkt: „Von dem heutigen Tag an sind die Steuern aufgehoben!!! Die Steuerzahlung ist Hochverrat, die Steuerverweigerung erste Pflicht des Bürgers!“[629] Diese radikale Steuerverweigerungskampagne hielt Marx und Friedrich Engels jedoch nicht davon ab, ein praktisches Steuerprogramm zu entwerfen. Im „Kommunistischen Manifest“ von 1848 wurde eine „starke Progressionssteuer“ genannt, die allmählich bis zur Enteignung gesteigert werden sollte, um „der Bourgeoisie nach und nach alles Kapital zu entreißen.“[630] Unabhängig davon konzentrierten sich Marx und Engels auf die wissenschaftliche Kritik der indirekten Steuern, was Ferdinand Lassalle in seiner Kammergerichtsrede von 1863 zu heftigen Anklagen gegen die indirekten Steuern führte.[631] Lassalle trug alle wirkungsvollen Beweisgründe zusammen, um die verheerende Wirkung der indirekten Steuern zu beweisen. Er bediente sich dabei eines Kunstgriffes, denn er zählte auch die Grund- und die Gewerbesteuer zu den indirekten Steuern und konnte damit behaupten, dass der Hauptteil der indirekten Steuern nicht nur von den ärmeren Klassen getragen werde, sondern jemanden umso stärker treffe, je ärmer er sei.[632]

Das neue Ideal fand in den Forderungen des Eisenacher Programms der Sozialdemokratischen Arbeiterpartei 1869 unter III. Nr. 9 seinen Niederschlag: „Abschaffung aller indirekten Steuern und Einführung einer einzigen Einkommensteuer und Erbschaftsteuer“.[633] Nachdem im Gothaer Programm von 1875 die Erbschaftsteuer

629 Marx, Karl: An das preußische Volk, Beilage der Neuen Rheinischen Zeitung Nr. 145 vom 17.11.1848.

630 Marx, Karl/Engels, Friedrich: Das kommunistische Manifest, (1847/48), 8. Aufl., Berlin 1918, S. 44 f.

631 Lassalle, Ferdinand: Die indirekte Steuer und die Lage der arbeitenden Klassen. Eine Verteidigungsrede vor dem königlichen Kammergericht zu Berlin gegen die Anklage, die besitzlosen Klassen zum Haß und zur Verachtung gegen die Besitzenden öffentlich angereizt zu haben, in: Ders.: Gesammelte Reden und Schriften, Bd. 2, Berlin 1893, S. 241–389.

632 Ebd., S. 302.

633 Sozialdemokratische Arbeiterpartei: Das Eisenacher Programm der Sozialdemokratischen Arbeiterpartei vom 08.08.1869, in: Treue, Wolfgang (Hrsg.): Deutsche Parteiprogramme seit 1861, Quellensammlung zur Kulturgeschichte, Bd. 3, 4. Aufl., Zürich/

entfernt und als Ersatz der indirekten Steuern nur eine einzige progressive Einkommensteuer dienen sollte, forderte die Sozialdemokratische Partei Deutschlands im Erfurter Programm von 1891 unter Nr. 9 eine stufenweise steigende Einkommens-, Vermögens- und Erbschaftsteuer, und außerdem die „Abschaffung aller indirekten Steuern, Zölle und sonstigen wirtschaftspolitischen Maßnahmen, welche die Interessen der Allgemeinheit den Interessen einer bevorzugten Minderheit opfern."[634]

7.1.6.2 Die bürgerliche Sozialreform

In der zweiten Hälfte des 19. Jahrhunderts eskalierten die sozialen Spannungen in der Bevölkerung. Der freie Wettbewerb und die industrielle Revolution hatten eine herausragende Entwicklung der Wirtschaftskräfte verursacht, aber gleichzeitig zu sozialen Spannungen geführt.

Sowohl die Sozialdemokratische Arbeiterpartei als auch die christlich-soziale Arbeiterpartei traten für eine grundlegende Steuerpolitik ein, in der die sozialen Belange eine gewichtige Rolle spielen sollten.[635] Sozialpolitik sollte fortan nicht nur im Geben, sondern auch im Nehmen vollzogen werden. Dabei bewegten sich die Steuerreformen in dreifacher Richtung:[636] Die direkten Steuern wurden erstens mit Vergünstigungen für die ärmeren Volksschichten ausgestattet. Ein Teil der steuerlichen Lasten wurde zweitens von den indirekten auf die direkten Steuern übertragen, um die Wirtschaftsschwachen zu entlasten. Und drittens sollte die Steuer nicht nur ein fiskalisches Hilfsmittel sein, sondern auch als Regulator der Wohlstandsverhältnisse eingesetzt werden und als Hebel der Gesellschaftsreform dienen. Das dritte Verfahren bedeutete einen offenen Bruch mit der naturrechtlich-liberalen Überlieferung.

Berlin/Frankfurt am Main, S. 69–71; https://www.marxists.org/deutsch/geschichte/deutsch/spd/1869/eisenach.htm (letzter Zugriff: 28.02.2017).

634 Sozialdemokratische Partei Deutschlands: Das Erfurter Programm der Sozialdemokratischen Partei Deutschlands vom 21.10.1891, in: Mommsen, Wilhelm (Hrsg.): Deutsches Handbuch der Politik, Bd. 1: Deutsche Parteiprogramme, 2. Aufl., München 1960, S. 349–353. www.marxists.org/deutsch/ geschichte/ deutsch /spd/1891/erfurt.htm. (letzter Zugriff: 28.02.2017).

635 Sozialdemokratische Arbeiterpartei: Das Eisenacher Programm, S. 69 f.; Christlich-Soziale Arbeiterpartei: Das Programm der Christlich-Sozialen Arbeiterpartei vom Januar 1878, in: Treue, Wolfgang (Hrsg.): Deutsche Parteiprogramme seit 1861 (Quellensammlung zur Kulturgeschichte 3), 4. Aufl., Zürich/Berlin/Frankfurt am Main 1968, S. 77–79.

636 Mann, Fritz Karl: Steuerpolitische Ideale, S. 305 f.

7.1.7 Die Besteuerung als Instrument einer gezielten Einkommens- und Vermögensumverteilung

7.1.7.1 Die Wohlstandskorrektur als gesellschaftspolitisches Ziel

Adolph Wagner veranlassten die sozialen Spannungen dazu, der Besteuerung neben der rein finanziellen auch eine sozialpolitische Aufgabe zuzuschreiben, um bei der im freien Wettbewerb entstandenen Einkommens- und Vermögensverteilung korrigierend einzugreifen.[637] Wie kaum ein anderer zeitgenössischer Nationalökonom forderte er zur praktischen Verwirklichung der beiden Postulate der Gerechtigkeit – Allgemeinheit und Gleichmäßigkeit – auf Veränderungen der Arbeitsteilung und der Technik der Produktion Rücksicht zu nehmen: „Die Besteuerung hat sich demgemäss immer zu verändern, um gerecht zu werden oder zu bleiben."[638]

Für Wagner war der Steuerbegriff ein doppelter, je nach dem möglichen Doppelzweck der Steuer.[639] Zum einen waren nach ihm Steuern im rein finanziellen Sinn diejenigen Auflagen und Abgaben, welche als Zwangsbeiträge von Einzelwirtschaften zur Deckung der allgemeinen öffentlichen Ausgaben in einseitig bestimmter Weise und Höhe nach allgemeinen Grundsätzen und Maßstäben eingefordert wurden. Zum anderen waren Steuern im „socialpolitischen" Sinn diejenigen Auflagen und Abgaben, welche zugleich oder allein dem Zwecke dienten, in die Verteilung des Volkseinkommens und Volksvermögens und eventuell weiter in die Verwendung des Einzeleinkommens und Vermögens regulierend und verändernd einzugreifen.[640]

Wagner begründete seinen doppelten Steuerbegriff damit, dass dieser als Realbegriff allen geschichtlichen Tatsachen der Besteuerung gerecht werden und auf alle Arten und Formen der Steuern passen müsse.[641] Der Grund der Steuer war nach Wagner vorhanden, wenn eine der beiden oder beide Zwecke der Steuer vorlagen, d. h., wenn die Steuer als „rein finanzielle" Maßregel zur Deckung des Finanzbedarfs oder als „socialpolitische" Maßregel zur Regulierung der bestehenden Verteilung

637 Wagner, Adolph: Finanzwissenschaft 2. Teil, S. 383.

638 Ebd., S. 387.

639 Nach Schulz ist Wagners Staatsauffassung für dessen Finanzwissenschaft von fundamentaler Bedeutung: „Indem Wagner den Machtstaat um die Funktion von Kultur- und Wohlfahrtsausgaben erweitert, bewirkt er die Bildung einer eigenen staatlichen Finanzwirtschaftslehre. Der ‚Sinn' der Besteuerung ist bei Wagner dann nicht mehr rein fiskalisch zu bestimmen." Vgl. Schulz, Frank: Zur Dogmengeschichte der funktionalen Finanzwirtschaftslehre. Eine literaturgeschichtliche Untersuchung zur Entwicklung der „funktional finance" vom Merkantilismus bis zur „neuen Wirtschaftslehre", Berlin 1987, S. 116.

640 Wagner, Adolph: Lehr- und Handbuch der politischen Oekonomie, S. 210.

641 Ebd., S. 213.

von Einkommen und Vermögen und der Verwendung von beiden erforderlich war oder für erforderlich galt.[642]

Mit dieser Definition und Begründung der Steuer verwies Wagner darauf, dass bis über die Mitte des 19. Jahrhunderts hinaus vielfach andere Begründungen für die Steuer vertreten worden waren. So wurde die Steuerpflicht auf die Vorteile im Staatsverband und auf den Schutz des Staates für Person und Eigentum zurückgeführt; es wurden eine „Genusstheorie“ und eine „Assekuranztheorie“ zur Begründung von Besteuerungsrecht und Steuerpflicht gebildet und dabei auch die Steuer als eine Art „Tausch“ oder als eine Art „Preis“ aufgefasst: ein „Tausch“ zwischen der Steuer als Leistung und der dem Einzelnen zugutekommenden öffentlichen Leistungen als Gegenleistung und der Steuer als „Preis“, welcher für den Genuss dieser Leistungen bezahlt wird. Wagner rügte diese Theorien, da diese übersähen, dass „Genüsse“, „Vortheile“, für den Einzelnen gar nicht immer vorhanden seien und eine Steuerverteilung an der Durchführung scheiterte, da diese „Vortheile“ sich jeder Schätzung entzögen. Wagner bezeichnete diese daher als „Verallgemeinerung des Gebührenprincips“.[643]

Die Frage, was gerechte Besteuerung ist und wie man weitgehend in die entstandenen Einkommens- und Vermögensverhältnisse korrigierend eingreifen könne, hat Wagner wie folgt beantwortet: Steuergerechtigkeit ist nichts Absolutes, sondern etwas zeitlich und örtlich Relatives, das durch die Kultur des Volkes bedingt ist. So standen z. B. die ehemaligen ständischen Steuerfreiheiten und Privilegien im Einklang mit den gesamten Rechtsverhältnissen der damaligen Zeit.[644] Da die Gerechtigkeitsidee und die Rechtsanschauungen über die Steuerverteilung einem ständigen Wechsel unterworfen sind, kann es nach Wagner keinen endgültigen Abschluss dieser Entwicklung geben.[645] Das Urteil darüber, was „gerechte“ Besteuerung ist, wird wesentlich an der Beurteilung der bestehenden Einkommens- und Vermögensverteilung gemessen. Derjenige, der die bestehende Einkommens- und Vermögensverteilung als gegebene Tatsache hinnimmt, wird den Zweck der Besteuerung in der Deckung des Finanzbedarfs sehen und einen „socialpolitischen“ Zweck der Besteuerung zurückweisen. Entsprechend wird die „Allgemeinheit“ wörtlich genommen, und die „Gleichmäßigkeit“ wird als „gleiche Verhältnismäßigkeit der Steuer zum Einkommen“ aufgefasst, mit der Folge, dass eine „proportionale“ Besteuerung akzeptiert und eine „progressive“ Besteuerung abgewiesen wird.

642 Ebd., S. 216.

643 Ebd., S. 217 f.

644 Ebd., S. 379 f.

645 Ebd., S. 475 f.

Diese, in der individualistischen Zeitepoche unterstellte Prämisse wurde jedoch von Wagner nicht als richtig anerkannt. Ein solches „noli me tangere" war für ihn in dieser prinzipiellen Allgemeinheit unrichtig. Neben der rein finanziellen Betrachtung müsse noch der sozialpolitische Bezug hergestellt werden, denn dieser greife korrigierend in die entstandene Einkommens- und Vermögensverteilung ein. Die Konsequenz hieraus sei, dass die Allgemeinheit nicht wörtlich genommen werden dürfe, sondern es gerechtfertigt sei, dass die „kleinen Leute" ökonomisch entlastet und relativ geringer als die Wohlhabenderen besteuert würden. Die Gleichmäßigkeit verstand er damit als „Besteuerung möglichst im Verhältniss zu der in stärkerer Progression als das absolute Einkommen (und Vermögen) steigenden wirthschaftlichen Leistungsfähigkeit". Damit ergab sich die prinzipielle Forderung nach der progressiven Besteuerung des höheren Einkommens, ferner einer höheren Besteuerung des fundierten Einkommens als des Arbeitseinkommens. Ein weiteres Streben nach Gerechtigkeit sah er in ergänzenden Luxussteuern und der Einführung von solchen Steuern, mittelst derer die Extrabesteuerung von zufälligen, „unverdienten", aus „Conjuncturengewinnen" etc. herrührenden Erwerben durchgeführt werden sollten.[646]

Die fortschreitende Entwicklung der Arbeitsteilung und in der Produktionstechnik erfordere eine ständige Veränderung der Besteuerung, um gerecht zu bleiben. Je einfacher die Wirtschaftsverhältnisse seien, desto einfacher könne auch die Besteuerung sein, ohne gegen die Grundsätze Allgemeinheit und Gleichmäßigkeit wesentlich zu verstoßen. Mit der Auflösung der alten Wirtschaftsverhältnisse und der Entwicklung der Produktionstechnik sei alles anders geworden; unverändert bleibende, einfache Steuern würden nun immer ungerechter. Neben der einfachen Grundsteuer sei eine Reihe von direkten und indirekten Steuern notwendig, um das Einkommen anderer Klassen als der Grundeigentümer und Bauern zu treffen.

> Das verlangt auch die Gerechtigkeit, denn jetzt zersplittert sich das Nationaleinkommen in immer mehr verschiedenartige Einzeleinkommen, es differenzirt sich qualitativ und quantitativ stärker, und dem muss sich die Besteuerung durch entsprechende Specialisirung anpassen.[647]

Je weiter diese ökonomische und technische Entwicklung fortschreite, desto mannigfaltiger und wechselnder müsse die Besteuerung werden, um die beiden Postulate der Gerechtigkeit zu erfüllen.[648]

646 Ebd., S. 385.

647 Ebd., S. 388.

648 Ebd., S. 388.

Die von Wagner vertretenen sozialpolitischen Besteuerungsideale wurden auch von Friedrich Wilhelm Hans von Scheel und dem deutschen Publizisten Constantin Frantz unterstützt, die für eine Regulierung der Wohlstandsverhältnisse plädierten. Von Scheel sprach dem Staat die Aufgabe zu, die vorhandenen sozialen Ungleichheiten durch eine gezielte Steuerpolitik zu verringern.[649]

Constantin Frantz erkannte ausdrücklich die freie Marktwirtschaft an, sah jedoch im Steuerwesen eine besondere ethische und sozialpolitische Funktion, die dem Staat die Möglichkeit gebe, Ungerechtigkeiten in der Verteilung von Einkommen und Vermögen abzumildern. Frantz ging so weit, sowohl bei der Einkommensteuer als auch bei der Erbschaftsteuer eine Progression zu empfehlen, die bis ins Unbestimmte ging.[650]

Der überwiegende Teil der zeitgenössischen Wissenschaftler – wie Friedrich Julius Neumann, Karl Friedrich von Schall, Wilhelm Vocke und Albert Schäffle – stand der Umverteilung von Einkommen und Vermögen ablehnend gegenüber. Als wesentliche Momente dieser ablehnenden Meinungen wurde von ihnen die mangelnde Vereinbarkeit mit dem Leistungsprinzip und die Gefahr einer nicht mehr zu kontrollierenden Willkür genannt.[651]

Für Robert Meyer war die Idee der sozialen Reform aus den geschichtlichen Umständen heraus entstanden, doch war sie nicht der logische Grund, nicht die notwendige Voraussetzung der Anerkennung dieses Prinzips. Er führte aus, dass die Anhänger der sozialpolitischen Reform sich darüber einig seien, dass durch eine solche Einrichtung die Besteuerung nur ein kleiner Teil der als sozialpolitisch notwendig anerkannten Ausgleichung erreicht werden könne.[652]

Unabhängig davon ergab sich, dass die Anerkennung der Notwendigkeit und Gerechtigkeit einer sozialpolitischen Funktion der Besteuerung nicht im Wi-

---

649 Scheel, Friedrich Wilhelm Hans von: Die progressive Besteuerung, S. 289 ff.

650 „Wir wollen die Progression buchstäblich genommen wissen, so daß mit dem steigenden Einkommen auch fortwährend der Steuerfuß wächst, in indefinitum"; vgl. Frantz, Constantin: Die sociale Steuerreform als die conditio sine qua non, wenn der socialen Revolution vorgebeugt werden soll, Mainz 1881, ND Aalen 1972, Vorwort, S. 45–51 und S. 69.

651 „Ihr die Pflicht zuzuschreiben, sociale Uebelstände zu beseitigen, heißt jedenfalls durchaus Fremdartiges in sie hineinzutragen"; vgl. Neumann, Friedrich Julius: Die progressive Einkommensteuer, S. 99; Schall, Karl Friedrich von: Allgemeine Steuerlehre, in: Schönberg, Gustav von (Hrsg.): Handbuch der Politischen Oekonomie, Finanzwissenschaft und Verwaltungslehre Bd. 3, 1. Halbband, 4. Aufl., Tübingen 1897, S. 151–246, S. 151; Vocke, Wilhelm: Die Abgaben, Auflagen und die Steuer vom Standpunkte der Geschichte und der Sittlichkeit, Stuttgart 1887, ND Frankfurt am Main 1970, S. 42 f. Zur Auffassung von Albert Schäffle vgl. die Ausführungen in Kapitel 7.1.3.

652 Meyer, Robert: Die Prinzipien der gerechten Besteuerung, S. 406 f.

derspruch stünden zu der Anerkennung des Prinzips der Besteuerung nach der Leistungsfähigkeit. Die Prinzipien der Gerechtigkeit gäben dem finanziellen wie dem sozialpolitischen Zweck der Besteuerung gegenüber die Grenze an, innerhalb derer die Durchführung des staatlichen Interesses gestattet sei.[653] So seien z. B. die Steuerfreiheit oder die Steuerbegünstigung gewisser, aus sozialpolitischen Gründen zu fordernder Maßnahmen Ausfluss dieser Prinzipien der Gerechtigkeit.

Zeitgenössische Wissenschaftler sahen in den verteilungspolitischen Zielen der von Wagner empfohlenen Steuerpolitik eine große Gefahr, da eine Umverteilung von Einkommen und Vermögen regelmäßig zur Folge hätte, dass der unternehmerische Antrieb gehemmt würde und damit der Volkswirtschaft erhebliche wertschöpfende Maßnahmen verloren gingen. Viele Wissenschaftler hatten nichts gegen eine Verwendung von Steuergeldern für die Durchführung bestimmter sozialpolitischer Maßnahmen, trotzdem konnten sie sich mit einer außerfiskalischen Besteuerungspolitik nicht anfreunden.[654]

Obwohl Wagners Lehre von der sozialen Funktion der Besteuerung von der Wissenschaft und Praxis überwiegend abgelehnt worden war,[655] drang sie doch schrittweise in die Steuerpolitik aller fortgeschrittenen Länder ein. Auch im Schrifttum wurde die Notwendigkeit sozialreformerischer Steuerwirkungen immer weniger bestritten.[656] In der deutschen Finanzpolitik fand eine Neuorientierung statt; denn eine Steuerpolitik, die der Gesellschaftsreform dienen sollte, konnte nicht mehr ausschließlich finanzwirtschaftliche und volkswirtschaftliche Ziele verfolgen, sondern benötigte ein breiteres Fundament. Immer mehr wurde die Steuerpolitik als Mittel zur sozialethischen Ausrichtung der Gesellschaftsverfassung betrachtet.[657]

7.1.7.2 Die Besteuerungsgrundsätze nach Adolph Wagner

Adolph Wagner war im deutschen Sprachraum der erste Finanzwissenschaftler, der ein umfassendes System von Besteuerungsgrundsätzen auf der Basis des von ihm

653 Ebd., S. 407.

654 Während bei Constantin Frantz, Adolf Held und Hans von Scheel noch positive Bemerkungen zu verzeichnen waren, blieb die Mehrzahl der Autoren negativ gegenüber der sozialen Funktion der Besteuerung eingestellt; vgl. Frantz, Constantin: Die sociale Steuerreform, S. 47 ff.; Held, Adolf: Die Einkommensteuer, S. 111; Scheel, Friedrich Wilhelm Hans von: Die progressive Besteurung, S. 273 ff.; Neumann, Friedrich Julius: Die progressive Einkommensteuer, S. 99; Schulz, Frank: Zur Dogmengeschichte, S. 122 f.

655 Mann, Fritz Karl: Steuerpolitische Ideale, S. 322.

656 Ebd., S. 322.

657 Ebd., S. 322 f.

definierten Steuerrechtsbegriffs entwickelte. Ihm war klar, dass solche Grundsätze nicht absolut und unveränderlich sind, denn viele der Besteuerungspostulate sind

> wesentlich zeitlich- und örtlich-relativer Art, sie hängen mit den gegebenen Cultur-, Wirthschafts- und technischen Verhältnissen, mit den jeweiligen Volksanschauungen und mit dem Zustande des Rechtsbewusstseins und des öffentlichen Rechts zusammen [...], sie sind nicht rein logische, sondern historische Kategorieen.[658]

Wagner wollte mit seinen Grundsätzen das Ziel vorgeben, dem man sich in der Praxis möglichst nähern sollte. Er teilte die obersten Grundsätze der Besteuerung in insgesamt vier Gruppen mit weiterer Unterteilung ein: finanzpolitische Prinzipien, volkswirtschaftliche Prinzipien, Prinzipien der Gerechtigkeit oder der gerechten Steuerverteilung und Steuerverwaltungsprinzipien.

Die finanzpolitischen Prinzipien stellte Wagner an die Spitze, namentlich auch vor die Prinzipien der Gerechtigkeit, mit denen sich die Finanzwissenschaft – neben den Steuerverwaltungsprinzipien von Adam Smith – bis dahin überwiegend beschäftigt hatte. Die volkwirtschaftlichen Steuerprinzipien beziehen sich auch auf das Problem richtiger Steuerverteilung, betreffen aber außerdem die Interessen der Gemeinschaft.

Die beiden Prinzipien der Gerechtigkeit, die Allgemeinheit und die Gleichmäßigkeit der Besteuerung, waren nach Wagner zeitlich und örtlich veränderlich, nähmen jedoch im Zeitalter persönlicher Freiheit und politischer Gleichheit die Natur von Axiomen ein, die mit dem Begriff der persönlichen Freiheit und Gleichheit gegeben seien.[659]

7.1.7.2.1 Die Allgemeinheit der Besteuerung

Den Grundsatz der Allgemeinheit der Besteuerung[660] sah Wagner darin, dass die Besteuerung eine allgemeine staatsbürgerliche Pflicht sei, welche zunächst den Personen als Staatsbürgern obliege. Bei der Durchführung des Prinzips der Allgemeinheit müsse vielfach über den Kreis von physischen Personen hinausgegangen werden, um gerecht zu sein, und z.B. auch auf juristische Personen zugegriffen werden. Andererseits seien auch Einschränkungen der Besteuerung von natürlichen Personen notwendig, teils aus politischen und wirtschaftlichen Gründen oder aus steuertechnischen Rücksichten, oft aber auch um der Gerechtigkeit willen. Insbesondere könnten sozialpolitische Gründe zu Einschränkungen der Allgemeinheit

658 Wagner, Adolph: Finanzwissenschaft 2. Teil, S. 299.
659 Ebd., S. 304 f.
660 Ebd., S. 389–428.

der Besteuerung führen, so zu einer Steuerfreiheit für die unteren, nichtbesitzenden Klassen u. a. im Interesse einer ökonomischen Schonung dieser Menschen.[661]

An der Steuerfreiheit des sogenannten Existenzminimums lasse sich gut die Notwendigkeit die Unterscheidung der beiden Steuergesichtspunkte, des rein finanziellen und des sozialpolitischen, zeigen; denn aus Rücksicht auf die geringe ökonomische Leistungsfähigkeit dürfen die kleinen Einkommen steuerfrei sein, und es erscheint auch als gerecht, die eigentlich Armen durch die Aufhebung von Steuern auf notwendige Lebensmittel zu entlasten.[662]

Eine annähernde Verwirklichung der „Allgemeinheit“ könne nicht mit einer einzigen, wie immer denkbaren Steuer, sondern nur durch eine Kombination verschiedener Steuern in einem einheitlichen Steuersystem erreicht werden, das sich aufgrund der Beweglichkeit der Volkswirtschaft immer wieder anpassen und verändern müsse. Zur Durchführung dieses Postulats – wie auch der Gleichmäßigkeit – ist nach Wagner eine Kombination von Ertrags-, insbesondere Realsteuern, mit Personal-, Einkommen- und Verbrauchsteuern zweckmäßig und geboten.

7.1.7.2.2 Die Gleichmäßigkeit der Besteuerung

Die Gleichmäßigkeit der Besteuerung im Sinne einer gleichmäßigen Verteilung der Steuerlast unter den einzelnen Steuerpflichtigen folge nach Wagner als Rechtsgrundsatz aus dem Prinzip der staatsbürgerlichen Freiheit und Gleichheit. Was ist und worin besteht die Gleichmäßigkeit?[663]

Bei dem Prinzip der Besteuerung nach Leistung und Gegenleistung – das man auch das privatwirtschaftliche Besteuerungsprinzip nennen kann – hält man sich an die Beziehungen zwischen dem Besteuerten und dem Staat und versucht, die Besteuerung so zu verteilen, dass sich Leistung und Gegenleistung – wenn nicht nach Wertmaßstäben, so doch proportional – in gleicher Höhe bemessen. Die Bemessung erfolgt entweder am Gegenwert, den der Besteuerte an den öffentlichen Leistungen des Staates genießt – „Genusstheorie“ oder „Genussprinzip“ – oder am Kostenaufwand des Staates, den dieser verwendet, um den „Genuss von Leben und Eigentum“ des Besteuerten zu sichern – „Assekuranztheorie“ oder „Assekuranzprinzip“. Dieses privatwirtschaftliche Prinzip findet sich heute noch vielfach in dem System von Gebühren und Beiträgen.

Mit der wachsenden Ausdehnung der öffentlichen Tätigkeiten, der damit verbundenen Anerkennung der öffentlichen Leistungen des Staates und der Entwicklung des technischen, wirtschaftlichen und kulturellen Fortschritts rückte die

661 Ebd., 392 f.

662 Ebd., S. 405.

663 Ebd., S. 428 ff.

Besteuerung nach der wirtschaftlichen Leistungsfähigkeit des Besteuerten immer mehr in den Vordergrund.

Die Begründung hierfür liegt in der Natur des Staates und in dem Verhältnis des Besteuerten zu diesem Staat. Daraus ergibt sich die Besteuerung nicht als Gegenleistung für Genüsse oder Vorteile, sondern als eine notwendige Pflicht des Besteuerten zur Erfüllung der Existenzbedingungen des Staates, dem er angehört. Der Maßstab der Steuerverteilung wird in der wirtschaftlichen Leistungsfähigkeit jedes Steuerpflichtigen als Glied einer Gemeinschaft gefunden, das gleiche verhältnismäßige „Opfer" an wirtschaftlichen Gütern zu tragen hat. Dieses Prinzip kann man das staatswirtschaftliche Steuerprinzip nennen, und man spricht auch von dem „Opferprinzip" oder einer „Opfertheorie".

Nach Wagner liegt die wirtschaftliche Leistungsfähigkeit einer Person in zwei „Momenten", die einerseits den Erwerb und Besitz von Sachgütern und andererseits die Verwendung dieser Güter zur Bedürfnisbefriedigung betreffen.[664] Das erste „Moment" ist der Normalfall des Erwerbs, der Einkommensbezug, der in die drei Kategorien Arbeits-, Renten- und gewerbliches Einkommen zerfällt. Das zweite „Moment" betrifft die Verschiedenheit der Lasten und Verpflichtungen, die auf dem Steuerpflichtigen liegen und die „Steuerfähigkeit" beeinflussen. Vor allem in den Familienverhältnissen liegt regelmäßig der wichtigste Umstand, der das Einkommen mindert oder den notwendigen Bedarf erhöht. Für die Durchführung des Grundsatzes der gleichmäßigen Besteuerung nach der Leistungsfähigkeit ist daraus abzuleiten, dass die Besteuerung abhängig von der Höhe des freien Einkommens sein muss und auf die „Steuerfähigkeit" – die Belastung dieses Einkommens – angemessene Rücksicht zu nehmen ist.[665]

7.1.7.2.3 Die Übereinstimmung des Steuersystems mit den Steuerprinzipien

Aus der geschichtlichen Entwicklung ist zu entnehmen, dass eine einzige wie auch immer geartete Steuer nicht dazu geeignet ist, den Bedarf eines entwickelten Staates zu decken. Gerade eine Mehrheit und eine Verschiedenartigkeit der Steuern ist eine notwendige Folge der Entwicklung des öffentlichen Bedarfs. Wagner forderte daher eine Kombination von Steuern, „welche die Deckung des Bedarfs unter gleichzeitiger möglichster Berücksichtigung aller oberster Besteuerungsgrundsätze sichert".[666]

Dieses Steuersystem müsse zunächst den finanzpolitischen Grundsätzen entsprechen; es müsse ausreichend und beweglich sein. In zweiter Linie müsse die Besteu-

---

664 Ebd., S. 444.

665 Ebd., S. 447.

666 Ebd., S. 475.

erung die richtige volks- und einzelwirtschaftliche Steuerquelle treffen und dafür sorgen, dass diese nicht mehr als unvermeidlich beeinträchtigt und die Verteilung des Produktionsertrages nicht in volkswirtschaftlich nachteiliger Weise beeinflusst würde. Erst danach – so Wagner – könne der Ausbau des Steuersystems nach der Richtschnur angegangen werden, welche die Gerechtigkeitsprinzipien vorgeben, zumal diese auch von hohem volkswirtschaftlichen Interesse sind, da sie nicht in sich widersprechender Weise in die Verteilung des Volkseinkommens eingreifen dürften.[667] Die Postulate, dass die Besteuerung möglichst bestimmt, bequem und mit möglichst kleinen Erhebungskosten verbunden sein soll, stünden im Rang der leitenden Prinzipien an letzter Stelle.

Die Übereinstimmung des Steuersystems mit den Steuerprinzipien ist nach Wagner „etwas Organisches, sich stetig Fortbildendes, das, wie der öffentliche Bedarf und das Wirthschaftsleben selbst, daher auch niemals einen endgültigen Abschluss seiner Entwicklung erreichen kann".[668]

7.2 Die Steuerreformen in den deutschen Staaten und im Deutschen Reich

7.2.1 Zur Finanzverfassung im Deutschen Reich

In der Verfassung des zum 1. Januar 1871 ins Leben getretenen Deutschen Reiches war auch der finanzpolitische Föderalismus geregelt. Zur Wahrnehmung der Aufgaben, die dem Reich oblagen – das waren in erster Linie die Pflege der auswärtigen Beziehungen und die Landesverteidigung –, standen der Reichsregierung die Zolleinnahmen, ein Teil der indirekten Steuern und die Überschüsse aus dem Post- und Telegrafenwesen und der Eisenbahn in Elsass-Lothringen zu. Die Bundesländer und die Gemeinden konnten ihren Finanzbedarf vorwiegend durch das Erheben direkter Steuern decken. Die Reichsregierung hatte bei erhöhtem Finanzbedarf Anspruch auf Matrikularbeiträge der Einzelstaaten, woraus jedoch im Laufe der Jahre Probleme erwuchsen.[669]

Die Matrikularbeiträge, aus der Zeit des Norddeutschen Bundes übernommen, waren auch im Finanzsystem des Deutschen Reiches lediglich als Hilfsleistung und deshalb als zweitrangig gedacht. Die Beiträge waren von Jahr zu Jahr zu beantragen

667 Ebd., S. 484 f.

668 Ebd., S. 476.

669 Sahm, Reiner: 5000 Jahre Steuern, S. 242.

und zu gewähren. Das war eine Einnahmequelle für das Reich, die sich für die Haushaltsgestaltung als unstet und für die Bundesländer als Belastung erwies; denn die Beiträge wurden nach der Einwohnerzahl errechnet und nicht nach der ökonomischen Leistungsfähigkeit der Bundesländer, sodass die Belastungen in den wirtschaftlich schwachen Ländern als ungerecht angesehen wurden.[670]

Otto von Bismarck sprach sich in einer Rede vor dem Reichstag am 22. November 1875 gegen das Fortbestehen dieser Beiträge aus und machte seine steuerpolitischen Ambitionen[671] wie folgt deutlich:

> Ich erkläre mich von Haus aus für indirekte Steuern und halte die direkten für einen harten und plumpen Notbehelf nach Ähnlichkeit der Matrikularbeiträge, mit alleiniger Ausnahme, ich möchte sagen, einer Anstandssteuer, die ich von den direkten immer aufrecht erhalten würde, das ist die Einkommensteuer der reichen Leute, aber wohlverstanden nur der wirklich reichen Leute. Das Ideal[,] nach dem ich strebe, ist möglichst ausschließlich durch indirekte Steuern den Staatsbedarf aufzubringen.[672]

Obwohl sich immer deutlicher abzeichnete, dass die Einnahmen des Reiches nicht mehr ausreichten, um die wachsenden Ausgaben abzudecken, kam noch keine Reichssteuerreform im Bismarck'schen Sinne zustande. Zwischen 1872 und 1877 wurden im Reichstag und im Bundesrat immer wieder direkte und indirekte Steuern vorgeschlagen, die aber aus vielerlei Gründen keine Mehrheit fanden. Dabei handelte es sich um eine Börsen-, Gewerbe- und Stempelsteuer ebenso wie um eine progressive Einkommensteuer. Dagegen hatten sich die Bundesstaaten zur Wehr gesetzt, weil sie befürchteten, dass ihnen der betreffende Anteil entgehen könnte. Gleiches widerfuhr den Steuervorschlägen für Tabak, Rübenzucker, Branntwein und Petroleum. Ebenso kamen aus dem Reichstag Widerstände, dessen parteipolitische Zusammensetzung die Vorhaben nicht begünstigte. Als Ziel bezeichnete Otto von Bismarck später im Reichstag, dass das Reich aus einem „lästigen Kostgänger" der Bundesstaaten, aus „dem mahnenden Gläubiger", zu einem „freigebigen Versorger" werden solle.[673]

---

670 Ebd., S. 244.

671 Die Reformversuche Ottos von Bismarck waren getragen von dem Bestreben, die Steuerlast von der direkten auf die indirekten Steuern überzuwälzen. Vgl. hierzu Thier, Andreas: Steuergesetzgebung und Verfassung in der konstitutionellen Monarchie. Staatsteuerreformen in Preußen 1871–1893 (Studien zur Europäischen Rechtsgeschichte 119), Frankfurt am Main 1999, S. 129.

672 Zitiert nach Blum, Hans: Das Deutsche Reich zur Zeit Bismarcks. Politische Geschichte von 1871 bis 1890, Leipzig/Wien 1893, S. 172.

673 Ebd., S. 307; Sahm, Reiner: 5000 Jahre Steuern, S. 247.

Es wirft ein Schlaglicht auf die strukturellen Probleme der Reichsfinanzen, dass sich der Zentralstaat im Rahmen des Finanzföderalismus in wachsendem Umfang verschulden musste, um seine Ausgaben zu finanzieren. Heer und Marine, aber auch Post- und Telegrafenverwaltung benötigten große Summen. Die Reichsschuld vervierfachte sich von 1887 bis 1897, verdoppelte sich noch einmal bis 1913 auf gut 4,9 Mrd. Mark. Insgesamt verdreihundertfachte sich die Reichsschuld zwischen 1877 und 1914.[674]

7.2.2 Steuergesetzgebung und Staatsfinanzen in Preußen

7.2.2.1 Der Steuerreformprozess ab 1871

Im Gegensatz zu den Problemen, die sich aus den großen Haushaltslücken beim Deutschen Reich ergaben, konnte der preußische König in der Zeit zwischen 1871 und 1893 aufgrund einer ausgesprochenen günstigen Entwicklung handeln. Die französischen Kriegs-Reparationen sowie der wirtschaftliche Aufschwung („Gründerboom“) bescherten dem preußischen Finanzminister volle Kassen.[675]

Die Probleme, mit denen sich der preußische Gesetzgeber konfrontiert sah, waren anderer Art: Zum einen war die preußische Steuerverfassung hoffnungslos veraltet, zum anderen war die Steuerlast extrem ungleich verteilt, was sich aus den sozialen Gegensätzen zwischen Grundbesitz und beweglichem Kapital im Rahmen des steuergesetzgebenden Willensprozesses ergeben hatte.[676] Durch die fundamentale Veränderung der Wirtschafts- und Sozialstrukturen, die durch die industrielle Revolution ausgelöst worden war, geriet die preußische Steuerverfassung in eine doppelte Schieflage:[677] Erstens waren die Einkünfte aus beweglichem Kapital gegenüber den Einkünften aus Grund-, Gebäudebesitz und Gewerbe privilegiert. Das Einkommen aus beweglichem Kapital unterlag nur einmal der Personalsteuer, hingegen waren die Grund- und Gebäudebesitzer sowie die Gewerbetreibenden

674 Ullmann, Hans-Peter: Der deutsche Steuerstaat, S. 63.

675 Spoerer, Mark: Steuerlast, S. 68.

676 Thier, Andreas: Steuergesetzgebung und Staatsfinanzen in Preußen 1871–1891, in: Lingelbach, Gerhard (Hrsg.): Staatsfinanzen – Staatsverschuldung – Staatsbankrotte in der europäischen Staaten- und Rechtsgeschichte, Köln/Weimar/Wien 2000, S. 311–313.

677 Ebd., S. 316–323 sowie Ders.: Die Gesetzgebungsverfassung der deutschen konstitutionellen Monarchie als bewegliches System: Preußische Steuergesetzgebung 1879–1893, in: Holtz, Bärbel/ Spenkuch, Hartwin (Hrsg.): Preußens Weg in die politische Moderne. Verfassung – Verwaltung – politische Kultur zwischen Reform und Reformblockade (Berlin-Brandenburgische Akademie der Wissenschaften, Berichte und Abhandlungen 7), Berlin 2001, S. 287 ff.

zusätzlich zu den Personalsteuern einer weiteren Steuer in Form der Grund-, Gebäude- oder Gewerbesteuer unterworfen. Zweitens privilegierte die Verteilung der Steuerlast innerhalb der Personalsteuern die hohen Einkommen, benachteiligte die mittleren Einkommen und überforderte die leistungsschwachen Steuerzahler.

Die preußische Personalsteuer bestand seit 1851[678] aus einer Klassensteuer bis zu einem Jahresseinkommen von 1.000 Talern und einer klassifizierten Einkommensteuer, die bei einem Jahreseinkommen über 1.000 Talern ansetzte. Die Tarifgestaltung war so angelegt, dass bei einem Jahreseinkommen im Umfang von 20.000 Talern eine Steuerquote von 3 Prozent zum Ansatz kam, bei 50.000 Talern wurden diese bei den Steuerpflichtigen lediglich mit 2,4 Prozent beschwert. Ein Steuerpflichtiger mit einem Jahreseinkommen von 1 Million Taler wurde lediglich mit 0,72 Prozent belastet. Während also die hohen Einkommen milde belastet wurden, trugen den größten Teil der Personalsteuerlast die mittelständischen Gewerbetreibenden sowie die mittlere und höhere Beamtenschaft. Ein nicht ganz kleiner Teil der klassensteuerpflichtigen preußischen Bevölkerung war kaum in der Lage, die Klassensteuer zu bezahlen. Von der Klassensteuerpflicht waren lediglich die Empfänger öffentlicher Armenhilfe freigestellt; ein Grundfreibetrag war nicht vorgesehen. Dazu kam der fiskalische Druck durch Zuschläge der preußischen Gemeinden zu den staatlichen Steuern, der die unteren Schichten zusätzlich traf. Diese erhöhten die effektive Belastung der leistungsschwachen Bevölkerung noch einmal drastisch.[679]

Eine weitere Ungleichbehandlung erfolgte dadurch, dass die Bezieher von hohen Einkommen zusätzlich begünstigt wurden, da das Veranlagungsverfahren durch die Schätzung lokaler Kommissionen und nicht durch die Abgabe einer Steuererklärung erfolgte. Während die Einkommen der Beamten relativ einfach zu ermitteln waren, standen den Kommissionen für die Einkünfte aus Grund- und Gebäudebesitz nur veraltete Kataster zur Verfügung. Bei den Einkünften aus beweglichem Kapital fehlte hingegen jede Kontrolle; eine realistische Einschätzung solcher Einnahmen war kaum möglich.[680]

Die veraltete preußische Steuerverfassung sowie die extreme ungleiche Verteilung der Steuerlast bargen erheblichen sozialen und politischen Sprengstoff, weshalb für die politisch Verantwortlichen Handlungsbedarf bestand. Politischer Konsens herrschte über die Notwendigkeit, die Steuerlast bei der einkommensschwachen Bevölkerung zu mindern, was dazu führte, die ausgesprochen unpopuläre Mahlsteuer mit Wirkung zum 1. Januar 1875 aufzuheben, und die bis dahin staatliche

678 Vgl. Kapitel 6.2.3.

679 Thier, Andreas: Steuergesetzgebung und Staatsfinanzen in Preußen 1871–1891, S. 323.

680 Ebd., S. 319.

Schlachtsteuer den Kommunen zu übertragen. Die seit 1667 bestehende, nur 1810/11 kurz unterbrochene Praxis, Stadt und Land mit unterschiedlichen Staatssteuern zu belasten, war damit beendet.[681]

Diejenigen Einwohner, die in den mahl- und schlachtsteuerpflichtigen Städten wohnten, und deren Jahreseinkommen unter 1.000 Taler betrug, hatten nun die Klassensteuer zu bezahlen.[682] Die Klassensteuer als auch die klassifizierte Einkommensteuer richtete sich nun nicht mehr nach äußerlichen Merkmalen, sondern nach dem Einkommen. Daneben wurde erstmals ein steuerfreies Existenzminimum in die Klassensteuer eingearbeitet und die Einkommensteuer, die bis dahin bei einem Jahreshöchstbetrag von 7.200 Talern endete, wurde so ausgestaltet, dass sie nach oben offen war. Diese Reform führte zu einer eindeutigen absoluten und relativen Besserstellung der unteren Schichten. Weiterhin wurden die sehr großen Einkommen im gewerblichen und im Dienstleistungssektor belastet, die vor der Reform durch die Veranlagung kaum betroffen waren.[683]

Ein zentrales Element der Steuerreformziele war der Ersatz der preußischen Personalsteuern durch Verbrauchsteuern. Diese sollten auf Reichsebene eingeführt werden, um den Einnahmeausfall der direkten Steuern in Preußen auszugleichen. Otto von Bismarck hatte die reale Gefahr, die dem Gesellschaftssystem aus der Arbeiterbewegung erwachsen konnte, erkannt und war daher bemüht, mit sozialpolitischen Maßnahmen die Arbeiterschaft an das von ihm vertretene Gesellschaftssystem zu binden. Die Steuerreformpolitik wurde damit zu einem Instrument, mit dessen Hilfe gesellschaftliche Probleme beeinflusst werden sollten; sie wurde damit zu einem Teilelement regulierender Staatlichkeit.[684]

Ungelöst blieb jedoch das Problem der ungleichen Steuerlastverteilung zwischen Grundbesitz und Gewerbe und dem beweglichen Kapital. Die Gegensätze zwischen dem ländlichen Grundbesitz und dem städtischen Wirtschaftsbürgertum spiegelten sich größtenteils im sozialen Profil der großen Fraktionen des preußischen Parlaments wider.[685] Alle großen Fraktionen des Abgeordnetenhauses verband jedoch die

---

681 Spoerer, Mark: Steuerlast, S. 68; vgl. auch Schremmer, Eckart: Finanzreform und Staatshaushalt in Preußen nach 1820. Einige Beurteilungen, in: Ullmann, Hans-Peter/Zimmermann, Claus (Hrsg.): Restaurationssystem und Reformpolitik. Süddeutschland und Preußen im Vergleich, München, S. 111–138, S. 114.

682 Spoerer, Mark: Steuerlast, S. 68.

683 Ebd., S. 71 f.

684 Thier, Andreas: Steuergesetzgebung und Staatsfinanzen in Preußen 1871–1891, S. 324.

685 Thier, Andreas: Die Gesetzgebungsverfassung der deutschen konstitutionellen Monarchie als bewegliches System: Preußische Steuergesetzgebung 1879–1893, in: Holtz, Bärbel/Spenkuch, Hartwin (Hrsg.): Preußens Weg in die politische Moderne. Verfassung – Verwaltung – politische Kultur zwischen Reform und Reformblockade (Berlin-Bran-

Ablehnung von Bismarcks Plänen einer föderalen Steuerreform, was letztendlich zu einem Kompromiss führte.[686] Am Ende der Kommissionsberatungen stand eine Gesetzesvorlage, die mit einer Einkommen- und Kapitalrentensteuer, der Einführung der Selbsterklärungspflicht, einem progressiven Einkommensteuertarif und der Einführung einer Kapitalertragsteuer wegweisend für die zukünftige preußische Steuerreform sein sollte.[687]

Im Ergebnis setzten sich bei diesem Kompromiss die Repräsentanten des ländlichen Grundbesitzes durch, was sich insbesondere in der Begünstigung der ostelbischen Grundbesitzer bei der Umgestaltung der preußischen Realsteuerverfassung,[688] aber auch bei der Neuordnung der Einkommen- und Gewerbesteuer zeigte.

7.2.2.2 Die Reformgesetzgebung 1890/91 und 1892/93

Die ersten preußischen Einkommensteuergesetze berücksichtigten in einem nicht unerheblichen Umfang grundlegende finanzpolitische Forderungen, wie sie in der Literatur des 19. Jahrhunderts vorgeschlagen worden waren. Dabei ging es um die schrittweise Verwirklichung des Grundsatzes der Allgemeinheit der Besteuerung, die Einführung eines progressiven Einkommensteuertarifes, die Anerkennung eines angemessenen steuerfreien Existenzminimums, die Berücksichtigung subjektiver Leistungsfähigkeitsmerkmale, wie z. B. die Aufwendungen für den Unterhalt der Familie und die Einführung einer Vermögensteuer, mit deren Hilfe die Einkünfte aus Kapital einer zusätzlichen steuerlichen Belastung unterworfen werden sollten.[689]

Die angewachsene Schuldenlast im preußischen Staat veranlasste Johannes von Miquel – vom preußischen König Wilhelm II. 1890 zum Finanzminister berufen –, eine grundlegende Reform der Einkommensteuer in Angriff zu nehmen. Johannes von Miquel sympathisierte mit den Linken, war Anfang der Fünfzigerjahre ein tätiges Mitglied des Bundes der Kommunisten und begründete 1866 die Nationalliberale Partei mit, die er später an die Konservativen heranführte.[690] Entscheidend für die

---

denburgische Akademie der Wissenschaften, Berichte und Abhandlungen 7), Berlin 2001, S. 285–320, S. 296.

686 Thier, Andreas: Steuergesetzgebung und Verfassung, S. 131 und S. 386.

687 Thier, Andreas: Die Gesetzgebungsverfassung, S. 307.

688 Die Realsteuern sollten künftig nicht mehr vom preußischen Staat, sondern durch die Gemeinden erhoben werden, was einem seit Langem vorgetragenen Wunsch aller Fraktionen, den Überlegungen der Finanzwissenschaft und den Interessen der Kommunen entsprach; vgl. Thier, Andreas: Steuergesetzgebung und Staatsfinanzen, S. 331.

689 Davidsohn, Lars: Verfassungsrechtliche Würdigung, S. 164.

690 Hass, Gerhard u. a. (Hrsg.): Biographisches Lexikon zur deutschen Geschichte. Von den Anfängen bis 1945, Berlin 1971, S. 475; Sahm, Reiner: 5000 Jahre Steuern, S. 253.

seit Langem vorgetragenen Forderungen, Steuerreformen in ein gesetzgebendes Gesamtkonzept umzusetzen, war vor allem der Umstand, dass es von Miquel gelang, einen breiten parlamentarischen Konsens zu finden.[691]

Viele Parlamentarier forderten während der Beratungen zum Preußischen Einkommensteuergesetz 1891 eine Höherbelastung der fundierten Einkommen, doch von Miquel setzte letztlich sein Konzept durch, die Höherbelastung durch die Erbschaft- und Vermögensteuer zu erreichen.[692] Andreas Thier zählt die Eigentümer ländlichen Grundbesitzes sowie die Unterschichten zu den wichtigsten Gewinnergruppen, hingegen das Wirtschaftsbürgertum als Hauptverlierer der Reformen.[693]

Zwischen 1891 und 1893 vereinigte Johannes von Miquel die Klassen- und klassifizierte Einkommensteuer zu einer modernen Einkommensteuer, die als die erste moderne, systematische deutsche Einkommensteuer gilt.[694] Diese Einkommensteuer war von der Idee her der entscheidende Schritt in das 20. Jahrhundert. Von Miquel nannte sie bei seiner Rede im Abgeordnetenhaus über die Reform der direkten Steuern vom 20. November 1890 ein „Werk ausgleichender Gerechtigkeit“[695]. Von Miquels Ziel war es „eine wirklich gleichmäßige, den heutigen sozialen und wirtschaftlichen Verhältnissen entsprechendere Verteilung der Steuerlast“ herbeizuführen.[696]

Eine gleichmäßige und den persönlichen Einkommensverhältnissen angepasste Besteuerung hat von Miquel deshalb als unverzichtbar angesehen, weil eine ungleichmäßige Steuerbelastung „vielfach zu einer Überlastung der geringeren und mittleren Einkommen führt und zu einer Schonung und unberechtigten Bevor-

691 Thier, Andreas: Steuergesetzgebung und Verfassung, S. 434.

692 Richter, Ute G.: Einkommensbesteuerung privater Finanzanlagen in Deutschland, Europa und USA. Ökonomische und rechtliche Gesichtspunkte, Wiesbaden 1995, S. 48.

693 Thier, Andreas: Steuergesetzgebung und Verfassung, S. 970.

694 Oechsle, Klaus: Die steuerlichen Grundrechte, S. 111. Nach einem vorsichtigen Versuch in Hessen im Jahr 1869 stellte Sachsen als erster Bundesstaat sein Steuersystem von den alten objektiven Ertragsteuern auf die neue subjektive Einkommensteuer um. Im Jahr 1874 erschien ein provisorisches, danach 1878 das endgültige Einkommensteuergesetz. Baden erhielt im Jahr 1882 eine Einkommensteuer. Das danach von Preußen eingeführte Steuersystem diente den Einzelstaaten als Vorbild; vgl. Schremmer, Eckart: Steuern und Staatsfinanzen während der Industrialisierung Europas. England, Frankreich, Preußen und das Deutsche Reich 1800 bis 1914, Berlin Heidelberg 1994, S. 204.

695 Miquel, Johannes von: Rede zu der Reform der direkten Steuern im Abgeordnetenhaus am 20.11.1890, S. 329.

696 Miquel, Johannes von: Rede zu den Grundprinzipien der Reform der Einkommensteuer im Abgeordnetenhaus am 16.02.1891, in: Schultze, Walther/Thimme, Friedrich (Hrsg.): Johannes von Miquels Reden, Bd. 3, Halle an der Saale 1913, S. 360–365, S. 365.

zugung der größeren Einkommen."[697] Da der Staat auf eine gewisse Akzeptanz der Steuerpflichtigen angewiesen sei, seien nachvollziehbare und verständliche Regeln und Prinzipien über eine gerechte Steuerlastverteilung unabdingbar.[698]

Mit diesem Einkommensteuergesetz wurde nun auch der gesamte Adel ab dem 1. April 1893 zur Einkommensteuer veranlagt.[699] Trotzdem war der Allgemeinheitsgrundsatz der Besteuerung noch nicht vollständig erfüllt, denn nach § 3 EStG Preußen 1891 waren die Mitglieder des Königlichen Hauses, des Hohenzollerschen Fürstenhauses, das vormalige Hannoversche Königshaus und die vormaligen Kurhessischen und Herzoglich Nassauischen Fürstenhäuser ausdrücklich von der Einkommensteuer befreit. Erst im Jahr 1919 wurden diese letzten absolutistischen Privilegien durch Art. 109 Abs. 3 Satz 1 und Art. 134 der Weimarer Verfassung für unzulässig erklärt und aufgehoben.[700]

Das Einkommensteuergesetz vom 24. Juni 1891[701] berücksichtigte verschiedene objektive und subjektive Leistungsfähigkeitsmerkmale. Die Anzahl der Kinder wurde durch Pauschbeträge (§ 18 EStG Preußen 1891) ebenso berücksichtigt wie die Geltendmachung von Aufwendungen aufgrund von außergewöhnlichen Belastungen (§ 19 EStG Preußen 1891). Insgesamt wurden die unteren Einkommensgruppen entlastet, und der Steuertarif hatte einen gestuft progressiven Charakter.

Nach § 9 EStG (Preußen 1891) waren die zur Erwerbung, Sicherung und Erhaltung des Einkommens verwendeten Ausgaben ebenso zum Abzug zu bringen wie Schuldzinsen und Renten, dauernde Lasten, Abschreibungen und Versicherungen.

Das neue Einkommensteuerrecht unterschied zwischen unbeschränkter und beschränkter Steuerpflicht, zwischen Gewinn- und Überschusseinkünften und wies vier verschiedene Einkunftsarten auf. Eingeführt wurde die Steuererklärungspflicht für alle Einkommen über 3.000 Mark (§ 24 EStG Preußen 1891), es erfolgten Änderungen im Veranlagungsverfahren sowie eine Neuregelung des Berufungswesens.

---

697 Miquel, Johannes von: Die Reform der direkten Steuern, Rede vor dem Abgeordnetenhaus am 20.11.1890, S. 305 f.

698 Birk, Dieter: Steuerrecht (Schwerpunkte 3), 6. Aufl., Heidelberg 2003, vor § 1, Anm. 1 und 5.

699 § 4 EStG Preußen 1891; vgl. hierzu auch § 1 des „Gesetzes, betreffend die Aufhebung der Befreiung von ordentlichen Personalsteuern gegen Entschädigung vom 18. Juli 1892", in: Grotefend, Georg August (Hrsg.): Das gesammte preußisch-deutsche Gesetzgebungs-Material. Die Gesetze und Verordnungen nebst den Erlassen, Reskripten, Anweisungen und Instruktionen der preußischen und deutschen Centralbehörden, Düsseldorf 1892, S. 450.

700 Davidsohn, Lars: Verfassungsrechtliche Würdigung, S. 19.

701 Preußisches Einkommensteuergesetz vom 24. Juni 1891 in: FinanzArchiv 8,2 (1891), S. 331–451.

Ein eigener unabhängiger Steuergerichtshof wurde in einer Abteilung (Senat) des obersten Verwaltungsgerichtshofes eingerichtet.[702]

Die Steuerpflicht, der bisher nur physische Personen unterlegen waren, wurde auch auf juristische Personen ausgedehnt. Natürliche und juristische Personen wurden im einkommensteuerrechtlichen Sinn völlig gleichgestellt.[703] Die „Einkommen-Körperschaftsteuer" diente als Ergänzung zur Einkommensteuer, um thesaurierte Gewinne besteuern zu können, die bis dahin nicht von der Einkommensteuer erfasst wurden. Aufgrund der steigenden Steuersätze bei der Einkommensteuer rückte die wirtschaftliche Doppelbelastung ausgeschütteter Gewinne immer mehr ins Bewusstsein und sorgte von Beginn an für grundsätzliche Diskussionen über die Berechtigung und Stellung der Körperschaftsteuer im gesamten Steuersystem.[704] In den deutschen Bundesstaaten hatten sich zur Verminderung der Doppelbelastung unterschiedliche Körperschaftsteuersysteme herausgebildet, denen jedoch trotz intensiver Begründungsversuche eine gewisse Systemlosigkeit anhaftete. Letztendlich ging es jedem Bundesstaat darum, die sich entwickelnde neue Leistungsfähigkeit von Unternehmen steuerlich zu erfassen.[705] Eine formale Trennung erfolgte erst durch das Körperschaftsteuergesetz vom 29. März 1920.[706]

Eine Lohnsteuer gab es noch nicht. Bei einem Jahreseinkommen unter 900 Mark entfiel eine Besteuerung. Der Steuersatz bei einem Einkommen zwischen 900 und 1.500 Mark lag bei 0,62 Prozent und wurde bei 3.000 Mark auf 1,73 Prozent angehoben. Höhere Einkommen über 9.500 Mark wurden stärker belastet, der Höchststeuersatz für Einkommen von mehr als 100.000 Mark bis einschließlich 105.000 Mark betrug 4 Prozent und stieg bei höherem Einkommen in Stufen von 5.000 Mark um je 200 Mark (§ 17 EStG Preußen 1891).[707]

Wer die ihm obliegende Steuererklärung nicht in der in § 30 EStG (Preußen 1891) gesetzten Frist abgab, musste einen Zuschlag von 25 Prozent der Steuerschuld zahlen. Die Gefahr, bei einer Verkürzung des Steueranspruchs als Steuerhinterzieher

702 Sahm, Reiner: 5000 Jahre Steuern, S. 256.

703 Crezelius, Georg: Steuerrecht II: Die einzelnen Steuerarten, 2. Aufl., München 1994, S. 240.

704 Brinkmann, Thomas: Die Körperschaftsteuer in der Zeit von 1918 bis 1929, Köln 1987, S. 9.

705 Potthast, Thilo: Die Entwicklung der Körperschaftsteuer von den Vorformen bis zur Unternehmenssteuerreform 2001. Eine Untersuchung körperschaftsteuerlicher Entwicklungstendenzen in Steuergesetzgebung und Steuergestaltung, Frankfurt am Main 2008, S. 26–34.

706 RGBl. 1920, S. 393.

707 Preußisches Einkommensteuergesetz vom 24.06.1891, in: FinanzArchiv 8/2 (1891), S. 331–451.

entdeckt zu werden, war gering; von den wenigen Strafverfahren wurden mehr als 80 Prozent auf dem Verwaltungsweg erledigt.[708] Der Finanzwissenschaftler Franz Meisel schätzte, dass bei Einkommen über 3.000 Mark zwischen einem Drittel und der Hälfte der fälligen Steuern hinterzogen wurden.[709]

1893 konnte der preußische Finanzminister eine Vermögensteuer durchsetzen.[710] Das war ihm früher wegen ihrer „konfiskatorischen" Wirkung ebenso verwehrt worden wie eine ähnlich konzipierte Erbschaftsteuer.[711] Von Miquel begründete die Einführung der Vermögensteuer damit, dass aus Gründen der sozialen Gerechtigkeit das fundierte Einkommen höher zu belasten sei als das unfundierte.[712] Das Einkommensteuergesetz wurde daher im Jahr 1893 durch eine ab 1895 zu erhebende Vermögensteuer ergänzt. Der Besteuerung unterlag das gesamte unbewegliche und bewegliche Vermögen nach Abzug der Schulden.

Diese sogenannte Ergänzungssteuer – sie hatte lediglich eine ergänzende Funktion zur Einkommensteuer – enthielt einen Freibetrag von 6.000 Mark und wurde mit einem proportionalen Steuersatz von 0,5 Prozent versehen, wobei das Vermögen des Haushaltes – darunter auch Schmuck, Kunstgegenstände etc. – nicht erfasst wurde. Ermäßigungen wie z. B. die besondere Belastung des Steuerpflichtigen durch Kinderunterhalt waren vorgesehen.[713]

Die Vermögensteuer war ein hervorragendes Mittel, um die Angaben der Steuerpflichtigen bei der Einkommensteuer zu überprüfen. Da die Finanzverwaltung es weitgehend vermied, die Privatsphäre der Besteuerten zu beleuchten,[714] konnte auf diesem Weg die Richtigkeit der Angaben der Steuerpflichtigen überprüft werden.

Wie sich die vor dem Ersten Weltkrieg geführte Debatte über Steuerhinterziehung auf das Verhalten der Steuerpflichtigen auswirkte, lässt sich nicht ermitteln.[715]

---

708 Meisel, Franz: Moral und Technik bei der Veranlagung der preußischen Einkommensteuer, Leipzig 1911, S. 336 f. und S. 347 f.

709 Ebd., S. 285–373.

710 Die Vermögensteuer wurde nach langen Diskussionen akzeptiert, um nicht die Gesamtreform zu gefährden, vgl. Thier, Andreas: Steuergesetzgebung und Verfassung, S. 642.

711 Sahm, Reiner: 5000 Jahre Steuern, S. 254.

712 Miquel, Johannes von: Rede zur Vermögensteuer am 17.04.1893, in: Schultze, Walther/ Thimme, Friedrich (Hrsg.): Johannes von Miquels Reden, Bd. 4, Halle an der Saale 1914, S. 65–71, S. 67.

713 Ergänzungssteuergesetz vom 14.07.1893, in: Gesetz-Sammlung für die Königlichen Preußischen Staaten, Jahrgang 1893, S. 134 ff., auf: http://www.verfassungen.de/de/preussen/ gesetze/erg%C3%A4nzungssteuergesetz93.html (letzter Zugriff: 20.02.2017); Sahm, Reiner: 5000 Jahre Steuern, S. 254 f.

714 Ullmann, Hans-Peter: Der deutsche Steuerstaat, S. 54.

715 Vgl. hierzu im Einzelnen Ebd., S. 51–54.

Festgestellt werden kann jedoch, dass es zu einem Umschwung in der öffentlichen Meinung und den Parlamenten kam. Es führte dazu, dass das Wehrbeitrags- und das Vermögenszuwachssteuergesetz 1913 die Kontrollmöglichkeit des Fiskus verschärften und die Steuerhinterziehung nicht nur mit Geldstrafe, sondern jetzt auch mit Freiheitsentzug versehen war.[716]

Da die Einnahmen aus der Einkommensteuer ergiebig waren, konnte in Preußen die Ertragsteuer auf Grundbesitz, Gebäude und Gewerbe den Gemeinden überlassen werden. Das geschah 1895, indem man auch die Gemeindesteuern in die Miquel'sche Reform einbezog, wobei die Gemeinden die Hebesätze wählen konnten. Es gelang freilich nicht, die Grundsteuern durchgreifend zu modernisieren. In den gemeindefreien Gutsbezirken entfiel die Grundsteuer, ein zwischen 9,8 und 11,7 Millionen Mark geschätztes Steuergeschenk an den Großgrundbesitz.[717]

Johannes von Miquel modernisierte auch die Gewerbesteuer. Der Ertrag und das Kapital einer gewerblichen Unternehmung wurden nun Bemessungsgrundlagen. Ein Zwang zur Abgabe der Steuererklärung wurde vermieden; die Gewerbetreibenden brauchten nur anzugeben, in welche der vom Gesetz vorgegebenen vier Klassen der Ertrag ihrer Unternehmung fiel. Während kleine Gewerbebetriebe bis 1.500 Mark steuerfrei blieben, wurde der Steuersatz der obersten Klasse auf 1 Prozent des Ertrags festgesetzt.[718]

Die Miquel'sche Steuerreform wurde lange Zeit als fortschrittlich angesehen. Den Standpunkt, dass durch diese Steuerreform die Steuergerechtigkeit zugenommen habe, sollte jedoch vorsichtiger formuliert werden, als dies in der Forschung in der Vergangenheit geschehen ist.[719] Andererseits war diese Steuerreform eine herausragende steuer-, gesellschafts- und systempolitische Leistung.[720]

---

716 Ebd., S. 55.

717 Nipperdey, Thomas: Deutsche Geschichte 1866–1918, Bd. 2: Machtstaat vor der Demokratie, München 1992, S. 176 f.; Sahm, Reiner: 5000 Jahre Steuern, S. 255.

718 Wagner, Adolph: Finanzwissenschaft 3. Teil, S. 370.

719 Vgl. hierzu im Einzelnen Spoerer, Mark: Steuerlast, S. 196.

720 Nipperdey, Thomas: Deutsche Geschichte 1866–1918, S. 176.

7.2.3 Die Einkommensteuergesetze der anderen deutschen Staaten

Die preußische Einkommensteuerreform – aber auch die im Jahr 1893 eingeführte ergänzende Vermögensteuer – hatte für die Einzelstaaten eine Vorbildfunktion.[721] In den Ländern, die bereits ein Einkommensteuergesetz hatten, wurden die bestehenden Normen nach preußischem Vorbild überarbeitet, in anderen Ländern wurden Einkommensteuergesetze erlassen, die hinsichtlich der Systematik eine nicht zu übersehende Ähnlichkeit mit dem preußischen Gesetz von 1891 aufwiesen.[722]

Die ungleichmäßige Steuerbelastung, die Verschiedenartigkeit der Steuerquellen, aber auch die Mehrbelastung, die der Zentralstaat mit sich brachte, führten dazu, dass die Bundesstaaten die direkte Besteuerung ausbauten, um ihre Einnahmen zu steigern, denn 1881 stammte erst ein knappes Drittel des einzelstaatlichen Steueraufkommens aus solchen Personalsteuern.[723]

Die Einkommensteuersätze machten einen sprunghaften Anstieg aufgrund der Rüstungsausgaben durch den Ersten Weltkrieg. Im Jahr 1913 machten in den Einzelstaaten die Einkommensteuern zusammengenommen 61 Prozent aller Staatssteuern aus.[724] Bis zum Ersten Weltkrieg schließlich hatten alle Bundesstaaten ein eigenes Einkommensteuergesetz und hatten sich einander angenähert.[725]

7.2.4 Die Wertzuwachsbesteuerung

7.2.4.1 Die Idee einer Wertzuwachssteuer

Unter dem Einfluss der bürgerlichen Sozialreform rückten Überlegungen zur Bodengewinnbesteuerung in den Vordergrund, die zwei Jahrhunderte früher entsprungen waren. Schon John Stuart Mill hatte den Standpunkt vertreten, dass der „unverdiente Wertzuwachs“ an Grund und Boden einer besonderen Besteuerung zu

721 Lieb, Ralf: Direkte Steuerprogression. Geschichtliche Entwicklung und kritische Würdigung ihrer Begründungen, Wiesbaden 1992, S. 125 ff.

722 Oechsle, Klaus: 100 Jahre Einkommensteuergesetze in Deutschland. Ein Beitrag zum preußischen EStG von 1891, in: Steuer und Studium. Zeitschrift für Aus- und Weiterbildung im Steuerrecht 12 (1991), S. 203–206, S. 203.

723 Ebd., S. 45.

724 Born, Karl Erich: Wirtschafts- und Sozialgeschichte des Deutschen Kaiserreiches 1867/71–1914, Stuttgart 1985, S. 70 f.

725 Ebd., S. 44–46; Popitz, Johannes: Einkommensteuer, in: Elster, Ludwig u. a. (Hrsg.): Handwörterbuch der Staatswissenschaften, Bd. 3, 4. Aufl., Jena 1926, S. 400–491, S. 400.

unterwerfen sei; denn es entspräche der steuerlichen Gerechtigkeit, dass gleichsam im Schlaf erworbenes Vermögen dem Staate zuzuführen sei.[726]

In Deutschland hatte Johann Heinrich von Thünen (1783–1850) nachzuweisen versucht, dass der Staat einen Teil der Landrente – d. h. den durch den Besitz von Grund und Boden erzielten Gewinn – vereinnahmen dürfe, ohne dass dies die Wirtschaft beeinträchtige. Eine vollständige Vereinnahmung der Landrente lehnte er ab, da dieses die Landwirte von Investitionen in Verbesserungen zurückhalten und damit die kulturellen Fortschritte hemmen würde.[727]

Hermann Heinrich Gossen (1810–1858) empfahl, den in privater Hand befindlichen Grund und Boden durch den Staat aufkaufen zu lassen, um dadurch die Wertsteigerungen der Gesamtheit zuzuführen. Ihm kam es bei diesem Modell jedoch weniger auf die Reform der Finanzen als auf eine Umgestaltung der Wirtschaftsverfassung an.[728]

Großen Einfluss auf die deutsche Bodenreformbewegung hatte der amerikanische Nationalökonom Henry George (1839–1897), der die Bodenrente als Gemeingut ansah und deshalb den Standpunkt vertrat, dass die Wertsteigerung des Grund und Bodens vollständig dem Staat zuzuführen sei. George wollte darüber hinaus das Eigentum an Grund und Boden den Grundbesitzern jedoch nicht entziehen.[729] Er war davon überzeugt, dass eine solche Steuer auf die Grundrente so große Erträge abwerfen würde, dass alle übrigen Steuern fortfallen könnten.[730]

Ein maßvolleres und moderateres Steuermodell entwarf Adolf Damaschke (1865–1935) mit einer gestaffelten Bodenwertsteuer, die das „spekulative Zurückhalten deutschen Bodens" von der Bebauung und besten Ausnutzung unmöglich machen sollte.[731] Zwangsläufig müsse die Grundrente steigen, wenn mit der Zunahme der Bevölkerungsdichte, der industriellen und gewerblichen Entwicklung der

---

726 Mill, John Stuart: Principles of Political Economy, S. 817 f.

727 Thünen, Johann Heinrich von: Der isolierte Staat in Beziehung auf Landwirtschaft und Nationalökonomie (1842), ND Jena 1910, S. 349.

728 Gossen, Hermann Heinrich: Entwicklung der Gesetze des menschlichen Verkehrs und der daraus fließenden Regeln für menschliches Handeln, 3. Aufl., Berlin 1927, S. 250–273.

729 George, Henry: Fortschritt und Armuth. Eine Untersuchung über die Ursache der industriellen Krisen und der Zunahme der Armuth bei zunehmenden Reichthum, aus dem Englischen von C. D. F. Gütschow, 4. Aufl., Berlin 1890, S. 358 f.

730 Leisner, Walter: Wertzuwachsbesteuerung und Eigentum. Zugleich ein Beitrag zur Lehre vom Leistungseigentum (Schriften zum Steuerrecht 19), Berlin 1978, S. 33 und S. 166.

731 Damaschke, Adolf: Die Bodenreform. Grundsätzliches und Geschichtliches zur Erkenntnis und Überwindung der sozialen Not, 20. Aufl., Jena 1923, S. 474 f.

Städte und den verbesserten Infrastrukturgegebenheiten erhebliche Wertzuwächse zu verzeichnen sind. Was läge also näher, als diese Wertzuwächse einer Besteuerung zu unterwerfen, um die Gegensätze von Arm und Reich auszugleichen und gleichzeitig den Finanzbedarf zu decken?

Unter den deutschen Finanzwissenschaftlern wurden unterschiedliche Ideen zu einer Wertzuwachsteuer vertreten, die von völliger Zustimmung bis zur restlosen Ablehnung reichten. Hans von Nostitz (1863–1958) wollte den unverdienten Wertzuwachs einer steigenden progressiven Besteuerung unterwerfen und begründete dies insbesondere mit den hohen finanziellen Aufwendungen für öffentliche Einrichtungen und die Durchführung von Infrastrukturmaßnahmen.[732]

Johann Viktor Bredt (1879–1940) stand einer Wertzuwachssteuer ablehnend gegenüber, da er in ihr einen Verstoß gegen das Leistungsfähigkeitsprinzip sah. Er hielt eine Beteiligung der öffentlichen Hand an den Wertzuwächsen von Grundeigentümern als Besteuerungsmodell für generell unzulässig und wollte diese mit keiner höheren Besteuerung versehen als das regelmäßige Einkommen.[733]

7.2.4.2 Die Wertzuwachsbesteuerung zu Beginn des 20. Jahrhunderts

Auf kommunaler Ebene hatten bis zum Jahr 1910 insgesamt 652 Gemeinden eine in der Regel von der Wertsteigerung abhängige Grundverkehrsabgabe eingeführt, die jedoch nur den realisierten Wertzuwachs betraf. Die Abschöpfung eines „unverdienten" Wertzuwachses erfolgte mit dieser Abgabe jedoch nur in geringem Maße, weshalb die Bodenreformer daran glaubten, dass nur mithilfe einer Reichssteuer eine wirksame Besteuerung durchgeführt werden könnte.[734]

Der Gedanke, die Wertzuwachssteuer als Reichssteuer einzuführen, tauchte bei den Beratungen zur Reichsfinanzreform im Jahr 1909 auf. In der Begründung zu diesem Entwurf wurde der Zweck der Steuer wie folgt gekennzeichnet:

> Der Abgabe vom Wertzuwachs [...] liegt der Gedanke zugrunde, daß derjenige, der im wesentlichen ohne eigenes Zutun – infolge von Maßnahmen der Gemeinschaft oder anderweit – an seinem Grundbesitz eine Werterhöhung erfahren hat, von dieser

---

732 Nostiz, Hans von: Wertzuwachssteuer, in: Conrad, Johannes u. a. (Hrsg.): Handwörterbuch der Staatswissenschaften, 3. Aufl., Jena 1911, S. 774–785.

733 Bredt, Johannes Viktor: Die Besteuerung nach der Leistungsfähigkeit. Ein Beitrag zur Systematik und Reform der direkten Steuern in Preußen und dem Reiche, Leipzig 1912, S. 175 und S. 180 ff.

734 Bräuer, Karl: Wertzuwachssteuer (Grundstücksgewinnsteuer), in: Elster, Ludwig/Weber, Adolf/Wieser, Friedrich (Hrsg.): Handwörterbuch der Staatswissenschaften, Bd. 8, 4. Aufl., Jena 1928, S. 1017–1042, S. 1017.

> einen Teil an die Gemeinschaft in dem Augenblick abführen soll, in welchem er den Zuwachs in Geld oder Geldeswert umgesetzt erhält.[735]

Das Reichszuwachssteuergesetz[736] wurde am 14. Februar 1911 verabschiedet und unterwarf den gesamten realisierten Wertzuwachs des Immobilienvermögens einem progressiven Tarif. Der Eingangssteuersatz betrug 10 Prozent und endete bei einem Höchststeuersatz von 30 Prozent, der ab einer Wertsteigerung von 290 Prozent einsetzte.

Dem Allgemeinheitsprinzip der Besteuerung wurde in diesem Gesetz nicht Rechnung getragen, denn der Landesfürst und die Landesfürstin waren ausdrücklich von einer Steuerpflicht befreit worden.[737]

Ein weiteres Gesetz, das den Vermögenszuwachs am Grund-, Betriebs- und Kapitalvermögen erfassen sollte, war das Deutsche Besitzsteuergesetz vom 3. Juli 1913.[738] Dieses Gesetz, das zusammen mit dem sogenannten Wehrbeitrag[739] erlassen worden war, löste das Reichszuwachssteuergesetz von 1911 ab. Die Feststellung des Vermögenszuwachses erfolgte erstmals zum 1. April 1917 für den in der Zeit vom 1. Januar 1914 bis zum 31. Dezember 1916 entstandenen Zuwachs, der Vermögenszuwachs sollte danach alle drei Jahre erfasst werden.[740]

Das Gesetz enthielt hohe Freigrenzen. Die Steuer wurde ab einem Zuwachs von über 10.000 Mark erhoben (§ 12 und § 13 Deutsches Besitzsteuergesetz vom 3. Juli 1913) und enthielt einen progressiven Tarif, der bei einem Zuwachs von nicht mehr als 50.000 Mark mit 0,75 Prozent des Zuwachses begann und bei Zuwächsen über 1.000.000 Mark 1,5 Prozent betrug. In Abhängigkeit von dem Gesamtwert des steuerbaren Vermögens konnte der Spitzensteuersatz bei einem Wertzuwachs von 10.000.000 Mark eine Höhe von 2,5 Prozent erreichen (§ 25 Deutsches Besitzsteuergesetz vom 3. Juli 1913).

---

735 Berckhoff, Ernst: Der Bergbau und das Reichszuwachssteuergesetz, in: Glückauf. Berg- und Hüttenmännische Zeitschrift vom 09.11.1912, 48. Jg., Nr. 45, S. 1836–1842.

736 Zuwachssteuergesetz vom 14.02.1911, RGBl. 1911, S. 33 ff.

737 Vgl. § 30 Nr. 1 des Zuwachssteuergesetzes vom 14.02.1911, RGBl. 1911, S. 33.

738 Deutsches Besitzsteuergesetz vom 03.07.1913, RGBl. 1913 Nr. 41, S. 524.

739 Für die Finanzierung der erhöhten Rüstungsanstrengungen wurde der sogenannte Wehrbeitrag – eine einmalige Vermögensabgabe – beschlossen. Die Einführung dieser direkten Steuer – und nicht eine Erhöhung der indirekten Steuern – war dem Umstand zu verdanken, dass die SPD in der Reichstagswahl von 1912 einen beachtlichen Stimmenzuwachs zu verzeichnen hatte; vgl. Gesetz über einen einmaligen außerordentlichen Wehrbeitrag vom 03.07.1913, RGBl. 1913, S. 505 ff.

740 Vgl. § 18 Deutsches Besitzsteuergesetz vom 03.07.1913, RGBl. 1913 Nr. 41, S. 524 ff.

Mit diesem Gesetz sollte jedoch keine sozialpolitisch umverteilende Abschöpfung des Wertzuwachses vorgenommen werden, sondern es diente der Finanzierung der zunehmenden Militärausgaben.[741]

7.2.5 Die Erbschaftsteuer

7.2.5.1 Die Erbschaftsteuer als Instrument einer gezielten Vermögensumverteilung

Bis in das 19. Jahrhundert hinein hat sich die deutsche Finanztheorie kaum mit Fragen der Besteuerung des Nachlasses auseinandergesetzt. Die Nationalökonomen und Finanzwissenschaftler sahen in einer solchen Steuer einen „ersten Schritt zum Socialismus und Communismus", einen „Angriff auf Eigenthum und Erbrecht" und die „Grundpfeiler der socialen und wirthschaftlichen Ordnung" gefährdet.[742]

Ab Mitte des 19. Jahrhunderts wurde jedoch der Erbschaftsteuer eine größere Beachtung geschenkt, wobei die Steuersätze noch selten mit progressiver Wirkung nach der Höhe der Erbschaft vorgeschlagen wurden. Viele Nationalökonomen[743] betrachteten die Erbschaftsteuer

> als ein ideales steuerpolitisches Mittel, einen Vermögensausgleich herbeizuführen, denn diese Steuer schien in einem besonderen Maße dazu geeignet, die Besitzunterschiede zu verringern, insbesondere, da durch sie bereits erworbenes Vermögen nochmals einer Besteuerung unterworfen wird. […] Sozialpolitisch motivierte Ökonomen und Sozialisten hielten sie auch deswegen für eine wichtige und gerechte Steuer, weil das Erbrecht dem Erben regelmäßig unverdientes und müheloses Einkommen verschaffe.[744]

Ein hoher Erbschaftsteuersatz wurde daher als ein unverzichtbares Instrument für die Besitz- und Einkommensteuerumverteilung angesehen.[745]

Wagner, der sich offen zu dem sozialpolitischen Gesichtspunkt in der Volkswirtschaft und im Recht bekannte, begründete die Erbschaftsteuer damit, dass diese

---

741 Leisner, Walter: Wertzuwachsbesteuerung, S. 48 f.

742 Wagner, Adolph: Finanzwissenschaft 2. Teil, S. 575.

743 Röpke, Wilhelm: Finanzwissenschaft, Berlin/Wien 1929, S. 118–122; Scheel, Friedrich Wilhelm Hans von: Die Erbschaftsteuer, in: Jahrbücher für Nationalökonomie und Statistik 24 (1875), S. 233–261; Wagner, Adolph: Das soziale und ethische Moment in Finanzen und Steuern, in: Die Verhandlungen des vierzehnten Evangelisch-sozialen Kongresses, abgehalten in Darmstadt am 3. und 4. Juni 1903, Göttingen 1903, S. 46–79, S. 46.

744 Davidsohn, Lars: Verfassungsrechtliche Würdigung, S. 264 f.

745 Scheel, Hans von: Die Erbschaftsteuer, S. 233.

nicht eine eigentliche „Steuer“ sei, sondern ihr Ertrag den Anteil am Volksvermögen darstelle, „den der Staat als Vertreter der Volkskraft seines Erbrechts aus den im Erbesübergang begriffenen Einzelvermögen bezieht.“[746]

Er fügte – bezugnehmend auf das Prinzip der Leistungsfähigkeit – noch als spezielle steuerpolitische Begründung hinzu, dass „die Erbschaft für den Erben [...] einen Erwerb oder Vermögensanfall darstellt, welcher demselben ohne Gegenleistung zufällt und die wirtschaftliche Leistungsfähigkeit des neuen Besitzers steigert.“[747] Nach Wagner hat sich die Höhe der Erbschaftsteuer nach dem Verwandtschaftsgrad und nach der absoluten Höhe des Erbanteils zu richten. Bei den nächsten Verwandten sollten niedrige Sätze zum Zuge kommen, die je nach abnehmendem Verwandtschaftsgrad zunehmen und bei den testamentarisch eingesetzten Nicht-Erbberechtigten am Höchsten festgesetzt werden sollten. Ebenso empfahl er auch eine Schenkungsteuer unter Lebenden mit ähnlichen Grundsätzen und einem gleichen Tarif, um Umgehungen des Erbschaftsteuergesetzes zu verhindern.[748]

Für eine progressive Erbschaftsteuer traten auch die Nationalökonomen Friedrich Julius Neumann[749] und Wilhelm Röpke[750] ein, welche ebenfalls die Höhe des Nachlasses und den Verwandtschaftsgrad berücksichtigten. Dabei sollte das Vermögen des Erbenden eine besondere Rolle spielen, da in Abhängigkeit von seiner Größe der Steuertarif bestimmt werden sollte.

Der deutsche Publizist Constantin Frantz sah in dem marktwirtschaftlichen Prinzip die Grundlage für die sich steigernde Ungleichheit der Vermögens- und Einkommensverhältnisse und die einzige Lösung dieser Ungleichheit darin, dass von der Staatsgewalt eine Gegenwirkung ausgehe, die sich des Steuerwesens bediene. Das Steuerwesen solle mit direkten Steuern eine ethisch-soziale Funktion ausüben und auf eine bessere Verteilung der Vermögen und Einkommen hinwirken. Unmittelbar dazu dienten nach seiner Ansicht nur die progressive Einkommen- und Erbschaftsteuer, „ohne welche auch alle anderen Steuerformen in socialer Hinsicht fruchtlos bleiben würden.“[751]

---

746 Wagner, Adolph: Finanzwissenschaft 2. Teil, S. 588.

747 Ebd., S. 588.

748 Ebd., S. 592.

749 Neumann, Friedrich Julius: Nach dem Vermögen der Erbenden klassifizierte Erbschaftssteuern, in: Annalen des Deutschen Reichs für Gesetzgebung, Verwaltung und Volkswirtschaft. Rechts- und staatswissenschaftliche Zeitschrift und Materialiensammlung 42 (1909), S. 417–424.

750 Röpke, Wilhelm: Finanzwissenschaft, S. 120f.

751 Frantz, Constantin: Die sociale Steuerreform, S. 51.

> Denn nur die Progressivsteuer kann dahin führen, daß die Hauptlast auf die reichen Klassen fällt [...]. Je höher dann das Gesammtquantum der Steuern ansteigt, um so mehr wird die Vermögens- und Einkommensungleichheit sich vermindern.[752]

Frantz wollte bei der Erbschaftsteuer eine Abstufung nach der Entstehung des Vermögens vornehmen, um insbesondere ihren sozialen Zweck zu erfüllen; „denn von der Entstehungsweise des nachgelassenen Vermögens hängt es eben ab, ob und in wie fern dabei eine Ausbeutung der Gesellschaft anzunehmen sein wird."[753] Gerade der ererbte Reichtum habe einen einzigartigen Einfluss auf die Fortdauer der Einkommensunterschiede; deshalb sollte nach Frantz der Tarif der Erbschaftsteuer außer von der Höhe und dem Verwandtschaftsgrad zusätzlich von der Entstehung und der Art des Erwerbs des Nachlasses und der Steuerfähigkeit abhängen.[754]

7.2.5.2 Die Erbschaftsteuer im Deutschen Reich

Am 30. Mai 1873 wurde das erste moderne Erbschaftsteuergesetz in Preußen eingeführt. Mehrere Versuche, ein einheitliches Erbschaftsteuergesetz für das Reich zu erlassen, scheiterten daran, dass in den deutschen Ländern unterschiedliches bürgerliches Recht galt. Erst nachdem das Bürgerliche Gesetzbuch für das gesamte Deutsche Reich eingeführt worden war, war der Weg frei für das Reichserbschaftsteuergesetz vom 3. Juni 1906, das stark vom preußischen Erbschaftsteuergesetz von 1873 beeinflusst war.[755]

Der Grundsatz der Allgemeinheit der Besteuerung wurde auch in diesem Gesetz nicht gewahrt, denn die Erbanfälle an den Landesfürsten und die Landesfürstin wurden von der Steuer befreit.[756] Eine Besonderheit war auch, dass Ehepartner, Kinder und Enkel von der Steuer grundsätzlich verschont blieben. In § 55 Abs. 1 ErbStG 1906 wurde erstmals die Steuerpflicht für Schenkungen kodifiziert. Grundlage dazu war die bürgerlich-rechtliche Schenkung, wie sie im zum 1. Januar 1900 in Kraft getretenen Bürgerlichen Gesetzbuch geregelt war.

---

752 Ebd., S. 84 f.

753 Ebd., S. 95.

754 Ebd., S. 86, S. 98 f. und S. 100.

755 Siegel, Thomas: Geschichte der Erbschaftsteuer (Wissenschaftlicher Aufsatz aus dem Jahr 2012 im Fachbereich Jura – Rechtsphilosophie, Rechtssoziologie, Rechtsgeschichte), München 2012.

756 Vgl. § 13 des Erbschaftsteuergesetzes vom 03.06.1906, RGBl. 1906, S. 620.

Neben dem Erbanfallsystem[757] war das Progressionsprinzip[758] eingeführt worden. Der Steuertarif bestand aus zwei Teilen, einem progressiven Steuersatz von 4 Prozent bis 10 Prozent in Abhängigkeit vom Verwandtschaftsgrad sowie einem Zuschlag in Abhängigkeit vom Wert des ererbten bzw. geschenkten Vermögens. Nach § 10 ErbStG 1906 konnte der Höchststeuersatz eine Höhe von insgesamt 25 Prozent erreichen.

7.3 Zusammenfassung und Fazit

Zur Verwirklichung des Allgemeinheitsgrundsatzes der Besteuerung

Obwohl die Frankfurter Paulskirchenverfassung nie in Kraft getreten ist, blieb das Revolutionsjahr 1848 nicht ohne Auswirkungen auf die Steuerverfassungen der einzelnen Länder, wobei die vollständige Verwirklichung des Grundsatzes der Allgemeinheit der Besteuerung erst einige Jahrzehnte später erreicht werden konnte.[759]

Mit dem von Johannes von Miquel entworfenen preußischen Einkommensteuergesetz wurde der gesamte Adel ab dem 1. April 1893 zur Einkommensteuer veranlagt. Trotzdem war der Allgemeinheitsgrundsatz der Besteuerung noch nicht vollständig erfüllt, denn Mitglieder einzelner Königs- und Fürstenhäuser waren nicht nur ausdrücklich von der Einkommensteuer, sondern auch von der Reichszuwachs- und der Reichserbschaftsteuer befreit worden. Erst im Jahr 1919 wurden diese letzten absolutistischen Privilegien durch Art. 109 Abs. 3 Satz 1 und Art. 134 der Weimarer Verfassung für unzulässig erklärt und aufgehoben. Mit der verfassungsrechtlichen Fixierung des Gleichheitspostulats war ein Meilenstein gesetzt worden, der einen Jahrhunderte währenden Streit beendete.

Zum Grundsatz der Gleichmäßigkeit der Besteuerung

Die Revolution von 1848/49 gab der Theorie der allgemeinen Einkommensteuer neue Kraft und Bedeutung. Mit den großen Umwälzungen des 19. Jahrhunderts, insbesondere der fortschreitenden Industrialisierung, schwand der Glaube, die steuerbaren Objekte anhand äußerlicher Merkmale abschätzen zu können. Dazu kam, dass eine rasch anwachsende Bevölkerungsgruppe zu Lohn- und Gehaltsempfängern wurde und immer mehr Personen ein Zinseinkommen aus Kapitalmarktpapieren

757 Vgl. ebd., §§ 1, 28, 29 Abs. 1.

758 Vgl. ebd., § 10 Abs. 1 und 2.

759 Davidsohn, Lars: Verfassungsrechtliche Würdigung, S. 18.

erhielten. Beide Einkunftsarten wurden von den objektiven Ertragsteuern nicht und von den übrigen Steuern nur unzureichend – wenn überhaupt – erfasst. Dies verstieß nicht nur gegen das Gerechtigkeitsprinzip, sondern der Staat sah auch eine neue Einnahmequelle, die er in Anspruch nehmen konnte.

Die Zeit zwischen 1871 und 1893 war durch eine sehr ungleiche Verteilung der Steuerlast gekennzeichnet. Dies schlug sich einerseits in einer Privilegierung der Einkünfte aus beweglichem Kapital gegenüber den Einkünften aus Grund- und Gebäudebesitz sowie Gewerbe nieder. Andererseits benachteiligte die Verteilung der Steuerlast innerhalb der Personalsteuer die mittleren Einkommen und überforderte die leistungsschwachen Bevölkerungskreise.

Diese Ungleichheiten im Steuerrecht bargen erheblichen sozialen und politischen Sprengstoff. Aus dieser Situation heraus wurde die Steuerreformpolitik zu einem Instrument, um gesellschaftliche Probleme zu entschärfen. Mit den preußischen Steuerreformen von 1890/91 und 1892/93 wurde die Steuerrechtsordnung an die veränderten Wirtschafts- und Sozialstrukturen angepasst. Die Reformen berücksichtigten in einem nicht unerheblichen Umfang grundlegende Forderungen, wie sie in der Literatur des 19. Jahrhunderts vorgeschlagen worden waren. Die These zunehmender Steuergerechtigkeit im Deutschland des 19. Jahrhunderts muß jedoch erheblich relativiert werden, denn „Preußen und das Kaiserreich waren politisch rückständige, von alten Eliten dominierte Staaten. Dies zeigte sich auch und gerade im Verhältnis zu ihren steuerzahlenden Bürgern.“[760]

Zum Prinzip der Besteuerung nach der Leistungsfähigkeit

Anfang der Sechzigerjahre des 19. Jahrhunderts begann eine Periode, die sich von allen vorausgehenden Perioden unterschied. Den Anstoß zu einer fundamentalen Veränderung in der gesamten Auffassung des Steuerwesens gaben zwei berühmte Abhandlungen von Albert Schäffle und Gustav Schmoller, die die Steuerpflicht des Menschen, die Person des Staatsbürgers, in den Mittelpunkt der Wirtschafts- und Steuerlehre stellten. Nicht mehr der abstrakte, sondern der wirklich konkrete, von ethischen Motiven bewegte Mensch mit all seinen Bedürfnissen wurde jetzt der wissenschaftlichen Betrachtung zugrunde gelegt. Schäffle wies nach, dass ein Einkommen getrennt von der wirtschaftenden Person nicht denkbar sei, dass es nur durch den Bezug auf den Menschen als solches existiere.

Das von Schäffle und Schmoller aufgestellte „ethische“ Steuerprinzip, wonach jeder nach seiner gesamten ökonomisch-politischen Leistungsfähigkeit das Wohl der Gesamtheit zu fördern verpflichtet sei, wurde in der Folgezeit von zahlreichen

760 Spoerer, Mark: Steuerlast, S. 197.

Autoren aufgegriffen, die Vorschläge zu einer Weiterentwicklung dieser neuen Lehre machten.

In den Schriften des Vereins für Socialpolitik wurden im Jahr 1873 fünf Gutachten und im Jahr 1877 weitere zehn Gutachten publiziert. Alle Gutachter waren sich über die Zugrundelegung des Leistungsfähigkeitsprinzips als gerechtem Maßstab für Steuern einig. Die Berücksichtigung der Leistungsfähigkeit wurde von den Autoren für notwendig erachtet, weil die auftretenden und sich verschärfenden Einkommens- und Vermögensungleichheiten die soziale und politische Freiheit gefährdeten. Die Autoren akzeptierten fast ausschließlich die progressive Besteuerung und eine stärkere Besteuerung des fundierten Einkommens.

In der Literatur trat eine Erscheinung zutage, die völlig im Gegensatz zur herrschenden Lehre der Besteuerung nach der Leistungsfähigkeit stand: eine Theorie der Ausgabenbesteuerung, die den Verbrauch in den Mittelpunkt stellte. Mehrere Autoren wollten sämtliche Abgaben durch eine einzige proportionale Verbrauchsteuer ersetzen. Als Begründung wurde angeführt, dass die Einkommensteuer zu Ungleichheiten und Bevorzugungen führe und außerdem eine Strafe für Fleiß und Geschicklichkeit darstelle.

Im Königreich Preußen setzte Finanzminister Johannes von Miquel das Prinzip durch, die Steuerpflichtigen nach ihrer persönlich-individuellen Leistungsfähigkeit zu besteuern; die unteren Einkommensgruppen wurden entlastet, und der Steuertarif hatte einen gestuften progressiven Charakter. Berücksichtigt wurden die Anzahl der Kinder ebenso wie außergewöhnliche Belastungen. Die zur Erwerbung, Sicherung und Erhaltung des Einkommens verwendeten Ausgaben waren ebenso zum Abzug zu bringen wie Schuldzinsen, Renten, dauernde Lasten, Abschreibungen und Versicherungen.

Zum Redistributionspostulat oder zum Grundsatz der steuerlichen Umverteilung von Einkommen und Vermögen

In der zweiten Hälfte des 19. Jahrhunderts eskalierten die sozialen Spannungen in der Bevölkerung. Sowohl die Sozialdemokratische Arbeiterpartei als auch die christlich-soziale Arbeiterpartei traten für eine grundlegende Steuerreform ein, bei der die sozialen Belange eine gewichtige Rolle spielen sollten. Sozialpolitik sollte nicht nur im Geben, sondern auch im Nehmen vollzogen werden und damit auch als Hebel der Gesellschaftsreform dienen.

Adolph Wagner vertrat mit der von ihm postulierten „socialen Funktion der Besteuerung“ den Standpunkt, dass eine Abflachung der Wohlstandspyramide durch korrigierende Eingriffe unerlässlich sei, um die sozialen Spannungen abzumildern. Er forderte neben einer stärkeren Progression bei der Besteuerung sowohl des Einkommens als auch des Vermögens eine höhere Besteuerung des fundierten Einkommens als des Arbeitseinkommens.

Der überwiegende Teil der zeitgenössischen Staatswissenschaftler stand der Umverteilung von Einkommen und Vermögen jedoch ablehnend gegenüber. Als wesentliche Momente dieser ablehnenden Meinungen wurden die mangelnde Vereinbarkeit mit dem Leistungsfähigkeitsprinzip und die Gefahr einer nicht mehr zu kontrollierenden Willkür genannt.

Obwohl Wagners Lehre von der sozialen Funktion der Besteuerung von der Wissenschaft und Praxis überwiegend abgelehnt worden war, drang sie doch schrittweise in die Steuerpolitik aller fortgeschrittenen Länder ein. Immer mehr wandten sich die Auseinandersetzungen diesem Gerechtigkeitsideal zu. Damit wurde die Steuerpolitik auch als Mittel zur sozialethischen Ausrichtung der Gesellschaftsverfassung betrachtet.

Unter dem Einfluss der bürgerlichen Sozialreform rückten Überlegungen zur Bodengewinnbesteuerung in den Vordergrund, die zwei Jahrhunderte früher entsprungen waren und nunmehr teilweise umgesetzt wurden. Die ersten Ansätze einer steuerlichen Abschöpfung eines unverdienten Wertzuwachses wurden auf kommunaler Ebene verwirklicht. Auch mit dem Reichszuwachssteuergesetz vom 14. Februar 1911 wurde der gesamte realisierte Wertzuwachs des Immobilienvermögens einem progressiven Tarif unterworfen.

Viele Nationalökonomen betrachteten die Erbschaftsteuer als ein ideales steuerpolitisches Mittel, um einen Vermögensausgleich herbeizuführen. Ein hoher Erbschaftsteuersatz wurde als ein unverzichtbares Instrument für die Besitz- und Einkommensteuerumverteilung angesehen. Bezugnehmend auf die Leistungsfähigkeit wurde die Erbschaftsteuer damit begründet, dass die Erbschaft für den Erben einen Vermögensanfall darstellte, welcher ohne Gegenleistung anfalle und damit die wirtschaftliche Leistungsfähigkeit des neuen Besitzers steigere.

8 Die Anpassung des Steuerrechts an die politischen Verhältnisse und die gesellschaftlichen Vorstellungen in der Weimarer Republik

8.1 Die verfassungsrechtlichen Grundlagen

Mit der Weimarer Reichsverfassung (WRV) vom 11. August 1919[761] wurden die letzten absolutistischen Privilegien durch Art. 109 aufgehoben: „Alle Deutschen sind vor dem Gesetze gleich" (Art. 109 Abs. 1); „Öffentlich-rechtliche Vorrechte oder Nachteile der Geburt oder des Standes sind aufzuheben" (Art. 109 Abs. 2). Das hier ausformulierte rechtspolitische Gleichheitsgebot wurde in Art. 134 dieser Verfassung für den Bereich der Besteuerung als allgemeine Grundpflicht festgeschrieben: „Alle Staatsbürger ohne Unterschied tragen im Verhältnis ihrer Mittel zu allen öffentlichen Lasten nach Maßgabe der Gesetze bei."

Es wurden aber damit nicht nur die steuerlichen Privilegien für die Standesherren, sondern zusätzlich alle Arten von unbegründeten steuerlichen Befreiungen und Vergünstigungen für unzulässig erklärt. Entsprechend wurde die verfassungsrechtliche Verankerung des Grundsatzes der Allgemeinheit der Besteuerung überwiegend in Art. 134 WRV gesehen.[762]

761 Verfassung des Deutschen Reichs vom 11.08.1919, http://www.verfassungen.de/de/de19-33/verf19-i.htm (letzter Zugriff: 01.03.2017).

762 Davidsohn, Lars: Verfassungsrechtliche Würdigung, S. 19.

R. Sahm, *Theorie und Ideengeschichte der Steuergerechtigkeit*,
https://doi.org/10.1007/978-3-658-25903-7_8

Der Rechtswissenschaftler Albert Hensel[763] vertrat die Auffassung, dass der in Art. 134 WRV formulierte Allgemeinheitsgrundsatz nicht nur die Steuerprivilegien untersagte, sondern auch gebot, dass fehlerhafte und unvollständige Formulierungen nicht zu ungerechtfertigten Steuerfreiheiten führen dürften.

Damit vertrat Hensel den Standpunkt, dass ein Verstoß gegen den Allgemeinheitsgrundsatz auch dann vorlag, wenn einzelne Lebenssachverhalte aufgrund einer unzureichenden Formulierung des Steuertatbestandes keiner Besteuerungspflicht unterworfen wären.[764] Da Hensel generell jede Steuernorm als Verwirklichung einer vorher erarbeitenden Gerechtigkeitsidee betrachtete, sollten die Steuergesetze entsprechend jederzeit mit dieser übereinstimmen. Aus den Ausführungen Hensels ist zu entnehmen, dass er die rechtstechnische Umsetzung eines als steuerwürdig einzustufenden Sachverhaltes nicht nur unter dem Gesichtspunkt des Allgemeinheitsgrundsatzes, sondern auch im Hinblick auf den Grundsatz einer gleichmäßigen und verhältnismäßigen Besteuerung für unverzichtbar hielt.

> Ein so verstandener Grundsatz einer gleichmäßigen Besteuerung verlangt in diesem Sinne aber unbedingt, dass kein Steuerpflichtiger irgend ein verdecktes, auf rechtstechnischen Mängeln des Gesetzes beruhendes Steuerprivileg genießt.[765]

Hensel stellte damit eine bemerkenswerte These auch für die heutige juristische Interpretation des Allgemeinheitsgrundsatzes auf.[766]

Das in Art. 134 WRV enthaltene Gebot, die Steuerlasten auf alle Staatsbürger so zu verteilen, dass diese „im Verhältnis ihrer Mittel" belastet würden, wurde seinerzeit von der herrschenden Lehre als unverbindlicher rechtspolitischer Programmsatz interpretiert. Auch der Reichsfinanzhof betonte in ständiger Rechtsprechung, dass Art. 134 WRV im Wesentlichen nur eine Richtlinie enthalten habe und dass so lediglich offenbare Verletzungen der in der Vorschrift formulierten materiellen Grundsätze ausgeschlossen gewesen wären.[767]

---

763 Hensel, Albert: Verfassungsrechtliche Bindungen des Steuergesetzgebers. Besteuerung nach Leistungsfähigkeit – Gleichheit vor dem Gesetz, in: Vierteljahresschrift für Steuer- und Finanzrecht 4 (1930), S. 460 f.

764 Ebd., S. 460.

765 Davidsohn, Lars: Verfassungsrechtliche Würdigung, S. 20.

766 Ebd., S. 20 f.

767 RFHE 27, 322; 29, 111; RFH, Reichssteuerblatt 1931, S. 203; vgl. Davidsohn, Lars: Verfassungsrechtliche Würdigung, S. 40.

Eine derartige Auslegung des Art. 134 WRV entsprach weder dem Rechtsverständnis von Albert Hensel noch dem von Alfred Huttel.[768] Nach ihrer Ansicht stand dem Gesetzgeber zwar ein nicht unerhebliches Ermessen bei der Ausgestaltung einzelner Steuergesetze zu, doch durfte er dabei nicht gegen die in Art. 134 WRV verankerten materiellen Grundsätze der Allgemeinheit und Gleichmäßigkeit verstoßen, der Wortlaut dieses Artikels sei insoweit eindeutig.[769] Art. 134 WRV enthielt damit das verbindliche Gebot, die individuelle Leistungsfähigkeit des Einzelnen angemessen und hinreichend bei der Verteilung der Steuerlasten zu berücksichtigen. Für die am Rande des Existenzminimums lebenden Personen, bei denen regelmäßig keine steuerliche Leistungsfähigkeit vorhanden war, schränkte der in Art. 134 WRV enthaltene Grundsatz der Gleichmäßigkeit der Besteuerung das formale Gebot, alle Staatsbürger zur Beitragspflicht heranzuziehen, automatisch ein. Das in Art. 134 enthaltene Subjekt „alle Staatsbürger" war durch die Formulierung „im Verhältnis ihrer Mittel" eindeutig konkretisiert.[770]

8.2 Besteuerungspolitik und Reformen in der Weimarer Republik

8.2.1 Sozialpolitisch orientierte Besteuerungspolitik in der Weimarer Republik

Vor dem Ersten Weltkrieg traten für eine sozialpolitische Besteuerungspolitik offenbar nur die Sozialdemokraten und die von Adolph Wagner beeinflussten Christlich-Sozialen ein.[771] Nach dem Ersten Weltkrieg hatte sich die Einstellung der bürgerlichen Parteien radikal verändert. Selbst die konservativen und liberalen Parteien befürworteten ausdrücklich eine sozialpolitisch geprägte Steuerpolitik, die auf einen Ausgleich der bestehenden Vermögensverhältnisse gerichtet war. Da viele Staatsbürger einen Großteil ihres Vermögens verloren hatten und nur wenige Personen Gewinne erwirtschaften konnten, waren die durch den Krieg

768 Vgl. Huttel, Alfred: Gleichmäßige Besteuerung nach der Leistungsfähigkeit. Inhalt und Bedeutung des Artikels 134 der Reichsverfassung, Frankfurt am Main 1934.

769 Davidsohn, Lars: Verfassungsrechtliche Würdigung, S. 42.

770 Ebd., S. 42–44.

771 Ebd., S. 289.

entstandenen Vermögensungleichheiten ein zentrales Thema der politischen Auseinandersetzungen nach 1918.[772]

Die großen bürgerlichen Volksparteien der Weimarer Republik – Deutsche Zentrumspartei, Deutsche Volkspartei und Deutsche Demokratische Partei – die oft an Regierungskoalitionen beteiligt waren, warben regelmäßig für eine gerechtere Einkommens- und Besitzverteilung und hatten in ihren Parteiprogrammen finanz- und steuerpolitische Grundsatzerklärungen abgegeben. Die Deutsche Demokratische Partei verlangte in einem Programm aus dem Jahr 1919 ausdrücklich, „soziales Unrecht in der Verteilung des Besitzes und des Einkommens zu beseitigen".[773] Die Deutsche Volkspartei forderte eine steuerliche Besserstellung der Arbeitseinkommen gegenüber den Einkommen aus Vermögen sowie eine ausreichende Berücksichtigung der persönlichen und familiären Verhältnisse.[774] Noch deutlicher verlangte die Deutsche Zentrumspartei „die schärfste steuerliche Erfassung der hohen Einkommen, der großen Vermögen, des unverdienten Wertzuwachses und der durch den Krieg gemachten Gewinne".[775]

Die Sozialdemokratische Partei Deutschlands bekannte sich in ihrem Görlitzer Programm aus dem Jahr 1921 ausdrücklich zu einer Steuersozialisierung und hatte vor, Grund und Boden sowie die Bodenschätze „der kapitalistischen Ausbeutung zu entziehen und in den Dienst der Volksgemeinschaft zu überführen". Ebenfalls wurden im Parteiprogramm von 1921 eine Steigerung der Steuersätze für große Einkommen und eine besonders hohe Belastung des verschwenderischen und maßlosen Überverbrauchs gefordert.[776]

Matthias Erzberger – der der Deutschen Zentrumspartei angehörte und am 21. Juni 1919 im Kabinett Bauer sein Amt als Reichsfinanzminister antrat – hatte mit seinen Reden maßgebend zu dem Umdenken in der Steuerpolitik beigetragen. In

772 Ebd., S. 289.

773 Deutsche Demokratische Partei, Programm der Deutschen Demokratischen Partei vom Dezember 1919, in: Anschütz, Gerhard u. a. (Hrsg.): Handbuch der Politik, Bd. 6, 3. Aufl., Berlin 1926, S. 343–347.

774 Deutsche Volkspartei: Grundsätze der Deutschen Volkspartei. Beschlossen auf dem Parteitag in Leipzig am 19.10.1918, in: Anschütz, Gerhard u. a. (Hrsg.): Handbuch der Politik, Bd. 6, 3. Aufl., Berlin 1926, S. 332–340.

775 Deutsche Zentrumspartei: Aufruf und Leitsätze des Reichsausschußes der Deutschen Zentrumspartei vom 30.12.1918, in: Anschütz, Gerhard u. a. (Hrsg.): Handbuch der Politik, Bd. 6, 3. Aufl. 1926, S. 329–332.

776 Sozialdemokratische Partei Deutschlands: Görlitzer Programm der Sozialdemokratischen Partei Deutschlands vom 23.09.1921, in: Anschütz, Gerhard u. a. (Hrsg.): Handbuch der Politik, Bd. 6, 3. Aufl., Berlin 1926, S. 353–357; Bernstein, Eduard: Das Görlitzer Programm der Sozialdemokratischen Partei Deutschlands, Berlin 1922, S. 44 f.

seinem Grundsatzprogramm im Hinblick auf die Fortbildung des Steuersystems zu einem sozialen und gesellschaftlichen Instrument sagte Erzberger vor der Nationalversammlung in Weimar am 8. Juli 1919:

> Gerechtigkeit im gesamten Steuerwesen zu schaffen ist mein oberstes Ziel. Gerechte Steuern stellen eine rasch wirkende vorzügliche Sozialisierung dar; sie treffen alle, sie erfassen jeden nach seiner Leistungsfähigkeit unter ausreichender Berücksichtigung des Familienstandes; sie haben aber vor der restlosen Kommunisierung eines voraus: die private Initiative bleibt bestehen, der Selbsterhaltungstrieb und begründete Eigennutz sucht nach höchster Einnahme, die Sorge für die Familie bringt die Auslösung der höchsten Arbeitsleistung. Der erzielte Überschuß wird aber zum erheblichen Teil wieder im Wege der Steuer für die Volksgemeinschaft abgenommen. Gerechte Steuern müssen die Überkapitalisierung eines Volkes verhindern. Sie tun es dann, wenn gewisse Arten von Einnahmen vorbelastet werden. Das Kapitaleinkommen muß eine erhebliche Vorbelastung vor dem Arbeitseinkommen tragen.[777]

Die soziale Komponente zeigte sich im politischen Werdegang von Matthias Erzberger: 1899 war er maßgeblich an der Gründung der christlichen Gewerkschaften in Mainz beteiligt, und in der Reichstagsfraktion führte er den linken Flügel an.[778] Dies schlug sich auch in der Gesetzgebung nieder, wie aus der Begründung zum Kapitalertragsteuergesetz von 1920 ersichtlich ist:

> Das auf Vermögensbesitz beruhende Einkommen, das sogenannte fundierte Einkommen, sollte stärker belastet werden als das unfundierte Einkommen, das den Zufälligkeiten des Fortbestandes unterworfen und von der Dauer der Arbeitskraft und der Arbeitsgelegenheit abhängig sei.[779]

---

777 Erzberger, Matthias: Reden zur Neuordnung des deutschen Finanzwesens vom Reichsminister der Finanzen Erzberger, Berlin 1919, S. 5.

778 Sahm, Reiner: 5000 Jahre Steuern, S. 270.

779 Aus der Begründung zum Kapitalertragsteuergesetz vom 29.03.1920 (RGBl S. 345), Verhandlungen der verfassungsgebenden Nationalversammlung, Bd. 340, Anl. Nr. 1625, S. 7; zitiert vom Bundesverfassungsgericht, Urteil vom 27.06.1991, BVerGE 84, 233, Az.: 2 BvR 143/89 Nr. 15; https://www.jurion.de/urteile/bverfg/1991-06-27/2-bvr-1493_89 (Letzter Zugriff: 28.02.2017).

8.2.2 Die Erzberger-Reform der Finanzverfassung und des Steuersystems

Matthias Erzberger[780] setzte die sozial- und steuerpolitischen Forderungen der Weimarer Parteien nach 1919 nur teilweise um. Sowohl die extrem hohen finanziellen Verpflichtungen, die Deutschland gezwungen war, in den Waffenstillstands- und Friedensverhandlungen mit den Siegermächten einzugehen, als auch die staatliche Fürsorge für die große Anzahl an Kranken und Kriegsverletzten ließen sich letztlich nur erfüllen, wenn das Finanzwesen dazu in der Lage war. Ebenso ließ sich der im Verlaufe des Krieges entstandene verheerende Zustand der Finanzen in Deutschland[781] nur bereinigen, wenn die Finanzverfassung und das Finanzsystem auf eine neue Grundlage gestellt würden.[782]

Finanzminister Erzberger konnte im Gegensatz zu seinen Vorgängern auf eine verfassungsrechtliche Grundlage bauen. Außerdem hatte er – wie jeder Reichsminister – nach Art. 56 WRV innerhalb der vom Reichskanzler vorgegebenen Richtlinien die eigenverantwortliche Leitung seines Ministeriums inne und damit eine Machtkonzentration, die man als unentbehrliche Voraussetzung für die Durchführung der Reform werten kann.[783]

Die von Matthias Erzberger initiierte Reform der Finanzverfassung und des Steuersystems hatte vier Bestandteile:[784]

Der erste Bestandteil[785] war die Schaffung der reichseinheitlichen Finanz- und Steuerverwaltung. Dazu bedurfte es zunächst der Herausbildung des Reichsfinanzministeriums aus dem Reichsschatzamt und des strukturellen und personellen Aufbaus dieses Ministeriums. Das geschah unmittelbar nach der Berufung des

---

780 Auf einer Gedenkveranstaltung im Berliner Bundesfinanzministerium ehrte Bundesfinanzminister Schäuble Matthias Erzberger im Jahr 2011 aus Anlass dessen 90. Todestages und hob dessen „völlig einmalige, unglaubliche" Leistung hervor. Mit seiner Steuerreform sei ihm ein „elementarer Umbruch" gelungen; o. V.: Reutlinger Generalanzeiger vom 29.08.2011, auf: http://www.gea.de/region+reutlingen/ueber+-die+alb/+einsatz+fuer+kleine+leute.2164499.html (letzter Zugriff: 20.02.2017).

781 Die gesamten Reichsschulden wuchsen bis 1913 auf 4,9 Milliarden Mark; dazu kamen 284 Millionen Mark an „schwebenden Schulden". Insgesamt hatte sich die Reichsschuld zwischen 1877 und 1914 verdreihundertfacht; Ullmann, Hans-Peter: Der deutsche Steuerstaat, S. 63.

782 Sahm, Reiner: 5000 Jahre Steuern, S. 268.

783 Wallmann, Ferdinand: Die Finanzpolitik des deutschen Reiches nach dem Kriege bis zur Währungsstabilisierung, Köln 1931, S. 16.

784 Sahm, Reiner: 5000 Jahre Steuern, S. 269 f.

785 Erzberger, Matthias: Reden, S. 111 f.

Ministers. Mit dem Gesetz vom 10. September 1919 wurde die Reichsfinanzverwaltung geschaffen und ihr die Zuständigkeit für die Verbrauchsabgaben und die Zölle übertragen.

Der zweite Bestandteil[786] war die Ausrichtung der unter dem Reichsministerium angesiedelten Landesämter und Finanzämter. Die gesetzliche Grundlage dafür bot die Reichsabgabenordnung vom 13. Dezember 1919. Sie war von dem Juristen Enno Becker konzipiert worden, der wie kaum ein anderer die Gesetzgebung, Rechtsprechung und Wissenschaft auf dem Gebiet des Steuerrechts beeinflusste. Es ist bemerkenswert, dass diese Reichsabgabenordnung bis zum Jahre 1976 in Kraft blieb. Sie gewährte einerseits dem Steuerbürger Rechtsschutz und räumte dem Staat andererseits umfassende, obrigkeitsstaatliche Machtbefugnisse ein und bestimmte, dass alle Steuern, die zugunsten des Reiches erhoben wurden, von Reichsbehörden zu verwalten waren. Damit war die Grundlage für eine zentrale Finanzverwaltung mit den darunter angesiedelten Organen bis hin zu den Finanzämtern begründet. Nach dem Erlass der Reichsabgabenordnung wurden dem Reichsfinanzministerium die 26 Landesfinanzämter und die ca. 1.000 Finanzämter unterstellt.

Der bereits 1918 in München geschaffene Reichsfinanzhof war ein weiterer wichtiger Meilenstein zu einem modernen Steuersystem. Damit zog das Reich die Kompetenz der Rechtsprechung sowohl im Steuerrecht als auch im Steuerstrafrecht an sich und ebnete den Weg zu einer Zentralisierung der Reichsaufsicht. Ab 1922 nahmen Finanzgerichte als erste Instanz im Reich ihre Tätigkeit auf.

Der dritte Bestandteil[787] war das Landessteuergesetz vom 31. März 1920, in dem die Finanzbeziehungen zwischen der Republik, den Ländern und Gemeinden geregelt wurden. Die Republik, die nun die wichtigsten Abgaben einnahm, hatte für eine ausreichende Finanzierung der Länder und Kommunen sowie für einen Finanzausgleich zwischen den Ländern Sorge zu tragen. Länder und Kommunen, die weiterhin berechtigt waren, verschiedene Abgaben zu erheben, sahen sich nun auf einen gewissen Anteil an den Reichssteuern angewiesen. Damit kehrte sich das bisher herrschende Verhältnis zwischen Reich und Ländern um. Das Reich war nicht mehr der Kostgänger der Einzelstaaten, sondern diese waren auf die Zuweisungen aus den Reichseinnahmen angewiesen.[788]

Ein vierter Bestandteil[789] der Finanz- und Steuerreform bestand in einer Reihe neuer oder veränderter Steuergesetze. Matthias Erzberger ließ sich bei der Abfassung

786 Ebd., S. 113 f.

787 Ebd., S. 115 ff.

788 Vgl. hierzu die Ausführungen unter Kapitel 6.4.1 sowie Ullmann, Hans-Peter: Der deutsche Steuerstaat, S. 102.

789 Erzberger, Matthias: Reden, S. 103 ff.

dieser Gesetze von dem Gedanken der Umverteilung von Einkommen zugunsten der weniger Bemittelten leiten. Dabei trug er einerseits der aktuellen Situation auf sozialpolitischem Gebiet Rechnung und legte andererseits als Minister seinem finanz- und steuerpolitischen Wirken eine soziale Komponente zugrunde.

Eine der Hauptsäulen der Erzberger-Reform war die Einkommensteuer. Nach der Gründung des Deutschen Reiches am 18. Januar 1871 bestanden auf deutschem Boden 25 und ab 1911 mit Elsaß-Lothringen 26 Bundesstaaten. Bis zur Einführung der Reichseinkommensteuer vom 29. März 1920 gab es aufgrund dieser politischen Situation 27 verschiedene Einkommensteuergesetze,[790] die sich mehr oder weniger an der preußischen und sächsischen Gesetzgebung orientierten. Es gab jedoch keine einheitlichen Regelungen in Bezug auf den Kreis der Steuerpflichtigen, den Einkommensbegriff, das Existenzminimum, den Steuertarif oder die Steuerbefreiungen, -zuschläge und -berechtigungen.[791]

Das Einkommensteuergesetz vom 29. März 1920 (EStG 1920) war sehr stark von dem enormen Finanzbedarf des Reiches beeinflusst, was seinen Niederschlag in der amtlichen Begründung fand:

> Bei der Ausgestaltung des Tarifs war davon auszugehen, dass aus der Einkommensteuer an Erträgen für das Reich herauszuholen war, was ohne Gefährdung des Wirtschaftslebens und der Daseinsmöglichkeit des einzelnen herausgeholt werden kann.[792]

Diese Begründung war jedoch kaum vereinbar mit der von Erzberger herausgegebenen Leitlinie seiner Steuerreform, denn „Gerechtigkeit im gesamten Steuerwesen zu schaffen ist mein oberstes Ziel".[793] Allgemeiner Konsens bestand darüber, dass Kriegsgewinne mehr oder minder vollständig abgeschöpft werden sollten, weitgehende Einigkeit bestand auch darin, dass jeder Steuerpflichtige zur Verminderung

---

790 Sachsen-Coburg-Gotha als Bundesland besaß für Coburg und für Gotha jeweils ein separates Gesetz; vgl. Popitz, Johannes: Einkommensteuer, S. 439.

791 Statistisches Reichsamt: Die deutsche Einkommensbesteuerung vor und nach dem Kriege (Statistik des Deutschen Reiches, N. F. 312), Berlin 1925, ND Osnabrück 1978, S. 5.

792 o. V.: Begründung zum Reichseinkommensteuergesetzentwurf vom 29.11.1919, Drucksachen der Nationalversammlung Nr. 1624, in: Finanzarchiv 37/2 (1920), S. 591- 631, S. 608.

793 Erzberger, Matthias: Rede vor der Nationalversammlung am 08.07.1919, in: Ders.: Reden, S. 18.

der Lasten beitragen musste. Es war also nicht grundsätzlich ungerecht, der Bevölkerung eine enorme steuerliche Belastung zuzumuten.[794]

Die Forderung nach einer gerechten Steuer, die jeden Steuerpflichtigen nach seiner Leistungsfähigkeit[795] unter besonderer Berücksichtigung seiner persönlichen Verhältnisse erfassen sollte, schlug sich insbesondere in den folgenden Regelungen nieder:[796] § 12 EStG 1920 enthielt zahlreiche Einzelfälle, die Einkommensbestandteile steuerfrei stellten und zu einer genaueren Abbildung der Leistungsfähigkeit beitragen sollten. Es wurde eine Haushaltsbesteuerung eingeführt, bei der nicht nur die Einkommen der Ehegatten (§ 16 EStG 1920), sondern auch die zum Haushalt zählenden minderjährigen Kinder erfasst wurden (§ 17 EStG 1920). Ein steuerfreies Existenzminimum (§ 20 EStG 1920) in Höhe von 1.500 Mark wurde im Steuertarif berücksichtigt. Der Steuertarif war als Stufentarif mit progressivem Verlauf gestaltet. In der Begründung zum Reichseinkommensteuergesetzentwurf vom 29. November 1919 wurde hierzu ausgeführt, dass bei der Aufstellung des Steuertarifs und der ihn beeinflussenden Vorschriften neben der Höhe des Einkommens als wesentlichster Maßstab die wirtschaftliche Leistungsfähigkeit zu berücksichtigen ist.[797] Nach § 21 EStG 1920 begann der Steuersatz bei 10 Prozent und stieg zunächst vierzehnmal um 1 Prozent für jede 1.000 Mark mehr an Einkommen bis auf 24 Prozent und vergrößerte sich dann „um je 1 v.H., 5 mal für je 2.000, 5 mal für je 3.000, 10 mal für je 5.000, 5 mal für je 10.000, 2 mal für jede 20.000, 2 mal für jede 30.000, 1 mal für jede 40.000 und vier mal für je 50.000 M. Mehreinkommen“ bis auf 59 Prozent. Alle darüber liegenden Einkommensanteile waren mit 60 Prozent zu versteuern.[798]

Gemäß § 26 Abs. 1 EStG 1920 konnten „besondere wirtschaftliche Verhältnisse[,] die die Leistungsfähigkeit des Steuerpflichtigen wesentlich beeinträchtigen, berücksichtigt werden, sofern das steuerbare Einkommen den Betrag von dreißigtausend Mark nicht übersteigt.“ Die nach §§ 19 bis 25 zu erhebende Abgabe konnte insbesondere durch außergewöhnliche Belastungen, wie durch den Unterhalt und die Erziehung der Kinder, durch Verpflichtung zum Unterhalte mittelloser Angehöriger, sowie durch Krankheit, Körperverletzung, Verschuldung, Unglücksfälle oder durch

794 Hacker, Mark: Gibt es „Gerechtigkeit“ in der Steuerpolitik? Der politisch-philosophische Diskurs über Recht und Gerechtigkeit am Beispiel der Entstehung des modernen Einkommensteuerrechts in der Weimarer Republik, Stuttgart/Berlin 2013, S. 178.

795 Erzberger, Matthias: Rede vor der Nationalversammlung am 08.07.1919: „Gerechte Steuern … erfassen jeden nach seiner Leistungsfähigkeit“, in: Ders.: Reden, S. 5.

796 Hacker, Mark: Gibt es „Gerechtigkeit“ in der Steuerpolitik?, S. 158 und S. 182–184.

797 o. V.: Begründung zum Reichseinkommensteuergesetzentwurf, S. 243.

798 Metzger, Ulrike/Weingarten, Joe: Einkommensteuer und Einkommensteuerverwaltung in Deutschland. Ein historischer und verwaltungswissenschaftlicher Überblick, Wiesbaden 1989, S. 138.

außergewöhnliche Aufwendungen im Haushalt infolge einer Erwerbstätigkeit der Ehefrau (§ 26 Abs. 2 EStG 1920) ermäßigt werden.

Das Einkommensteuergesetz 1920 wurde durch das Körperschaftsteuergesetz vom 29. März 1920[799] ergänzt, das erstmalig eine Trennung von natürlichen und juristischen Personen vornahm und den Kreis der Steuerpflichtigen auf juristische Personen beschränkte. Aufgrund des verheerenden Zustands der Finanzen in Deutschland[800] konnte das Reich auf eine Besteuerung der Körperschaften nicht verzichten, denn dies hätte Einnahmenausfälle bedeutet.[801] In der amtlichen Begründung zum Entwurf des Einkommensteuergesetzes 1920 heißt es: „Die nichtphysischen Personen stellen in der Einkommensteuer einen Fremdkörper dar, der in deren Rahmen nur mit Hilfe von Fiktionen hineingepresst werden kann."[802] Sowohl die Körperschaftsteuer als auch die Einkommensteuer bildeten gemeinsam das Rückgrat der direkten Personalbesteuerung des Reichs.[803] Eine Entwicklung, die mit dem Preußischen Einkommensteuergesetz von 1891 begonnen hatte, fand damit ein Ende.[804]

Der Körperschaftsteuertarif betrug unabhängig von der Gewinnverwendung 10 Prozent des steuerbaren Einkommens.[805] Die Körperschaftsteuer für ausgeschüttete Gewinne erhöhte sich um einen Zuschlag, der um bis zu 10 % dieser Beträge antieg. Da auch der Einkommensteuertarif angehoben wurde, traten die Wirkungen der Doppelbelastung hervor.[806] Damit waren Gewinnausschüttungen gegenüber Thesaurierungen deutlich benachteiligt, was offensichtlich im Sinn des Gesetzgebers war, denn die Stärkung des Unternehmenskapitals schien wichtiger zu sein als Ausschüttungen an die Anteilseigner.[807] Der Gesetzgeber sah sich Anfang des 20.

---

799 RGBl. 1920, S. 393.

800 Ullmann, Hans-Peter: Der deutsche Steuerstaat, S. 63.

801 Vgl. hierzu Kapital 10.1.2.2.1.

802 Begründung zum Entwurf eines Reichseinkommensteuergesetzes, in: Verhandlungen der Verfassungsgebenden deutschen Nationalversammlung, Bd. 340, Anlagen zu den Stenographischen Berichten, Nr. 1924, Berlin 1920, S. 17.

803 Clauß, J.: Die Körperschaftsteuer, in: Steuer und Wirtschaft. Sondernummer (1922), S. 47–92, S. 54.

804 Evers, Robert: Kommentar zum Körperschaftsteuergesetz vom 10. August 1925, 2. Aufl., Berlin 1927.

805 § 11 KStG 1920; bei Erwerbsgesellschaften, deren Zweck die Erzielung wirtschaftlicher Vorteile für sich oder ihre Mitglieder war, wurde außerdem auf ausgeschüttete Gewinne unter bestimmten Voraussetzungen bis zum Jahr 1922 eine gestaffelte progressive Zuschlagsteuer erhoben (§§ 12 und 13 KStG 1920).

806 KStG vom 29. März 1920.

807 Brinkmann, Thomas: Die Körperschaftsteuer, S. 54.

Jahrhunderts auch in der Pflicht, eine Mehrfachbelastung mit Körperschaftsteuer bei der Verflechtung von Kapitalgesellschaften zu verhindern. In das erste deutsche Körperschaftsteuergesetz wurde als zentrales Rechtsinstitut des Konzernrechts die Privilegierung von Schachteldividenden („Schachtelprivileg") aufgenommen.[808]

Mit der Einführung des Körperschaftsteuergesetzes 1920 war allein die zivilrechtliche Form für die Besteuerung maßgeblich. Seitdem sind Gesellschaften (juristische bzw. nichtphysische Personen) und Anteilseigner (natürliche bzw. physische Personen) zwei voneinander selbstständige Rechtssubjekte mit der Konsequenz einer strikten Trennung zwischen der Ebene der Gesellschaft und der des Anteilseigners. Dieses Nebeneinander von natürlichen und juristischen Personen als Steuersubjekte wird als duales System bezeichnet und ist eines der prägenden Merkmale unseres heutigen Steuersystems.[809]

1922 wurde eine progressiv abgestufte Vermögensteuer (§§ 18–20 VStG 1922) eingeführt, die als Ergänzungsteuer zur Reichseinkommensteuer angesehen wurde. Auch in diesem Gesetz waren bestimmte subjektive Leistungsfähigkeitsmerkmale berücksichtigungsfähig (§§ 21 f. VStG 1922).

Der extrem hohe Finanzbedarf des Deutschen Reiches konnte seinerzeit nur mit der zusätzlichen Einführung einer außerordentlichen Kriegsabgabe, einer Vermögenszuwachssteuer und einem „Reichsnotopfer" beglichen werden.[810] Die mit dem Reichsvermögensteuergesetz zusammen erlassene Kriegsabgabe für Vermögenszuwächse[811] sah einen progressiven Steuertarif von 1 bis 10 Prozent des Zuwachses vor. Dabei wurde der zum 30. Juni 1919 erzielte Vermögenszuwachs dem vom 31. Dezember 1913 vorhandenen Vermögen gegenübergestellt. Das Gesetz wurde heftig kritisiert, da es sich mit dem Leistungsfähigkeitsprinzip nicht rechtfertigen lasse. Entscheidend war jedoch, dass diese Steuer mit der Inflation an Bedeutung verlor und sie technisch ad absurdum führte.[812] Sowohl das Vermögenszuwachssteuergesetz als auch die Wertzuwachssteuer, die Gewinne aus der Veräußerung

808 Ein „Schachtelprivileg" ist erstmals in § 18 des Kriegssteuergesetzes vom 21.06.1916 (RGBl. 1916, S. 561 ff.) im deutschen Steuerrecht zu finden; vgl. auch Potthast, Thilo: Die Entwicklung der Körperschaftsteuer, S. 49–53.

809 Jacobs, Otto H./Scheffler, Wolfram/Spengel, Christoph: Unternehmensbesteuerung und Rechtsform. Handbuch der Besteuerung deutscher Unternehmen, 5. Aufl., München 2015, S. 102.

810 Davidsohn, Lars: Verfassungsrechtliche Würdigung, S. 168.

811 Vermögenszuwachssteuergesetz vom 08.04.1922, RGBl. 1922 I, S. 346.

812 Leisner, Walter: Wertzuwachsbesteuerung, S. 50 f.

von solchen Grundstücken, die in der Zeit von 1919 bis 1924 erworben wurden, erfasste,[813] liefen ohne Verlängerung aus.[814]

Das angesichts „der äußeren Not des Reiches" im Jahr 1919 eingeführte sogenannte Reichsnotopfer war eine Vermögensabgabe mit einem progressiven Steuerverlauf. Dieser begann mit 10 Prozent für Vermögen bis 50.000 Mark und wies einen Spitzensteuersatz von 65 Prozent bei Beträgen von über 7.000.000 Mark auf.[815]

Neben der Einkommensteuer belasteten direkte Ergänzungsteuern die sogenannten fundierten Einkünfte vorab: die Kapitalertragsteuer, die Grunderwerbsteuer und die Erbschaftsteuer.[816] Die von Reichsfinanzminister Erzberger als gerecht empfundenen direkten Steuern sollten auf 60 Prozent, dann auf 75 Prozent angehoben werden und die als ungerecht empfundenen indirekten Steuern auf 40 Prozent, dann auf 25 Prozent absinken, jeweils bezogen auf das Gesamtsteueraufkommen.[817]

Zu der sozialpolitisch orientierten Besteuerungspolitik gehörte auch das im Jahr 1919 eingeführte Erbschaftsteuergesetz[818] das einen erkennbar umverteilenden Charakter hatte. Der Nachlass des Verstorbenen wurde zunächst mit einem vom Wert des Nachlasses abhängigen Steuersatz in Höhe von 1 bis 5 Prozent vorweg besteuert. Ergänzt wurde diese Nachlasssteuer von einer Erbanfallsteuer, bei der der jeweilige Erbe in Abhängigkeit vom Verwandtschaftsgrad und von der Höhe des Erwerbs mit einem Steuersatz von 4 bis 70 Prozent belastet wurde. Zusätzlich war ein entsprechender Zuschlag zu erheben, der sich nach der Höhe des beim Erben vorhandenen Vermögens bemaß.[819] Im Jahr 1925 wurden durch die Neufassung des Erbschaftsteuergesetzes[820] die Belastungen gesenkt, sodass durch dieses Gesetz keine wesentlichen Umverteilungswirkungen mehr erzielt werden konnten.[821]

---

813 Gesetz über Änderungen des Finanzausgleichs zwischen Reich, Ländern und Gemeinden vom 10.08.1925, RGBl. I, 1925, S. 254.

814 Leisner, Walter: Wertzuwachsbesteuerung, S. 52.

815 Gesetz über das Reichsnotopfer vom 31.12.1919, RGBl. 1919, § 24, S. 2189 ff.

816 Schremmer, Eckart: Über „gerechte Steuern", S. 24.

817 Mann, Fritz Karl: Steuerpolitische Ideale, S. 312 f.; Schremmer Eckart: Über „gerechte" Steuern, S. 24.

818 Erbschaftsteuergesetz vom 10.09.1919, RGBl. 1919, S. 1543 ff, insbesondere hier § 15 und § 28.

819 Davidsohn, Lars: Verfassungsrechtliche Würdigung, S. 291 f.

820 Erbschaftsteuergesetz vom 22.08.1925, RGBl. I 1925, S. 320 ff.

821 Davidsohn, Lars: Verfassungsrechtliche Würdigung, S. 292.

8.2.3 Die Korrekturen an der Erzberger-Reform und das Scheitern der Hilferding-Finanzreform

Die Stabilisierung der Währung, die Klarheit über die Reparationsverpflichtungen und der internationale Kredit trugen dazu bei, dass sich das Wirtschaftsleben in Deutschland wieder normalisierte.[822]

Der 1924 einsetzende Wirtschaftsaufschwung und die verhältnismäßig günstige Finanzsituation der Republik ließen in Wirtschaftskreisen den Wunsch wachsen, dass die Belastung durch Steuern und Abgaben verringert würde. Das veranlasste den Reichskanzler Hans Luther, zunächst dafür zu sorgen, dass die Unternehmen und Besitzenden entlastet wurden. Nachdem er am 15. Januar 1925 Reichskanzler geworden war, nahm er eine Steuerreform in Angriff, wozu Johannes Popitz, der Staatssekretär im Finanzministerium, die entsprechenden Vorarbeiten leistete. Dabei ging es ihm einmal darum, das von Matthias Erzberger geschaffene Steuersystem sowohl den veränderten Gegebenheiten anzupassen, als auch zu konsolidieren, und zum anderen um eine Entlastung der Wirtschaft, damit Kapitalbildung und Investitionen erfolgen konnten.[823]

Die Finanzreform im Jahr 1925 war schon deshalb notwendig, weil die sozialen Folgen des Inflationsprozesses einem Großteil der Bevölkerung erhebliche finanzielle Nachteile beschert hatten und die Steuersätze nicht an den Verlauf der galoppierenden Geldentwertung angeglichen werden konnten. Die Hyperinflation führte dazu, dass das Vertrauen der Bürger in den Staat nachhaltig erschüttert war. Das erklärte Ziel der regierenden Parteien der rechten Mitte war es daher, jeden Einzelnen spürbar zu entlasten und die Umverteilung von Einkommen und Vermögen zu beenden. Insbesondere die Wirtschaft und der Mittelstand sollten geschont werden. Das Ideal der Gerechtigkeit trat damit in den Hintergrund, wurde bei Weitem nicht mehr so stark betont wie noch fünf Jahre zuvor und mit anderen Akzenten versehen.[824]

Vielfach war gegenüber dem EStG 1920 der Vorwurf der Ungerechtigkeit und Ungleichbehandlung erhoben worden. Die unterschiedliche Behandlung der verschiedenen Einkunftsarten war ebenso Ziel der Kritik wie die Überspannung der Steuertarife, die im Zusammenhang mit der Belastung durch andere Steuergesetze beachtet werden mussten. Folglich sollten die Einkunftsarten gleichbehandelt und eine Verminderung der Progression bei der Neugestaltung beachtet werden.[825]

822 Sahm, Reiner: 5000 Jahre Steuern, S. 280.

823 Ebd., S. 281.

824 Hacker, Mark: Gibt es „Gerechtigkeit" in der Steuerpolitik?, S. 261.

825 Ebd., S. 205.

Die Steuerbelastung durch die Finanzreform 1919/20 war noch aus einem weiteren Sachverhalt ungleichmäßig und entsprechend ungerecht: Während bei den Lohnsteuerpflichtigen die Lohnsteuer im Quellenabzugsverfahren erhoben wurde und diese damit die neuen Steuern von Anfang an voll tragen mussten, konnten Personen mit hohem Einkommen und großem Vermögen sowie die Unternehmen dem Druck der Steuer ausweichen. Kapitalflucht, Steuerhinterziehung und nicht zuletzt die große Inflation von 1923 eröffneten viele Ausweichmöglichkeiten. Da die Steuern dieser natürlichen und juristischen Personen nicht so zügig erhoben wurden und insbesondere in der Inflationszeit das Einkommen des Vorjahres, dessen Wert die Inflation bereits ausgehöhlt hatte, zugrunde gelegt wurde, entstanden erhebliche Ungleichbelastungen. Wie ungleich der Staat auf den Lohn bzw. das Einkommen oder den Gewinn zugriff, ließ sich daran ablesen, dass im Jahr 1920 95 Prozent des Aufkommens der Einkommen- und Körperschaftsteuer aus der Lohnsteuer stammten. Im Jahr 1921 waren es rund 60 Prozent, in den Jahren 1922 ca. 75 Prozent und 1923 über 90 Prozent.[826]

Im Einkommensteuergesetz vom 10. August 1925 (EStG 1925) war der Tarifverlauf wie im EStG 1920 progressiv gestaltet, doch waren die Stufen breiter aufgestellt und der Kurvenverlauf deutlich abgeschwächt. Der Höchststeuersatz war mit 40 Prozent um ein Drittel niedriger als im EStG 1920 und galt ab einem zu versteuernden Einkommen von 80.000 Reichsmark (§ 55 EStG 1925). Um die unteren Einkommen zu entlasten, war ab einem zu versteuernden Einkommen von 12.000 Reichsmark eine weitere Tarifstufe in Höhe von 12,5 Prozent eingefügt worden.[827]

Grundlegend neu war die Einführung einer Besteuerung nach dem Verbrauch gemäß § 49 EStG 1925. Diese Vorschrift trat ergänzend neben die Besteuerung des Einkommens, wenn das festgestellte Einkommen eines Steuerpflichtigen und sein Verbrauch in einem offenbaren Missverhältnis standen. Dies wurde dann angenommen, wenn der Verbrauch mindestens um die Hälfte höher war als das Einkommen (§ 49 Abs. 5 EStG 1925). Die Vorschrift fand keine Anwendung, wenn der Verbrauch jährlich weniger als 15.000 Reichsmark betrug oder wenn der Steuerpflichtige nachwies, dass er den Verbrauch aus Vermögen bestritten hatte, das in den letzten drei Jahren der Besteuerung nach dem Einkommensteuergesetz unterlegen hatte (§ 49 Abs. 6 und Abs. 5 EStG 1925). Dies traf ebenfalls zu, wenn der Verbrauch durch nicht der Einkommensteuer unterliegende Einkünfte bestritten wurde (§ 49 Abs. 1, 2. Halbsatz EStG 1925).[828]

826 Ullmann, Hans-Peter: Der deutsche Steuerstaat, S. 124

827 Hacker, Mark: Gibt es „Gerechtigkeit" in der Steuerpolitik?, S. 268.

828 Ebd., S. 245 f.

Dieser Paragraf stellte im EStG 1925 einen Fremdkörper dar. Ziel dieser Vorschrift war es, Steuersünder zu einer Besteuerung nach dem Einkommensteuergesetz heranzuziehen, auch wenn die Aufnahme dieser Vorschrift unter dem Gesichtspunkt einer modernen Einkommensteuer mit den Grundsätzen einer gerechten Einkommensbesteuerung unvereinbar blieb.[829]

Neben der Einführung einer Besteuerung nach dem Verbrauch hatte das EStG 1925 auch eine erhebliche Zunahme an Paragrafen zur Folge: Während das EStG 1920 noch mit 60 Paragrafen auskam, hatte das neue EStG 1925 mit 117 Vorschriften beinahe doppelt so viele.[830]

Unabhängig vom EStG 1925 wurden auch die Sätze der Vermögen-, Erbschaft- und Umsatzsteuern niedriger festgesetzt. Dagegen erhöhten sich – wie es im Dawes-Plan[831] verlangt wurde – die Verbrauchsteuern für Tabak und Bier.[832]

Am 28. Juni 1928 kam die Regierung der „Großen Koalition" zustande, in der Rudolf Hilferding das Reichsfinanzministerium übernahm. Das geschah in einer Zeit, in der sich der bisherige Wirtschaftsaufschwung nicht mehr fortsetzte und der Reichsetat im Dezember 1929 ein Defizit von 1,7 Milliarden Mark aufwies.[833]

Da die im Dawes-Plan festgelegten Verpflichtungen sich als eine für das Deutsche Reich nicht tragbare Belastung erwiesen, legte ein Sachverständigenausschuss unter Leitung von Owen Young einen neuen Zahlungsplan für die Reparationen vor, der dem deutschen Wunsch nach Senkung der Schuldenlast entgegenkam. Die Reduzierung der Reparationsraten, die der Young-Plan erlaubte, bot einen Spielraum, um Fehlbeträge zu konsolidieren und die Steuerreform zu finanzieren.[834]

Finanzminister Hilferding und sein Staatssekretär Johannes Popitz unternahmen nun den erneuten Versuch, mithilfe einer Finanzreform zunächst den Haushalt 1929/1930 auszugleichen. Um das zu erreichen, wollten sie folgende Maßnahmen treffen: Ausgabenkürzungen, Steuererhöhungen für Bier und Branntwein, Anhebung der Erbschaft- und Vermögensteuern, Begrenzung des Darlehns für die Arbeitslosenversicherung und Reduzierung der Überweisungen an die Länder.

---

829 Ebd., S. 247.

830 Strutz, Georg: Das neue Einkommensteuergesetz, in: Steuer und Wirtschaft 4 (1925), S. 1395–1424, S. 1753–1758 und S. 1913–1964, S. S. 1753–1758.

831 1924 wurde von der Reparationskommission eine Arbeitsgruppe unter Vorsitz von Charles Dawes einberufen, die auf der Londoner Konferenz vom 16. August 1924 den Dawes-Plan verabschiedete, der die Reparationszahlungen Deutschlands von der deutschen Wirtschaftskraft abhängig machen sollte.

832 Ullmann, Hans-Peter: Der deutsche Steuerstaat, S. 106–109.

833 Sahm, Reiner: 5000 Jahre Steuern, S. 281.

834 Ebd., S. 281.

Allerdings war der Reichstag für diese Finanzreform nicht zu gewinnen; die Abgeordneten entschieden sich für einen defizitären Haushalt. Außerdem war man sich nicht einig, ob die Arbeitslosenversicherung durch höhere Beiträge oder durch Leistungsreduzierung zu sanieren sei; dazu kam, dass die Länder gegen eine Neuregelung des Finanzausgleiches Widerstand leisteten.[835]

Die Initiatoren dieser Finanzreform sahen keine politische Möglichkeit, durch Notverordnungen ihre Vorhaben zu verwirklichen. Ein Überbrückungsversuch mithilfe eines ausländischen Kredits scheiterte am Einspruch des Reichsbankpräsidenten. Diese Fehlschläge veranlassten Rudolf Hilferding und Johannes Popitz zurückzutreten. Mit großer Wahrscheinlichkeit wäre die geplante Finanzreform wegen der nun einsetzenden Wirtschaftskrise ohnehin nicht von Erfolg gekrönt worden.[836]

8.2.4 Die Versuche der Staatshaushaltssanierung in den Jahren der Weltwirtschaftskrise

In den Jahren 1928 und 1929 ließen sich in der deutschen Wirtschaft erste Anzeichen einer konjunkturellen Abschwächung erkennen. Sie deuteten sich in der zurückgehenden Gewinnbildung und im Ausbleiben von Neuinvestitionen an. Als sich aus der Bankenkrise in den USA eine Weltwirtschaftskrise entwickelte, wurde 1930 auch die deutsche Wirtschaft erfasst. Aufgrund einer historisch bedingten besonderen Anfälligkeit kam es einerseits zu einem steilen Abfall des Produktions- und Einkommensniveaus und andererseits zu einer steil ansteigenden Arbeitslosigkeit. Dies wird an der Entwicklung des Nettosozialprodukts zu Faktorkosten und laufenden Preisen besonders sichtbar. Danach sank das Nettosozialprodukt, das in den zurückliegenden Jahren immer wieder zugenommen hatte, 1930 gegenüber dem Vorjahr um 9,0 Prozent. In den Jahren 1931 und 1932 wies es, gemessen an den jeweiligen Vorjahren, einen weiteren Rückgang um 20,6 bzw. um 35,2 Prozent auf. Erst 1933 wuchs das Nettosozialprodukt wieder um 22,1 Prozent. In diesem Jahr lag es aber noch immer 42,9 Prozent unter dem Stand von 1929.[837]

---

835 Ebd., S. 282.

836 Herzfeld, Hans (Hrsg.): Geschichte in Gestalten, S. 197; Ullmann, Hans-Peter: Der deutsche Steuerstaat, S. 132 f.

837 Errechnet nach Hoffmann, Walther G.: Das Wachstum der deutschen Wirtschaft seit der Mitte des 19. Jahrhunderts, Berlin/Heidelberg/New York 1965, S. 509; Sahm, Reiner: 5000 Jahre Steuern, S. 283.

Die Veränderungen im Wirtschaftsleben der frühen Dreißigerjahre beeinflussten das politische Geschehen in Deutschland und wirkten sich innerhalb kurzer Zeit auf den Staatshaushalt aus. Bis zum Frühjahr 1930 wurde das Land von einer Koalitionsregierung geführt, der der Sozialdemokrat Hermann Müller als Reichskanzler vorstand und die nun genötigt war, die ersten Maßnahmen zur Bekämpfung der Wirtschaftskrise zu treffen. Da durch die rasch ansteigende Arbeitslosigkeit die finanziellen Mittel der Reichsanstalt für Arbeitsvermittlung und Arbeitslosenversicherung abnahmen, galt es zu entscheiden, ob die Mittel aufgestockt oder die Leistungen gekürzt werden sollten. Darüber gab es zwischen den Koalitionspartnern heftige Auseinandersetzungen. Finanzminister Hermann Dietrich und sein neuer Staatssekretär Hans Schäffer sahen den Ausweg darin, die Steuern anzuheben und die Ausgaben zu reduzieren. Dem Vorhaben verweigerte sich der Reichstag, sodass das Kabinett Müller aufgab und am 27. März 1930 zurücktrat.[838]

Nach dem Sturz von Hermann Müller wurde der Zentrumspolitiker Heinrich Brüning am 29. März 1930 zum Reichskanzler ernannt. Das von ihm gebildete sogenannte Frontkämpferkabinett war von Anfang an gewillt, möglichst unter Umgehung des Reichstages mit Notstandsverordnungen zu regieren. Brüning hatte dafür die Unterstützung des Reichspräsidenten, der der Regierung nach Artikel 48 der Weimarer Verfassung erlauben konnte, mit diesem – nur für besondere Fälle gedachten Regierungsinstrument – zu agieren.[839]

Heinrich Brüning machte von diesem Instrument während seiner Kanzlerschaft in der Wirtschafts-, Finanz- und Innenpolitik reichlichen Gebrauch. Er löste schon nach kurzer Amtszeit am 18. Juli 1930 den Reichstag auf, weil die Abgeordneten die von ihm am 16. Juli 1930 eingebrachte Finanzreform nicht mittragen mochten. Damit war die Brüning-Regierung ohne parlamentarische Kontrolle.[840]

Heinrich Brüning verfolgte während seiner Kanzlerschaft im Wesentlichen die drei folgenden Ziele: Sanierung des Staatshaushaltes, Beendigung der Reparationsleistungen und das Wiedererstarken Deutschlands.

Es gelang ihm tatsächlich zu erreichen, dass zunächst die Reparationsleistungen für ein Jahr ausgesetzt wurden. Seinem Wirken war es schließlich mit zu danken, dass die Alliierten am 8. Juli 1932 – bis auf eine Teilzahlung, die ebenfalls nicht mehr aufgebracht wurde – auf weitere Reparationsleistungen verzichteten. Das vergrößerte den finanziellen Spielraum für die Sanierung des Staatshaushaltes.[841]

---

838 Sahm, Reiner: 5000 Jahre Steuern, S. 284.

839 Ebd., S. 284.

840 Herzfeld, Hans (Hrsg.): Geschichte in Gestalten, S. 197; Ullmann, Hans-Peter: Der deutsche Steuerstaat, S. 132 f.

841 Sahm, Reiner: 5000 Jahre Steuern, S. 285.

Um der während des Krisenverlaufs permanenten Gefahr eines Staatsbankrotts zu begegnen, versuchte es Heinrich Brüning mit unterschiedlichen Maßnahmen auf steuerlichem und finanzpolitischem Gebiet.[842] Ein ganzes Bündel weiterer Maßnahmen sollte die Staatssanierung unterstützen. Es folgten zahlreiche Anordnungen zur Verringerung der Arbeitseinkünfte: Löhne, Gehälter, Pensionen und soziale Leistungen wurden aufgrund mehrerer Notverordnungen gekürzt.

Durch die vom Kabinett Brüning verfolgte Steuerpolitik erhöhte sich die Steuerlastquote, die das Verhältnis der Einnahmen aus Steuern und Zöllen zum Volkseinkommen ausdrückt. Sie lag 1925 bei 17,6 Prozent, erhöhte sich bis 1928 leicht auf 18,2 Prozent und erreichte 1932 schließlich einen Wert von 24,0 Prozent.[843]

Obgleich die Regierung Brüning in mehreren Notverordnungen Steuererhöhungen verfügt hatte, trat der gewünschte Effekt nur vorübergehend ein. Der Krisenverlauf schmälerte die Fähigkeit der Steuerpflichtigen, die erwarteten Steuersummen überhaupt oder zum nötigen Zeitpunkt aufzubringen, immer weiter.[844]

Dies betraf die Großunternehmen, deren Absatz zurückging, die mittelständischen Firmen, die wegen Auftragsmangels ihre Tätigkeit reduzieren oder teilweise sogar einstellen mussten, oder Kaufleute, deren Kundschaft nicht mehr imstande war, Waren im bisherigen Umfang abzunehmen. Während die Beamten, die Angestellten und die Arbeiterschaft mit einer Arbeitsstelle Steuern entrichten konnten, entfiel der große und ständig wachsende Kreis der Unselbstständigen, die arbeitslos geworden waren, für lange Zeit als Steuerzahler.[845]

Statt das Wirtschaftswachstum und die Schaffung neuer Arbeitsplätze zu fördern, schlug Brüning vor, nicht mehr sanierungsfähige Agrargüter zwangsweise an Kleinbauern aufzuteilen.[846] Der sich daraus ergebende Konflikt mit den landwirtschaftlichen Großgrundbesitzern führte zum Rücktritt von Brüning am 30. Mai 1932. Dieser Konflikt ging unter dem Begriff „Osthilfeskandal" in die Geschichtsschreibung ein.

Trotz des großen Bündels an eingeleiteten Maßnahmen – die auch in einer rigorosen Kürzung der staatlichen Ausgaben bestand – erreichten Reichskanzler

842 Vgl. hierzu im Einzelnen: Müller-Mertens, Eckhard u. a. (Hrsg.): Kleine Enzyklopädie Deutsche Geschichte, Leipzig 1965, S. 503–505; Ullmann, Hans-Peter: Der deutsche Steuerstaat, S. 134–136.

843 Petzina, Dietmar: Die deutsche Wirtschaft in der Zwischenkriegszeit, S. 186.

844 Sahm, Reiner: 5000 Jahre Steuern, S. 286.

845 Ebd., S. 286.

846 Köhler, Henning: Arbeitsbeschaffung, Siedlung und Reparationen in der Schlußphase der Regierung Brüning, in: Vierteljahreshefte für Zeitgeschichte 17 (1969), S. 27–307, S. 289 f.

Brüning und sein Kabinett das Ziel, den Staatshaushalt zu sanieren, nicht. Es war ihm und seinem Kabinett nicht gelungen, mit den wirtschafts-, finanz- und sozialpolitischen Maßnahmen dem raschen Krisenverlauf zu folgen und damit gleichzeitig die sich zuspitzende politische Situation im Lande zu beherrschen.[847]

Mit seiner kontraproduktiven Spar- und Deflationspolitik verstärkte Brüning die Weltwirtschaftskrise und höhlte mit seinen Notverordnungen die Demokratie aus. Andererseits war es ihm zu verdanken, dass die Reparationsverpflichtungen faktisch gestrichen wurden.[848]

8.3 Die ungelösten Probleme der Finanzpolitik und ihre Auswirkungen auf die finanzwissenschaftliche Forschung

8.3.1 Die Entwicklung der zeitgenössischen deutschen Finanzwirtschaftslehre

Der Erste Weltkrieg, die galoppierende Inflation und die Weltwirtschaftskrise hatten die Finanzpolitik vor völlig neue, teilweise unlösbare Aufgaben gestellt und Wandlungen in einem Ausmaß und einer Plötzlichkeit gebracht wie kaum je zuvor.[849] Dazu kamen Fragen der Bewältigung der riesigen Verschuldung und der Reparationslasten, nach der Wirkung zu hoher Steuerlasten auf Konjunktur und internationale Wettbewerbsfähigkeit, eine intensive Auseinandersetzung um die unternehmerische Betätigung der öffentlichen Hand und die sich ergebenden Sozialisierungsdiskussionen sowie schließlich das immer deutlicher werdende Beschäftigungsproblem gegen Ende der Zwanziger- und zu Beginn der Dreißigerjahre.[850]

847 Sahm, Reiner: 5000 Jahre Steuern, S. 287 f.

848 Hagen Schulze hat die Steuerpolitik der Weimarer Republik kurz zusammengefasst: „Steuerpolitik als Sozialpolitik, als hastiger Notbehelf zur Füllung von Haushaltslöchern, als außenpolitisches Instrument, als Instrument der Domestizierung von Ländern und Gemeinden: alles das gehört zur Geschichte der Steuern in der Weimarer Republik." Schulze, Hagen: Die keineswegs Goldenen Zwanziger Jahre, in: Schultz, Uwe (Hrsg.): Mit dem Zehnten fing es an. Eine Kulturgeschichte der Steuer, München 1986, S. 209–218, S. 218.

849 Scheer, Christian: Die deutsche Finanzwissenschaft, S. 12.

850 Ebd., S. 12.

Mit den gewaltigen Umwälzungen in Gesellschaft, Staat und Wirtschaft „haben sich auch die Aufgaben der finanzwissenschaftlichen Forschungen geändert,“[851] denn in der Finanzwissenschaft ist „in der Regel nicht die Theorie den Tatsachen vorangegangen, sondern die Tatsachen haben der Theorie die Aufgaben gestellt und die Wege gewiesen.“[852] Die Vorstellungen über Art und Umfang dieser Veränderungen gingen allerdings weit auseinander.[853]

Nach der sogenannten Edinburgher Regel[854] war die Finanzpolitik in der ersten Hälfte des 19. Jahrhunderts noch von der „Leave-them-as-you-find-them-rule of taxation“ geprägt. Von Teilen der Nationalökonomie[855] wurde jedoch der Grundsatz, dass die Besteuerung verteilungspolitisch neutral sein müsse, nicht anerkannt. Vor allem in der zweiten Hälfte des 19. Jahrhunderts war der Glaube an das Kräftespiel, der dem klassischen System zugrunde lag, längst erschüttert. Auch aufgrund der auftretenden sozialen Spannungen wurde durch Adolph Wagner der Besteuerung neben der rein finanziellen eine sozialpolitische Aufgabe zugeschrieben.

In den Zwanzigerjahren des 20. Jahrhunderts hatte der Einfluss des Ersten Weltkrieges und der damit verbundenen sozialen Umwälzungen prägenden Einfluss auf das Gesamtbild der Finanzwissenschaft gehabt. Rudolf Goldscheid brachte es auf den Punkt:

> Man ist außerstande, exakt Finanzwissenschaften zu betreiben, wenn man nicht beachtet, daß das Gros aller Finanzprinzipien und Finanzpraktiken das Produkt kriegerischer Ereignisse, der Vorbereitung auf Kriege und ihrer Nachwirkung ist.[856]

Das war nicht Neues, bereits 1793 hatte Karl Heinrich von Lang festgestellt: „Es ist mithin ein einleuchtender Satz […], daß jede Veränderung in dem System der Auflagen oder dem Steuerwesen jederzeit in einer vorausgegangenen Veränderung des Kriegswesens ganz sicher zu suchen ist.“[857]

---

851 Jecht, Horst: Die Entwicklung der Problemstellung in der neueren deutschen Finanztheorie, in: Finanzarchiv 2 (1932), S. 185–240, S. 187.

852 Gerloff, Wilhelm: Die öffentliche Finanzwirtschaft, Vorwort zur Zweiten Auflage.

853 Scheer, Christian: Die deutsche Finanzwissenschaft, S. 13.

854 Mann, Fritz Karl: Steuerpolitische Ideale, S. 246 f.; Schremmer, Eckart: Über „gerechte Steuern“, S. 15.

855 Vgl. Meyer, Robert: Die Prinzipien der gerechten Besteuerung, S. 410 f.

856 Goldscheid, Rudolf: Staat, öffentlicher Haushalt und Gesellschaft. Wesen und Aufgabe der Finanzwissenschaft vom Standpunkt der Soziologie, in: Gerloff, Wilhelm/Meisel, Franz (Hrsg.): Handbuch der Finanzwissenschaft, Bd. 1, Tübingen 1926, S. 146–184, S. 148.

857 Lang, Karl Heinrich von: Historische Entwicklung, S. 4.

Erstaunlich ist, dass in der Nachkriegszeit eine ungewöhnlich große Zahl an zusammenfassenden Darstellungen und auch das von Wilhelm Gerloff und Franz Meisel herausgegebene dreibändige „Handbuch der Finanzwissenschaft" (1926–1929)[858] herausgekommen sind, eine ganze Reihe dieser Werke jedoch nur „Grundrisse" darstellten, und es sich bei den größeren Lehrbüchern mehr oder weniger um aktualisierte Neuauflagen der vor dem Ersten Weltkrieg erschienenen Werke handelte.[859] Fernerhin erschien eine Vielzahl von Arbeiten, die über eine finanzwissenschaftliche „Standortbestimmung" nicht hinausgingen.

Meisel beklagte, dass die Finanzwissenschaft „die Führung und Kritik der Gesetzgebung aufgegeben"[860] hätte, sie besitze „keinen Zusammenhang mit der Praxis und keinen Einfluß auf die Praxis, weder auf die ministerielle noch die parlamentarische, weder auf die bürokratische noch die der Selbstverwaltung und der öffentlichen Meinung".[861] In der Politik wurden diese Versäumnisse ebenso gesehen: „Wenn uns nur [...] die neuere Finanzwissenschaft und die Rechtswissenschaft [...] ein besseres Rüstzeug, ja nur Handwerkszeug zur Lösung der steuertechnischen Aufgaben zur Verfügung gestellt hätten."[862]

Erst gegen Ende der Zwanzigerjahre registrierten zeitgenösische Beobachter den Ansatz eines Neubeginns, Zeichen eines neu erwarteten Interesses an der Finanztheorie.[863]

8.3.2 Die Besteuerung als Instrument der Wirtschaftspolitik: die „Ökonomisierung" der Steuerlehre

Gegen Ende der Zwanzigerjahre schienen diejenigen an Zahl und Gewicht zu gewinnen, für die eine Finanzpolitik ihren berechtigten Platz neben einer „reinen" Theorie hatte. Zwar stünde es der Wissenschaft nicht zu, Urteile über die

---

858 Gerloff, Wilhelm/Meisel, Franz (Hrsg.): Handbuch der Finanzwissenschaft, 3 Bde., Tübingen 1926–1929).

859 Scheer, Christian: Die deutsche Finanzwissenschaft, S. 16–20.

860 Meisel, Franz: Wo steht die deutsche Finanzwissenschaft?, in: Zeitschrift für die gesamte Staatswissenschaft 74 (1919), S. 361–408, S. 394.

861 Meisel, Franz: Stand und Wert der deutschen Finanzwissenschaft, in: Schumacher, Hermann/ Spiethoff, Arthur (Hrsg.): Schmollers Jahrbuch für Gesetzgebung, Verwaltung und Volkswirtschaft im Deutschen Reiche, 42. Jg., Heft 3 und 4, Leipzig 1918, S. 317–364, S. 364.

862 Popitz, Johannes: Sammelbesprechung finanzwissenschaftlicher Lehrbücher, in: Jahrbücher für Nationalökonomie und Statistik 116 (1921), S. 556 f.

863 Scheer, Christian. Die deutsche Finanzwissenschaft, S. 25.

Finanzpolitik zu fällen, doch sei es zulässig, für gegebene Ziele Instrumente und Wege aufzuzeigen.[864]

Es traten zwei allgemeine Merkmale hervor: ein Aufleben der Steuerüberwälzungstheorie und das nahezu vollständige Zurücktreten der bis zu Beginn des 20. Jahrhunderts bestimmenden Frage der „Steuergerechtigkeit“ hinter allokative Überlegungen. Die Steuerüberwälzungstheorie fand in der wissenschaftlichen Diskussion bald ihr vorübergehendes Ende, u. a. da sie als unlösbar angesehen wurde.[865] Demgegenüber forderten die Jüngeren unter den deutschen Finanzwissenschaftlern, „von der ethischen zur ökonomischen Fragestellung“[866] zu gelangen, um das „Glatteis der Subjektivitäten“[867] zu verlassen.

Vor allem aber die Probleme der Kriegsfolgelasten und der Wiederaufbau führten zwangsläufig dazu, sich mit der wirtschaftlichen Seite der Besteuerung unter dem Gesichtspunkt ihrer volkswirtschaftlichen Wirkung und Zweckmäßigkeit zu befassen. Im Gegensatz zu den traditionellen Gerechtigkeitsvorstellungen wurden eine Anregung der Kapitalbildung, eine bewusste Entfaltung der „produktiven Kräfte“ der Volkswirtschaft und eine Dämpfung des Konsums für erforderlich gehalten. Nicht ob eine Steuer „gerecht“ oder „ungerecht“ sei, sondern ob diese die Wirtschaft förderte oder schädigte, wurde zur zentralen Frage erklärt.[868]

Aus den Diskussionen traten zwei neue Steuerideale hervor: Das eine Ideal war der Gedanke einer gezielten steuerpolitischen Maßnahme zur volkswirtschaftlichen Kapitalbildung durch einen gezielten Umbau des Steuersystems. Das zweite Ideal war der Gedanke einer steuerlichen Anspornwirkung der (Unternehmens-)Besteuerung. In der Mehrzahl der herangezogenen Fälle konzentrierte man sich auf den Fall der Rohstoff- bzw. Gerätesteuern, um eine echte „Steuereinholung“[869] herbeizuführen, was eine Senkung der Kosten bzw. eine Steigerung der Produktivität gegenüber dem Zustand vor Steuern bewirken würde.

---

864 Scheer, Christian: Die deutsche Finanzwissenschaft, S. 33 mit Bezug auf Jecht, Horst: Die Entwicklung der Problemstellung, S. 233.

865 Moll, Bruno: Lehrbuch der Finanzwissenschaft, Berlin 1930, S. 329.

866 Gerloff, Wilhelm: Steuerwirtschaftslehre, S. 450.

867 Mann, Fritz Karl: Zur Frage der steuerlichen Lastenverteilung. Eine Ergänzung und Entgegnung, in: Jahrbücher für Nationalökonomie und Statistik 124 (1926), S. 30–40, S. 34.

868 Scheer, Christian: Die deutsche Finanzwissenschaft, S. 90–93.

869 Der Begriff wurde durch Schäffle geprägt; Schäffle, Albert Eberhard Friedrich: Die Steuern, S. 309 f.

Die Finanzwissenschaftlerin Dora Schmidt[870] bemängelte an den Vorstellungen einer „Steuereinholung", dass diese steuerliche Produktivitätstheorie in hohem Maße von subjektiven Werturteilen abhängig sei, zumal diese Art von Steuerpolitik einseitig die materielle Produktion begünstige. Elsa F. Pfau stand einer differenzierten Behandlung von unterschiedlichen Gewerbezweigen ablehnend gegenüber, da es kaum möglich wäre, objektiv auszuwählen, welche Industrien eine steuerliche Bevorzugung verdienten.[871] Auch Julius Landmann wies darauf hin, dass die steuerliche Begünstigung eines Industriezweiges regelmäßig die Benachteiligung eines anderen Industriezweiges zur Folge hätte und daher produktionsfördernde Maßnahmen sich am wirksamsten durch dasjenige Steuersystem und diejenige Steuertechnik durchsetzen können, die die Kapitalbildung und die Investitionsrichtung des neu gebildeten Kapitals am wenigsten beeinflussen.[872]

Mit Beginn der Dreißigerjahre wurde die Aufmerksamkeit des finanzwissenschaftlichen Schrifttums zunehmend von anderen Problemen in Anspruch genommen. Konjunkturpolitische Aspekte der Depression fanden mehr und mehr Eingang in die deutsche Finanzwissenschaft.[873]

8.4 Zusammenfassung und Fazit

Zum Grundsatz der Allgemeinheit der Besteuerung

Erstmals in der deutschen Geschichte wurde der Gleichheitsgrundsatz, der ein entscheidendes Kennzeichen der Gerechtigkeit ist, in der Weimarer Verfassung vom 11. August 1919 festgeschrieben. Mit diesem ausformulierten rechtspolitischen Gleichheitsgebot wurden nicht nur die letzten absolutistischen Privilegien, sondern auch alle Arten von unbegründeten steuerlichen Befreiungen und Vergünstigungen für unzulässig erklärt und aufgehoben. Da Verletzungen des Allgemeinheitspostulats meist zugleich Verstöße gegen den Gleichmäßigkeitsgrundsatz und den der

870 Schmidt, Dora: Nichtfiskalische Ziele der Besteuerung. Ein Beitrag zur Steuertheorie und Steuerpolitik, Tübingen 1926, S. 81 ff.

871 Pfau, Elsa F.: Industriepolitische Gesichtspunkte in der Besteuerung (Finanz- und Volkswirtschaftliche Zeitfragen 71), Stuttgart 1921, S. 28 f.

872 Landmann, Julius: Produktionspolitische Gesichtspunkte der Besteuerung, in: Colm, Gerhard/ Neisser, Hans (Hrsg.): Kapitalbildung und Steuersystem. Verhandlungen und Gutachten der Konferenz von Eilsen, 1. Teil (Veröffentlichungen der Friedrich List-Gesellschaft e. V. 3), Berlin 1930, S. 171–187, S. 182 und S. 187.

873 Scheer, Christian: Die deutsche Finanzwissenschaft, S. 109.

Besteuerung nach der Leistungsfähigkeit sind,[874] war mit der verfassungsrechtlichen Fixierung des Gleichheitspostulats ein Meilenstein gesetzt worden, der einen Jahrhunderte währenden Streit beendet hat.

Als unverzichtbare Grundvoraussetzung einer gerechten Steuerverteilung waren nach dem Grundsatz der Allgemeinheit der Besteuerung alle (natürlichen und juristischen) Personen ohne Rücksicht auf außerökonomische Kriterien zur Steuer heranzuziehen; denn die Befreiung Einzelner von steuerlichen Lasten bedeute in der Regel eine Mehrbelastung anderer. Darüber hinaus enthielt Art. 134 WRV das Gebot, die Steuerlasten auf alle Staatsbürger so zu verteilen, dass diese „im Verhältnis ihrer Mittel" belastet würden. Damit enthielt Art. 134 das verbindliche Gebot, die individuelle Leistungsfähigkeit des Einzelnen angemessen und hinreichend bei der Verteilung der Steuerlasten zu berücksichtigen.

Zum Grundsatz der Gleichmäßigkeit der Besteuerung

In der Erzberger'schen Finanzreform zeigte sich der Wandel im Staatszweck: Das Steuersystem wurde zu einem sozial- und gesellschaftspolitischen Instrument fortgebildet. Die reichseinheitliche Anwendung des sozialen Prinzips erfasste damit die gesamte deutsche Bevölkerung. Die „Wirkungen der sozialwirtschaftlichen Revolution", die soziale „Durchblutung" des Steuerrechts, waren allgemein,[875] und die grundsätzliche Änderung des Steuer- und Staatszwecks wurde als eine „Anpassung des Steuerrechts an die gesellschaftlich-politischen Vorstellungen" der Zeit gesehen.[876]

Mit dem ersten Reichseinkommensteuergesetz im Jahr 1920 und dessen Weiterentwicklung 1925 beschritt die Politik gänzlich neue Wege, indem erstmals in der deutschen Geschichte eine wirklich moderne und „gerechte" Einkommensteuer vorgelegt wurde. Diese Gesetze berücksichtigten wesentliche Forderungen der Wissenschaft nach einem einheitlichen Aufbau, einer logischen Definition des Einkommens und einer „gerechten" Besteuerung, die die Grundlage des heutigen Einkommensteuerrechts bilden.[877]

Als mit der konjunkturellen Abschwächung das Beschäftigungsproblem gegen Ende der Zwanziger- und zu Beginn der Dreißigerjahre immer deutlicher wurde und schließlich durch die Banken- und Wirtschaftskrise in den USA auch die deutsche Wirtschaft erfasst wurde, änderten sich auch die Aufgaben der finanzwissenschaftlichen Forschung. Es traten zwei allgemeine Merkmale hervor: ein Aufleben der Steuerüberwälzungstheorie und das nahezu vollständige Zurücktreten der bis dahin

874 Neumark, Fritz: Grundsätze gerechter und ökonomisch rationaler Steuerpolitik, S. 89.

875 Möller, Alex: Reichsfinanzminister Matthias Erzberger, S. 42.

876 Ebd., S. 64.

877 Hacker, Mark: Gibt es „Gerechtigkeit" in der Steuerpolitik?, S. 397 und S. 275.

bestimmenden Frage der „Steuergerechtigkeit“ hinter allokative Überlegungen. Im Gegensatz zu den traditionellen Gerechtigkeitsvorstellungen wurden eine bewusste Entfaltung der „produktiven Kräfte“ der Volkswirtschaft und eine Dämpfung des Konsums für erforderlich gehalten. Das Scheitern der Selbstheilungskräfte der Wirtschaft hatte nachhaltig den Staatszweck, die Budgetregeln und die Funktion der Steuer verändert. Es wurde nicht mehr gefragt, ob eine Steuer „gerecht“ oder „ungerecht“ war, sondern ob diese die Wirtschaft förderte oder schädigte.

Damit hatte sich das Jahrhunderte bestehende Steuerideal radikal geändert, was Fritz Karl Mann zu folgender Feststellung veranlasst hatte:

> Es gehört zu den erstaunlichsten Tatsachen der modernen Finanzgeschichte, daß das neue steuerpolitische Ideal – trotz seiner Verleugnung von Herkommen und Gewohnheit – im Sturm die Geister erobert hat. Nur der Siegeszug der Universalakzise des 17. Jahrhunderts stellt einen vergleichbaren Vorgang dar.[878]

Der Grundsatz der Gleichmäßigkeit der Besteuerung, nach dem die Steuerpflichtigen nicht nur rechtlich, sondern auch tatsächlich nach ihrer Leistungsfähigkeit belastet werden sollten, wurde mit diesem Wandel „von der ethischen zur ökonomischen Fragestellung“ teilweise bewusst und planmäßig außer Kraft gesetzt.[879] So erschien ein Konflikt zwischen der Sozialpolitik und der produktivistischen Steuerpolitik unvermeidlich,[880] was zu einem Widerstreit zwischen definierter Steuergerechtigkeit gemäß Verfassung und angestrebter Wirtschaftspolitik gemäß dem Willen des Parlaments führen sollte.[881]

Zum Prinzip der Besteuerung nach Leistungsfähigkeit

Mit der sozialpolitischen Aufgabe hatte die Steuer ihre wirtschafts- und sozialpolitische Bedeutung erhalten. Der konkrete Inhalt der „gerechten“ Steuer hatte sich auch durch die Umdeutung des Steuerverteilungskriteriums „Leistungsfähigkeit“ gewandelt. Diese Wandlung hatte zur Folge, dass nicht mehr die Steuer als solche gerecht sein sollte, sondern das soziale Ziel, das mit der Steuer erreicht werden sollte, wurde als gerecht empfunden.

Dass die Leistungsfähigkeit der wichtigste Indikator der steuerlichen Gerechtigkeit ist, hob Matthias Erzberger in seiner Rede vor der Nationalversammlung am 8. Juli 1919 hervor: „gerechte Steuern erfassen jeden nach seiner Leistungs-

878 Mann, Fritz Karl: Steuerpolitische Ideale, S. 349.

879 Davidsohn, Lars: Verfassungsrechtliche Würdigung, S. 306.

880 Mann, Fritz Karl: Steuerpolitische Ideale, S. 348 f.

881 Schremmer, Eckart: Über „gerechte Steuern“, S. 23.

fähigkeit".[882] Diese Feststellung schlug sich insbesondere in den Regelungen des EStG 1920 bezüglich steuerfreier Einkommensbestandteile (§ 12), der Einführung einer Haushaltsbesteuerung (§§ 16, 17), der Berücksichtigung eines steuerfreien Existenzminimums (§ 20), im Steuertarif (§ 21) sowie bei der Berücksichtigung verschiedener wirtschaftlicher Verhältnisse, die die Leistungsfähigkeit des Steuerpflichtigen wesentlich beeinträchtigen (§ 26), nieder.

Die Finanz- und Steuerreform von Erzberger bestand in einer Reihe von neuen und veränderten Steuergesetzen, bei denen eine soziale Komponente zugrunde gelegt wurde. Die Einkommensteuer bildete dabei jedoch den Schwerpunkt innerhalb des Gesamtsteuersystems, da bei dieser in besonderem Maße die steuerliche Leistungsfähigkeit berücksichtigt werden konnte und auch weniger erwünschte Belastungswirkungen anderer Steuerarten weitgehend kompensiert werden konnten.[883]

Matthias Erzberger setzte die sozial- und steuerpolitischen Forderungen der Weimarer Parteien nach 1919 nur teilweise um. Seine Finanzreform erwies sich dennoch formell als Erfolg und „markierte eine Zäsur in der Geschichte der Finanzen".[884] Materiell hingegen verfehlte die Reform ihr Ziel. Die hohen Einkommen- und Vermögensteuersätze stießen auf heftigen Widerstand bei den Betroffenen, Kapitalflucht und Steuerhinterziehung nahmen zu. Dazu kam, dass die Steuersätze nicht so flexibel gestaltet waren, dass sie sich der Inflation anzupassen vermochten; „die Inflation galoppierte der Steuerreform samt allen ihren Nachbesserungen davon".[885]

Das EStG 1925 war gegenüber dem EStG 1920 systematisch und strukturell verbessert worden. Grundlegende Vorschriften wurden nahezu unverändert übernommen, die Regelungsdichte wurde erhöht, die Paragrafenzahl nahezu verdoppelt. Das Gesetz sollte eine umfassende Rechtsgrundlage bieten, um dem Bürger Planungssicherheit für seine wirtschaftlichen Dispositionen zu geben. Die Kernforderungen der modernen Einkommensbesteuerung – Besteuerung des gesamten tatsächlichen Nettoeinkommens unter Berücksichtigung der persönlichen Verhältnisse – wurden erfüllt und waren Vorbild für unser heutiges Einkommensteuerrecht.

Zum Redistributionspostulat oder zum Grundsatz der steuerlichen Umverteilung von Einkommen und Vermögen

Ein konkreter Tarifverlauf oder eine konkrete Höhe der Steuerbelastung wird durch das Prinzip der Besteuerung nach der Leistungsfähigkeit selbst nicht vorgeschrieben. Das Progressionspostulat ist jedoch grundsätzlich mit dem Leistungsfähig-

882 Erzberger, Matthias: Reden, S. 5.

883 Vgl. hierzu Wagner, Adolph: Finanzwissenschaft 2. Teil, § 155, S. 370.

884 Ullmann, Hans-Peter: Der deutsche Steuerstaat, S. 103.

885 Ebd., S. 103 f.

keitsgrundsatz untrennbar verbunden, denn jede konkrete Progressionsgestaltung enthält ein kleineres oder größeres Maß an Willkür, das die jeweils herrschenden ökonomisch-politischen Ideologien und Machtpositionen widerspiegelt.[886] Es stellt sich daher die Frage, ob im gesamten Bereich der Progressionsskala im Einkommensteuergesetz vom 29. März 1920 eine weitgehend gleichmäßige und verhältnismäßige Steuerlastverteilung gewährleistet war. Aus mathematischer Sicht wurde der Kurvenverlauf kritisiert, da die Leistungsfähigkeit sich nicht in dem Stufengrenztarif niederschlug. Paul Riebesell vertrat den Standpunkt, dass aufgrund der erheblichen Sprünge in dem Stufengrenztarif die „bereits erlassenen Gesetze hinsichtlich der Tarife dringend der Revision" bedürften.[887]

Das EStG 1920 war sehr stark von dem enormen Finanzbedarf des Reiches nach dem Ersten Weltkrieg beeinflusst, was auch seinen Niederschlag in der amtlichen Begründung fand. Allgemeiner Konsens bestand darin, dass Kriegsgewinne abgeschöpft werden sollten – was mit der Einführung einer außerordentlichen Kriegsabgabe, einer Vermögenszuwachssteuer und einem „Reichsnotopfer" geschah – und dass jeder Steuerpflichtige zur Verminderung der Lasten beitragen musste.

Unabhängig von diesen außerordentlichen Steuern belasteten direkte Ergänzungsteuern die sogenannten fundierten Einkünfte: die Kapitalertragsteuer, die Grunderwerbsteuer und die Erbschaftsteuer. Die Erbschaftsteuer hatte einen deutlich erkennbaren umverteilenden Charakter.

886 Neumark, Fritz: Grundsätze gerechter und ökonomisch rationaler Steuerpolitik, S. 179.

887 Riebesell, Paul: Die neuen Reichssteuertarife vom mathematischen Standpunkt aus. Vortrag, gehalten in der Abteilung Mathematik auf der 86. Versammlung Deutscher Naturforscher und Aerzte in Bad Nauheim, in: Zeitschrift für die gesamte Staatswissenschaft 75 (1921), S. 469–477, S. 469–472 und S. 477.

Die Steuerpolitik als Mittel zur Durchsetzung der nationalsozialistischen Ziele

9

9.1 Der Einfluss des politischen Wandels auf das deutsche Steuerrecht

Die Machtübernahme der Nationalsozialisten erfolgte in mehreren Schritten und führte zur vollkommenen Aufhebung der Weimarer Reichsverfassung und ihrer demokratischen Kontrollen.[888] Das „Ermächtigungsgesetz“[889], das der Reichstag mit der notwendigen Zweidrittelmehrheit gebilligt hatte, trat am 24. März 1933 in Kraft. Es erlaubte, den Reichstag auszuschalten, der Reichsregierung die volle Gesetzesmacht zu geben und die Gewaltenteilung abzuschaffen. Diese Kompetenzen fielen dem Reichskanzler zu, der sich für deren Durchführung Sonderbevollmächtigter bediente.[890] Wenige Tage später, am 31. März 1933, folgten das „Gesetz zur Gleichschaltung der Länder mit dem Reich“ (1. Gleichschaltungsgesetz) und am 7. April 1933 das „Zweite Gesetz zur Gleichschaltung der Länder mit dem Reich“ (Reichsstatthaltergesetz).[891] Damit waren die Länder aus der finanzpolitischen Willensbildung und aus der Finanzverwaltung ausgeschlossen, weil die Legislativ- und Exekutivfunktion bei den Reichsbehörden zentralisiert war.

Mit dem „Gesetz über den Neuaufbau des Reiches“ vom 30. Januar 1934[892] wurden die Volksvertretungen in den Ländern entfernt und die Hoheitsrechte auf das Reich übertragen. Damit wurde der im Weimarer Staat festgesetzte Finanzausgleich

888 Schauer, Ralf Erich: Die Steuergesetzgebung, S. 55.

889 Gesetz zur Behebung der Not von Volk und Reich („Ermächtigungsgesetz“), RGBl. I 1933, S. 141.

890 Benz, Wolfgang: Geschichte des Dritten Reiches, München 2000, S. 25–27.

891 Overesch, Manfred/Saal, Friedrich Wilhelm: Chronik deutscher Zeitgeschichte, Bd. 2: Das Dritte Reich 1933–1939, Düsseldorf 1982, S. 38 und S. 42.

892 RGBl. I 1934, S. 75.

R. Sahm, *Theorie und Ideengeschichte der Steuergerechtigkeit*,
https://doi.org/10.1007/978-3-658-25903-7_9

zwischen Gesamtstaat und den Gliedstaaten faktisch gegenstandslos.[893] Schließlich wurden den Ländern mit Gesetzen und Verordnungen im Laufe der Zeit sämtliche Steuerhoheiten entzogen,[894] die Gemeinden hingegen erhielten mit Gesetz vom 10. Dezember 1937 die vormaligen Zuständigkeitsbereiche der Länder für die Grundsteuer, die Gewerbesteuer und die Bürgersteuer.[895] Letztlich bestimmte allein der „Wille des Führers" die Steuergesetzgebung, was zu einem verfassungsrechtlichen Zustand führte, der im neuzeitlichen Deutschland ohne Vorbild war.[896]

9.2 Die Steuergesetzgebung im Nationalsozialismus

Das Reichsfinanzministerium war als Teil der Regierung in die nationalsozialistische Politik integriert. An seiner Spitze standen von 1932–1945 Reichsfinanzminister Graf Schwerin von Krosigk und seit 1933 Fritz Reinhardt als Staatssekretär. Reinhardt besaß als „politischer Beamter" als Einziger das Recht, Entscheidungen in Vertretung des Ministers zu treffen. Außerdem war er als „Beauftragter des Stellvertreters des Führers" für die Einhaltung der Grundsätze des Nationalsozialismus im gesamten Steuerrecht verantwortlich.[897] In einer Sitzung der Akademie für Deutsches Recht in der Universität München verkündete Reinhardt am 26. Juni 1934 vor Parteigenossen seine vier Grundsätze nationalsozialistischer Steuerpolitik:[898] Erstens: Oberstes Leitprinzip der Steuerpolitik ist die nationalsozialistische Weltanschauung. Zweitens: Die Steuerpolitik steht im Dienste der Verminderung

893 Voß, Reimer: Steuern im Dritten Reich. Vom Recht zum Unrecht unter der Herrschaft des Nationalsozialismus, München 1995, S. 18.

894 RGBl 1936, S. 315; RGBl 1942, S. 465; RGBl 1944, S. 282.

895 RGBl I 1937, S. 1351.

896 Voß, Reimer: Steuern im Dritten Reich, S. 70

897 Pausch, Alfons: Persönlichkeiten der Steuerkultur. Steuergeschichte in Lebensbildern von Johannes von Miquel bis Armin Spitaler, Herne/Berlin 1992, S. 129.

898 RStBl 1934, S. 753 ff.; Reinhardt, Fritz: Die neuen Steuergesetze. Einführung in die neuen Steuergesetzesübersichten über die wesentlichen Änderungen gegenüber dem bisherigen Recht. Wortlaut der zehn neuen Gesetze, Berlin 1934; Ders.: Das Reinhardt-Programm. Die große nationalsozialistische Steuerreform. Vortrag von Fritz Reinhardt an der Universität München, Berlin 1934; Reinhard, Fritz: Leitsätze für die Gestaltung und Auslegung der Steuergesetze nach nationalsozialistischer Anschauung, in: Deutsche Steuer-Zeitung und Wirtschaftlicher Beobachter 24 (1935), S. 625–633. Henning, Friedrich-Wilhelm: Die nationalsozialistische Steuerpolitik. Programm, Ziele und Wirklichkeit, in: Schremmer, Eckart (Hrsg.): Steuern, Abgaben und Dienste vom Mittelalter bis zur Gegenwart. Referate der 15. Arbeitstagung der Gesellschaft für

der Arbeitslosigkeit. Drittens: Die Steuerpolitik hat familien- und volkspolitische Aufgaben zu erfüllen. Und viertens: Die Steuerpolitik soll den Wert der Persönlichkeit und der persönlichen Verantwortung in der Wirtschaft betonen.

Diese Grundsätze ließen sich jedoch nur durchführen, wenn jeder Steuerbeamte bedingungslos bereit war, sich der nationalsozialistischen Zielsetzung unterzuordnen. Eine Handhabe in personalpolitischer Hinsicht bot Reinhardt das „Gesetz zur Wiederherstellung des Berufsbeamtentums" vom 7. April 1933.[899] Das ermöglichte es den Finanzbehörden, sich von Mitarbeitern zu trennen, die im nationalsozialistischen Sinne als „politisch unzuverlässig" galten. Das betraf in erster Linie Mitglieder linksgerichteter Parteien, die zwangspensioniert oder entlassen wurden, und Mitarbeiter jüdischer Geburt oder jüdischen Glaubens. Paragraf 3 dieses Gesetzes bestimmte, dass alle Beamten, „die nicht arischer Abstammung sind", in den Ruhestand zu versetzen sind. Ausgenommen davon waren vorerst jene, die vor dem 1. August 1914 als Beamte tätig waren, im Ersten Weltkrieg auf deutscher Seite an der Front gedient hatten oder deren Väter oder Söhne in diesem Krieg gefallen waren. Dieses Gesetz hatte auch Konsequenzen für „Nichtarier" unter den Steuerberatern, denn am 6. Mai 1933 wurde das „Gesetz über die Zulassung von Steuerberatern" erlassen, das die Ausnahmen für Juden – die es für die Beamten gab – nicht enthielt, sodass allen jüdischen Steuerberatern das Recht auf Berufsausübung entzogen war.[900] Zum Ausgleich wurden Mitglieder der NSDAP eingestellt und oftmals mit führenden Positionen betraut. Daneben baute Reinhardt ein neues Ausbildungssystem auf, das alle Steuerbeamten erfasste und diese auf die nationalsozialistische Steuerpolitik einschwor.[901]

9.2.1 Die Steuerpolitik im Dienste der Verminderung der Arbeitslosigkeit

Die ersten steuerlichen Maßnahmen wurden im Wesentlichen durch drei aufeinanderfolgende Gesetze bestimmt:

Sozial- und Wirtschaftsgeschichte vom 14. bis 17. April 1993 in Bamberg, Stuttgart 1994, S. 197–211, S. 202–207.

899 RGBl. I 1933, S. 175.

900 RGBl. I 1933, S. 257.

901 o. V.: Der neue Staatssekretär im Reichsfinanzministerium. Reinhardts Einführungsrede am 4. April 1933, in: Steuer-Warte 1933, S. 107.

Das „Gesetz zur Verminderung der Arbeitslosigkeit" vom 1. Juni 1933[902] hatte ein Volumen von einer Milliarde Reichsmark und enthielt steuerliche Anreize zur Aktivierung der privaten Wirtschaftstätigkeit. Von besonderer Bedeutung war die Erweiterung des § 16 EStG, wonach Aufwendungen für die Anschaffung oder Herstellung von Wirtschaftsgütern des gewerblichen oder landwirtschaftlichen Anlagekapitals im Zeitpunkt der Anschaffung oder Herstellung – unter bestimmten Voraussetzungen – voll abgezogen werden konnten.

Am 15. Juli 1933 erließ das Reichskabinett das „Gesetz über Steuererleichterungen".[903] Es bestimmte, dass Instandsetzungsarbeiten und Ergänzungen an Betriebsgebäuden – allerdings nur bis 10 Prozent des Aufwands – steuermindernd geltend gemacht werden konnten. Ein Teil des Arbeitslohns konnte steuerfrei in Form von „Bedarfsdeckungsscheinen" für Bekleidung und Hausrat ausgezahlt werden. Von besonderer volkswirtschaftlicher Bedeutung aber war, dass Unternehmen, die Erzeugnisse oder Produktionsmethoden entwickelten, von Steuerbehörden Steuernachlässe gewährt oder sie gar von der Steuer befreit werden konnten; die Bedingung war, dass dafür ein überragendes Bedürfnis der gesamten Gesellschaft vorlag.

Am 21. September 1933 wurde ein „Zweites Gesetz zur Verminderung der Arbeitslosigkeit"[904] erlassen. Dieses Gesetz enthielt Steuersenkungen und staatlichen Beihilfen in Höhe von 500 Millionen Reichsmark und sollte den privaten Wohnungsbau und die Landwirtschaft fördern.

Alle öffentlichen Maßnahmen zur Arbeitsbeschaffung sollten grundsätzlich der „Wiederwehrhaftmachung" dienen, dies hatte Hitler bereits im Februar 1933 im Reichskabinett erklärt und dabei betont, dass dieser Gedanke immer und überall im Vordergrund stehen müsse. Arbeitsbeschaffung und Aufrüstung waren letztlich nur zwei Seiten der gleichen Medaille. Das erste Arbeitsbeschaffungsgesetz vom 1. Juni 1933 sah Steuervorteile insbesondere für die „Erhaltung und Erstarkung kriegswichtiger Betriebe" vor. Beim zweiten Arbeitsbeschaffungsgesetz vom 21. September 1933 stand der Bau von Luftschutzräumen im Vordergrund. Der Ausbau der Autobahnen, des Schienennetzes und der Wasserwege erfolgte ebenfalls unter strategischen Gesichtspunkten.[905]

---

902 RGBl. I 1933, S. 323.

903 RGBl. I 1933, S. 491.

904 RGBl. I 1933, S. 651.

905 Ambrosius, Gerold: Von Kriegswirtschaft zu Kriegswirtschaft 1914–1945, in: North, Michael (Hrsg.): Deutsche Wirtschaftsgeschichte. Ein Jahrtausend im Überblick, München 2000, S. 287–355, S. 336.

9.2.2 Die Umgestaltung des aus der Weimarer Zeit übernommenen Steuersystems

Nachdem 1933 die Reichsregierung auf steuerpolitischem Gebiet vor allem einzelne Maßnahmen getroffen hatte, die darauf abzielten, die Arbeitslosigkeit zu verringern und einigen Bevölkerungsgruppen, an denen den Nationalsozialisten politisch besonders gelegen war, gerecht zu werden, ging man 1934 dazu über, nationalsozialistische Grundsätze in die Steuergesetzgebung einzuführen. Dazu bot die Reichssteuerreform vom 16. Oktober 1934 eine besondere Gelegenheit. Die nationalsozialistischen Reformer behielten die Grundstruktur des Steuersystems bei, das der Reichsfinanzminister Matthias Erzberger 1919 eingeführt hatte, doch Staatssekretär Fritz Reinhardt führte mit Nachdruck eine Ideologisierung des Steuerrechts durch.[906] Die Steuerreformgesetze vom 16. Oktober 1934 veränderten insgesamt zehn der damals geltenden Steuergesetze: das Einkommensteuer-, Körperschaftsteuer-, Umsatzsteuer-, Reichsbewertungs-, Erbschaftsteuer-, Vermögensteuer-, Kapitalverkehrsteuer- und Bürgersteuergesetz, das Gesetz über die Umwandlung von Kapitalgesellschaften sowie die Reichsabgabenordnung.

Steuerliches Grundgesetz des Reformwerks war das Steueranpassungsgesetz, das in seinen allgemeinen Vorschriften wesentliche Teile der Reichsabgabenordnung durch die „nationalsozialistische Weltanschauung“ ersetzte und damit auf sämtliche Steuergesetze übertrug.[907]

Im Steueranpassungsgesetz (StAnpG) vom 16. Oktober 1934[908] heißt es in Paragraf 1:

> (1) Die Steuergesetze sind nach nationalsozialistischer Weltanschauung auszulegen.
> (2) Dabei sind die Volksanschauung, der Zweck und die wirtschaftliche Bedeutung der Steuergesetze und die Entwicklung der Verhältnisse zu berücksichtigen.
> (3) Entsprechendes gilt für die Beurteilung von Tatbeständen.

Was unter „Beurteilung von Tatbeständen“ verstanden wurde, verdeutlichte Fritz Reinhardt in einer Rede, die er am 23. Oktober 1936 auf der Dritten Jahrestagung der Akademie für Deutsches Recht in München hielt:

> Jede Gesetzesvorschrift kann im Einzelfall nur insoweit als maßgebend angesehen werden, als nicht besondere Tatumstände, die weder in der betreffenden noch in einer anderen Gesetzesvorschrift berücksichtigt sind, nach nationalsozialistischer

906 Sahm, Reiner: 5000 Jahre Steuern, S. 294.

907 Schauer, Ralf Erich: Die Steuergesetzgebung, S. 82.

908 RGBl. I 1934, S. 925.

> Weltanschauung eine andere Entscheidung bedingen. Es gibt kein Gesetz, dass nicht diesen inneren Vorbehalt enthält und infolgedessen nicht des Rechtswahrers als Gehilfen bedarf, um die nationalsozialistische Weltanschauung im Rechtsleben zu verwirklichen. Das für das Steuerrecht auszusprechen, ist der Zweck des § 1 Absatz 3 StAnpG.[909]

In Gesetzeskommentaren legte Reinhardt die steuerliche Generalvorschrift des § 1 StAnpG auch für Gesetze und Bestimmungen aus Zeiten vor dem 30. Januar 1933 aus: „Es sind demnach auch die Vorschriften des Handelsgesetzbuches nach nationalsozialistischer Weltanschauung auszulegen". Es „ist, kurz gesagt, alles richtig, was dem Volksganzen nützt, und alles falsch, was dem Volksganzen abträglich ist."[910]

Damit war dem politischen Subjektivismus bei der Anwendung der Steuergesetze, wie auch aller anderen Gesetze, Tür und Tor für Diskriminierungen aus ideologischen und rassischen Gründen geöffnet. Was unter „nationalsozialistischer Weltanschauung" zu verstehen war, war nirgendwo klar fixiert, sondern bestand aus einem Konglomerat von politischen Zielen, Verhaltensweisen und Aversionen.[911] Auf der Grundlage dieser Generalklausel konnte „Unrecht sowohl durch strikte Beachtung des geltenden Rechts wie auch durch dessen Missachtung begangen werden".[912]

Eine einschneidende Veränderung der alten Reichsabgabenordnung (RAO) in der Fassung vom 22. Mai 1931[913] erfolgte durch den Paragrafen 21 StAnpG, mit dem Paragraf 12 der Reichabgabenordnung die folgende Fassung erhielt:

> Der Reichsminister der Finanzen kann zur Durchführung und Ergänzung der vom Reich erlassenen Steuergesetze, insbesondere auch zur Überleitung der Gesetzgebung und der Behördenorganisation, Rechtsverordnungen und Verwaltungsvorschriften erlassen. Er kann insbesondere den Umfang der Befreiungen, Steuerermäßigungen und Steuervergütungen näher bestimmen.

Mit dieser Gesetzesveränderung entfiel Satz 2 des § 12 RAO in der Fassung vom 22. Mai 1931, nach dem der Reichsminister der Finanzen zum Erlass von steuerge-

909 Brönner, Herbert: Die Bilanz nach Handels- und Steuerrecht, Eberswalde/Berlin/Leipzig 1937, S. 89.

910 Reinhardt, Fritz: Beurteilung von Tatbeständen nach nationalsozialistischer Weltanschauung. Vortrag gehalten auf der Dritten Jahrestagung der Akademie für Deutsches Recht vom 23. Oktober 1936 in München, in: RStBl 1936, S. 1041–1056, S. 1044.

911 Sahm, Reiner: 5000 Jahre Steuern, S. 295.

912 Pausch, Alfons: Fritz Reinhardt als Mahnung. Ein Steuerfachmann im Dienste Hitlers, in: Der Steuerberater 11 (1987), S. 349–360, S. 355.

913 RGBl I 1931, S. 161.

setzlichen Bestimmungen grundsätzlich der Zustimmung des Reichrates bedurfte. Darüber hinaus konnte der Reichfinanzminister auch Vorschriften zur Ergänzung von Gesetzen erlassen. Die Ermessensentscheidungen des Reichsfinanzhofes wurden durch die Neufassung des § 297 RAO darauf begrenzt nachzuprüfen, ob sich Ermessensentscheidungen innerhalb der gesetzlich vorgegebenen Grenzen bewegten, während er bis dahin über Recht und Billigkeit von Ermessensentscheidungen zu bestimmen hatte.[914]

9.2.3 Der Beitrag der Steuerpolitik zur Kriegsvorbereitung und Kriegsführung

Die Reichssteuerreform vom 16. Oktober 1934 sollte nach Reinhardt nur den Beginn der nationalsozialistischen Steuerreform darstellen.[915] Die Steuerpolitik der Jahre 1936 bis 1938 bestand in der Fortführung der Umgestaltung des Steuersystems nach nationalsozialistischen Grundsätzen. So wurde den Ländern ihr verbliebenes Besteuerungsrecht mit der Realsteuerreform, die durch das neue Grundsteuer- und Gewerbesteuergesetz zum 1. Dezember 1936 in Kraft trat, gänzlich entzogen.[916] Personen, die nicht zur Erfüllung der zweijährigen aktiven Dienstpflicht einberufen wurden, wurden mit Gesetz vom 20. Juli 1937[917] wehrsteuerpflichtig.

Kurze Zeit nach der Machtübernahme im Jahr 1933 wurden Maßnahmen ergriffen, um den Steuerzahler laufend zu kontrollieren. Dazu gehörte das am 12. Juni 1933 erlassene „Gesetz gegen Verrat der deutschen Volkswirtschaft"[918], das eine Anzeigepflicht besonderer Art enthielt, denn es verpflichtete die Bürger, ihre Vermögensgegenstände im Ausland, die sie bisher dem Finanzamt verschwiegen hatten, anzugeben. Ebenso waren Devisen, die sie pflichtwidrig der Reichsbank nicht angeboten hatten, anzuzeigen.[919]

Um eine intensive Betriebsprüfung zu ermöglichen, wurden neue Prüfmethoden praktiziert. So verlangte die „Verordnung über die Führung eines Wareneingangsbuches" vom 20. Juni 1935 in Artikel 1: „Gewerbliche Unternehmen (selbständige Handels- oder Gewerbetreibende einschließlich selbständige Handwerker jeder Art)

---

914 Zu § 297 RAO in Verbindung mit § 21 Nr. 30 StAnpG vgl. Schauer, Ralf Erich: Die Steuergesetzgebung, S. 85.

915 Vgl. RGBl. I 1934, S. 1236.

916 Schauer, Ralf Erich: Die Steuergesetzgebung, S. 127.

917 RGBl. I 1937, S. 821.

918 RGBl. I 1933, S. 360.

919 Sahm, Reiner: 5000 Jahre Steuern, S. 291.

sind verpflichtet, für steuerliche Zwecke ein Wareneingangsbuch zu führen".[920] Ein Jahr später, am 20. Juni 1936, wurde die „Verordnung über den Warenausgang"[921] erlassen. 1935 wurden Säumniszuschläge eingeführt, und 1936 wurde unter grober Missachtung des Steuergeheimnisses eine Liste säumiger Steuerzahler aufgestellt, die von jedermann eingesehen werden konnte.[922]

Da allein mit Steuermitteln die Aufwendungen für die Aufrüstung nicht zu bestreiten waren, musste ein immer größerer Prozentsatz der Ausgaben durch Kredite finanziert werden. Aus innen- und außenpolitischen Gründen wählte die Reichsregierung die Methode der „unsichtbaren" Finanzierung. Dazu konzipierte der Reichswirtschaftsminister und Reichsbankpräsident Hjalmar Schacht den „Mefo-Wechsel". Das waren fingierte Handelswechsel, mit denen die Höhe der Rüstungsausgaben verschleiert und das Reichsbankgesetz umgangen werden konnte. Zu diesem Zweck gründeten die Reichsbank und das Reichswehrministerium die Metallurgische Forschungsgesellschaft mbH (Mefo), deren Kapital die wichtigsten deutschen Rüstungsfirmen zeichneten. Es war eine Scheingründung mit der alleinigen Aufgabe, Wechsel von Rüstungslieferanten mit einer nach dem Reichsbankgesetz notwendigen zweiten „guten" Unterschrift zu versehen. Insgesamt wurden in den Haushaltsjahren 1934/35 bis 1937/38 für 12 Mrd. Reichsmark Mefo-Wechsel ausgegeben, die ausschließlich der Aufrüstungsfinanzierung zugutekamen.[923]

Während bei der Änderung des Einkommensteuergesetzes von 1934 durch Gesetz vom 1. Februar 1938[924] vor allem wirtschafts- und bevölkerungspolitische Korrekturen im Vordergrund standen, erfolgte mit Gesetz vom 17. Februar 1939[925] eine diesmal kriegsbedingte Modifizierung. Das Ziel, die Einnahmen des Reiches zu steigern, wurde auch durch Körperschaftsteuererhöhungen mit den Gesetzen vom 27. August 1936[926] sowie 25. Juli 1938[927] verfolgt.

Eine weitere Maßnahme zur Einnahmesteigerung des Reiches war das „Gesetz über die Finanzierung nationalsozialistischer Aufgaben".[928] Es sah vor, dass zur Deckung des außergewöhnlich hohen Finanzbedarfs des Reiches grundsätzlich auf weitere Anleihen zu verzichten war, stattdessen sollten unverzinsliche Steu-

---

920 RGBl. I 1935, S. 752.

921 RGBl. I 1936, S. 507.

922 Runderlass des Reichsministers der Finanzen vom 04.12.1935, RGBl I 1935, S. 1489.

923 Petzina, Dietmar: Die deutsche Wirtschaft in der Zwischenkriegszeit, S. 119.

924 RGBl. I 1938, S. 99.

925 RGBl. I 1939, S. 283.

926 RGBl. I 1936, S. 701.

927 RGBl. I 1938, S. 952.

928 RGBl. I 1939, S. 561.

ergutscheine ausgegeben werden. Die ersten dieser Steuergutscheine wurden am 2. Mai 1939[929] ausgegeben; sie galten als Zahlungsmittel des Reiches zur späteren Verrechnung und ermöglichten die Finanzierung im Vorgriff auf spätere Steuereinnahmen.[930]

Die Lieferanten von Leistungen an Gebietskörperschaften oder an öffentliche Unternehmen erhielten 40 Prozent ihrer Forderungen in Steuergutscheinen, die sie bei den Vorlieferanten in Zahlung geben konnten. Reinhardt begründete diesen Weg wie folgt: „Die großen nationalpolitischen Aufgaben, die in der Gegenwart erfüllt werden müssen, [werden] auf Jahrzehnte verteilt, ohne daß dadurch eine Zinslast des Reiches verursacht wird."[931] Gleichzeitig mit den Steuergutscheinen wurde eine Mehreinkommensteuer durch Gesetz vom 30. März 1939[932] eingeführt, eine Sondersteuer, um die angespannte Haushaltslage zu mildern.

Sowohl die Ausgabe von Steuerscheinen als auch die Mehreinkommensteuer wurden für die Zeit ab dem 1. April 1940 bzw. mit Verordnung vom 21. August 1940 mit Wirkung für das Jahr 1940 und die folgenden Kalenderjahre aufgehoben.

Mit Beginn des Krieges wurde durch Führererlass vom 30. August 1939[933] der Ministerrat für die Reichsverteidigung ermächtigt, „Verordnungen mit Gesetzeskraft" auch für Steuergesetze zu erlassen. Auf diesem Wege ergingen das „Grundgesetz der Kriegswirtschaft" und die Kriegswirtschaftsordnung, die auch steuerliche Maßnahmen vorsahen.[934]

Diese Maßnahmen stellten sich wie folgt dar:[935] Es wurden Kriegszuschläge auf bestimmte Steuerarten erhoben, und eine Dividendenabgabe wurde eingeführt. Fernerhin erfolgte eine gezielte Abschöpfung der Kaufkraft, indem Arbeitnehmern Steuerbefreiungen gewährt wurden, sofern diese für die Dauer des Krieges Sparkonten bei Kreditinstituten einrichteten, die erst zwölf Monate nach Kriegsende gekündigt werden konnten. Der Reichsfinanzminister war ermächtigt, von gewerb-

929 Steuergutscheine wurden bereits aufgrund der Notverordnung vom 4. 9. 1932 für pünktliche Steuerzahlung und Mehreinstellung von Arbeitern, zur Belebung unternehmerischer Aktivität, ausgegeben.

930 Overesch, Manfred/Saal, Friedrich Wilhelm: Das Dritte Reich, S. 528.

931 Terhalle, Fritz: Geschichte der öffentlichen Finanzwirtschaft vom Beginn des 19. Jahrhunderts bis zum Schlusse des Zweiten Weltkriegs, in: Gerloff, Wilhelm/Neumark, Fritz (Hrsg.): Handbuch der Finanzwissenschaft, Bd. 1, 2. Aufl., Tübingen 1951, S. 273–326, S. 318.

932 RGBl. I 1939, S. 561.

933 RGBl. I 1939, S. 1539.

934 Schauer, Ralf: Die Steuergesetzgebung, S. 121.

935 Ebd., S. 121–126.

lichen Unternehmen, die eine außergewöhnliche Steigerung ihres Gewinns erzielt hatten, die Abführung eines bestimmten Betrages an das Finanzamt zu fordern.

9.3 Die steuerliche Diskriminierung von Juden, „Zigeunern" und anderen „Fremdrassigen"

Ein besonders großer Beitrag zur Finanzierung der Aufrüstung und der Kriegsführung wurde den Staatsbürgern jüdischer Abkunft, den „Zigeunern" und anderen „Fremdrassigen" abverlangt. Die Steuergesetzgebung war in der nationalen Rassenlehre begründet und trug in einer Fülle von ungerechten und unmenschlichen Gesetzen, Verordnungen und Erlassen letztlich dazu bei, den in Deutschland lebenden „Nichtariern" jegliche Lebensgrundlage zu entziehen. Tempo und Umfang der Diskriminierungsmaßnahmen steigerten sich im Laufe der Zeit immer mehr. Nicht weniger als 312 steuerlich diskriminierende Gesetze und Verordnungen in der Zeit zwischen 1933 und 1945[936] wurden erlassen; es soll hier nur auf die einschneidendsten steuerlichen Maßnahmen eingegangen werden.

Rechtfertigungsgrundlage dieses Vernichtungskampfes war das Parteiprogramm der NSDAP:

> Staatsbürger kann nur sein, wer Volksgenosse ist. Volksgenosse kann nur sein, wer deutschen Blutes ist, ohne Rücksicht auf Konfession. Kein Jude kann daher Volksgenosse sein. [...] Wer nicht Staatsbürger ist, soll nur als Gast in Deutschland leben können und muß unter Fremdengesetzgebung stehen.[937]

Mit den Nürnberger Gesetzen vom 15. September 1935 schuf man mit dem Reichsbürgergesetz[938] ein nur „Deutschblütigen" zugängliches Reichsbürgerrecht und stempelte die Juden zu Staatsangehörigen zweiter Klasse. Mit einer in den Jahren 1937 und 1938 einsetzenden Welle neuer gesetzlicher Maßnahmen zielte man auf die Vernichtung der wirtschaftlichen Basis deutscher Juden ab. Einer der Endpunkte diskriminierender Maßnahmen bestand mit der elften Verordnung zum Reichsbürgergesetz[939] darin, den deutschen Juden die Staatsangehörigkeit abzusprechen.[940]

---

936 Ebd., S. 142.

937 Voß, Reimer: Steuern im Dritten Reich, S. 31.

938 RGBl. I 1935, S. 1146.

939 RGBl. I 1941, S. 722.

940 Schauer, Ralf Erich: Die Steuergesetzgebung, S. 145–147.

9.3.1 Diskriminierungen auf dem Gebiet konventioneller Steuern

Mit der Änderung des Einkommensteuergesetzes vom 1. Februar 1938[941] schloss § 32 Nr. 3 EStG für jüdische Kinder die Kinderermäßigung aus. Regierungsrat Dr. Bacciocco aus dem Einkommensteuer-Referat beim Oberfinanzpräsidenten (OFP) Berlin-Brandenburg argumentierte ganz im Geiste des Nationalsozialismus: „Diese Maßnahme entspricht den rassepolitischen Grundsätzen des Nationalsozialismus und dem rassischen Empfinden des Deutschen Volks."[942]

§ 21 Abs. 3 der zweiten Einkommensteuerdurchführungsverordnung vom 17. März 1938 verhinderte eine Steuerermäßigung gemäß § 33 EStG, wenn außergewöhnliche Belastungen durch Kinder oder sonstige Angehörige jüdischen Glaubens entstanden waren.[943]

Mit dem Einkommensteuer-Änderungsgesetz vom 17. Februar 1939[944] wurde eine Sonderregelung für Juden bezüglich der verschiedenen Steuergruppen geschaffen. Jüdische Familien wurden vom Verheirateten-Tarif (Splittingtarif) ausgeschlossen.

Die Diskriminierung der Juden fand auch bei der Vermögensteuer ihren Niederschlag: Juden wurden ab dem Veranlagungszeitpunkt 1. Januar 1940 von sämtlichen Freibeträgen ausgeschlossen und waren bereits bei einem Vermögen von 5.000 Reichsmark - die reguläre Grenze betrug bei Verheirateten 20.000 Reichsmark und bei Ledigen 10.000 Reichsmark - zur Abgabe einer Vermögensteuererklärung verpflichtet.[945]

Jüdische Steuerpflichtige unterlagen mit der ersten Reichsmark der Umsatzsteuerpflicht, hingegen wurde anderen Reichsbürgern ein Freibetrag von 6.000 Reichsmark gewährt.[946]

941 RGBl. I 1938, S. 99.

942 Friedenberger, Martin: Fiskalische Ausplünderung. Die Berliner Steuer- und Finanzverwaltung und die jüdische Bevölkerung 1933–1945, Berlin 2008, S. 165.

943 Einkommensteuergesetz vom 17.03.1938, RGBl. I 1938, S. 503.

944 RGBl. I 1939, S. 283.

945 Verordnung zur Änderung des Vermögensteuergesetzes vom 31.10.1939, RGBl. I 1939, S. 2138.

946 RGBl. I 1938, S. 1935.

9.3.2 Auswanderung und Reichsfluchtsteuer

Die Reichsfluchtsteuer, die am 8. Dezember 1931 von der Regierung Brüning eingeführt worden war, um die immense Kapitalflucht ins Ausland aufgrund der Auswirkungen der Weltwirtschaftskrise zu stoppen, wurde am 18. Mai 1934[947] so abgefasst, dass sie sich vor allem gegen die zur Auswanderung entschlossenen jüdischen Bürger wendete.

Die Reichsfluchtsteuerverordnung von 1931 sah vor, dass deutsche Staatsangehörige mit einem Vermögen von über 200.000 Reichsmark oder alternativ einem Jahreseinkommen von mehr als 20.000 Reichsmark 25 Prozent ihres gesamten Vermögens als Reichsfluchtsteuer zu entrichten hatten, wenn sie ihren inländischen Wohnsitz aufgaben. Im Gesetz über Änderung der Vorschriften über die Reichsfluchtsteuer vom 18. Mai 1934 senkte die nationalsozialistische Reichsregierung den Grundfreibetrag auf ein Vermögen von 50.000 Reichsmark. Der Kreis der Steuerpflichtigen wurde damit beträchtlich ausgeweitet und betraf hauptsächlich Juden, die aus Furcht vor Gewalt ihr Heimatland verlassen wollten. Dieses Gesetz wurde während der nationalsozialistischen Herrschaft sechsmal verlängert und letztmals am 9. Dezember 1942 unbefristet fortgeschrieben. Nach diesen Gesetzen konnten Finanzämter sogar bei dem Verdacht auf eine geplante Ausreise eine Sicherheitsleistung in Höhe der geschätzten Reichsfluchtsteuer fordern.[948]

Die seit 1931 bestehende Devisenzwangsbewirtschaftung sorgte ab 1933 dafür, dass Emigranten einen immer kleineren Teil ihres Vermögens ins Ausland transferieren oder mitnehmen konnten. Da die Ausreisewilligen zu über 90 Prozent Juden waren, war ihnen auf diese Weise der Aufbau einer neuen Existenz im Ausland mit eigenen Mitteln verwehrt. Vom 1. Oktober 1934 an konnten nur noch Zahlungsmittel in Höhe von 10 Reichsmark ins Ausland mitgenommen werden, wobei von dieser Freigrenze nicht nur Zahlungsmittel, sondern auch Gold, Edelmetalle und Wertpapiere erfasst waren.[949]

Das Reichsfluchtsteueraufkommen betrug in den Jahren 1931 bis 1944 insgesamt 945 Millionen Reichsmark.[950]

947 RGBl. I 1934, S. 392.

948 Friedenberger, Martin: Fiskalische Ausplünderung, S. 84.

949 Ebd., S. 132.

950 Ebd., S. 71.

9.3.3 Judenvermögensabgabe

Nachdem ein Gesetzentwurf im Jahr 1936[951] – der eine umfassende Haftbarmachung des gesamten Judentums für Schäden, die einzelne Juden der deutschen Wirtschaft zufügten, vorsah – nicht verwirklicht wurde, ergab sich mit der Reichspogromnacht vom 9. November 1938 ein geeigneter Anlass, die wirtschaftliche Vernichtung der deutschen Juden herbeizuführen. Am 12. November 1938[952] wurde die Verordnung über eine Sühneleistung der Juden deutscher Staatsangehörigkeit erlassen, die ihnen in ihrer Gesamtheit die Zahlung einer Kontribution von einer Milliarde Reichsmark auferlegte. Als offizielle Begründung wurde die Tötung des deutschen Diplomaten Ernst von Rath in Paris durch einen Juden namens Herschel Grynszpan angegeben, der Vergeltung für die von der deutschen Polizei durchgeführte Deportation seiner Eltern und Geschwister üben wollte. Im Reichsgesetzblatt vom 14. November 1938 lautete die Begründung für diese von Generalfeldmarschall Göring unterschriebene Verordnung: „Die feindliche Haltung des Judentums gegenüber dem deutschen Volk und Reich, die auch vor feigen Mordtaten nicht zurückschreckt, erfordert entschiedene Abwehr und harte Sühne.“[953]

Die Einziehung dieser Kontribution wurde den Finanzämtern übertragen. Die Zahlung von einer Milliarde Reichsmark sollte von jedem Juden anteilig als „Judenvermögensabgabe“ geleistet werden, der ein Mindestvermögen von 5.000 Reichsmark besaß mit einer Steuer in Höhe von 20 Prozent, die am 19. Oktober 1939 auf 25 Prozent auf das einzelne Vermögen erhöht wurde.[954]

Infolge des Novemberpogroms waren ca. 30.000 Juden in Konzentrationslager verschleppt worden, die aufgefordert wurden, von dort ihre Finanzamtsangelegenheiten zu regeln, was schlichtweg nicht möglich war. Viele wurden vor die Wahl gestellt, ihr Vermögen zur Verfügung zu stellen und sich damit zur Ausreise aus Deutschland zu verpflichten, oder in KZ-Haft zu verbleiben.

Die Finanzverwaltung nahm mit dieser Abgabe insgesamt 1.126.612.495 Reichsmark ein. Gedanken darüber, dass der über eine Milliarde Reichsmark hinausgehende Betrag wieder auszukehren sei, machte man sich im Reichsfinanzministerium nicht.[955]

951 Barkai, Avraham: Vom Boykott zur „Entjudung“. Der wirtschaftliche Existenzkampf der Juden im Dritten Reich 1933–1945, Frankfurt am Main 1988, S. 126.

952 RGBl. I 1938, S. 1579.

953 RGBl. I 1938, S. 1579.

954 RGBl. I 1939, S. 2059.

955 Friedenberger, Martin: Die Rolle der Finanzverwaltung bei der Vertreibung, Verfolgung und Vernichtung der deutschen Juden, in: Friedenberger, Martin u. a. (Hrsg.):

9.3.4 Entjudungsgewinnsteuer

Mit der „Entjudungsgewinnsteuer“[956] – auch „Arisierungs-“ oder „Ausgleichabgabe“ genannt – wurde die gesetzliche Grundlage für die „Arisierung“ aller jüdischen Gewerbebetriebe geschaffen. Jüdische Inhaber von Betrieben konnten auf staatliche Anordnung hin gezwungen werden, ihren Betrieb weit unter dem Verkehrswert an Erwerber zu veräußern. Dabei partizipierte der Staat an zweierlei: Zum einen war es ganz im nationalsozialistischen Sinn, Juden erheblich zu benachteiligen, zum anderen hatte der Erwerber die Gewinnspanne aus der Differenz zwischen dem Verkehrswert und dem von staatlichen Abwicklern festgesetzten Veräußerungspreis zu versteuern. Das Steueraufkommen resultierte damit aus jüdischen Vermögensverlusten.[957]

9.3.5 Sozialausgleichsabgabe

Mit der zweiten Verordnung zur Durchführung der Verordnung über die Erhebung einer Sozialausgleichsabgabe vom 24. Dezember 1940[958] hatten jüdische Steuerpflichtige einen fünzehnprozentigen Zuschlag zur Einkommen- und Lohnsteuer zu entrichten, eine Steuer, die seit dem 8. August 1940 für polnische Lohnarbeiter eingeführt worden war. Begründet wurde die Einführung der Sozialausgleichsabgabe mit einem „fehlenden Interesse aller Juden und Polen am Volksganzen“.[959] Ab dem 1. April 1942 wurden „Zigeuner“ mit der Heranziehung zur Sozialausgleichabgabe den Juden und Polen gleichgestellt.[960]

Die Reichsfinanzverwaltung im Nationalsozialismus. Darstellung und Dokumente, Bremen 2002, S. 10–94, S. 19–21.

956 Erlass der Verordnung zur Ausschaltung der Juden aus dem deutschen Wirtschaftsleben vom 12.11.1938, RGBl. I 1938, S. 1580 sowie Verordnung über den Einsatz des jüdischen Vermögens am 03.12.1938, RGBl. I 1938, S. 1709.

957 Schauer, Ralf Erich: Die Steuergesetzgebung, S. 164 f.

958 RGBl. I 1940, S. 1666.

959 Oermann, Josef: Sozialausgleichsabgabe, Lohnausgleichsabgabe, Ostarbeiterabgabe, Berlin/ Wien 1942, S. 31.

960 RGBl. I 1942, S. 149; RStBl 1942, S. 453.

9.3.6 Die steuerliche Benachteiligung der übrigen „Fremdvölkischen"

„Ostarbeiter" – mit dem Begriff wurden sämtliche Arbeitskräfte aus den Gebieten der Sowjetunion in den Grenzen von 1937 versehen – wurden mit außerordentlich hohen Steuersätzen belastet. Begründet wurde dies einerseits damit, dass diese in ihrer Heimat wesentlich niedrigere Löhne beziehen würden, andererseits keine Beiträge zur Sozialversicherung bzw. zur Deutschen Arbeitsfront leisteten. Mit Wirkung zum 15. Juni 1942 wurde diese Steuer abgeschafft und durch eine „Ostarbeiterabgabe" ersetzt, bei der der Unternehmer des beschäftigten „Ostarbeiters" die Abgabe nach der Verordnung vom 30. Juni 1942[961] abzuführen hatte. Erst ab dem 1. April 1944 wurden „Ostarbeiter" den deutschen Lohnsteuerpflichtigen gleichgestellt.[962]

9.3.7 Kollektive Enteignung der deutschen Juden[963]

Die Einziehung des Vermögens der deutschen Juden ordnete sich unmittelbar ein in das Ziel der NS-Politik eines judenfreien Deutschlands. Die totale Enteignung war durch einschlägige Regelungen verfügt, die nach den bereits angelaufenen Deportationen erlassen wurden. Das Reichfinanzministerium und die Steuer- und Zollbehörden waren Teil des bürokratisch organisierten nationalsozialistischen Unrechtsregimes. Mit der Vermögensverwertungsstelle beim Oberfinanzpräsidenten Berlin-Brandenburg wurde der Einzug des Vermögens rassisch und politisch Verfolgter durch das NS-Regime zwangsweise betrieben. An vielen Beispielen aus Finanzamtsakten zeigt Kurt Schilde diese „Bürokratie des Todes."[964]

Am 29. Mai 1941 erging ein Führererlass über die Verwertung des eingezogenen Vermögens von Reichsfeinden. Mit dem Deportationserlass des Reichsfinanzministeriums vom 4. November 1941 wurde detailliert geregelt, wie mit dem Vermögen der aus Deutschland deportierten Juden verfahren werden sollte.

In der 11. Verordnung zum Reichsbürgergesetz vom 25. November 1941 wurde die Enteignung jüdischen Vermögens endgültig geregelt. Nach dieser Verordnung verloren emigrierte Juden und solche, die ihren „gewöhnlichen Aufenthalt" im

961 RGBl. I 1942, S. 419.

962 RGBl. I 1945, S. 39.

963 Friedenberger, Martin: Die Rolle der Finanzverwaltung, S. 21–26.

964 Vgl. Schilde, Kurt: Bürokratie des Todes. Lebensgeschichten jüdischer Opfer des NS-Regimes im Spiegel von Finanzamtsakten, Berlin 2002.

Ausland hatten oder dorthin „verlegten", die deutsche Staatsangehörigkeit und mit ihr allen Besitz. Nach einer Anordnung des Reichsinnenministers wurden das Generalgouvernement und die übrigen besetzten Gebiete nach dem 25. November 1941 zum Ausland erklärt, sodass mit der Deportation automatisch der Verfall des Vermögens zugunsten des Fiskus eintrat.[965]

Vorab hatte sich die Gestapo bedient und versucht, sich einen möglichst großen Teil des Vermögens durch „Beiträge", „Abgaben" oder „freiwillige Spenden" zu sichern. Was sich die Gestapo nicht vorab sicherte, fiel dem Fiskus zu.[966]

9.4 Die Rolle des Reichsfinanzhofs

In der Zeit der ersten steuerpolitischen Maßnahmen des Nationalsozialismus von 1933 bis 1935 stieg die Arbeitsbelastung der Steuergerichtsbarkeit als Folge von zahlreichen Notverordnungen und einer ansteigenden steuerlichen Belastung stark an. Reinhardt provozierte mit seiner Rede anlässlich der Einführung des neuen Präsidenten des Reichsfinanzhofes zudem einen Konflikt, indem er wörtlich ausführte: „Aus meinen Ausführungen über die Aufgaben des RFH ergibt sich zusammenfassend, daß im nationalsozialistischen Staat der RFH der Gehilfe des RdF [...] zu sein hat."[967] Der Grund für Reinhardts deutliche Maßregel lag in einem gescheiterten Versuch der Reichsregierung, der Judikative einen Weg vorzuschreiben, wie das Steuerrecht an den im Jahr 1934 verabschiedeten § 1 StAnpG angepasst werden konnte. Den Richtern bereitete die Anwendung des § 1 Abs. 3 StAnpG (Beurteilung von Tatbeständen nach nationalsozialistischer Weltanschauung) Probleme, denn danach war der Reichsfinanzhof verpflichtet, sich bei der Anwendung der vor 1933 erlassenen Steuergesetze zu vergewissern, ob diese mit den nationalsozialistischen Grundsätzen vereinbar waren. Der Reichsfinanzhof kam anfangs dieser Zumutung nicht widerspruchslos nach und riskierte Konflikte mit dem Ministerium; dann zog er sich bis 1938/39 auf die Linie zurück, im Grundsätzlichen standhaft zu bleiben, im Einzelnen jedoch den Wünschen des Ministeriums zu folgen.[968]

965 Ullmann, Hans-Peter: Der deutsche Steuerstaat, S. 165; bei den Deportationen schickte die Gestapo der Vermögensverwertungsstelle lediglich die Transportlisten mit sämtlichen Angaben jedes einzelnen zur Vernichtung bestimmten Juden mit dem Hinweis zu, dass dadurch das Vermögen der infrage stehenden Juden dem Reiche verfalle.

966 Ebd., S. 166.

967 RStBl. I 1935, S. 648.

968 Ullmann, Hans-Peter: Der deutsche Steuerstaat, S. 153.

Reinhardt reagierte damit, dass er noch stärker als vorher Einfluss auf die personelle Besetzung der Ämter im Reichsfinanzhof nahm, was ab 1936 zur Folge hatte, dass sich Entscheidungen häuften, bei denen die Senate auf § 1 Abs. 3 StAnpG und den „allgemeinen Beurteilungsgrundsatz" zurückgriffen. Der Konflikt endete mit einer fast vollständigen Beseitigung des Rechtsschutzes durch den Erlass des Führers vom 28. August 1939[969], mit dem die Finanzgerichte – bis auf den Reichsfinanzhof – abgeschafft wurden. Während die bisher von den Finanzgerichten behandelten Fälle nun auf dem Verwaltungswege erledigt wurden, durfte der Reichsfinanzhof nur noch über grundsätzliche Fragen entscheiden.[970]

Durch weitere personelle Auswechslungen im Senat des Reichsfinanzhofes ab dem Jahr 1939 trat die antisemitische Grundhaltung ganz offen zutage. So entschied z. B. der RFH mit Urteil vom 20. November 1941[971] über die Steuervergünstigung des ermäßigten Steuersatzes bei außerordentlichen Einkünften, die ein Jude in Anspruch nehmen wollte. Nach § 34 EStG unterlagen außerordentliche Einkünfte (z. B. Abfindungen, Gewinne aus Betriebsveräußerungen) einem besonderen Steuersatz, der grundsätzlich 10 Prozent betragen sollte. Auf Juden sollte dies keine Anwendung finden, wie der IV. Senat des Reichsfinanzhofes im Urteil entschied:

> Es ist die Frage zu entscheiden, wie der vorliegende Tatbestand nach nationalsozialistischer Weltanschauung zu beurteilen ist (§ 1 Absatz 3 StAnpG). Es würde der gesunden deutschen Weltanschauung widersprechen, wenn einem Juden der ermäßigte Steuersatz [...] zugebilligt würde.

Der Reichfinanzhof entwickelte – trotz mancher Unterschiede zwischen den Senaten und einzelnen Richtern – „eine eigenartige Symbiose fiskalischer Engherzigkeit und nationalsozialistischer Weltanschauung".[972]

969 RGBl. I 1939, S. 1535, Abschnitt IV, Abs. 4 und 5.

970 Schauer, Ralf Erich: Die Steuergesetzgebung, S. 204 f.

971 RFHE 51, S. 112.

972 Kumpf, Johann Heinrich: Der Reichsfinanzhof und seine Rechtsprechung in steuerlichen Angelegenheiten von Juden, in: Schönknecht, Ehrhardt (Hrsg.): Die Reichsfinanzverwaltung im Nationalsozialismus, Bremen 2002, S. 145; Uhlmann, Hans-Peter: Der deutsche Steuerstaat, S. 153.

9.5 Zusammenfassung und Fazit

Mit dem „Gesetz zur Behebung der Not von Volk und Reich“ vom 23. März 1933 war der Weg geebnet, die Besteuerung des Reichs, der Länder und der Kommunen auf eine breite politisch-gesellschaftlich-wirtschaftliche Basis zu stellen. Die neue Steuerpolitik stand unter dem obersten Leitprinzip der „nationalsozialistischen Weltanschauung“. Vom Standpunkt einer organischen Gesellschafts- und Staatsbetrachtung konnte das Postulat der Steuergerechtigkeit unbeachtet bleiben; denn wer grundsätzlich das Wohl des Ganzen voranstellte, sah die Individuen nur als abhängige Glieder, deren individuelle Interessen hinten anzustehen hatten.

Zum Grundsatz der Allgemeinheit der Besteuerung

Der Grundsatz der Allgemeinheit der Besteuerung wurde durch Hitler selbst durchbrochen. Mit einer geheimen Anordnung vom 19. Dezember 1934 sorgte er dafür, dass er selbst von der Steuerpflicht befreit wurde. Als Grund für diese Steuerfreiheit wurde die staatsrechtliche Stellung Hitlers als Führer des deutschen Volkes angeführt, die eine Steuerpflicht nicht begründen könne.[973] Trotz der hohen Honorare aus schriftstellerischer Arbeit durch das zweibändige Werk „Mein Kampf“, aus Einnahmen aus dem Recht am eigenen Bild und seinem Staatsgehalt als Reichskanzler und ab 1934 auch als Nachfolger des Reichspräsidenten wurden alle bis 1933 existierenden Steuerbescheide Hitlers für nichtig erklärt.[974]

Die steuerliche Diskriminierung der in Deutschland lebenden Juden war nicht nur ein Bruch des Allgemeinheits- und Gleichmäßigkeitssatzes, sondern war auch ein eklatanter Verstoß gegen die Freiheitsrechte.[975] Mit den Nürnberger Gesetzen wurden Juden zu Staatsbürgern zweiter Klasse gestempelt, und mit der elften Verordnung zum Reichsbürgergesetz wurde den deutschen Juden die Staatsangehörigkeit abgesprochen.

Zum Grundsatz der Gleichmäßigkeit der Besteuerung

Da die nationalsozialistische Weltanschauung offiziell zu einem entscheidenden Kriterium für die Auslegung von Steuergesetzen, der Beurteilung von Tatbestän-

973 Pausch, Alfons: Wir prüfen Hitlers Steuerakten. Ein praktischer Fall aus der Steuergeschichte, in: Steuer und Studium, Zeitschrift für die Aus- und Fortbildung im Steuerrecht 9 (1988), S. 226–231.

974 Pausch, Alfons: Wie sich Hitler der Steuerpflicht entzog, in: Deutsches Steuerrecht. Zeitschrift für Praxis und Wissenschaft des gesamten Steuerrechts 21 (1983), S. 499–502.

975 Davidsohn, Lars: Verfassungsrechtliche Würdigung, S. 323.

den und dem Treffen von Ermessensentscheidungen erklärt worden war, wurden die Gesetzmäßigkeit und Gesetzesbestimmtheit – und damit der Grundsatz der Gleichmäßigkeit in der Besteuerung – untergraben.[976]

Das Steueranpassungsgesetz war gleichbedeutend mit einer Generalvollmacht für die Finanzbehörden und bildete die Grundlage für alle folgenden Maßnahmen gegenüber Juden und anderen völkischen Minderheiten auf steuerlichem Gebiet.[977] Eine nahezu endlose Kette steuerlich diskriminierender Gesetze und Verordnungen in den Jahren zwischen 1933 und 1939 wurde erlassen, die den Grundsatz der Gleichmäßigkeit der Besteuerung mit Füßen trat. Allein das Reichsfluchtsteueraufkommen betrug schon 1934 das mehr als 38-fache des Aufkommens im letzten Jahr der Weimarer Republik.[978] Mit der Judenvermögensabgabe wurde der Gleichheitsgrundsatz in extremer Weise in sein Gegenteil verkehrt; die „Judenmilliarde" trug wesentlich dazu bei, den im Herbst bevorstehenden Staatsbankrott zu verhindern.

Die nationalsozialistische Rassenlehre fand auch in der Rechtsprechung Niederschlag. Die massive Beeinflussung der Gerichtsbarkeit führte zu einer erheblichen Beeinträchtigung einer Besteuerung, die dem Grundsatz der Gleichmäßigkeit entsprechen sollte.

Zum Prinzip der Besteuerung nach der Leistungsfähigkeit

Die nationalsozialistische Steuerpolitik diente zwei Zielen: Zum einen sollten mehr Geldmittel zur Finanzierung der Aufrüstung und später des Krieges beschafft werden,[979] zum anderen sollte dies möglichst zulasten solcher Organisationen und Personengruppen geschehen, die nach der nationalsozialistischen Rassenlehre Menschen zweiter Klasse waren.[980]

Für die Nationalsozialisten waren „Nicht-Arier" Menschen ohne Recht, auf die das Prinzip der Besteuerung nach der Leistungsfähigkeit nicht anwendbar war.

---

976 Tipke, Klaus: Die Steuerrechtsordnung, S. 137, Anm. 74; Voß, Reimer: Steuern im Dritten Reich, S. 238.

977 Longerich, Peter: Politik der Vernichtung. Eine Gesamtdarstellung der nationalsozialistischen Judenverfolgung, München/Zürich 1978, S. 125.

978 Jagdfeld, August: Steuerflucht und Steuerfluchtbekämpfung von Brüning bis Brandt, in: Steuer und Wirtschaft 49 (1972), S. 258–263, S. 258.

979 Von den 101,5 Milliarden Reichsmark, die das Deutsche Reich nach Schätzungen des Reichsfinanzhofes zwischen 1933 und 1939 ausgegeben hatte, fielen 60 % auf Rüstungsausgaben; vgl. Petzina, Dietmar: Die deutsche Wirtschaft in der Zwischenkriegszeit, S. 118.

980 Schauer, Ralf Erich: Die Steuergesetzgebung, S. 249 f.

Zahlreiche Sondervorschriften auf dem Gebiet konventioneller Steuern stellten entsprechend eklatante Verstöße gegen den Leistungsfähigkeitsgrundsatz dar.[981]

Zum Redistributionspostulat oder der Grundsatz der steuerlichen Umverteilung von Einkommen und Vermögen

Die von Reinhardt 1934/1935 angestrebte Entlastung und Umverteilung[982] war ausschließlich Ausfluss der nationalsozialistischen Ideologie. Die Steuerpolitik hatte einerseits familien- und bevölkerungspolitische Aufgaben zu erfüllen, was sich u. a. in höheren Freibeträgen bei Verheirateten und für Kinder sowohl bei der Einkommensteuer, als auch bei der Erbschaft- und Vermögensteuer niederschlug. Ledige wurden hingegen zusätzlich belastet. Die „nationalsozialistische Weltanschauung" öffnete andererseits Tür und Tor für die steuerliche Diskriminierung von Juden, „Zigeunern" und anderen „Fremdrassigen", die durch Sondersteuern, Sonderabgaben und Vermögenskonfiskationen fiskalisch gewaltsam belastet wurden.

981 Voß, Reimer: Steuern im Dritten Reich, S. 237 f. und S. 244.

982 Zur Definition der steuerlichen Umverteilung von Einkommen und Vermögen, wie sie hier zugrunde gelegt wird, vgl. Neumark, Fritz: Grundsätze, S. 195, vgl. Kapital 2.3 letzter Absatz.

Das Prinzip der Gerechtigkeit im Steuerwesen nach dem Zweiten Weltkrieg 10

In der Zeit von 1945 bis 1948/1949 ging der Wiederaufbau der Finanzen in den vier Besatzungszonen unterschiedliche Wege. Von einer zielgerichteten Finanzpolitik konnte man nicht sprechen, doch blieb die Einheit der Besteuerung durch den Alliierten Kontrollrat gewahrt. Der Alliierte Kontrollrat erhöhte die Tarife der Einkommen-, Körperschaft-, Umsatz- und Vermögensteuer sowie die Verbrauchsteuern drastisch. Der Spitzeneinkommensteuersatz wurde auf 94 Prozent, die Vermögensteuer auf 2,5 Prozent und die Umsatzsteuer auf 3 Prozent angehoben. Die Zielsetzung dieser hohen Besteuerung bestand darin, den inflationären Geldüberhang abzubauen, gleichzeitig war dies aber ein wesentliches Hindernis für eine wirtschaftliche Entwicklung.[983]

Vier Jahre nach dem Ende des Zweiten Weltkrieges gingen aus den vier Besatzungszonen zwei Staaten mit zwei verschiedenen Finanzsystemen hervor. In der DDR entstand eine Zentralplanwirtschaft. Ein Großteil der Produktionsmittel war Staatseigentum, die Wirtschaft wurde durch Mehrjahrespläne zentral gelenkt. Haupteinnahmequelle des Haushalts waren die Abgaben der Volkeigenen Betriebe

983 Ehrlicher, Werner: Finanzpolitik seit 1945, in: Schremmer, Eckart (Hrsg.): Steuern, Abgaben und Dienste vom Mittelalter bis zur Gegenwart vom 14. bis 17. April in Bamberg, Vierteljahresschrift für Sozial- und Wirtschaftsgeschichte, Beiheft 114, Stuttgart 1994, S. 215 f.

R. Sahm, *Theorie und Ideengeschichte der Steuergerechtigkeit*,
https://doi.org/10.1007/978-3-658-25903-7_10

(VEB), Steuern der Bevölkerung und privater Betriebe spielten im Vergleich dazu keine Rolle.[984]

In der DDR besaßen rechtsstaatliche Steuerprinzipien keine Geltung. Eine Besteuerung der Steuersubjekte nach den Grundsätzen der Allgemeinheit, der Gleichmäßigkeit und der Beachtung der Leistungsfähigkeit wurde ausdrücklich abgelehnt.[985] Aus dem Staatsverständnis ergab sich, dass eine sozialistische Regierung ihre Steuerpolitik nicht nach den überlebten Grundsätzen einer bürgerlich-kapitalistischen Klassengesellschaft ausrichten könne; denn dies behindere die Überwindung der privatwirtschaftlichen Wirtschaftsordnung und sabotiere den angestrebten Aufbau eines sozialistischen Wirtschaftssystems. Die der Privatwirtschaft auferlegten Steuern waren ihrer Art nach aus der Steuergesetzgebung des Deutschen Reiches aus dem Nationalsozialismus übernommen worden. Diese Steuern wurden jedoch vom Gesetzgeber der DDR sozialistisch umgeformt, um sie als Klassenkampfinstrument zur Fesselung, Verdrängung und Liquidation der Privatwirtschaft nutzen zu können.[986]

Entsprechend betrug der Höchstsatz der Einkommensteuer auf Einkünfte aus Unternehmertätigkeit und Kapitalnutzung 90 Prozent und der Körperschaftsteuersatz für die noch übriggebliebenen Kapitalgesellschaften 95 Prozent. Mit diesen hohen Steuersätzen sollte der Privatwirtschaft Kapital entzogen und dieses durch Umverteilung über den Staatshaushalt zum Aufbau sozialistischer Staatsbetriebe verwendet werden.[987]

10.1 Die verfassungsrechtlichen Grundlagen in der Bundesrepublik Deutschland

Im Gegensatz zur Weimarer Reichsverfassung enthält das Grundgesetz vom 23. Mai 1949 (GG) keine spezielle finanz- und steuerrechtliche Grundrechtsnorm mehr, in

984 Hacke, Constanze: Blick nach Europa. In: Bundeszentrale für politische Bildung. Informationen zur politischen Bildung vom 24.10.2012, auf: http://www.bpb.de/izpb/147109/blick-nach-europa?p=all (letzter Zugriff 17.02.2017), S. 20 f.

985 Buck, Hannsjörg: „Steuern" in: Eppelmann, Rainer u. a. (Hrsg.): Lexikon des DDR-Sozialismus. Das Staats- und Gesellschaftssystem der Deutschen Demokratischen Republik, Paderborn 1996, S. 616–619, S. 616. Da in der DDR rechtsstaatliche Steuerprinzipien keine Geltung besaßen, entfällt jeder Bezug zur Thematik, weshalb hier nicht weiter auf die Verhältnisse in der DDR eingegangen wird.

986 Ebd., S. 617.

987 Ebd., S. 617.

der die Prinzipien der Allgemeinheit[988], der Gleichmäßigkeit und der Leistungsfähigkeit explizit festgeschrieben worden sind. Eine inhaltlich dem Art. 134 der Weimarer Verfassung entsprechende Vorschrift in das Grundgesetz aufzunehmen, war von den Schöpfern dieser Verfassung offensichtlich nicht beabsichtigt.[989] Die während der nationalsozialistischen Diktatur regelmäßig vorkommende Missachtung der Rechte Einzelner war Grund genug, den Grundrechten des Grundgesetzes gegenüber denjenigen der Weimarer Reichsverfassung eine stärkere Geltungskraft zu verleihen, um damit der Allmacht des Staates wirksame Schranken zu setzen. Die Absicht der Verfassungsgeber war insbesondere, die Stellung des Einzelnen allein durch seine Rechte zu definieren. Damit wollte man dem Missbrauch des Pflichtgedankens der nationalsozialistischen Diktatur vorbeugen, unter der die subjektiven Rechte des Einzelnen nur in geringem Maße Anerkennung gefunden hatten. Die Verfasser des Grundgesetzes wichen deshalb ausdrücklich von dem Weimarer Vorbild ab und verzichteten auf die Aufnahme von verallgemeinernden Grundpflichten sozialer und gesellschaftspolitischer Natur. Durch diese Verfahrensweise entfiel ein Verfassungsartikel, der den Grundsatz der Gleichmäßigkeit und der Leistungsfähigkeit der Besteuerung ausdrücklich festgeschrieben hätte.[990]

Aus dem in Art. 3 Abs. 1 GG kodifizierten Gleichheitssatz – „Alle Menschen sind vor dem Gesetz gleich" – wird das Gebot der Steuergerechtigkeit hergeleitet.[991] Entsprechend liegt das Schwergewicht der Überprüfung steuerrechtlicher Normen durch das Bundesverfassungsgericht beim allgemeinen Gleichheitssatz.[992] Dabei hat das Bundesverfassungsgericht ständig entschieden, dass der Gesetzgeber „an den Grundsatz der Steuergerechtigkeit gebunden ist, der sich aus dem Gleichheitssatz ergibt."[993] Der Gesetzgeber darf nach seinem Ermessen entscheiden, welche

988 Der Grundsatz der Allgemeinheit der Besteuerung wird heute nicht als selbstständiger Grundsatz erfasst, da er Ausfluss des Grundsatzes der Gleichmäßigkeit ist; vgl. z. B. Schneider, Dieter: Steuerbilanzen, S. 16; Hey, Johanna: § 3 Steuersystem und Steuerverfassungsrecht, S. 66 ff.

989 Davidsohn, Lars: Verfassungsrechtliche Würdigung, S. 44; Oechsle, Klaus: Die steuerlichen Grundrechte, S. 186.

990 Davidsohn, Lars: Verfassungsrechtliche Würdigung, S. 45–47; Oechsle, Klaus: Die steuerlichen Grundrechte, S. 189; Tipke, Klaus: Die Steuerrechtsordnung, S. 491.

991 Hey, Johanna: § 3 Steuersystem und Steuerverfassungsrecht, S. 93; Tipke, Klaus: Die Steuerrechtsordnung, S. 290.

992 Hey, Johanna: Rechtsprechung des Bundesverfassungsgerichts zum Steuerrecht im Wandel?, in: Piltz, Detlev J./Günkel, Manfred/Niemann, Ursula (Hrsg.): Steuerberater-Jahrbuch 2007/2008, S. 19–58, S. 33.

993 Tipke, Klaus: Steuerrecht als Wissenschaft, in: Tipke, Klaus u. a. (Hrsg.): Gestaltung der Steuerrechtsordnung. Festschrift für Joachim Lang zum 70. Geburtstag, Köln 2010,

„Elemente der zu ordnenden Lebensverhältnisse er als maßgebend ansieht, sie im Recht gleich oder verschieden zu behandeln. Der Gesetzgeber darf selbst diejenigen Sachverhalte auswählen, die er als gleich ansehen will."[994] Vom Bundesverfassungsgericht ist nur die Einhaltung der äußersten Grenzen der gesetzgeberischen Freiheit („Willkürverbot") zu prüfen, nicht jedoch, „ob der Gesetzgeber im Einzelfall die jeweils zweckmäßigste, vernünftigste und gerechteste Lösung gefunden hat."[995]

Die verhaltene Rechtsprechung, die sich das Bundesverfassungsgericht in den 1960er und 1970er Jahren auferlegt hatte, veränderte sich seit Beginn der 1980er Jahre mit wesentlichen Beiträgen zur Durchsetzung der systemtragenden Prinzipien eines verfassungskonformen Steuerrechts. Dabei ließ das Bundesverfassungsgericht keine Zweifel, „dass der gesetzgeberische Gestaltungsspielraum verfassungsrechtlich durch die Prinzipien der finanziellen Leistungsfähigkeit und der Folgerichtigkeit begrenzt ist."[996] Das Bundesverfassungsgericht gewährleistete nachdrücklich die Steuerfreiheit des Existenzminimums, den Schutz von Ehe und Familie, erteilte reinen Gegenfinanzierungsmaßnahmen eine deutliche Absage und verstärkte die Anforderungen an den rechtsstaatlichen Vertrauensschutz.[997]

Mit dem Vermögensteuerbeschluss vom 22. Juni 1995[998] ging der Zweite Senat von einem Eingriff in die Eigentümerfreiheit aus und erklärte damit eine Belastungsobergrenze.[999] Zehn Jahre später distanzierte sich der Zweite Senat des Bundesverfassungsgerichts im Beschluss vom 18. Januar 2006[1000] von der Idee einer Belastungsobergrenze mit der Begründung, die Aussagen des Vermögensteu-

---

S. 21–56, S. 49, mit Hinweis auf Urteilsnachweise.

994 Tipke weist mit diesem Passus auf BVerfGE 13, 202, 21, 27; vgl. Tipke, Klaus: Steuerrecht als Wissenschaft, S. 50.

995 Ebd., S. 50; Tipke weist darauf hin, dass diese Rechtsprechung zurückgeht auf BVerfGE 1, 52, 4, 18, 26, 310.

996 Hey, Johanna: § 3 Steuersystem und Steuerverfassungsrecht, S. 91.

997 Ebd., S. 91.

998 BVerfGE 93, 121.

999 Sogenannter Halbteilungsgrundsatz: „Die Vermögensteuer darf zu den übrigen Steuern auf den Ertrag nur hinzutreten, soweit die steuerliche Gesamtbelastung des Soll-Ertrages bei typisierender Betrachtung von Einnahmen, abziehbaren Aufwendungen und sonstigen Entlastungen in der Nähe einer hälftigen Teilung zwischen privater und öffentlicher Hand verbleibt." Vgl. BVerfGE 93, 121, LS 3. Nach Klaus Vogel hatte der „Halbteilungsgrundsatz" den Zweck, den Machtzuwachs und das Selbstbedienungsverständnis der Politiker zu beschneiden. Jedoch entspricht dieses Politikverständnis nicht dem Demokratieverständnis des Grundgesetzes; vgl. Vogel, Klaus: Verfassungsrechtsprechung zum Steuerrecht. Vortrag gehalten vor der Juristischen Gesellschaft zu Berlin am 16. September 1998, Berlin/New York 1999, S. 1–23, S. 23.

1000 BVerfGE 115, 97.

erbeschlusses seien den Besonderheiten der zur Einkommensteuer hinzutretenden Vermögensteuer geschuldet. Damit hat sich das Gericht „um einen Ausgleich zwischen demokratisch legitimiertem Steuerstaat und individuellem Schutz durch das freiheitliche Übermaßverbot bemüht."[1001]

Der neue Staatszweck in der Bundesrepublik Deutschland ab 1949, dem das Steuerrecht angepasst wurde, war Lenkung und Steuerung, weniger die Umverteilung. Die Funktion der Steuer hatte sich verändert: Die Frage war nicht mehr – oder allenfalls nachrangig –, ob die Steuern „gerecht" waren, sondern, ob diese wirtschaftspolitisch „richtig" oder „nicht richtiger", „hilfreicher" oder „nicht hilfreicher" waren.[1002] Damit verlor die Einkommensteuer als Instrument der sozialen Umverteilung an Gewicht, verglichen mit der Aufgabe, die ihr Finanzminister Matthias Erzberger 1920 zugewiesen hatte.[1003] Die Fiskalpolitik

> ermöglichte es, die steuerlichen Gestaltungswirkungen für die wirtschaftspolitischen Aufgaben und Ziele des Staates fruchtbar zu machen [...], indem diese ‚gestaltende' Wirkungsweise wirtschafts-, währungs-, konjunktur- und sozialpolitischen Zwecken dienstbar gemacht wurde.[1004]

Die Verfassung verbietet es grundsächlich nicht, mithilfe der Steuerpolitik Lenkungszwecke zu verfolgen. In der Legaldefinition des Steuerbegriffs gemäß § 3 Abs. 1 Satz 1 Halbsatz 2 Abgabenordnung (AO) heißt es: „[D]ie Erzielung von Einnahmen kann Nebenzweck sein." Damit hat der Gesetzgeber beim Erlass steuerlicher Vorschriften die Möglichkeit, außerfiskalische Zwecke zu verfolgen. Der Steuergesetzgeber ist nach ständiger Rechtsprechung des Bundesverfassungsgerichts nicht gehindert, außerfiskalische Förderungs- und Lenkungsziele aus Gründen des Gemeinwohls zu verfolgen, und hat dabei eine große Gestaltungsfreiheit.[1005] Weder der fiskalische Zweck noch die Verwendung der Steuern geben der Steuerbelastung Anknüpfungspunkte oder ziehen ihr Grenzen.[1006]

1001 Hey, Johanna: § 3 Steuersystem und Steuerverfassungsrecht, S. 115–118, S. 118.

1002 Schremmer, Eckart: Über „gerechte Steuern", S. 27.

1003 Ebd., S. 38.

1004 Birk, Dieter: Das Leistungsfähigkeitsprinzip, S. 72 f.

1005 Ständige Rechtsprechung vgl. BVerfG v. 22.06.1995-2 Bvl. 37/91; BVerfGE 93, 121 (136); BVerfG v. 30.09.1998-2 BvR 1818/91; BVerfGE 99, 88 (95); BVerfG. v. 04.12.2002-2 BvR 400/98; BVerfGE 107, 27 (47), BFH v. 27.09.2007, DStR 2007, 2256 (2259); BVerfG v. 07.11.2006-1BvL 10/02, FR 2007, 338 (340); zuletzt BVerfGE 117, 1 (31) betr. Erbschaftsteuer und BVerfGE 122, 210 (231) betr. Entfernungspauschale.

1006 Drüen, Klaus-Dieter: Die Bruttobesteuerung von Einkommen als verfassungsrechtliches Vabanquespiel, in: Steuer und Wirtschaft 85 (2008), S. 3–14, S. 8 mit der dort

Abweichungen vom Leistungsfähigkeitsprinzip bedürfen der Rechtfertigung durch „Gründe des Gemeinwohls". Steuervergünstigungen müssen sich „gemeinwohlbezogen"[1007] rechtfertigen lassen, Sonderbelastungen durch Sozialzwecksteuern, Abzugsverbote und andere Steuerverschärfungen müssen durch das Gemeinwohl gerechtfertigt sein. Das Leistungsfähigkeitsprinzip darf dabei eingeschränkt, jedoch nicht ausgeschaltet sein.[1008] Der verfolgte Lenkungszweck muss gleichheitsgerecht ausgestaltet sein[1009] und gebietet auch die Beachtung des Verhältnismäßigkeitsprinzips „unter den Gesichtspunkten der Geeignetheit der Regelung, deren Notwendigkeit und Angemessenheit im engeren Sinn."[1010]

10.2 Zum Grundsatz der Gleichmäßigkeit der Besteuerung

10.2.1 Bedeutung und Inhalt des allgemeinen Gleichheitssatzes und die Rechtfertigung von Sozialzwecknormen

Der Gleichheitsgrundsatz (Art. 3 Abs. 1 GG) als „Schlüsselbegriff der Gerechtigkeit" gilt als Maßstab für die Gleichmäßigkeit der Besteuerung,[1011] die nach der Rechtsprechung des Bundesverfassungsgerichts verletzt ist, „wenn sich ein aus der Natur der Sache ergebender oder sonstwie sachlich einleuchtender Grund für die gesetzliche Differenzierung oder Gleichbehandlung nicht finden lasse, kurzum, wenn die Bestimmung willkürlich sei."[1012]

Der Gesetzgeber ist gemäß Art. 3 Abs. 1 GG nach ständiger Formulierung des Bundesverfassungsgesetzes verpflichtet – bei steter Orientierung an dem Gerechtigkeitsgedanken –, wesentlich Gleiches gleich, wesentlich Ungleiches verschieden zu behandeln. Das Gebot dieser genannten Rechtsetzungsgleichheit stellt an den Gesetzgeber einen am Wertesystem des Grundgesetzes orientierten Gerechtig-

angegebenen Rechtsprechung.

1007 BVerfGE 93, 121 (148).

1008 Hey, Johanna: § 3 Steuersystem und Steuerverfassungsrecht, S. 101.

1009 BVerfG v. 20.04.2004; BVerfGE 110, 274 (293).

1010 Weber-Grellet, Heinrich: Steuern, S. 174; vgl. auch Glaser, Andreas: Verfassungs- und unionsrechtliche Grenzen steuerlicher Lenkung, in: Steuer und Wirtschaft 89 (2012), S. 168–181, S. 173.

1011 Weber-Grellet, Heinrich: Steuern, S. 33.

1012 Tipke, Klaus: Die Steuerrechtsordnung, S. 295 mit der dort zitierten Rechtsprechung.

keitsauftrag dar; maßgeblich hierfür sind der tatsächliche Belastungserfolg sowie die Einhaltung des Folgerichtigkeitsgebotes. Zwar habe der Gesetzgeber bei der Auswahl des Steuergegenstandes und der Bestimmung des Steuersatzes einen weitreichenden Gestaltungspielraum, er müsse jedoch die einmal getroffene Belastungsentscheidung folgerichtig umsetzen. Dabei wird sein Belastungsspielraum „vor allem durch zwei eng miteinander verbundene Leitlinien begrenzt: durch die Ausrichtung der Steuerlast an den Prinzipien der finanziellen Leistungsfähigkeit und der Folgerichtigkeit."[1013]

Der Gleichheitssatz verlangt zudem den gleichmäßigen Vollzug (Rechtsanwendungsgleichheit) der Steuergesetze als wesentliches Moment der Steuergerechtigkeit. Die Belastung ist für alle Steuerpflichtigen nur erträglich, wenn zu erkennen ist, dass alle in derselben Situation denselben Eingriff zu dulden haben.[1014] Das Bundesverfassungsgericht hat im Zinsurteil vom 27. Juni 1991 diese Bedeutung deutlich herausgestellt:

> Der Gleichheitssatz verlangt für das Steuerrecht, dass die Steuerpflichtigen durch ein Steuergesetz rechtlich und tatsächlich gleich belastet werden. Die Besteuerungsgleichheit hat mithin als ihre Komponenten die Gleichheit der normativen Steuerpflicht ebenso wie die Gleichheit bei deren Durchsetzung in der Steuererhebung.[1015]

Die steuerliche Lastengleichheit fordere, „dass das materielle Steuergesetz die Gewähr seiner regelmäßigen Durchsetzbarkeit so weit wie möglich in sich selbst trägt."[1016] Der Gleichheitssatz sei verletzt, wenn das „Ziel der Gleichheit im Belastungserfolg prinzipiell nicht zu erreichen" sei.[1017]

Der Gleichheitssatz verlangt also, dass die Steuerpflichtigen durch ein Steuergesetz rechtlich und tatsächlich gleich belastet werden. Der Verfassung wird entsprechend mit der Rechtsetzungsgleichheit nicht Genüge getan, „vielmehr fordert sie die Rechtsanwendungsgleichheit in ihrer Realisierung durch die gleichmäßige Besteuerung für alle, die den Tatbestand des Gesetzes erfüllen."[1018]

Schon die Kameralisten vertraten den Leitgedanken, dass eine gleichmäßige und gerechte Verteilung der Steuerlasten nur dann zu erreichen ist, wenn die einzelnen

1013 Hey, Johanna: § 3 Steuersystem und Steuerverfassungsrecht, S. 96.

1014 Weber-Grellet, Heinrich: Steuern, S. 36.

1015 BVerfGE 84, S. 239.

1016 Ebd., S. 271.

1017 Ebd., S. 272.

1018 Isensee, Josef: Vom Beruf unserer Zeit, S. 8.

Steuerarten aufeinander abgestimmt werden.[1019] Zu bedenken ist, dass der Umfang des individuellen Verbrauchs insbesondere von der Größe der Familie beeinflusst wird und relativ unabhängig von der Einkommenshöhe eines Steuerpflichtigen sein dürfte. Infolgedessen wirken sich die auf den notwendigen Lebensbedarf lastenden Steuern meistens zu Ungunsten der weniger wohlhabenden Bevölkerung aus.[1020] Da bei den direkten Steuern – insbesondere der Einkommensteuer – in besonderem Maße steuerliche Leistungsmerkmale berücksichtigt werden können, können damit weniger erwünschte Belastungswirkungen anderer Steuerarten weitgehend kompensiert werden.[1021]

Bei der verfassungsrechtlichen Beurteilung des Grundsatzes der Gleichmäßigkeit der Besteuerung ist auch zu beachten, dass der steuerpflichtige Bürger Anspruch auf eine dem Leistungsfähigkeitsprinzip und dem Sozialstaatsprinzip entsprechende Verteilung der Steuerlasten hat. Der insbesondere in Art. 20 Abs. 1 GG ausformulierte Sozialstaatsgedanke „ist nach heute einhelliger Meinung Verfassungsnorm mit verpflichtender Wirkung für alle Staatsgewalten."[1022] Eine ungleichmäßige Besteuerung widerspricht nicht nur dem aus Art. 3 Abs. 1 GG hergeleiteten Grundsatz der Steuergerechtigkeit, sondern gleichzeitig dem im GG verankerten Sozialstaatsprinzip; denn eine gerechte Steuerlastverteilung kann ebenso durch den Sozialstaatsgedanken begründet werden.[1023]

Im Grunde wurde erst durch die Sozialgesetzgebung der Bundesrepublik Deutschland

> das Postulat Wagners erfüllt, soziale Finanz- und Steuerpolitik nicht nur im Besteuerungssystem, sondern in einer Kombination von Steuern und Transferleistungen zu verwirklichen. Heute ist anerkannt, daß soziales Nehmen (Steuern) und soziales Geben (Sozialleistungen) einander bedingen.[1024]

1019 Mann, Fritz Karl: Grundsätze der Besteuerung, in: Spiethoff, Arthur (Hrsg.): Schmollers Jahrbuch für Gesetzgebung, Verwaltung und Volkswirtschaft im Deutschen Reiche, 50. Jg., 1. Halbband, München/Leipzig 1926, S. 55–82, S. 82.

1020 Davidsohn, Lars: Verfassungsrechtliche Würdigung, S. 183.

1021 Ebd., S. 183–187; Wagner, Adolph: Finanzwissenschaft 2. Teil, S. 370.

1022 Lehner, Moris: Einkommensteuerrecht und Sozialhilferecht. Bausteine zu einem Verfassungsrecht des sozialen Steuerstaates (Beiträge zum öffentlichen Recht 5), Tübingen 1993, S. 341.

1023 Kirchhof, Paul: Steuergleichheit, in: Steuer und Wirtschaft 61 (1984), S. 297–314, S. 306.

1024 Birk führt hierzu aus: „Der Gedanke der sozialen Besteuerung ist […] in ganz erheblichem Maße ineffektiv, wenn an einem Transferstrom, dem steuerlichen Wertetransfer, festgehalten wird. Denn soziale Entlastungen sind nur insoweit möglich, soweit die wirtschaftliche Lage des einzelnen Steuerzahlungen überhaupt ermöglicht. Sie versagen also in den Fällen, in denen soziale Hilfe am dringendsten benötigt wird. Den Anspruch

Staatliches Nehmen muss die Freiheit des Betroffenen wahren, staatliches Geben seine soziale Existenz sichern. Gleichheit der Bürger führt somit bei der Auferlegung öffentlicher Lasten zu einer die Einnahmen- und Ausgabenseite umgreifenden Gleichheit.[1025]

Zu den Aufgaben des Sozialstaats gehört insbesondere die Sicherung eines menschenwürdigen Existenzminimums, das im Steuerrecht vor Steuerbelastung geschützt werden muss.[1026] Die erste wirtschaftstheoretische Begründung der Steuerfreiheit des Existenzminimums lieferte die physiokratische Lehre vom „produit net" (Reinertrag). Die Naturrechtslehre bildete das ethische Fundament der Steuerfreiheit des Existenzminimums, auf das sich heute noch deren Rechtfertigung aus den Menschenrechten gründet.[1027] Dass der Staat jedem Bürger das Existenzminimum gewährleistet, verlangen nach der Verfassung nicht nur das Sozialstaatsprinzip, sondern auch die Menschenwürde (Art. 1 Abs. 1 GG) und das Freiheitsprinzip (Art. 2 Abs. 1 GG).[1028]

10.2.2 Zum Grundsatz der Gleichmäßigkeit der Besteuerung am Beispiel der Unternehmensbesteuerung

Der Gleichheitssatz in Art. 3 Abs. 1 GG wird durch das BVerfG im Hinblick auf die Gleichmäßigkeit der Besteuerung durch das Gebot konkretisiert, „wesentlich Gleiches gleich und wesentlich Ungleiches ungleich zu behandeln."[1029] Das Kernproblem liegt entsprechend in der Bewertung von Sachverhalten als gleich oder ungleich.[1030] Am Beispiel der Unternehmensbesteuerung soll aufgezeigt werden, wie schwierig es sich darstellt, das Gebot dieser Rechtsetzungsgleichheit zu erreichen.

---

an ein soziales Transferverhältnis zwischen Bürger und Staat konnte die Steuer von vornherein nicht vollständig erfüllen. Es mußte ein ergänzender Geldleistungsstrom geschaffen werden, der die sozialen Defizite auffängt, die im Besteuerungssystem keine Berücksichtigung finden können." Birk, Dieter: Das Leistungsfähigkeitsprinzip, S. 115, Anm. 68.

1025 Kirchhof, Paul: Die Leistungsfähigkeit des Steuerrechts – Steuerrecht und Verfassungsrecht, in: Steuer und Wirtschaft 88 (2011), S. 365–371, S. 366.

1026 Tipke, Klaus: Die Steuerrechtsordnung, S. 97.

1027 Treisch, Corinna: Existenzminimum und Einkommensbesteuerung. Dogmengeschichte, Analyse der Besteuerungsprinzipien und Regelungsvorschlag, Aachen 1999, S. 7.

1028 Tipke, Klaus: Die Steuerrechtsordnung, S. 420.

1029 BVerfG 2009a, 17; BVerfG 2009b, 265; BVerfG 2010a, 277; BVerfG 2010b, 416; BVerfG 2012, 2720.

1030 Birk, Dieter: Das Leistungsfähigkeitsprinzip, S. 157.

10.2.2.1 Die Entwicklung des Körperschaftsteuersystems in der Bundesrepublik Deutschland

Die Nachkriegszeit bis zur Einführung des Anrechnungsverfahrens 1977

Parallel zu den Bestrebungen, das klassische Körperschaftsteuersystem neutral zu gestalten, wurde das dualistische System nach der Währungsreform im Jahr 1948 grundsätzlich infrage gestellt. Der von der Finanzverwaltung einberufene Ausschuss legte im Jahr 1949 drei Entwürfe einer Betriebsteuer vor.[1031] Alle drei Betriebsteuerentwürfe umfassten als Kreis der Steuerpflichtigen alle gewerblichen Betriebe ohne Rücksicht auf ihre Rechtsform. Nach den Trennungsbestrebungen von Einkommensteuer und Körperschaftsteuer ab dem Jahr 1891 stand die Zusammenfassung beider Steuerarten wieder zur Diskussion; Steuertarif und Besteuerungsgrundlage sollten sich nicht mehr unterscheiden. Alle drei Entwürfe einer Betriebsteuer wurden jedoch nie Gesetz.[1032]

Durch die sogenannte Kleine Steuerreform im Jahr 1953[1033] wurde erstmals ein gespaltener Körperschaftsteuertarif kodifiziert, der die Doppelbelastung ausgeschütteter Gewinne minderte. Damit wurde es lange Zeit ruhig um die grundsätzliche Rechtfertigung des dualistischen Unternehmensteuersystems, bis Ende der 1960er-Jahre die Reformdiskussion wieder neu angestoßen wurde.[1034] Die Debatte ging weit über die Beseitigung der Doppelbelastung hinaus, denn das bestehende Körperschaftsteuersystem wurde in seiner Grundstruktur infrage gestellt. Die Umgehung der Doppelbelastung war neben der Ausschöpfung steuerlicher Optimierungsmöglichkeiten das primäre Ziel der Steuerpflichtigen. Die Vereinbarung von Leistungsvergütungen zwischen Gesellschaft und Gesellschafter durch Geschäftsführergehälter, Darlehens- oder Miet- und Pachtzinsen stellten bei den Gesellschaften Betriebsausgaben dar, was zu einer Verminderung des steuerpflichtigen Einkommens führte. Unangemessene Leistungsvergütungen bewirkten wiederum, dass der Gesetzgeber die Umgehung der Doppelbelastung durch das Institut der „verdeckten Gewinnausschüttung“ zu verhindern suchte.

Unabhängig von der Wahl einer Rechtsform wurde die Entwicklung von Mischformen zur Vermeidung der Doppelbelastung intensiviert. Als typische Gestaltungsvarianten sollen hier die GmbH & Co. KG, die Betriebsaufspaltung und

---

1031 o. V.: Betriebsteuerausschuss der Verwaltung der Finanzen: Bericht und Gesetzentwürfe zur Betriebsteuer, in: Steuer und Wirtschaft 1949, Sp. 929–1068, Sp. 929 ff., insb. Sp. 1021 ff.

1032 Potthast, Thilo: Die Entwicklung der Körperschaftsteuer, S. 74–79.

1033 Gesetz zur Änderung steuerlicher Vorschriften und zur Sicherung der Haushaltsführung vom 24.06.1953, BGBl. 1953 I, S. 413.

1034 Potthast, Thilo: Die Entwicklung der Körperschaftsteuer, S. 79.

die Stille Gesellschaft erwähnt werden. Um eine Doppelbelastung zwischen einer Kapitalgesellschaft und einer anderen Kapitalgesellschaft zu verhindern, kamen das Schachtelprivileg[1035] und die körperschaftsteuerliche Organschaft zur Anwendung, um die Mehrfachbelastungen im Konzernbereich zu vermeiden.[1036]

In der Reformdiskussion wurde eine Reihe von Alternativen[1037] zum klassischen Körperschaftsteuersystem herausgearbeitet, die Ausgangspunkt für die Ablösung des bisherigen Steuersystems durch das Anrechnungsverfahren im Jahr 1977 waren, das eine Doppelbelastung ausgeschütteter Gewinne verhindern sollte.

Das körperschaftsteuerliche Anrechnungsverfahren von 1977 bis 2000

Der Einführung des Anrechnungsverfahrens ging eine zehnjährige, intensiv geführte wissenschaftliche Diskussion voraus. Die Bundesregierung schloss sich im Wesentlichen den Vorstellungen der Steuerreformkommission von 1971 an, die zu dem Ergebnis gekommen war, dass die ertragsteuerliche Doppelbelastung bei der Körperschaftbesteuerung zu erheblichen Nachteilen geführt hatte.[1038] Der Gesetzgeber entschied sich für die Vollanrechnung der Körperschaftsteuer auf den ausgeschütteten Gewinn, kombiniert mit einem ermäßigten Ausschüttungsteuersatz auf Körperschaftsebene. Die körperschaftsteuerliche Vorbelastung wurde bei einer Ausschüttung auf eine einheitliche Ausschüttungsbelastung (zunächst 36 Prozent, zuletzt 30 Prozent) herab- bzw. heraufgesetzt und dann durch Anrechnung auf die Einkommen- bzw. Körperschaftsteuer und gegebenenfalls durch Vergütung vollständig neutralisiert.[1039] Damit stellte die Körperschaftsteuer eine Art Vorauszahlung auf die Einkommensteuer dar, die der Anteilseigner auf seine Steuerschuld anrechnen konnte. Dies galt jedoch nicht für ausländische Anteilseigner. Diese waren nicht anrechnungsberechtigt, sodass die deutsche Körperschaftsteuer für sie in Deutschland eine endgültige Belastung darstellte.[1040]

Rechtsformneutralität konnte das Anrechnungsverfahren nur hinsichtlich ausgeschütteter Gewinne für anrechnungsberechtigte Steuerpflichtige gewährleisten.

1035 Das Schachtelprivileg ist ein Instrument zur Vermeidung von Mehrfach- oder Doppelbelastungen, die sich bei der Verschachtelung von Kapitalgesellschaften ergeben.

1036 Potthast, Thilo: Die Entwicklung der Körperschaftsteuer, S. 127.

1037 Ebd., S. 114–120.

1038 Gutachten der Steuerreformkommission 1971 (Schriftenreihe des Bundesministeriums der Finanzen 17), Bonn 1971, S. 303–314, Rz. 40–93.

1039 Körperschaftsteuerreformgesetz vom 31.08.1976, BStBl 1976 I, S. 2597; Hey, Johanna: § 11 Körperschaftsteuer, in: Tipke, Klaus/Lang, Joachim (Hrsg.): Steuerrecht, fortgeführt von Roman Seer u. a., 22. Aufl., Köln 2015, S. 669–716, S. 672.

1040 § 50 Abs. 5 EStG 1977; § 50 Abs. 1 Nr. 2 und § 51 KStG 1977.

Schüttete eine Kapitalgesellschaft ihre Gewinne vollständig aus, ergaben sich bei sonst gleicher Gewinnsituation keine Unterschiede hinsichtlich der Steuerbelastung von Anteilseignern einer Kapitalgesellschaft und den Gesellschaftern einer Personengesellschaft bzw. einem Einzelunternehmer.[1041] Damit wurde das Ziel, Rechtsformunterschiede zu beseitigen, zumindest im Ertragsteuerbereich nahezu erreicht. Hinsichtlich einbehaltener Gewinne kam es nur zu einer Annäherung der Steuerbelastung, was dazu führte, dass Steuerpflichtige verschiedene Möglichkeiten der Steueroptimierung im Anrechnungsverfahren ausnutzten.[1042] Lag z. B. die persönliche Einkommensteuer eines Gesellschafters unter dem Spitzensteuersatz, so verleitete das Anrechnungsverfahren selbst dann die Ausschüttung der Gewinne, wenn die Mittel in der Kapitalgesellschaft benötigt wurden. Die Vorteile des „Schütt-aus-hol-zurück-Verfahrens" sowie der „negative" Ausländereffekt führten zu einer zunehmenden Beliebtheit der Gesellschafter-Fremdfinanzierung. Die Attraktivität der Fremdfinanzierung bewirkte ein krasses Missverhältnis zwischen Eigen- und Fremdkapitalausstattung und führte zu Steuerausfällen, was den Gesetzgeber wiederum zwang zu reagieren.

In den 1990er-Jahren war eine deutliche Zunahme der Änderungen des Körperschaftsteuergesetzes zu verzeichnen, die durch gegenläufige Entwicklungen geprägt waren. Zum einen erfolgte eine Abkehr von der Substanzbesteuerung durch die Aussetzung der Vermögensteuer und die Abschaffung der Gewerbesteuer vom Kapital. Zum anderen sah sich die Bundesregierung durch den internationalen Steuersenkungswettbewerb dazu genötigt, die Kopplung des Körperschaftsteuersatzes für thesaurierte Gewinne und des Einkommensteuerspitzensatzes aufzugeben.[1043]

Da wegen des internationalen Steuersenkungswettbewerbs das Problem der Tarifspreizung nicht gelöst werden konnte, war eine Unternehmensteuerreform zwingend erforderlich. Dazu kam, dass die fortschreitende Globalisierung insbesondere die Schwächen des Anrechnungsverfahrens im Umgang mit Auslandssachverhalten zum Problem werden ließ. Das Anrechnungsverfahren war auf die Anrechnung inländischer Körperschaftsteuer beschränkt,[1044] worin ein Verstoß

1041 Scheffler, Wolfram: Besteuerung von Unternehmen, Bd. I: Ertrag-, Substanz- und Verkehrsteuern, 13. Aufl., Heidelberg 2016, S. 244; Hey, Johanna: § 7 Einführung in das besondere Steuerschuldrecht, in: Tipke, Klaus/Lang, Joachim (Hrsg.): Steuerrecht, fortgeführt von Roman Seer u. a., 22. Aufl., Köln 2015, S. 247–273, S. 257.

1042 Potthast, Thilo: Die Entwicklung der Körperschaftsteuer, S. 148–160.

1043 Ebd., S. 179.

1044 Ausschüttungen an ausländische Anteilseigner wurden benachteiligt, da diesen die Anrechnung der in Deutschland gezahlten Körperschaftsteuer nicht möglich war.

gegen die Kapitalverkehrsfreiheit gesehen wurde.[1045] Dies war ein maßgebliches Motiv, weshalb das körperschaftsteuerliche Anrechnungsverfahren im Jahr 2000 in Deutschland aufgegeben wurde.[1046]

Das klassische System mit pauschaler Entlastung auf Anteilseignerebene seit 2001

Im Jahr 1998 wurde von der Bundesregierung eine unabhängige Kommission eingesetzt, um eine grundlegende Reform der Unternehmensbesteuerung zu erarbeiten. In den Brühler Empfehlungen hieß es:

> Ziel ist eine rechtsformneutrale Unternehmensbesteuerung, bei der alle Unternehmenseinkünfte mit höchstens 35 % besteuert werden. [...] Investitionen in Deutschland sollen sich lohnen. [...] Aus diesem Grund ist eine deutliche Senkung der Steuersätze für Unternehmen erforderlich.[1047]

Auf der Grundlage dieser Empfehlungen wurde durch das Steuersenkungsgesetz[1048] das seit 1977 bestehende körperschaftsteuerliche Anrechnungsverfahren durch ein klassisch-dualistisches Körperschaftsteuersystem mit Teilentlastungsmechanismus, das allgemein als „Halbeinkünfteverfahren" bezeichnet wird, ersetzt.[1049]

Die Gewinne einer Körperschaft werden nun – wie schon in den Jahren vor 1977 – sowohl auf der Ebene der Gesellschaft als auch auf der Ebene des Gesellschafters doppelt besteuert. Dabei lassen Gewinnausschüttungen einer Körperschaft die Körperschaftsteuer unberührt.[1050] Die Vorbelastung auf der Ebene der ausschüttenden Körperschaft wird aber beim Empfänger berücksichtigt. Der Anteilseigner (Ausschüttungsempfänger) hatte seinen Gewinnanteil aus der Beteiligung (Dividende)

1045 Meilicke, Wienand: Nachlese zum EuGH-Urteil vom 06.03.2007 – Rs. C-292/04, in: Der Betrieb 2007, S. 650 f., S. 650.

1046 Scheffler, Wolfram: Besteuerung von Unternehmen, S. 245.

1047 Bundesministerium der Finanzen (Hrsg.): Brühler Empfehlungen zur Reform der Unternehmensbesteuerung. Bericht der Kommission zur Reform der Unternehmensbesteuerung (BMF-Schriftenreihe 66), Berlin 1999, S. 11 ff.

1048 Gesetz zur Senkung der Steuersätze und zur Reform der Unternehmensbesteuerung vom 23.10.2000, BGBl. 2000 I, S. 1433.

1049 Durch den Systemwechsel wurde die bisherige Benachteiligung von Ausländern beseitigt.

1050 Für einbehaltene Gewinne ergab sich unter Berücksichtigung von Gewerbesteuer (bei einem Hebesatz von 400 %) und Solidaritätszuschlag ein Teilsteuersatz von rund 38 %, vgl. Hundsdoerfer, Jochen: Halbeinkünfteverfahren und Lock-In-Effekt, in: Steuer und Wirtschaft 78 (2001), S. 113–125, S. 113.

bis zum 31. Dezember 2008 nur zur Hälfte als Einnahmen aus Kapitalvermögen anzusetzen („Halbeinkünfteverfahren").[1051]

Für die im Betriebsvermögen gehaltenen Beteiligungen gilt seit dem 1. Januar 2009[1052] weiterhin ein Teileinkünfteverfahren. Die Körperschaftsteuervorbelastung wurde auf 15 Prozent reduziert, und der steuerfreie Anteil des Beteiligungsertrages beträgt seitdem nur noch 40 Prozent. Aufwendungen, die in wirtschaftlichem Zusammenhang mit dem Beteiligungsertrag stehen, dürfen von der Bemessungsgrundlage zu 60 Prozent abgezogen werden. Die Erträge aus im Privatvermögen gehaltenen Beteiligungen unterliegen seit dem 1. Januar 2009 der Abgeltungsteuer in Höhe von 25 Prozent.[1053] Der Steuerpflichtige kann eine Veranlagung beantragen, wenn sein persönlicher Grenzsteuersatz unter 25 Prozent liegt. Werbungskosten, die im Zusammenhang mit dem Beteiligungsertrag stehen, können nicht über den Sparer-Pauschbetrag hinaus geltend gemacht werden.[1054]

Sofern eine Körperschaft selbst Anteilseignerin einer anderen Körperschaft ist, bleiben die von der Tochterkörperschaft ausgeschütteten Dividenden bei ihr grundsätzlich steuerfrei. Für den Erlös aus der Veräußerung von Beteiligungen an Körperschaften gilt für natürliche Personen entweder das Teileinkünfteverfahren (Veräußerungsgewinne im Sinn des § 17 EStG sowie im Betriebsvermögen gehaltene Beteiligungen) oder die Abgeltungsteuer (im Privatvermögen gehaltene Beteiligungen, wenn diese unter 1 Prozent liegen).

10.2.2.2 Kritische Würdigung

Seitdem sich der Gesetzgeber mit dem Körperschaftsteuergesetz 1920 für den Dualismus der Unternehmensbesteuerung entschieden hatte, ist das Unternehmensteuerrecht in seinen Grundstrukturen unverändert geblieben. Mit dem Dualismus von Körperschaft- und Einkommensteuer ist das Problem der Doppelbelastung jedoch untrennbar verbunden. Nach dem Grundsatz der Gleichmäßigkeit der Besteuerung sollte jedoch eine Wahl zwischen verschiedenen Rechtsformen nicht verzerrt wer-

1051 Hey, Johanna: § 11 Körperschaftsteuer, S. 673 f.

1052 Unternehmensteuerreformgesetz 2008 vom 14.08.2007, BGBl. I 2007, S. 1912.

1053 Bereits im Jahr 1952 wurde bei den Einkünften aus Kapitalvermögen die progressive Einkommensteuer durch eine Kapitalertragsteuer von 30 % ersetzt; vgl. das Gesetz zur Förderung des Kapitalmarkts vom 15.12.1952, BGBl. I 1952, S. 793.

1054 Es sei denn, es handelt sich um eine typischerweise unternehmerische Beteiligung, für die § 32d II Nr. 3 EStG die Veranlagung im Teileinkünfteverfahren i. V. mit § 3c II EStG vorsieht; vgl. Hey, Johanna: § 11 Körperschaftsteuer, S. 674.

den, denn Rechtsformneutralität ist eine Ausprägung des Gebots gleichmäßiger Besteuerung nach der wirtschaftlichen Leistungsfähigkeit.[1055]

Rechtsformneutralität der Besteuerung ist beim klassischen Körperschaftsteuersystem nicht gegeben, da bei diesem ausgeschüttete Gewinne einer Doppelbelastung unterliegen. Neben die Körperschaftsteuer der Kapitalgesellschaft tritt die ungeschmälerte Besteuerung der Dividende beim Anteilseigner mit der Einkommensteuer. Darüberhinaus ist ein klassisches Körperschaftsteuersystem wegen der Mehrbelastung von Kapitalgesellschaften nicht rechtsformneutral, wegen der Benachteiligung der Eigenfinanzierung nicht finanzierungsneutral und wegen der Bevorzugung der Gewinnthesaurierung nicht gewinnverwendungsneutral.[1056]

Demgegenüber vermeidet das körperschaftsteuerliche Anrechnungsverfahren vollständig eine Doppelbelastung von Gewinnen, die eine Kapitalgesellschaft ausschüttet.[1057] Zwar liegen die Vorteile des körperschaftlichen Anrechnungsverfahrens bei rein nationalen Sachverhalten darin, dass es rechtsformneutral und finanzierungsneutral ist und in seiner Konzeption keine Tendenz zur Thesaurierung von Gewinnen auslöst. Jedoch ist dieses Verfahren nicht „europatauglich", da grenzüberschreitende Sachverhalte benachteiligt werden, worin ein Verstoß gegen die Kapitalverkehrsfreiheit gesehen wird. Aus diesem Grund wurde das körperschaftsteuerliche Anrechnungsverfahren im Jahr 2000 in Deutschland aufgegeben.[1058]

Bei dem in Deutschland geltenden Körperschaftsteuersystem zur Besteuerung von Dividenden handelt es sich um eine spezifische Form der Körperschaftsteuersysteme, bei denen die Doppelbelastung in pauschalierter Form gemildert wird. Die Milderung der Doppelbesteuerung erfolgt dadurch, dass die Gewinnausschüttungen auf der Ebene des Anteilseigners einer begünstigten Besteuerung unterliegen (sogenanntes Shareholder-Relief-System).[1059] Die Nachteile dieses geltenden Körper-

---

1055 Hey, Johanna: § 13 Rechtsformneutralität der Unternehmensbesteuerung, in: Tipke, Klaus/Lang, Joachim (Hrsg.): Steuerrecht, fortgeführt von Roman Seer u. a., 22. Aufl., Köln 2015, S. 777–783. Auf die Rechtsformunterschiede zwischen Personenunternehmen und Kapitalgesellschaften in der Erbschaft- und Schenkungsteuer wird hier nicht eingegangen.

1056 Scheffler, Wolfram: Besteuerung von Unternehmen, S. 243.

1057 Wie beim körperschaftsteuerlichen Anrechnungsverfahren wird sowohl beim Dividendenabzugsverfahren als auch beim Dividendenfreistellungsverfahren eine Doppelbelastung der von einer Kapitalgesellschaft ausgeschütteten Gewinne in vollem Umfang vermieden. Sie sind jedoch im grenzüberschreitenden Bereich mit erheblichen Nachteilen verbunden und werden in Deutschland nicht angewendet. Vgl. hierzu Scheffler, Wolfram: Besteuerung von Unternehmen, S. 247–250, S. 234.

1058 Scheffler, Wolfram: Besteuerung von Unternehmen, S. 245.

1059 Ebd., S. 233.

schaftsteuersystems sind fehlende Rechtsform-, fehlende Finanzierungs-, fehlende Gewinnverwendungsneutralität[1060], und es ist mit dem Prinzip der Gleichmäßigkeit der Besteuerung unvereinbar.

Mit dem Systemwechsel ab dem Jahr 2001 wurden die tariflichen Unternehmensteuersätze abgesenkt. Die daraus folgenden Einnahmeausfälle wurden zu einem Teil durch Einschränkungen bei der steuerlichen Gewinnermittlung finanziert.[1061] Zum anderen wurden durch das Unternehmensteuerreformgesetz 2008 ertragsunabhängige Elemente zur Besteuerung herangezogen, indem der Abzug betrieblicher Aufwendungen teilweise oder vollständig versagt wurde und damit der Gewinn keine reine Nettogröße mehr darstellte.[1062]

Die Einschnitte in das objektive Nettoprinzip stellen einen steuersystematischen Rückschritt dar. So erfolgte die Verbreiterung der Bemessungsgrundlage u. a. durch Einschränkungen von Verlustvorträgen und durch die Einführung der sogenannten Zinsschranke. Die konkrete Ausgestaltung der Abgeltungsteuer ist außerdem mit dem Prinzip einer gleichmäßigen Besteuerung nicht vereinbar.[1063]

1060 Die Besteuerung von ausgeschütteten Gewinnen hat Einfluss auf die Rechtsformwahl, denn sie hängt davon ab, in welcher Rechtsform das Unternehmen geführt wird. Der Körperschaftsteuer wird der Charakter einer eigenständigen Unternehmensteuer zugewiesen, die auch im Ausschüttungsfall bestehen bleibt. Bei Einzelunternehmen und Personengesellschaften bestimmt sich die Steuerbelastung nach dem persönlichen Einkommensteuersatz des Inhabers bzw. Anteilseigners. Auch Finanzierungsentscheidungen werden beeinflusst, denn ebenso wie bei der Rechtsformwahl hängt dies davon ab, ob der Gesellschafter die Kapitalgesellschaft mit Eigenkapital oder mit Fremdkapital finanzieren soll. Unabhängig davon wird das Gebot der Finanzierungsneutralität verletzt, weil Dividenden im Gegensatz zu nicht vorbelasteten Zinseinkünften steuerlich benachteiligt werden. Die Ausschüttung von Gewinnen gegenüber der Einbehaltung von Gewinnen ist generell mit einer Mehrbelastung verbunden, was eine Tendenz zur Gewinnthesaurierung auslöst. Vgl. hierzu im Einzelnen Scheffler, Wolfram: Besteuerung von Unternehmen, S. 238–241; Hey, Johanna: § 11 Körperschaftsteuer, S. 676–678.

1061 Spengel, Christoph/Zinn, Benedikt: Konsequenzen und Folgerungen aus den Unternehmenssteuerreformen in Deutschland in den vergangenen 20 Jahren, in: Tipke, Klaus u. a. (Hrsg.): Gestaltung der Steuerrechtsordnung. Festschrift für Joachim Lang zum 70. Geburtstag, Köln 2010, S. 399–422, S. 399.

1062 Ebd., S. 399 f.

1063 Spengel, Christoph/Zinn, Benedikt: Konsequenzen und Folgerungen, S. 400–416; Hey, Johanna: Verletzung fundamentaler Besteuerungsprinzipien durch die Gegenfinanzierungsmaßnahmen des Unternehmensteuerreformgesetzes 2008, in: Betriebs-Berater 62/24 (2007), S. 1303–1309; Seer, Roman: Personenunternehmerbesteuerung – Zur Willkürlichkeit des Einkunftsarten-Steuerrechts, in: Tipke, Klaus u. a. (Hrsg.): Gestaltung der Steuerrechtsordnung. Festschrift für Joachim Lang zum 70. Geburtstag, Köln 2010, S. 655–681, S. 664 f.; Drüen, Klaus-Dieter: Die Bruttobesteuerung, S. 4.

Das Problem der Doppelbelastung wurde zwar aufgrund der Absenkung der Vorbelastung durch die Steuerreform 2008 vermindert, eliminierte es aber nicht. Auch bei der Bewertung der Belastungswirkungen beim Anteilseigner zeigen sich Verzerrungen der Belastungsrelation, je nachdem ob die Beteiligung im Betriebs- oder Privatvermögen gehalten wird.

Allerdings ist dieses Shareholder-Relief-System „europatauglich", was das Hauptargument für die Einführung dieses Systems in Deutschland durch die Unternehmensteuerreform im Jahr 2000 war. Bei diesem System stehen der Bundesrepublik Deutschland sowohl bei Beteiligungen von inländischen Anteilseignern an ausländischen Kapitalgesellschaften[1064] als auch bei Beteiligungen von ausländischen Anteilseignern an inländischen Kapitalgesellschaften[1065] ein Besteuerungsrecht zu. Es kommt demgemäß nicht zu einer einseitigen Aufteilung der Besteuerungsrechte.[1066]

10.2.2.3 Methoden zur Verwirklichung der Rechtsformneutralität

Nach dem Grundsatz der Gleichmäßigkeit der Besteuerung soll eine Wahl zwischen verschiedenen Rechtsformen nicht verzerrt werden, denn nur ein systemgerechtes und folgerichtig ausgestaltetes Unternehmensbesteuerungssystem kann gerecht sein. Der durch die Globalisierung der Weltwirtschaft erheblich verschärfte Steuerwettbewerb zwingt den Gesetzgeber, die Wettbewerbsfähigkeit von Deutschland zu stärken. Dabei kommt Steuern, insbesondere Steuersätzen eine Signalwirkung im Staatenwettbewerb zu. Ebenso bedeutend wie eine niedrige Tarifbelastung der Unternehmen ist ein nicht streitanfälliges Steuerrecht, das wirtschaftliche Entscheidungen wenig verzerrt, Steuerplanungssicherheit bietet und eine störungsfreie Zusammenarbeit mit den Finanzbehörden gewährleistet.[1067]

Von der Wissenschaft sind in den vergangenen Jahrzehnten eine Vielzahl von Methoden zur Rechtsformneutralität der Unternehmensbesteuerung entwickelt worden mit dem Ziel, das Gebot gleichmäßiger Besteuerung nach der wirtschaftlichen Leistungsfähigkeit zu erreichen. Da die Hauptursache für die unterschiedlichen Belastungsdifferenzen zwischen Kapitalgesellschaften und Einzelunternehmen

---

1064 Sogenannter Outboundfall, eine Doppelbelastung wird in pauschalierter Form vermieden; vgl. im Einzelnen Scheffler, Wolfram: Besteuerung von Unternehmen, S. 245–248.

1065 Sogenannter Inboundfall, bei dem ebenfalls eine Doppelbelastung vermieden wird; vgl. im Einzelnen ebd., S. 245–248.

1066 Scheffler, Wolfram: Besteuerung von Unternehmen, S. 242. Bemerkenswert ist, dass die Mehrzahl der EU-Länder ein mit der deutschen Abgeltungsteuer sowie dem deutschen Teileinkünfteverfahren vergleichbares Körperschaftsteuersystem haben und auch international eine Tendenz zu Körperschaftsteuersystemen besteht, die die Doppelbelastung in pauschalierter Form vermeiden, ebd., S. 250.

1067 Hey, Johanna: § 7 Einführung in das besondere Steuerschuldrecht, S. 268.

bzw. Personengesellschaften das duale System bildet, also das Nebeneinander von natürlichen und juristischen Personen als Steuersubjekte, wird zunächst auf die Konzepte zur Aufgabe des dualen Systems eingegangen.[1068]

10.2.2.3.1 Reformvorschläge bei Aufgabe des dualen Systems

Legt man bei einer einheitlichen Gesamtkonzeption der Besteuerung von Einzelunternehmen als Vorstellung zugrunde, dass bei allen Unternehmen nur die hinter den Unternehmen stehenden Personen besteuert werden, führt dies zu einer Teilhabersteuer. Wird dagegen das Unternehmen – wie bei einer Kapitalgesellschaft – losgelöst von den natürlichen Personen betrachtet, führt dies zur Betriebsteuer.

Teilhabersteuer

Nach der ökonomischen Forderung nach Rechtsformneutralität sollen auch Kapitalgesellschaften transparent besteuert werden, indem thesaurierte oder ausgeschüttete Gewinne dem Anteilseigner unmittelbar zugerechnet und nur der Einkommensteuer unterworfen werden.[1069]

Betriebsteuer / Grundmodell

Bei der Betriebsteuer ist die zivilrechtliche Rechtsfähigkeit des Unternehmens nicht entscheidend, sondern jedes Unternehmen – sei es eine Kapitalgesellschaft, ein Einzelunternehmen oder eine Personengesellschaft – bildet selbstständig das Anknüpfungsmerkmal für die Besteuerung. Die Steuerbelastung des Unternehmers bzw. Gesellschafters wird durch die Erfolge des Unternehmens, unabhängig davon, ob die Gewinne thesauriert oder ausgeschüttet werden oder Verluste entstehen, nicht beeinflusst. Durch eine Betriebsteuer soll ermöglicht werden, dass alle Unternehmen nach dem gleichen Konzept besteuert werden und damit die Höhe der Steuerbelastung nicht von der gewählten Rechtsform beeinflusst wird.[1070]

Modifizierte Betriebsteuer

Aufgrund der Kritik der ungleichmäßigen Behandlung gewerblicher und nichtgewerblicher Einkünfte wurde das Konzept der modifizierten Betriebsteuer entwickelt. Jeder gewerbliche, freiberufliche, land- und forstwirtschaftliche Betrieb sowie die

1068 Jacobs, Otto H./Scheffler, Wolfram/Spengel, Christoph: Unternehmensbesteuerung und Rechtsform, S. 108–139.

1069 Hey, Johanna: § 13 Rechtsformneutralität der Unternehmensbesteuerung, S. 780.

1070 Jacobs, Otto H./Scheffler, Wolfram/Spengel, Christoph: Unternehmensbesteuerung und Rechtsform, S. 111 f.

private Vermögensverwaltung ist ein Betrieb im Sinne dieses Konzepts. Durch die Erweiterung des Anwendungsbereiches soll erreicht werden, dass der Betriebsteuer die Erträge sämtlicher Finanz- und Realinvestitionen dem niedrigeren proportionalen Steuersatz unterliegen. Alle Ausschüttungen bzw. Entnahmen unterliegen einer Belastung mit der progressiven Einkommensteuer, wobei zur Vermeidung von Doppelbelastungen ein Anrechnungsverfahren vorgesehen ist.[1071]

Bundessteuergesetzbuch von Paul Kirchhof

Das von Paul Kirchhof im Jahr 2011 vorgelegte Bundesteuergesetzbuch[1072] beeinhaltet die Vorschriften zur Ertragsbesteuerung von natürlichen und juristischen Personen, das Umsatzsteuergesetz, das Erbschaft- und Schenkungsteuergesetz sowie das allgemeine Verbrauchsteuergesetz. Kernelement dieser Reform der Einkommen- und Unternehmensbesteuerung ist die Einführung einer sogenannten Flat Rate, die bewirken soll, alle Arten von Einkommen einem einheitlichen, vergleichsweise niedrigen proportionalen Steuersatz zu unterwerfen. Mit diesem Konzept sollen das Steuerrecht vereinfacht, die Gleichmäßigkeit der Besteuerung sichergestellt und die Lenkungs- und Subventionsnormen zurückgeführt werden.[1073]

„Dual Income Tax" / Das Nordische Modell

Nach dem Nordischen Modell erfolgt im Rahmen einer „Dual Income Tax" eine strikte Trennung zwischen Kapitaleinkommen (capital income) und Arbeitseinkommen (earned income). Am konsequentesten wurde die gesonderte Besteuerung von Kapitaleinkünften in Finnland, Schweden und Norwegen durchgeführt. In Deutschland wurden zwei weitere Modelle mit jeweils unterschiedlichen Anknüpfungspunkten vorgestellt, auf die im Folgenden kurz eingegangen werden soll.[1074]

1071 Ebd., S. 112–115. Vergleichbar mit der modifizierten Betriebsteuer ist das von Joachim Lang entworfene Modell einer Inhabersteuer; vgl. Lang, Joachim: Perspektiven der Unternehmensteuerreform, in: Bundesministerium der Finanzen (Hrsg.): Brühler Empfehlungen zur Reform der Unternehmensbesteuerung. Bericht der Kommission zur Reform der Unternehmensbesteuerung (BMF-Schriftenreihe 66), Berlin 1999, Anhang Nr. 1, S. 19 ff. Zu den Brühler Empfehlungen vgl. die Ausführungen in Kapitel 10.1.2.2.2.

1072 Kirchhof, Paul: Bundessteuergesetzbuch. Ein Reformentwurf zur Erneuerung des Steuerrechts, Heidelberg 2011.

1073 Jacobs, Otto H./Scheffler, Wolfram/Spengel, Christoph: Unternehmensbesteuerung und Rechtsform, S. 115.

1074 Ebd., S. 120–128.

Die Einheitliche Unternehmensteuer der Kommission „Steuergesetzbuch" der Stiftung Marktwirtschaft

Die Unternehmensteuerreform der Stiftung Marktwirtschaft hat eine Einheitliche Unternehmensteuer zum Ziel, welche die steuerliche Gleichbehandlung von Personenunternehmen und Einzelunternehmen neben Kapitalgesellschaften erlaubt. Die Unternehmensbelastung soll auf ein international wettbewerbsfähiges Niveau gesenkt werden. Damit können auch Gesellschafter einer Personengesellschaft und Einzelunternehmer von einer niedrigeren Besteuerung einbehaltener Gewinne profitieren. Als zusätzliches Element beeinhaltet die Einheitliche Unternehmensteuer die Kommunale Unternehmensteuer als Ersatz für die Gewerbesteuer. Bei Ausschüttung bzw. Entnahme der Gewinne aus einem Unternehmen sollen diese unter Berücksichtigung der Vorbelastung nachbelastet werden, sodass diese Kombination maximal zu einer dem Einkommensteuerspitzensatz entsprechenden Besteuerung führt.

Ziel der Kommisssion „Steuergesetzbuch" der Stiftung Marktwirtschaft war es auch, die lenkungs- und verteilungspolitischen Maßnahmen aus dem Steuerrecht herauszunehmen und die Steuerlasten gleichmäßig allen Bürgern nach Maßgabe ihrer wirtschaftlichen Leistungsfähigkeit zuzuweisen.[1075]

Die Duale Einkommensteuer von SVR, MPI und ZEW

Der Sachverständigenrat zur Begutachtung der gesamtwirtschaftlichen Entwicklung (SVR) hat in Gemeinschaft mit dem Max-Planck-Institut für Geistiges Eigentum, Wettbewerbs- und Steuerrecht (MPI) und dem Zentrum für Europäische Wirtschaftsforschung (ZEW) im Jahr 2006 eine Expertise erarbeitet, in der sich die teilnehmenden Partner für ein duales System von Kapitaleinkommen einerseits und

1075 Eilfort, Michael/Lang, Joachim: Steuerpolitisches Programm, in: Lang, Joachim/Eilfort, Michael (Hrsg.): Strukturreform der deutschen Ertragsteuern. Bericht über die Arbeit und Entwürfe der Kommission „Steuergesetzbuch" der Stiftung Marktwirtschaft, München 2013, S. 51–110, S. 52 ff.; Jacobs, Otto H./Scheffler, Wolfram/Spengel, Christoph: Unternehmensbesteuerung und Rechtsform, S. 125 f. Dieses Reformkonzept entspricht von seinem Ansatz einer dualen Einkommensteuer, da die im Unternehmen erwirtschafteten und ausgeschütteten Gewinne auf Ebene des Unternehmens einem anderen Steuersatz unterliegen als die nichtunternehmerischen Einkünfte einer natürlichen Person; vgl. Sachverständigenrat zur Begutachtung der gesamtwirtschaftlichen Entwicklung (SVR)/Max-Planck-Institut für Geistiges Eigentum, Wettbewerbs- und Steuerrecht (MPI)/Zentrum für Europäische Wirtschaftsforschung GmbH (ZEW): Reform der Einkommens- und Unternehmensbesteuerung durch die Duale Einkommensteuer. Expertise im Auftrag der Bundesminister der Finanzen und für Wirtschaft und Arbeit vom 23. Februar 2005, Wiesbaden 2006, S. 1–321, S. 11–17.

Arbeitseinkommen andererseits ausgesprochen haben.[1076] Die Kapitaleinkommen, wie z. B. Gewinne, Ausschüttungen und Zinsen unterliegen einem einheitlichen, ermäßigten Steuersatz von 25 Prozent, unabhängig davon, ob sie innerhalb oder außerhalb eines Unternehmens erzielt werden. Alle übrigen Einkommen (Erwerbseinkommen) werden nach einem progressiven Einkommensteuertarif mit einem Spitzensteuersatz von 42 Prozent zuzüglich Solidaritätszuschlag besteuert. Diese Regelungen sollen unabhängig von der Rechtsform des Unternehmens gelten, die Gewerbesteuer soll abgeschafft bzw. als Zuschlag zur Einkommensteuer bzw. Körperschaftsteuer erhoben werden.[1077]

Konsumorientierte Steuersysteme

Anknüpfungspunkt der konsumorientierten Besteuerung ist, dass die wirtschaftliche Leistungsfähigkeit nicht am verwirklichten (Markt-)Einkommen, sondern konsequent am Lebenskonsum gemessen wird. Der Übergang auf eine konsumorientierte Besteuerung hat sowohl auf Unternehmensebene als auch auf Ebene der privaten Investoren bzw. Haushaltungen Konsequenzen für das Körperschaftsteuersystem, die Einkommensteuer und die Körperschaftsteuersätze sowie die anderen laufenden Steuerarten bis hin zur Gewichtung von periodischen und aperiodischen Besteuerungstatbeständen. In der Literatur werden zur Rechtsformneutralität verschiedene Grundformen vorgeschlagen, die die Anforderungen an eine wettbewerbsneutrale Besteuerung herstellen sollen.[1078]

10.2.2.3.2 Reformvorschläge bei Beibehaltung des dualen Systems

Mit der Einführung des Körperschaftsteuergesetzes 1920 war allein die zivilrechtliche Form der Besteuerung maßgeblich. Seitdem sind Gesellschaften und Anteilseigner zwei voneinander selbstständige Rechtssubjekte mit der Konsequenz einer strikten

---

1076 Sachverständigenrat zur Begutachtung der gesamtwirtschaftlichen Entwicklung (SVR)/Max-Planck-Institut für Geistiges Eigentum, Wettbewerbs- und Steuerrecht (MPI)/Zentrum für Europäische Wirtschaftsforschung GmbH (ZEW): Reform der Einkommens- und Unternehmensbesteuerung, S. 1–321.

1077 Jacobs, Otto H./Scheffler, Wolfram/Spengel, Christoph: Unternehmensbesteuerung und Rechts-form, S. 127.

1078 Ebd., S. 129–139. Verschiedene Reformmodelle zur Besteuerung des für konsumtive Zwecke verwendbaren Einkommens werden u. a. vorgeschlagen von Rose, Manfred: Vom Steuerchaos zur Einfachsteuer. Der Wegweiser durch die Steuerdebatte, Stuttgart 2003; Mitschke, Joachim: Erneuerung des deutschen Einkommensteuerrechts. Gesetzestextentwurf und Begründung. Mit einer Grundsicherungsvariante, Köln 2004; Elicker, Michael: Entwurf einer proportionalen Netto-Einkommensteuer. Textentwurf und Begründung, Köln 2004.

Trennung zwischen der Ebene der Gesellschaft und des Anteilseigners.[1079] Personengesellschaften werden nach dem Transparenzprinzip besteuert, was zur Folge hat, dass der Gewinn der Gesellschafter der Einkommensteuer unterliegt. Kritiker dieses Systems schlagen vor, das duale System beizubehalten, die Abgrenzung jedoch nicht nach der zivilrechtlichen Form, sondern anhand der wirtschaftlichen Verhältnisse vorzunehmen. Bei diesen Überlegungen kann eine Abgrenzung nach den Verhältnissen auf Ebene der Gesellschaft oder nach der Betätigung des Gesellschafters vorgenommen werden.

Bei einer Abgrenzung nach den Verhältnissen auf Ebene der Gesellschaft wird zwischen personenbezogenen und kapitalistisch ausgestalteten Unternehmen differenziert. Maßgeblich ist, ob die persönliche Verbundenheit der Gesellschafter das Unternehmen dominiert - dann wird sie wie eine Personengesellschaft besteuert - oder ob diese körperperschaftlich organisiert ist - dann wird sie körperschaftsteuerpflichtig. Umgekehrt können auch personenbezogene Kapitalgesellschaften, bei denen die Geschäftsführung durch die überwiegende Zahl der Gesellschafter ausgeübt wird, wie Personengesellschaften besteuert werden.

Bei einer Abgrenzung nach der Betätigung des Gesellschafters wird auf die Verhältnisse des Einzelfalls abgestellt. Dabei verläuft die Grenzziehung in Abhängigkeit von der Stellung und Funktion jedes einzelnen Gesellschafters zwischen unternehmerisch tätigen Personen und nur kapitalmäßig beteiligten Anteilseignern. Für die unternehmerisch tätigen Gesellschafter werden die Einkünfte nach der Mitunternehmerkonzeption festgestellt. Gesellschafter, die mit ihrer Kapitalanlage lediglich Anlagezwecke verfolgen, erzielen Einkünfte aus Kapitalvermögen.[1080]

10.3 Zum Grundsatz der Besteuerung nach der Leistungsfähigkeit

10.3.1 Verfassungsrechtliche Begründung des Leistungsfähigkeitsprinzips

Bereits in der Erklärung der Menschen- und Bürgerrechte vom 26. August 1789 war das Leistungsfähigkeitsprinzip in Artikel 13 verankert: „Für den Unterhalt der Streitmacht und für die Kosten der Verwaltung ist eine allgemeine Abgabe

1079 Vgl. Kapital 10.1.2.2.1.

1080 Jacobs, Otto H./Scheffler, Wolfram/Spengel, Christoph: Unternehmensbesteuerung und Rechtsform, S. 139–141.

unumgänglich. Sie muss gleichmäßig auf alle Bürger unter Berücksichtigung ihrer Vermögensumstände verteilt werden."[1081] Die erste gesamtdeutsche Verfassung, in der das Leistungsfähigkeitsprinzip kodifiziert war, war die Weimarer Reichsverfassung vom 11. August 1919. In Art. 134 dieser Verfassung hieß es: „Alle Staatsbürger ohne Unterschied tragen im Verhältnis ihrer Mittel zu allen öffentlichen Lasten nach Maßgabe der Gesetze bei." Mit Aufnahme des Leistungsfähigkeitsprinzips in die Weimarer Reichsverfassung wurde dieser Besteuerungsgrundsatz Gegenstand der Verfassungsauslegung. Die umfassendste Untersuchung stammt von Albert Hensel, der in seinen Ausführungen zu Art. 134 WRV ausführt, dass „es unbestritten und einhellige Meinung [ist ...], daß nur ein Progressivsteuersystem den Anforderungen an Gerechtigkeit Genüge leistet."[1082]

Im Gegensatz zur Weimarer Reichsverfassung gibt es im Grundgesetz keine direkte verfassungsrechtliche Festschreibung des Leistungsfähigkeitsprinzips. Das Bundesverfassungsgericht vertritt die Auffassung, dass das Prinzip der Besteuerung nach der wirtschaftlichen Leistungsfähigkeit indirekt aus Art. 3 Abs. 1 GG abzuleiten sei;[1083] denn aus dem allgemeinen Gleichheitssatz folge das Gebot der Steuergerechtigkeit. Dieses Gebot verlange, dass die wirtschaftliche Leistungsfähigkeit bei der Bemessung der Besteuerung unbedingt zu beachten sei, um eine verhältnismäßige und gleichmäßige Steuerlastverteilung herstellen zu können.[1084]

Für die verfassungsrechtliche Begründung einer Besteuerung nach der wirtschaftlichen Leistungsfähigkeit wird vielfach in der Staatsrechtslehre nicht nur Art. 3 Abs. 1 GG, sondern auch der in Art. 20 Abs. 1 und Art. 28 Abs. 1 GG ausformulierte Sozialstaatsgedanke herangezogen.[1085] Ebenfalls wird das Leistungsfähigkeitsprinzip aus dem in Art. 20 Abs. 3, Art. 1 Abs. 3 und Art. 19 Abs.

1081 Nach Tipke, Klaus: Die Steuerrechtsordnung, S. 488, darf der französische Begriff „faculté" hier nicht mit Vermögen (fortune) übersetzt werden, sondern muss mit (steuerlicher) „Leistungsfähigkeit" oder (steuerlichem) „Leistungsvermögen" übertragen werden.

1082 Hensel, Albert: Verfassungsrechtliche Bindungen, S. 469; vgl. auch die Ausführungen in Kapitel 8.1.

1083 BVerfGE 55, 274, 302; 61, 319, 343 f.; 66, 214, 223; 67, 290, 297; 68, 143, 152; 74, 182, 199.

1084 Z. B. BVerfGE 8, 51, 47,1. Es ist weltweit anerkannt, dass das Leistungsfähigkeitsprinzip der grundlegende sachgerechte Wertmaßstab für den Bereich des Fiskal-Steuerrechts das Ausgangs- oder Leitprinzip sein sollte; vgl. Tipke, Klaus: Steuerrecht als Wissenschaft, S. 33.

1085 Kirchhof, Paul: Steuergleichheit, S. 306; Tipke führt hierzu aus: „Daß das Leistungsfähigkeitsprinzip sich über die Jahrhunderte durchgesetzt hat, hängt wesentlich mit dem Durchbruch des Sozialstaatsgedankens zusammen." Tipke, Klaus: Die Steuerrechtsordnung, S. 480.

4 GG und in den Grundrechten verankerten Rechtsstaatsprinzip[1086] sowie dem verfassungsrechtlichen Schutz von Ehe und Familie nach Art. 6 Abs. 1 GG und aus bestimmten Freiheitsgrundrechten, insbesondere Art. 12 Abs. 1, Art. 14 Abs. 1 und Art. 2 Abs. 1 GG, interpretiert.[1087]

10.3.2 Zulässigkeit progressiver Besteuerung

Das Bundesverfassungsgericht leitet den progressiven Einkommensteuertarif unmittelbar und allein aus dem Gleichheitssatz ab.[1088] In der Literatur hingegen wird die progressive Steuer als ein zulässiges und mögliches, nicht als zwingendes Mittel der Verwirklichung sozialer Gerechtigkeit angesehen.[1089] Joachim Lang führt hierzu aus:

> Die Gerechtigkeit des progressiven Einkommensteuertarifs, daß der wirtschaftlich Leistungsfähigere einen höheren Prozentsatz seines Einkommens als Steuer zu zahlen hat als der wirtschaftlich Schwächere, ist Ausdruck einer sozialstaatlich relativierten Gleichheit.[1090]

Ein bestimmter Progressionsverlauf lässt sich steuerwissenschaftlich nicht ableiten; es liegt im Ermessen des Gesetzgebers den Grad der Progression festzulegen.[1091]

1086 Davidsohn führt hierzu aus: „Eine unverhältnismäßige, der persönlichen Leistungsfähigkeit nicht entsprechende Besteuerung dürfte insbesondere auch einen Verstoß gegen das Rechtsstaatsprinzip darstellen, weil dieses Prinzip den Grundsatz der Verhältnismäßigkeit und das Übermaßverbot als verfassungsrechtliche Schranken mit umfasst." Davidsohn, Lars: Verfassungsrechtliche Würdigung, S. 52.

1087 Ebd., S. 51.

1088 BVerfGE 8, S. 51 und S. 68 f.

1089 Tipke, Klaus: Die Steuerrechtsordnung, S. 404; auch Kirchhof ist der Meinung, dass die Einkommensteuerprogression sozialstaatlich gerechtfertigt sei; Kirchhof, Paul: Einkommensteuergesetz. Kompaktkommentar, in: Ders. u. a. (Hrsg.): Einkommensteuergesetz mit Aktualisierungsservice, Loseblattsammlung, Heidelberg Stand: 2000, § 2 RNr. A 602.

1090 Lang, Joachim: Die Bemessungsgrundlage der Einkommensteuer. Rechtssystematische Grundlagen steuerlicher Leistungsfähigkeit im deutschen Einkommensteuerrecht, Köln 1988, S. 165, Anm. 522.

1091 Tipke, Klaus: Die Steuerrechtsordnung, S. 405.

10.3.3 Die Berücksichtigung der persönlichen Lebensbedingungen

Nationalökonomen erkannten insbesondere im 19. Jahrhundert, dass gleiches Einkommen nicht unbedingt eine gleiche Steuerfähigkeit zur Folge hat.[1092] Das Erwerbseinkommen dürfe nicht mit steuerlicher Leistungsfähigkeit gleichgesetzt werden, da die persönlichen und sozialen die Steuerfähigkeit verstärkenden und abschwächenden Momente bei der Veranlagung einer Steuer zu berücksichtigen sind.

Das Bundesverfassungsgericht leitet das Gebot der Steuerfreiheit des Existenzminimums in ständiger Rechtsprechung aus Art. 1 GG in Verbindung mit dem Sozialstaatsprinzip des Art. 20, Abs. 1, Art. 3, Abs. 1 und Art. 6, Abs. 1 GG sowie den Freiheitsrechten ab. Für das steuerrechtliche Existenzminimum als verfassungsrechtlich bestimmte Untergrenze gilt das sozialhilferechtlich festgelegte Leistungsniveau.[1093]

Ehe und Familie stehen nach Art. 6, Abs. 1 GG unter dem besonderen Schutz des Staates. Nach dem sogenannten subjektiven Nettoprinzip müssen die für das Existenzminimum des Steuerpflichtigen und seiner Familie benötigten Aufwendungen in Höhe der staatlichen Existenzsicherung durch Sozialleistungen steuerfrei gestellt sein. Ebenfalls müssen nach dem Prinzip familiärer Einkommensverteilung zwangsläufige Unterhaltsleistungen realitätsgerecht berücksichtigt werden.[1094]

1092 Wagner, Adolph: Finanzwissenschaft, 2. Teil, S. 446 f.; Neumann, Friedrich Julius: Die progressive Einkommensteuer, S. 176 f.; Mann, Fritz Karl: Steuerpolitische Ideale, S. 306.

1093 Ständige Rechtsprechung seit BVerfGE 82, 60 (85 f.); Hey, Johanna: § 3 Steuersystem und Steuerverfassungsrecht, S. 105 f. Zum Verhältnis der steuerlichen Behandlung des Existenzminimums, zum Postulat der Steuergerechtigkeit, zum Einkommensbegriff, zur Verteilungsfunktion der Besteuerung und zu den ökonomischen Güte- und Qualitätseigenschaften des Steuersystems vgl. Treisch, Corinna: Existenzminimum und Einkommensbesteuerung. Zum Existenzminimum und Familienlastenausgleich vgl. Schneider, Dieter/Siegel, Theodor: Existenzminimum und Familienlastenausgleich: Ein Problem der Reform des Einkommensteuerrechts, in: Deutsches Steuerrecht 17 (1994), S. 597–604.

1094 Hey, Johanna: § 3 Steuersystem und Steuerverfassungsrecht, S. 110 und S. 307–321.

10.3.4 Zum Grundsatz der Besteuerung nach der Leistungsfähigkeit am Beispiel der Ehegattenbesteuerung

Das Grundgesetz enthält keine konkrete Form der Ehegattenbesteuerung. Bereits in den 1950er-Jahren hat das Bundesverfassungsgericht durch Beschluss vom 17. Januar 1957[1095] § 26 EStG in der Fassung vom 17. Januar 1952[1096] „für mit Art. 6 Abs. 1 GG unvereinbar und nichtig" erklärt, „weil Ehegatten durch die Zusammenveranlagung angesichts des auf die Leistungsfähigkeit des Einzelnen hin angelegten progressiven Steuertarifs im wirtschaftlichen Ergebnis schlechter gestellt würden als andere Personen."[1097]

Da nach diesem Beschluss eine Regelung, aus der sich Mehrsteuern bisher lediger Personen durch ihre Verheiratung ergeben, als Verstoß gegen Art. 6 Abs. 1 GG (Schutz der Ehe) angesehen wurde, hat der Gesetzgeber eine Neuordnung der Ehegattenbesteuerung herbeigeführt. In der Begründung zu dieser Neuordnung wird ausgeführt, dass auch eine Zusammenveranlagung bei einem Progressionstarif unter Anwendung des amerikanischen Splittingverfahrens (Halbierung des Gesamteinkommens der Eheleute) den Forderungen des Bundesverfassungsgerichts entspricht: Das Einkommen von Mann und Frau wird zusammengerechnet und zum Zwecke der Steuerermittlung durch zwei geteilt. Der aufgrund des Steuertarifs festgestellte Steuerbetrag wird verdoppelt und ergibt so die Steuerschuld des Ehepaares. Bei diesem Verfahren werden Mann und Frau wie zwei Ledige behandelt, die Erwerb und Verbrauch gemeinsam durchführen.[1098]

Die Bundesregierung hatte gegen die Einführung des Splittings zunächst Bedenken, da die Aufteilung des gemeinsamen Einkommens der Ehegatten unvermeidlich zu einem weit größeren Vorteil bei höheren als bei kleineren Einkommen führe, und wollte die Wirkung des Splitting dadurch begrenzen, dass der Unterschied in der Besteuerung des Ehepaares und des Ledigen auf einen bestimmten Höchstbetrag begrenzt wird. Im Hinblick darauf, dass dies in zahlreichen Fällen gegen die Grundsätze des Bundesverfassungsgerichtes verstoßen würde, hat die Bundesregierung „es vorgezogen, den neuen Einkommensteuertarif durch eine schnellere Progression so zu gestalten, daß sich die Vorteile gegenüber der jetzigen Besteuerung auch bei

1095 BVerfG 1 BvL 4/54; BVerfG 6,55.

1096 EStG 1951 – BGBl I, S. 33.

1097 BVerfG, Beschluss des Zweiten Senats vom 07.05.2013 – 2BvR 909/06 Rn3.

1098 BT-Drucks. 3/260 vom 07.03.1958, S. 33.

Ehepaaren in höheren Einkommenstufen in Grenzen halten."[1099] Bis heute ist das Ehegattensplitting lebhaft umstritten.[1100]

10.3.4.1 Das Ehegattensplitting aus Sicht der Steuerwissenschaften

Nicht nur in der politischen Parteienlandschaft, auch in den Steuerwissenschaften wird das Ehegattensplitting[1101] seit Langem kontrovers diskutiert.[1102] Seit dem Beschluss des BVerfG vom 7. Mai 2013[1103], das Ehegattensplitting auch auf eingetragene Lebenspartnerschaften anzuwenden, ist dieses Institut wieder verstärkt in den Blickpunkt der politischen und wissenschaftlichen Diskussion gerückt.[1104]

Kriterien einer gerechten Ehegattenbesteuerung

Es stellt sich die Frage, welche alternativen Besteuerungsformen für Ehegatten zur Anwendung kommen können.

Grundsätzlich kann man vier Methoden der Ehegattenbesteuerung unterscheiden: Die Haushaltsbesteuerung ist – wie bereits ausgeführt – verfassungswidrig, da das Diskriminierungsverbot es nicht gestattet, Eheleute stärker zu besteuern als zwei Unverheiratete mit entsprechendem Einkommen.[1105] Bei der „reinen" Individualbesteuerung[1106] bleibt die Ehe unberücksichtigt, jeder Ehegatte wird

1099 Ebd., S. 34.

1100 Sandweg, Severin: Der Splittingtarif nach § 32 a Abs. 5 EStG – Relikt aus alten Zeiten oder ausgewogene Berücksichtigung der steuerlichen Leistungsfähigkeit?, in: Deutsches Steuerrecht 43 (2014), S. 2097–2102, S. 2097; Hey, Johanna: § 3 Steuersystem und Steuerverfassungsrecht, S. 107.

1101 Auf das Familiensplitting, das häufig nicht mit Steuergerechtigkeit, sondern mit familienpolitischen Zielen begründet wird, wird hier nicht eingegangen.

1102 Maiterth, Ralf/Chirvi, Malte: Das Ehegattensplitting aus Sicht der Steuerwissenschaften, in: Steuer und Wirtschaft 92 (2015), S. 19–32, S. 19.

1103 BVerfG vom 07.05.2013 – 2BvR 909/06 Rn3.

1104 Maiterth, Ralf/Chirvi, Malte: Das Ehegattensplitting, S. 19.

1105 Scherf, Wolfgang: Das Ehegattensplitting aus finanzwissenschaftlicher Sicht, in: Steuer und Wirtschaft 77 (2000), S. 269–278, S. 272.

1106 Mit einer kleinen Anfrage von Abgeordneten der Fraktion Bündnis 90/Die Grünen wurden die finanziellen Auswirkungen erbeten, wenn die Zusammenveranlagung von Ehegatten vollständig aufgegeben würde und das bestehende Ehegattensplitting in eine reine Individualbesteuerung umgewandelt würde. Die Bundesregierung schätzt, dass die jährlichen Steuermehreinnahmen sich auf 20 Mrd. Euro summieren würden. Vgl. Bundesregierung: Antwort auf die Kleine Anfrage [...] der Fraktion Bündnis 90/Die Grünen, Finanzielle Auswirkungen von Vorschlägen zur Reform des Ehegattensplittings und des Familienleistungsausgleichs, BT-Drucks. 17/13044 vom 11.04.2013, S. 1–4, S. 2.

eigenständig besteuert. Dies bedeutet, dass Ledige und Verheiratete ohne Rücksicht auf ihre unterschiedlichen Lebensverhältnisse gleichbehandelt werden und der gemeinsamen Lebensführung jeder steuerliche Stellenwert abgesprochen wird.[1107] Ganz unabhängig davon erscheint die Individualbesteuerung unzulässig zu sein, da das Bundesverfassungsgericht die Steuerfreistellung des familiären Existenzminimums fordert.[1108] Das Ehegattentarifsplitting entspricht nach Auffassung des Bundesverfassungsgerichts

> dem Grundsatz der Besteuerung nach der Leistungsfähigkeit. Es geht davon aus, dass zusammenlebende Ehegatten eine Gemeinschaft des Erwerbs- und Verbrauchs bilden, in der ein Ehegatte an den Einkünften und Lasten des anderen wirtschaftlich jeweils zur Hälfte teilhat. [...] Damit knüpft das Splitting an die wirtschaftliche Realität der intakten Durchschnittsehe an, in der ein Transfer steuerlicher Leistungsfähigkeit zwischen den Partnern stattfindet. Diese Ehegattenbesteuerung steht auch in Einklang mit den Grundwertungen des Familienrechts. Die Institute des Zugewinnausgleichs und neuerdings des Versorgungsausgleichs lassen den Grundsatz erkennen, dass das während der Ehe Erworbene gemeinschaftlich erwirtschaftet ist.[1109]

Das Ehegattensplitting ist danach keine Steuervergünstigung, sondern resultiert unmittelbar aus einer konsequenten Anwendung des Leistungsfähigkeitsprinzips.[1110]

Eine vierte Form der Ehegattenbesteuerung ist das sogenannte Ehegattenrealsplitting.[1111] Diese Methode stellt eine Individualbesteuerung dar, bei der ein Betrag X beim besser verdienenden Ehegatten abgezogen werden kann und entsprechend beim anderen Ehegatten zu versteuern ist; eine Methode, die als „Minimalform der steuerlichen Berücksichtigung der Ehe" dem Gesetzgeber offensteht.[1112]

1107 Scherf, Wolfgang: Das Ehegattensplitting, S. 273.

1108 Maiterth, Ralf/Chirvi, Malte: Das Ehegattensplitting, S. 21; BVerfG vom 10.11.1998, 2 BvL. 42/93.

1109 BVerfG vom 03.11.1982, 1 BvR 620/78; 1 BvR 1335/78; 1 BvR 1104/79; 1 BvR 363/80, Rz. 105.

1110 Hey, Johanna: § 3 Steuersystem und Steuerverfassungsrecht, S. 107–109.

1111 Auf die Frage, welche finanziellen Auswirkungen es hätte, wenn das vorhandene Ehegattensplitting in ein Realsplitting analog zum bestehenden Realsplitting für Geschiedene umgewandelt würde, antwortete die Bundesregierung: „Eine Individualbesteuerung von Ehepaaren mit Unterhaltsabzug bis zu 13 805 Euro beim höher verdienenden Partner analog zum heutigen Realsplitting für Geschiedene würde mit jährlichen steuerlichen Mehrbelastungen von rund 3,3 Mrd. Euro einhergehen." Vgl. Bundesregierung: Antwort auf die Kleine Anfrage, S. 2.

1112 Maiterth, Ralf/Chirvi, Malte: Das Ehegattensplitting, S. 20 f.

Die Beurteilung des Ehegattensplittings im juristischen Schrifttum

Im steuerjuristischen Schrifttum besteht weitgehende Einigkeit darüber, wie eine Besteuerung der vertraglichen Rechtsstände „Gütertrennung" und „Gütergemeinschaft" aussehen sollte.[1113] In den Fällen der Gütertrennung ist das Splitting kaum zu rechtfertigen, da keine Erwerbs- und Vermögensgemeinschaft besteht und eine Zugewinngemeinschaft nicht stattfindet.[1114] Für den Güterstand der Gütergemeinschaft ist das Ehegattensplitting als gleichmäßige Besteuerung nach der Leistungsfähigkeit angemessen, da die Ehegatten das gemeinschaftliche Einkommen zivilrechtlich (§ 1415 BGB) jeweils zur Hälfte in Besitz nehmen.[1115]

Die Beurteilung des Ehegattensplittings im steuerjuristischen Schrifttum ist äußerst umstritten, wenn es um den gesetzlichen Güterstand der Zugewinngemeinschaft geht. Befürworter sehen in Übereinstimmung mit der Auffassung des Bundesverfassungsgerichts in der Ehe eine Erwerbs- und Verbrauchsgemeinschaft. Gegner bestreiten eine derartige Existenz und verweisen darauf, dass mithin die horizontale Gleichmäßigkeit der Besteuerung verletzt wird.[1116] Als bedeutsamer Kritikpunkt am Ehegattensplitting wird die Diskriminierung insbesondere von Frauen angeführt, die einen Verstoß gegen Art. 3 GG darstellen soll. Der zentrale Vorwurf lautet darin, dass die „Nur-Hausfrauentätigkeit" gefördert würde, was in der Regel dem Ehemann zugute käme.[1117] Demgegenüber weist Tipke auf die familienpolitische Neutralität des Ehegattensplittings hin, denn Steuerbehörden können nicht aufklären, aus welchem Grund jemand arbeitet und ob in dieser Arbeit insbesondere ein Vorteil oder ein Nachteil gesehen wird.[1118] Als weiteres bedeutsames Argument gegen das Ehegattensplitting wird angeführt, dass es die Institution Ehe, nicht jedoch Familien fördere.[1119] Dabei wird unterstellt, dass immer mehr Ehepaare kinderlos seien und Kinder von Alleinerziehenden bzw. nichtverheiratenden Paaren aufgezogen werden würden.[1120] Demgegenüber verweisen Löhr und Serwe darauf, dass aufgrund empirischer Untersuchungen der

1113 Ebd., S. 21.

1114 Tipke, Klaus: Die Steuerrechtsordnung, S. 379; Vogel, Klaus: Besteuerung von Eheleuten und Verfassungsrecht, in: Steuer und Wirtschaft 76 (1999), S. 201–226, S. 208.

1115 Ebd., S. 209.

1116 Maiterth, Ralf/Chirvi, Malte: Das Ehegattensplitting, S. 21–24.

1117 Vollmer, Franziska: Zur Verfassungsmäßigkeit des Ehegattensplittings, in: Sell, Barbara (Hrsg.): Ehegattensplitting und Familienpolitik, Wiesbaden 2007, S. 37–53, S. 46.

1118 Tipke, Klaus: Die Steuerrechtsordnung, S. 386.

1119 Maiterth, Ralf/Chirvi, Malte: Das Ehegattensplitting, S. 23.

1120 Vollmer, Franziska: Zur Verfassungsmäßigkeit, S. 51.

Splittingeffekt in der Realität zu 90 Prozent auf Ehepaare mit Kindern entfalle und damit typischerweise die Kindererziehung in der Ehe fördere.[1121]

Die Beurteilung des Ehegattensplittings in der Betriebswirtschaftlichen Steuerlehre

In der Betriebswirtschaftlichen Steuerlehre wird das Ehegattensplitting nahezu einhellig abgelehnt und als unvereinbar mit dem Grundsatz der Gleichmäßigkeit der Besteuerung angesehen. Begründet wird dies damit, dass sämtliche Entscheidungen, die außerhalb der Einkommenserzielung liegen, der privaten Lebensführung zuzuordnen seien und entsprechend keinen Einfluss auf die steuerliche Leistungsfähigkeit haben.[1122]

Die Beurteilung des Ehegattensplittings in der Finanzwissenschaft

In den letzten zehn Jahren hat sich die Einstellung zur Ehegattenbesteuerung deutlich gewandelt: Das Ehegattensplitting wird gegenwärtig mehrheitlich abgelehnt und die Individualbesteuerung bevorzugt.[1123] Neben unerwünschten Verteilungswirkungen, fehlender Familienförderung und dem Vorwurf der Diskriminierung von Frauen resultiert diese ablehnende Haltung in erster Linie aus positiven Wirkungen auf das Arbeitsangebot der Ehefrauen sowie den damit verbundenen Wohlfahrtsgewinnen, die bei einer Individualbesteuerung erwartet werden.[1124] Dabei muss jedoch differenziert werden, aus welcher Sicht Argumente für oder gegen das Ehegattensplitting vorgetragen werden.

In der „empirischen" Finanzwissenschaft wurden in zahlreichen Studien die Arbeitsangebotseffekte der Einführung einer Individualbesteuerung sowie verschiedene Formen des Realsplittings untersucht. In einem aktuellen Beitrag wird der Frage nachgegangen, „ob das Ehegattensplitting, wie in vielen Arbeiten behauptet, einen negativen Einfluss auf das Arbeitsverhalten verheirateter Frauen hat."[1125] Die Ergebnisse dieser Arbeit „sprechen eindeutig gegen einen unmittelbaren negativen Effekt des Ehegattensplittings auf das Erwerbsverhalten von Frauen."[1126]

1121 Löhr, Kerstin/Serwe, Reinhard: Das Ehegattensplitting auf dem Prüfstand. Verfassungsrecht – Unionsrecht – EMRK (Steuerwissenschaftliche Schriften), Baden-Baden 2011, S. 31 ff.

1122 Maiterth, Ralf/Chirvi, Malte: Das Ehegattensplitting, S. 26.

1123 Ebd., S. 26 f.

1124 Ebd., S. 27. Ebd., S. 27.

1125 Chirvi, Malte: Arbeiten Frauen aufgrund des Ehegattensplittings weniger? Ein quasiexperimenteller Ansatz für Deutschland. 13. Arqus-Tagung in Berlin (Juli 2017), S. 1–39.

1126 Ebd., S. 1.

In der normativ geprägten „traditionellen" Finanzwissenschaft wird das Ehegattensplitting überwiegend positiv beurteilt.[1127] Unter Gerechtigkeitsaspekten lässt sich die Problematik der Ehegattenbesteuerung auf die Frage verkürzen, ob das Ehegattensplitting eine Steuervergünstigung ist oder nicht.[1128] Es stellt sich demgemäß die Frage nach der Höhe und der Zusammensetzung des Splittingeffekts. Die Gegner des Ehegattensplittings stellen regelmäßig auf den maximalen (absoluten) Splittingeffekt ab, der nur bei Alleinverdiener-Ehepaaren für den Bereich der sogenannten Reichensteuer mit einem Spitzensteuersatz von 45 Prozent mit einem zu versteuernden Einkommen über 501.462,– Euro zum Tragen kommt. Dieser beträgt gegenwärtig 15.761,– Euro und entspricht der Steuerersparnis eines Ehepaares gegenüber einer Individualbesteuerung.[1129]

Der Splittingeffekt geht deutlich zurück, sobald beide Ehegatten ihren Beitrag zum Familieneinkommen leisten, wie die folgende Abbildung zeigt:

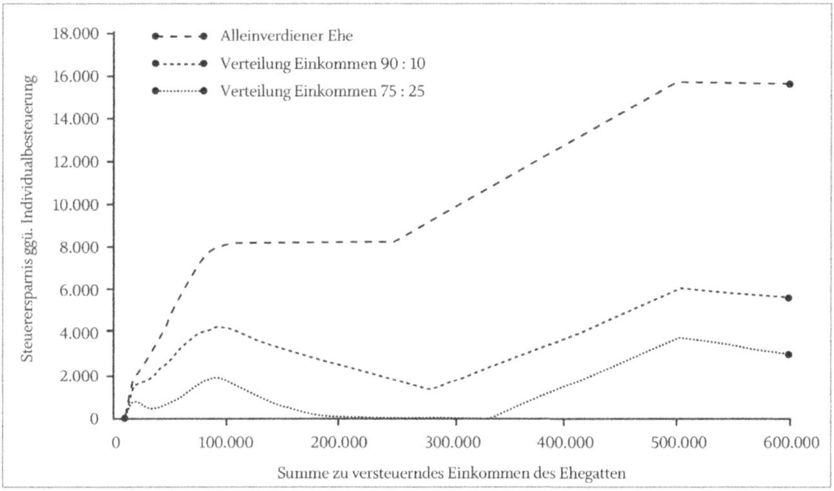

Abb. Splittingeffekt bei unterschiedlicher Verteilung des Einkommens.[1130]

1127 Maiterth, Ralf/Chirvi, Malte: Das Ehegattensplitting, S. 27.

1128 Scherf, Wolfgang: Das Ehegattensplitting, S. 269.

1129 Ralf Maiterth und Malte Chirvi führen aus, dass der maximale Splittingeffekt knapp zur Hälfte auf die „Reichensteuer" zurückzuführen ist; vgl. Maiterth, Ralf/Chirvi, Malte: Das Ehegattensplitting, S. 20.

1130 Ebd., S. 20.

Die gestrichelte Linie zeigt auf, dass bei einer Einkommensverteilung im Verhältnis 90:10 der Splittingeffekt deutlich den Maximalwert unterschreitet. Bei einem Verhältnis 75:25[1131] liegt der maximale Splittingeffekt überwiegend unter 2.000,– Euro und beträgt in der Spitze nicht mehr als 4.000,– Euro. Bei einer Gleichverteilung der Einkommen beider Ehegatten beträgt der Splittingeffekt unabhängig von der Einkommenshöhe 0 Euro.[1132]

Scherf verweist im Zusammenhang mit der vertikalen Gleichmäßigkeit der Besteuerung darauf, dass die Steuerentlastung durch das Splittingverfahren mit dem Einkommen absolut (aber nicht relativ) steigt, was zwangsläufig aus der Steuerprogression folgt, die in erster Linie mit dem Leistungsfähigkeitsprinzip begründet wird. Bei einem proportionalen Steuertarif gäbe es keinen sogenannten Splittingvorteil. Scherf zieht aus dieser Betrachtung das Fazit, dass derjenige, der die Einkommensteuerprogression beibehalten will, auch bereit sein sollte, die daraus resultierenden Splittingeffekte als Kehrseite der Progression hinzunehmen.[1133]

In der finanzwissenschaftlichen Diskussion wird von Splittingbefürwortern auf die Entscheidungen des Bundesverfassungsgerichts verwiesen, in denen auf die Ehe als Erwerbs- und Verbrauchsgemeinschaft abgestellt wird. In dem Beschluss vom 7. Mai 2013[1134] bekräftigte das Bundesverfassungsgericht ausdrücklich seine früheren Argumente zugunsten des Ehegattensplittings, denn das Splitting ermögliche

> den Ehegatten die freie Entscheidung, ob einer allein ein möglichst hohes Familieneinkommen erwirtschaften und sich deshalb in seinem Beruf vollständig engagieren soll, während der andere Partner den Haushalt führt, oder ob stattdessen beide Partner sowohl im Haushalt als auch im Beruf tätig sein sollen, so dass beide ihre Berufstätigkeit entsprechend beschränken.[1135]

10.3.4.2 Kritische Würdigung

Wissenschaftlich lässt sich nicht klären, wie die „richtige" Ehegattenbesteuerung auszusehen hat.[1136]

Bereits in den 1950er-Jahren wollte die Bundesregierung die Wirkung des Splittingtarifes dadurch begrenzen, dass der Unterschied in der Besteuerung des

1131 Ralf Maiterth und Malte Chirvi verweisen darauf, dass sich aus einer Einkommensteuerstatistik des Jahres 2007 in etwa diese Verteilung ergibt; vgl. Maiterth, Ralf/Chirvi, Malte: Das Ehegattensplitting, S. 20, Anm. 10.

1132 Ebd., S. 20.

1133 Scherf, Wolfgang: Das Ehegattensplitting, S. 273–278.

1134 BVerfG, 2 BvR 909/06.

1135 BVerfGE 61, 319, 347.

1136 Maiterth, Ralf/Chirvi, Malte: Das Ehegattensplitting, S. 32.

Ehepaares und des Ledigen auf einen bestimmten Höchstbetrag begrenzt wird. Die Bundesregierung hatte jedoch Bedenken, „diesen Weg zu gehen, um nicht in zahlreichen Fällen gegen die Grundsätze des Bundesverfassungsgerichts zu verstoßen“.[1137] Auch der „Entwurf eines Steuerentlastungsgesetzes 1999/2000/2002“ vom November 1998 sah eine Kappung des Splittingeffektes ab dem Jahr 2002 vor. Dieser Entwurf wurde jedoch schon kurz nach seiner Veröffentlichung heftig kritisiert und nicht umgesetzt.[1138] Auch in der heutigen Zeit sind die kritischen Stimmen nicht verstummt, und es wird die Frage gestellt, ob das Ehegattensplitting bei sehr hohen Einkommen „gekappt“ werden kann.[1139] Es stellt sich auch heute – wie in den 1950er-Jahren – die Frage, ob damit nicht gegen den Grundsatz der Besteuerung nach der Leistungsfähigkeit verstoßen würde.

Mit der an der wirtschaftlichen Leistungsfähigkeit der Ehepartner orientierten Argumentation des Beschlusses vom 7. Mai 2013 „trägt das BVerfG zu einer Entideologisierung der Debatte bei.“[1140] Danach ist das Ehegattensplitting keine Steuervergünstigung, „sondern eine mögliche gesetzgeberische Antwort auf den wirtschaftlichen Sachverhalt der ehelichen Lebensgemeinschaft.“[1141] Dem langfristig angelegten Eheversprechen scheint eine grundsätzliche Aufgaben- teilung innerhalb des Haushaltes zu folgen.[1142] Die erzielten Einkünfte eines Ehepartners können entsprechend

> grundsätzlich als ein Einkommen qualifiziert werden, das von beiden Ehepartnern gemeinsam erwirtschaftet worden ist, da der im Haushalt tätige Ehegatte eine ebenso verantwortungsvolle Aufgabe zu erfüllen hat und seinen berufstätigen Partner hierdurch letztlich in einem hohen Maße entlastet.[1143]

Das Ehegattensplitting ist auch familienfreundlich, denn es überlässt Ehepartnern mit Kindern[1144] die Entscheidungsfreiheit zur Aufteilung der Erwerbs- und Erziehungszeit nach eigenen Wünschen. Je mehr Kinder im Haushalt vorhanden sind, desto mehr Zeit muss auch in die Erziehung investiert werden. Dies führt

---

1137 BT-Drucks. 3/260 vom 07.03.1958, S. 34.

1138 Scherf, Wolfgang: Das Ehegattensplitting, S. 271.

1139 Hey, Johanna: § 3 Steuersystem und Steuerverfassungsrecht, S. 108.

1140 Ebd., S. 109.

1141 Ebd., S. 107.

1142 Chirvi, Malte: Arbeiten Frauen aufgrund des Ehegattensplittings weniger?, S. 10.

1143 Davidsohn, Lars: Verfassungsrechtliche Würdigung, S. 109.

1144 Unterhaltsaufwendungen für Kinder werden im geltenden Einkommensteuerrecht durch den kindesbezogenen Freibetrag gemäß § 32 Abs. 6 EStG berücksichtigt.

tendenziell auch zu einer verstärkten zeitlichen Aufteilung der Erziehung und damit zu wachsenden Unterschieden im Erwerbseinkommen.[1145]

10.4 Zum Redistributionspostulat oder zum Grundsatz der steuerlichen Umverteilung von Einkommen und Vermögen

Das seit der zweiten Hälfte des 19. Jahrhunderts immer stärker hervorgetretene Ideal einer steuerlichen Umverteilung von Einkommen und Vermögen ist verfassungsrechtlich grundsätzlich nicht zu beanstanden.[1146] Zum einen ist in § 3 Abs. 1 Satz 1 Halbsatz 2 Abgabenordnung (AO) ausdrücklich enthalten, dass die Erzielung von steuerlichen Einnahmen Nebenzweck sein kann, zum anderen hat der Staat nach dem in Art. 20 Abs. 1 und Art. 28 Abs. 1 GG enthaltenen Sozialstaatsgedanken auch für eine gezielte Förderung des allgemeinen Wohlstandes zu sorgen.[1147] Dabei ist jedoch zu beachten, dass eine soziale Besteuerung nach der individuellen Leistungsfähigkeit die sozialen Defizite nicht restlos auffüllen kann und daher Umverteilungsvorstellungen nur beschränkt zugänglich ist.[1148]

Verfassungsrechtliche Schranken einer Umverteilungspolitik sind insbesondere das Leistungsfähigkeitsprinzip und die Freiheitsrechte von Art. 12 Abs. 1 und Art. 14 Abs. 1 GG. Eine steuerrechtliche Umverteilung ist nur insoweit zulässig, als die Belastung mit Steuern noch als verhältnismäßig und gleichmäßig bezeichnet werden kann.[1149]

1145 Deutsches Steuerzahlerinstitut des Bundes der Steuerzahler e. V.: Bausteine für eine Reform des Steuersystems. Das DSI-Handbuch Steuern, Berlin 2013. S. 99 f.

1146 Tipke, Klaus: Die Steuerrechtsordnung, S. 404–416, S. 416.

1147 Paulick, Heinz: Die wirtschaftspolitische Lenkungsfunktion des Steuerrechts und ihre verfassungsmäßigen Grenzen, in: Haller, Heinz u. a. (Hrsg.): Theorie und Praxis des finanzpolitischen Interventionismus. Fritz Neumark zum 70. Geburtstag, Tübingen 1970, S. 203–228, S. 217.

1148 Elschen stellt die Frage, ob Umverteilungsmaßnahmen nicht besser im Sozial- und Transferrecht aufgehoben sind als im Steuerrecht; denn „das ganze ‚System' der Verknüpfung von Sozialleistungen und Sozialausgaben mit der Besteuerung und diversen steuerlichen Einkommensbegriffen ist völlig beliebig, ohne jeden systemtragenden Grundsatz." Elschen, Rainer: Entscheidungsneutralität, Allokationseffizienz und Besteuerung nach der Leistungsfähigkeit. Gibt es ein gemeinsames Fundament der Steuerwissenschaften?, in: Steuer und Wirtschaft 68 (1991), S. 99–115, S. 113 f.

1149 Davidsohn, Lars: Verfassungsrechtliche Würdigung, S. 203–228, S. 227.

Zur Herbeiführung einer steuerrechtlichen Umverteilungspolitik kommen die folgenden Instrumente in Betracht:[1150] ein progressiver Einkommensteuertarif, eine Besteuerung des Vermögens und die Erbschaftsteuerbelastung.

10.4.1 Umverteilende Steuerpolitik mithilfe eines progressiven Einkommensteuertarifs

Der Gesetzgeber hat bei der Festlegung des Einkommensteuertarifs einen weiten Ermessensspielraum, da das Grundgesetz keinen konkreten Verlauf des Tarifs vorschreibt.[1151] Der progressive Tarif soll sozialstaatliche Umverteilungsgerechtigkeit verwirklichen. Diese beabsichtigte Wirkung „ist ein bewusstes Negieren des Neutralitätsprinzips der Besteuerung im Sinne der Forderung ‚leave them as you find them'."[1152] Zu beachten hat der Gesetzgeber jedoch insbesondere die Begrenzungen, die durch das Grundgesetz in Art. 3 Abs. 1, das Leistungsfähigkeitsprinzip, das Sozialstaatsprinzip, die Garantie des Eigentums und durch die Freiheitsgrundrechte nach Art. 12 Abs. 1 und Art. 2 Abs. 1 GG festgelegt worden sind. Um hohe progressive Einkommensteuertarife zu rechtfertigen, muss ein erhebliches Bedürfnis nach einer Einkommensumverteilung vorliegen, z. B. wenn die Verteilung der einzelnen Einkünfte auffällige und extreme Ungleichheiten aufweist. Der Gesetzgeber muss jedoch darauf achten, dass dem Steuerpflichtigen jederzeit ein angemessener Spielraum verbleibt, um die von ihm beabsichtigten und für seine berufliche Zukunft notwendigen Vorhaben durchführen zu können.[1153]

1150 Neumark, Fritz: Grundsätze der Besteuerung in Vergangenheit und Gegenwart, 2. Aufl., Wiesbaden 1970, S. 50.

1151 Das Leistungsfähigkeitsprinzip fordert keinen progressiven Tarif, vgl. auch BVerfGE 115, 97 (117).

1152 Bareis, Peter: Zur Problematik steuerjuristischer Vorgaben für die Einkommensteuer – Tarifstruktur und Familienplitting als Musterbeispiele, in: Deutsches Steuerrecht 11 (2010), S. 565–573, S. 567; Hey, Johanna: § 8 Einkommensteuer, in: Tipke, Klaus/Lang, Joachim (Hrsg.): Steuerrecht, fortgeführt von Roman Seer u. a., 22. Aufl., Köln 2015, S. 283–484, S. 461.

1153 Davidsohn, Lars: Verfassungsrechtliche Würdigung, S. 231–235.

10.4.2 Umverteilende Steuerpolitik durch die Besteuerung des Vermögens

Als ein wirksames steuerpolitisches Instrument, um eine volkswirtschaftlich nützliche Umschichtung der Vermögen zu bewirken, betrachtete Fritz Karl Mann die regelmäßig zu erhebende Vermögensteuer (VSt).[1154] Dieser Meinung stand jedoch die Finanzwissenschaft des 18. und 19. Jahrhunderts ablehnend gegenüber,[1155] bis im letzten Drittel des 19. Jahrhunderts die Vermögensteuer wieder eine breitere Akzeptanz fand.[1156]

Das preußische Einkommensteuergesetz von 1891 wurde im Jahr 1893 durch eine Vermögensteuer ergänzt, die in den darauffolgenden Jahren von einem Großteil der deutschen Bundesstaaten übernommen wurde.

Die verfassungsrechtlichen Grenzen einer gezielten umverteilenden Vermögensteuer ergeben sich vor allem aus Art. 14 Abs. 1 GG. Eine fixe Grenze ist aus dem Grundgesetz jedoch nicht zu entnehmen. Vielmehr muss grundsätzlich durch einen Abwägungsprozess ermittelt werden, ob sowohl das Grundrecht auf Eigentum als auch das Sozialstaatsprinzip hinreichende Berücksichtigung finden.[1157]

Das Bundesverfassungsgericht hat mit Beschluss vom 22. Juni 1995 § 10 Nr. 1 des Vermögenssteuergesetzes (VStG) in der Fassung vom 14. September 1994 in allen seinen seitherigen Fassungen mit Art. 3 Abs. 1 GG als unvereinbar erklärt.[1158] Aufgrund dieses Beschlusses kann die Vermögensteuer wegen ihrer teilweisen Verfassungswidrigkeit seit 1997 nicht mehr erhoben werden.[1159]

Im Gegensatz zur Vermögensteuer, deren Aufkommen den Ländern zusteht (Art. 106 Abs. 1 Nr. 1 GG), stehen die einmaligen Vermögensabgaben dem Bund zu (Art. 106 Abs. 1 Nr. 5 GG). Die einmaligen Vermögensabgaben können als Ultima Ratio dann in Betracht kommen, wenn zur Finanzierung des unbedingt notwendigen Staatsbedarfs keine anderweitigen, weniger einschneidenden steuerrechtlichen

---

1154 Mann, Fritz Karl: Vermögensteuer, in: Elster, Ludwig/Weber, Adolf/Wieser, Friedrich (Hrsg.): Handbuch der Staatswissenschaften 8, 4. Aufl., Jena 1928, S. 608–620, S. 613.

1155 Fux, Boleslav: Die Vermögensteuer, in: Gerloff, Wilhelm/Meisel, Franz (Hrsg.): Handbuch der Finanzwissenschaft, Bd. 2, Besondere Steuerlehre, Finanzwissenschaft der öffentlichen Körperschaften, Der öffentliche Kredit, Tübingen 1927, S. 133–158, S. 135.

1156 Strutz, Georg: Die Vermögensteuer, in: Ders. (Hrsg.): Handbuch des Reichssteuerrechts. Systematische Darstellung der Steuergesetze (einschließlich Zollrecht) des Deutschen Reiches, 3. Aufl., Berlin/Wien 1927, S. 619–673, S. 623.

1157 Davidsohn, Lars: Verfassungsrechtliche Würdigung, S. 253.

1158 BVerfG, 22.06.1995 – 2 BvL 37/91.

1159 VStG: in: Steuergesetze, Textsammlung mit Verweisungen und Sachverzeichnis, Loseblattsammlung, S. 1 und Anmerkung zu § 10 VStG.

Möglichkeiten zur Verfügung stehen. Das im Jahr 1919 eingeführte „Reichsnotopfer“ mit einem Höchststeuersatz von 65 Prozent wäre durch die durch den Krieg verursachten Verteilungsungerechtigkeiten nach heutigem Verfassungsrecht als eine zulässige finanzpolitische Nachkriegsmaßnahme zu qualifizieren gewesen.[1160]

10.4.3 Umverteilende Steuerpolitik durch Erbschaftsteuerbelastung

Das Grundgesetz schließt eine umverteilend wirkende Erbschaftsteuer nicht generell aus, doch darf das Erbrecht nach Art. 14 Abs. 1 GG und Art. 19 Abs. 2 GG in seinen Grundlagen nicht berührt werden.[1161]

Der Erwerb einer Erbschaft erhöht die wirtschaftliche und steuerliche Leistungsfähigkeit des Erben, weil dieser durch die Erbschaft Einkommen für die private Lebensführung erlangt. Die Belastung der Erbschaftsteuer auf das beim Erblasser versteuerte Vermögen bedeutet keine Doppelbelastung desselben Steuerpflichtigen, weil Erblasser und Erbe nicht eine Person sind. Mit der Erbschaftsteuer soll allein die beim Erwerber durch den Erbanfall neu entstandene steuerliche Leistungsfähigkeit erfasst werden.[1162] Neben dem im Leistungsfähigkeitsprinzip konkretisierten Fiskalzweck kann eine gesonderte Erb- und Schenkungsteuer zusätzlich den sozial- oder wirtschaftspolitischen Zweck einer Umverteilung erfüllen.[1163]

Im Hinblick auf das Grundrecht des Art. 6 Abs. 1 GG sind einer umverteilenden Erbschaftsteuer deutliche Grenzen gesetzt. Danach stehen Ehe und Familie unter dem besonderen Schutz des Staates, der auf die Kontinuität der Ehe- und Familiengüter achten muss und ihre Erhaltung nicht gefährden darf.[1164] Der Familienbesitz ist bis zu einem gewissen Grad durch den verfassungsrechtlichen Schutz von Ehe und Familie von der Erbschaftsteuer freizustellen, sodass die Erbschaftsteuer als Instrument einer gezielten Vermögensumverteilung in diesem Fall nicht zum Zuge kommen kann.[1165]

1160 Davidsohn, Lars: Verfassungsrechtliche Würdigung, S. 261–263.

1161 Ebd., S. 279 f.

1162 Jansen, Harald: Erbschaftsteuerliche Wirkungen bei Vermögensübertragungen. Entscheidungswirkungen und Gleichmäßigkeit der Besteuerung, Berlin 2006, S. 43 f.

1163 Ebd., S. 45 f.; Hey, Johanna: § 3 Steuersystem und Steuerverfassungsrecht, S. 119; Dies.: § 7 Einführung in das besondere Steuerschuldrecht, S. 259.

1164 Vgl. hierzu BVerfGE 93, S. 142.

1165 Davidsohn, Lars: Verfassungsrechtliche Würdigung, S. 275 ff.

Der Gesetzgeber muss auch sicherstellen, dass die Existenz von kleineren und mittelständischen Betrieben durch die Erbschaftsteuer nicht gefährdet wird.[1166] Eine Erbschaftsteuerlast darf eine vom Erben beabsichtigte Fortführung eines Betriebes nicht gefährden.[1167] Eine weitgehende steuerliche Freistellung von betrieblich gebundenem Erbvermögen stellt keinen Verstoß gegen Art. 3 Abs. 1 GG dar; denn Betriebe sind in einem hohen Maße gemeinwohlgebunden und gemeinwohlverpflichtet. Sie sind nicht nur Garant für die Erhaltung der Arbeitsplätze, sondern auch unerlässlich für die gesamtwirtschaftliche Produktivität und Wertschöpfung.[1168]

Allerdings führt die Befreiung Einzelner in der Regel zu einer Mehrbelastung anderer und bedeutet, dass die Privilegierten Liquiditätsvorteile erhalten, die nachteilige Wettbewerbsverzerrungen zur Folge haben können. Unabhängig davon ist auch fraglich, ob die Ausübung unternehmerischer Funktionen in einer marktwirtschaftlichen Ordnung eine steuerlich schonende Übertragung von Vermögen auf die nächste Generation erfordert.[1169]

10.5 Die Steuerpolitik in der Bundesrepublik Deutschland

Seit dem Bestehen der Bundesrepublik Deutschland ab 1949 war die Finanzpolitik in viel höherem Maße als in früheren Perioden wirtschaftspolitisch orientiert. Vorrangiges Ziel der Regierung waren die Wiederankurbelung der deutschen Wirtschaft und die Förderung des wirtschaftlichen Wachstums.[1170] Der Wirtschaftswissenschaftler Hans Möller, der 1948 bei der Einführung der DM und damit indirekt auch beim Lastenausgleich mitwirkte, begründete die Bevorzugung der Steuer als Lenkungsinstrument gegenüber der Gerechtigkeit rückblickend wie folgt: „Mit diesem Verzicht auf größere Verteilungsgerechtigkeit war jedoch ein Effizienzgewinn in Form höherer volkswirtschaftlicher Wachstumsraten verbunden."[1171]

1166 Vgl. hierzu BVerfGE 93, S. 175 f.

1167 Ebd., S. 176.

1168 Ebd., S. 175 f.; Davidsohn, Lars: Verfassungsrechtliche Würdigung, S. 282 f.

1169 Zur kritischen Analyse von erbschaftsteuerlichen Vergünstigungen zur Schonung von Unternehmungen und von Familien vgl. Hansen, Harald: Erbschaftsteuerliche Wirkungen bei Vermögensübertragungen, S. 163–228.

1170 Ehrlicher, Werner: Finanzpolitik seit 1945, S. 216; Schremmer, Eckart: Über „gerechte Steuern", S. 38; Davidsohn, Lars: Verfassungsrechtliche Würdigung, S. 325.

1171 Möller, Hans: Die Währungsreform von 1948 und die Wiederherstellung marktwirtschaftlicher Verhältnisse, in: Hampe, Peter (Hrsg.): Währungsreform und Soziale Marktwirtschaft. Rückblicke und Ausblicke, München 1989, S. 55–77, S. 69 ff.

Ludwig Erhard hat seine Zielsetzung der Wohlstandsmehrung durch Expansion damit begründet, dass es „ungleich sinnvoller [sei], alle einer Volkswirtschaft zur Verfügung stehenden Energien auf die Mehrung des Ertrages der Volkswirtschaft zu richten als sich in Kämpfen um die Distribution des Ertrages zu zermürben."[1172] Die verteilungspolitische Unausgewogenheit der in den Jahren nach 1949 vorgenommenen steuerpolitischen Maßnahmen standen jedoch vielfach in Kritik, da diese zu einer einseitigen Vermögensbildung in der Bevölkerung führten und in der Wirtschaft zunehmend Konzentrationstendenzen verursachten.[1173]

Der neue Staatszweck, dem das Steuerrecht angepasst wurde, war jetzt Lenkung und Steuerung, weniger die Umverteilung. Die Funktion der Steuer hatte sich verändert: Die Frage war nicht mehr – oder allenfalls nachrangig – ob die Steuern „gerecht" waren, sondern ob diese wirtschaftspolitisch „richtig" oder „nicht richtiger", „hilfreicher" oder nicht „hilfreicher" waren.[1174] Damit verlor die Einkommensteuer als Instrument der sozialen Umverteilung erheblich an Gewicht verglichen mit der Aufgabe, die ihr Finanzminister Matthias Erzberger 1920 zugewiesen hatte.[1175]

Für die Darstellung der Entwicklung der Steuerpolitik bieten sich die Zäsuren der Wirtschaftsentwicklung an, wie sie in den Rezessionen 1966/67 und 1981/82 vorgegeben sind.[1176]

10.5.1 Die Steuerpolitik in der Wiederaufbauphase ab 1948

In der Wiederaufbauphase lassen sich drei Abschnitte unterscheiden, bei denen sich die Fördermaßnahmen deutlich in ihrer Orientierung unterscheiden:[1177]

Zunächst stand die Förderung der Selbstfinanzierung im Vordergrund. Zu erwähnen ist das Militärgesetz Nr. 64 vom 20. Juni 1948, das die Absetzung der Hälfte des nicht entnommenen Gewinns bis zu einer gewissen Höchstgrenze der Bemessungsgrundlage erlaubte. Bedeutsam waren auch die zusätzlichen Abschreibungsmöglichkeiten für die verschiedensten Anlagen und Branchen. Mit dem Investitionshilfegesetz vom 7. Januar 1952[1178] wurde dem Kohle- und Eisenerzbau erlaubt, für die Jahre 1952 bis 1954 zusätzliche Sonderabschreibungen bis zu 50

1172 Erhard, Ludwig: Wohlstand für Alle (1957), 8. Aufl., Düsseldorf 1964, S. 10.

1173 Davidsohn, Lars: Verfassungsrechtliche Würdigung, S. 337 f.

1174 Schremmer, Eckart: Über „gerechte Steuern", S. 27.

1175 Ebd., S. 38.

1176 Ehrlicher, Werner: Finanzpolitik seit 1945, S. 213 ff.

1177 Ebd., S. 219.

1178 Gesetz über die Investitionshilfe der gewerblichen Wirtschaft, BGBl., I 1952, S 7 ff.

Prozent der Anschaffungs- oder Herstellungskosten vorzunehmen mit der Maßgabe, dass die hierdurch frei gewordenen finanziellen Mittel wieder reinvestiert würden und einer Steigerung der Produktion dienten.[1179]

Besonders weitgehende Vergünstigungen schuf das DM-Eröffnungsbilanzgesetz vom 21. August 1949, das den Unternehmen erlaubte, bereits vollständig abgeschriebene Wirtschaftsgüter wieder bis zu einem Drittel ihres Neuwertes in der Bilanz anzusetzen.[1180]

Mit dem Einkommensteueränderungsgesetz vom 27. Juni 1951[1181] wurde eine Reihe von Begünstigungen der Selbstfinanzierung abgeschafft oder eingeschränkt, da die Förderung der Selbstfinanzierung zu erheblichen Gewinnen vor allem in den Investitionsgüterindustrien geführt hatte.[1182] Dagegen wurde die Fremdfinanzierung durch das Gesetz zur Förderung des Kapitalmarkts vom 15. Dezember 1952[1183] über eine niedrigere Besteuerung der Zinserträge gefördert. Einerseits wurde bei Einkünften aus Kapitalvermögen die progressive Einkommensteuer durch eine Kapitalertragsteuer von 30 Prozent ersetzt, andererseits wurden bestimmte Anlageformen vollständig von der Steuer befreit.[1184] Die steuerlichen Vergünstigungen für das Kontensparen und den Erwerb festverzinslicher Wertpapiere trugen zu einer spürbaren Belebung des Kapitalmarktes bei.[1185] Zu bedenken ist jedoch, dass in erster Linie die oberen Einkommensklassen von der Einführung der ermäßigten linearen Zinsbesteuerung in Höhe von 30 Prozent profitierten.[1186]

Im Interesse einer allgemeinen Förderung der Sparfähigkeit wurden zunächst im Rahmen der sogenannten kleinen (1953) und sodann der großen (1954) Steuerreform die Steuersätze erheblich gesenkt. Mit der „Großen Steuerreform" vom 16.

1179 Muscheid, Jutta: Die Steuerpolitik in der Bundesrepublik Deutschland 1949–1982. Volkswirtschaftliche Schriften 365 (1986), S. 51.

1180 Vgl. dazu Merkle, Franz: „DM-Eröffnungsbilanz", in: Köhler, Richard u. a. (Hrsg.): Handwörterbuch der Betriebswirtschaft, Bd. 1, 3. Aufl., Stuttgart 1956, Sp. 1448; Pehl, Günter: Steuerpolitik in der Bundesrepublik Deutschland, Köln 1962, S. 65.

1181 BGBl. I 1951, S. 411.

1182 Ehrlicher, Werner: Finanzpolitik seit 1945, S. 220.

1183 BGBl. I 1952, S. 793.

1184 Stücken, Rudolf: Deutsche Geld- und Kreditpolitik 1914 bis 1963, 3. Aufl., Tübingen 1964, S. 237 f.

1185 Ebd., S. 239.

1186 Davidsohn, Lars: Verfassungsrechtliche Würdigung, S. 329.

Dezember 1954[1187] wurde – neben der Anhebung einer Reihe von Freibeträgen – der Einkommensteuerspitzensatz von 70 Prozent auf 55 Prozent gesenkt.[1188]

Trotz dieser Steuerermäßigungen und -erleichterungen setzte sich in den steuerpolitischen Diskussionen Anfang der Fünfzigerjahre die Erkenntnis durch, dass die einzelnen Steuern keineswegs harmonisch zusammenwirkten, sondern ein unsystematisches Durch-, Neben- und Gegeneinander darstellten. Der Ruf nach einer großen „Organischen Steuerreform" war infolgedessen nicht mehr zu überhören.[1189] Dies schlug sich in zahlreichen Gutachten, Stellungnahmen und Untersuchungen nieder, die zwar im Einzelnen voneinander abwichen, allerdings war bei den grundsätzlichen Schwerpunkten eine gewisse Einmütigkeit zu beobachten. Haushaltspolitische Bedenken und interessensbedingte Widerstände verhinderten jedoch die organische Steuerreform, die in der Zeit der Haushaltsüberschüsse eine einzigartige Chance für einen Neuanfang hätte sein können.[1190]

In den Jahren 1957 bis 1961 wurde die Kapitalbildung gezielt gefördert, insbesondere das Sparen von Arbeitnehmern unterstützt, und Maßnahmen zur Förderung des Mittelstandes, für Zonenrandgebiete, für Berlin, für den Kohlenbergbau und den Agrarsektor wurden ergriffen. Der expandierende Wohlfahrtsstaat schuf – Mitte der Sechzigerjahre – mit höheren Sozialleistungen, Mehrausgaben für Landesverteidigung, Bundesbahn und Bergbau sowie für Wirtschaftsförderung und Infrastruktur neue Ausgaben. Dazu kam, dass in der Renten- und Unfallversicherung der Versichertenkreis vergrößert, das Wohn- und Kindergeld ausgebaut und die Sozialhilfe umgestaltet wurde. In der Besteuerungspolitik rückten verteilungspolitische Motive in den Vordergrund, das „Splittingverfahren" wurde neu geregelt und die „Vermögensbildung in Arbeitnehmerhand" gefördert.[1191]

10.5.2 Das Keynesianische Konzept der Globalsteuerung ab 1967

1966 glitt die Wirtschaft in die Rezession ab; die Bundesregierung lehnte es ab, lenkend in den Wirtschaftsprozess einzugreifen. Erst die Große Koalition verhalf der „Fiscal policy" zum Durchbruch: Der neue Staatszweck, dem das Steuersystem

1187 Gesetz zur Neuordnung von Steuern vom 16.12.1954, BGBl. I 1954, S. 373.

1188 Ehrlicher, Werner: Finanzpolitik, S. 220 f.

1189 Schmölders Günter: Geschichte der Besteuerung, S. 624 f.

1190 Ebd., S. 625.

1191 Ehrlicher, Werner: Finanzpolitik, S. 221 f.

angepasst werden sollte, war jetzt Lenkung, Steuerung und weniger die Umverteilung.[1192]

Seit dem Godesberger Programm von 1959 waren sowohl die Sozialdemokraten als auch die Gewerkschaften für eine global gesteuerte Marktwirtschaft eingetreten, die in der Folge durch eine starke Steigerung der Staatsquote gekennzeichnet war. Die sozial-liberale Koalition war von dem Glauben getragen gewesen, dass der Staat alles viel besser kenne und könne. In der Regierungserklärung von Bundeskanzler Brandt vom 28. Oktober 1969 wurden großzügige Vorhaben für alle Ressorts angekündigt und in der Folge trugen Bund, Länder und Gemeinden gleichermaßen zur Expansion der öffentlichen Ausgaben in einem bis dahin nicht gekannten Ausmaß bei.

Seit 1973 wuchs der Schuldenberg der öffentlichen Haushalte von 126 Milliarden DM im Jahr 1970, über 256 Milliarden DM im Jahr 1975, auf 615 Milliarden DM im Jahr 1982, verfünffachte sich also fast in diesem Zeitraum.[1193] Die anhaltende Diskrepanz zwischen Ausgaben und Steuereinnahmen führte zu einer erheblichen Zunahme des Schuldenstandes der öffentlichen Gebietskörperschaften.

In der Regierungserklärung vom 28. Oktober 1969 wurde auch das Vorhaben verkündet, ein gerechtes, einfaches und überschaubares Steuersystem zu schaffen.[1194] Bundesfinanzminister Karl Schiller erläuterte das Ziel folgendermaßen:

> Das Steuerrecht, die Besteuerung der Bürger, soll einfacher und übersichtlicher, soll vor allem gerechter werden (...) Diese Reform soll nach dem Willen der Bundesregierung so viel soziale Gerechtigkeit wie irgend möglich verwirklichen.[1195]

An der Diskrepanz zwischen den Vorstellungen der SPD zur Ausgabenseite und den Vorstellungen der FDP zur Einnahmenseite ist die sozialliberale Koalition letztlich politisch gescheitert. Führende Finanzpolitiker, die ihre sachgerechten Vorstellungen durchsetzen wollten, wurden zur Aufgabe veranlasst. Finanzminister Möller legte sein Amt im Jahr 1971 nieder, und Wirtschafts- und Finanzminister Schiller trat

1192 Schremmer, Eckart: Über „gerechte Steuern", S. 27.

1193 Ullmann, Hans-Peter: Der deutsche Steuerstaat, S. 202 f.

1194 Brandt, Willy: Regierungserklärung von Bundeskanzler Willy Brandt vor dem Deutschen Bundestag in Bonn am 28. Oktober 1969 auf: http://www.willy-brandt.de/fileadmin/brandt/Downloads/Regierungserklaerung_Willy_Brandt_1969.pdf (letzter Zugriff: 17.02.2017). Verhandlungen des Deutschen Bundestages, Stenographische Berichte, Bd. 71, S. 24 B/C und BT-Drucks. VI/1152, S. 2 unter II und 7/78.

1195 o. V.: Bulletin der Bundesregierung vom 23.6.1971.

im Jahr 1972 zurück. Letztendlich scheiterte auch Bundeskanzler Helmut Schmidt an den ungelösten Problemen der Finanz- und Steuerpolitik dieser Periode.[1196]

10.5.3 „Mehr Markt, weniger Staat". Neoklassisch-liberale Steuerpolitik ab 1982

„Mehr Markt, weniger Staat" und „über geordnete Finanzen zu einem geordneten Staat", so lauteten 1982 die Zielsetzungen der neu gewählten christdemokratisch-liberalen Koalitionsregierung unter Bundeskanzler Helmut Kohl. Die Steuerpolitik sollte die Hemmungen des wirtschaftlichen Wachstums beseitigen und die wirtschaftliche Aktivität möglichst fördern nach dem Motto: „Leistung soll sich wieder lohnen."

Die Entwicklung in den Achtzigerjahren wurde dadurch begünstigt, dass es sich in der Zeit bis 1991 um den längsten anhaltenden Wirtschaftsaufschwung in der Nachkriegszeit handelte. Die realen Wachstumsraten betrugen 1,5 bis 3,1 Prozent, sodass die Steuereinnahmen überproportional stiegen und die Ausgaben unterproportional zurückblieben. Die Koalition setzte ab Mitte der Achtzigerjahre auf steigende Einnahmen und reformierte die Einkommensteuer. Diese sollte vor allem den „Mittelstandsbauch" abbauen, Mehrleistung belohnen und Steuerflucht und Schattenwirtschaft eindämmen.

Mit dem Steuerpaket von 1990 wurde der Grundfreibetrag erhöht, der Eingangssatz von 22 Prozent auf 18 Prozent, der Spitzensteuersatz von 56 Prozent auf 53 Prozent und der Körperschaftsteuersatz von 56 Prozent auf 50 Prozent gesenkt. Gleichzeitig wurde eine große Zahl von Steuersubventionen und Sonderregelungen abgebaut.[1197]

Um die Steuerreform 1990 wurde auf allen Etappen ihrer Verabschiedung heftig gekämpft. Wieder einmal hieß es: „Ziel ist ein gerechtes und einfacheres Steuersystem".[1198] Dabei ging es immer um die Priorität bzw. den Ausgleich zwischen wachstumspolitischer Orientierung einerseits und verteilungs- und familienpolitischer Orientierung andererseits.[1199]

Besonders heftig war die Auseinandersetzung über die Senkung des Spitzensteuersatzes der Einkommensteuer. Der Sachverständigenrat führte hierzu das Folgende aus:

1196 Ehrlicher, Werner: Finanzpolitik, S. 233.

1197 Ebd., S. 233–239.

1198 BT-Drucks. 11/2226, S. 1 unter A: Zielsetzung.

1199 Ehrlicher, Werner: Finanzpolitik, S. 238.

> Gerade die Kontroverse über die Senkung des Spitzensatzes hat demonstriert, wie sehr in der Bundesrepublik wachstumsfördernde Reformen durch verteilungspolitische Rücksichtnahme erschwert werden [...]. Die Besteuerung der Spitzeneinkommen hat in verteilungspolitischer Hinsicht eher optische Bedeutung, denn deren Aufkommen erbringt nur relativ wenig Umverteilungsmasse. Umso bedeutsamer sind die Spitzensteuersätze für die Wachstumspolitik, da sie vielfach die für unternehmerische Entscheidungen relevanten Grenzsteuersätze sind.[1200]

Die vielen Kompromisse im Hinblick auf verteilungs- und familienpolitische Forderungen verhinderten eine klare und eindeutige Ausrichtung der Steuerpolitik auf Förderung des Wachstums und der Beschäftigung, wie sie mit großem Erfolg – doch auch mit weniger erwünschten Nebenwirkungen – in der ersten Nachkriegsperiode betrieben worden war.

Die gesamtwirtschaftliche Entwicklung in den Neunzigerjahren wurde von den Folgen der Wiedervereinigung geprägt. Die Lasten im Zusammenhang mit der Wiedervereinigung wurden mit Krediten finanziert, was zu einem erheblichen Anstieg des Schuldenstandes des Staates führte. Da die „Maastricht-Kriterien" erfüllt werden mussten, gerieten die öffentlichen Haushalte unter Konsolidierungsdruck, der erst Ende der Neunzigerjahre nachließ. Der wirtschaftliche Aufschwung ließ die Einnahmequellen ansteigen, sodass die Neuverschuldung verringert werden konnte und umfangreiche Steuerentlastungen in mehreren Etappen durchgeführt werden konnten.[1201]

Die Jahre nach 2000 waren von einer hartnäckigen wirtschaftlichen Stagnation mit hoher Arbeitslosigkeit geprägt. Die Folge waren geringere Steueraufkommen gepaart mit höheren Sozialausgaben. Erst im Jahresverlauf 2000 „drehte" die Konjunktur, die positive Entwicklung der Exportindustrie sowie ein aufgestauter Modernisierungsbedarf gaben der privaten Investitionstätigkeit Impulse.[1202]

1200 Sachverständigenrat, Jahresgutachten 1989/1990 des Sachverständigenrates zur Begutachtung der gesamtwirtschaftlichen Entwicklung, BT-Drucks. 11/5786 vom 23.11.1989, S. 115 f.

1201 Vesper, Dieter: Finanzpolitische Entwicklungstendenzen und Perspektiven des Öffentlichen Dienstes in Deutschland, Gutachten im Auftrag des Instituts für Makroökonomie und Konjunkturforschung in der Hans-Böckler-Stiftung, Berlin 2012, S 4 f.

1202 Ebd., S. 6.

10.5.4 Wiedergeburt der antizyklischen Finanz- und Steuerpolitik nach 2009

Mit dem Ausbruch der Finanzkrise in den Vereinigten Staaten von Amerika im Jahr 2007, der eine globale Wirtschaftskrise im Herbst 2008 folgte, wurde der gesamte europäische Raum in Mitleidenschaft gezogen. Die Insolvenz der großen amerikanischen Investmentbank Lehman Brothers und die Sorge vor weiteren Zusammenbrüchen ergriff weite Teile des globalen Finanzsystems; Banken scheuten sich, überhaupt Kredite zu vergeben. Die allgemeine Unsicherheit erfasste die gesamte Wirtschaft; Unternehmen stellten ihre Investitionen zurück oder konnten mangels Bankkrediten die geplanten Investitionen nicht finanzieren. Dies löste rund um den Globus einen starken Einbruch der Wirtschaftstätigkeit aus. Um die Finanz- und Wirtschaftskrise einzudämmen, beschlossen die zwanzig wichtigsten Wirtschaftsnationen der Welt sowie weitere globale Institutionen zahlreiche Programme.[1203]

Der Sachverständigenrat zur Begutachtung der gesamtwirtschaftlichen Entwicklung führte in seinem Jahresgutachten 2009/10 aus, dass das deutsche Konjunkturprogramm im europäischen Vergleich eine herausgehobene Stellung eingenommen habe. Die Konjunkturprogramme hätten „die gesamtwirtschaftliche Nachfrage stabilisiert und einen noch stärkeren Einbruch des Bruttoinlandsprodukts verhindert. Ohne sie wäre alles noch schlimmer gekommen."[1204]

10.6 Zusammenfassung und Fazit

In der Wiederaufbauphase nach dem Zweiten Weltkrieg wurden verschiedene Fördermaßnahmen ausgeführt, die sich deutlich in ihrer Orientierung unterschieden. Aufgrund der auf Selbstfinanzierung ausgerichteten Steuerpolitik des Bundesministers der Finanzen, Fritz Schäffer, nahm das Wirtschaftswachstum derart zu, dass sich die Steuereinnahmen von 1950 bis 1965 mehr als verdreifachten. Darüber hinaus betrieb Fritz Schäffer eine antizyklische Finanzpolitik, da

1203 Bundesbank: Die Finanz-, wirtschafts- und Staatsschuldenkrise. Ein kurzer Überblick, o. D. https://www.bundesbank.de/Redaktion/DE/Dossier/Service/schule_und_bildung_kapitel_4.html?notFirst=true&docId=147560#doc147560bodyText1 (letzter Zugriff: 02.03.2017).

1204 Sachverständigenrat zur Begutachtung der gesamtwirtschaftlichen Entwicklung: „Die Zukunft nicht aufs Spiel setzen", Jahresgutachten 2009/10, veröffentlicht am 13.11.2009, auf: https://www.sachverstaendigenrat-wirtschaft.de/jahresgutachten-2009-2010.html (letzter Zugriff: 17.02.2017), S. 165.

die nicht sofort benötigten Steuereinnahmen bei der Bundesbank angesammelt, jedoch später durch großzügige Wahlgeschenke in Form von niedrigeren Steuern, höheren Subventionen und Sozialleistungen wieder ausgegeben wurden. In den Jahren zwischen 1957 und 1961 wurde die Kapitalbildung gezielt gefördert und verteilungspolitische Motive rückten in den Vordergrund.

Die Wirtschaft glitt 1966 in die Rezession ab. Hervorgerufen wurde dies sowohl durch die Vermeidung antizyklischer, konjunkturpolitischer Maßnahmen als auch durch den fortschreitenden restriktiveren Kurs der Bundesbank. Erst die Große Koalition verhalf der „Fiscal policy" 1967 zum Durchbruch und bekämpfte die Rezession mit Investitionsprogrammen.

In der Steuerpolitik ab 1969 ging es darum, so viel soziale Gerechtigkeit wie irgend möglich zu verwirklichen; die Grund-, Vermögen-, Erbschaft-, Gewerbe- und insbesondere die Einkommensteuer wurden in der Steuerreform von 1974/75 umgestaltet. Erst in der zweiten Hälfte der Siebzigerjahre wurden die wirtschaftspolitischen den verteilungspolitischen Zielen vorgezogen, eine klare steuerpolitische Linie war jedoch nicht zu erkennen.

„Leistung soll sich wieder lohnen", so lautete die Zielsetzung der christdemokratisch-liberalen Koalitionsregierung ab 1982. Mehrleistung sollte belohnt, der sogenannte Mittelstandsbauch, die Steuerflucht und die Schattenwirtschaft abgebaut werden.

Die schwarz-gelbe Koalition von 2009 wollte die Leistungsbereitschaft der Bürgerinnen und Bürger stärken und für Unternehmen Rahmenbedingungen schaffen, die diesen in Zeiten der Globalisierung eine starke Stellung ermöglichen sollten. Die vielen Vorschläge aus den Koalitionsfraktionen sind jedoch nicht umgesetzt worden. Die Reform der Gemeindefinanzen, als „Mega Reform" angekündigt, scheiterte nach einjährigen Beratungen einer Kommission mit den Ländern und kommunalen Spitzenverbänden. Für die Reform des Mehrwertsteuersystems ist zwar eine Kommission gegründet worden, sie hat jedoch kein einziges Mal getagt. Dabei standen die Chancen gut, mit einer Vereinheitlichung der Mehrwertsteuer das Wahlversprechen einer Steuervereinfachung zu erfüllen. Auch in den folgenden Legislaturperioden ist es versäumt worden, ein Steuersystem zu schaffen, das den Gerechtigkeitsvorstellungen vieler Bürgerinnen und Bürger entspricht.

Die in den vergangenen Jahrzehnten von der Politik angekündigten großen Reformen des deutschen Steuerrechts haben sich als Trugbilder herausgestellt. Immer wieder hieß es, das Ziel sei ein gerechtes und einfaches Steuersystem:

1. Die „Organische Steuerreform" von 1954/55, die eine grundlegende Neuorientierung des Steuersystems bewirken sollte, wurde nicht durchgeführt.

2. In der Regierungserklärung vom 28. Oktober 1969 wurde verkündet, ein gerechtes, einfaches und überschaubares Steuersystem zu schaffen.
3. Mit der Steuerreform 1990 wurde hervorgehoben: „Ziel ist ein gerechtes und einfacheres Steuersystem".
4. Im Koalitionsvertrag vom 26. Oktober 2009 wurde herausgestellt: „Wir werden das Steuerrecht spürbar vereinfachen und von unnötiger Bürokratie befreien."

Im Ergebnis muss festgehalten werden: Das heutige Steuerrecht ist durch eine Fülle von Bevorzugungs- und damit zwangsläufig auch von Benachteiligungssachverhalten gekennzeichnet; es ist undurchschaubar, verwirrend und widersprüchlich.

Der Gesetzgeber und die Finanzverwaltung haben das Steuersystem zugunsten des Fiskus immer weiter vervollständigt und durch Nichtanwendungserlasse von finanzgerichtlichen Urteilen und durch Jahressteuergesetze die Rechtsprechung der Finanzgerichte unterlaufen. Die sich daraus ergebenden Lücken im System werden von den rechtsberatenden Berufen zugunsten ihrer Mandantschaft genutzt. Die Folge sind immer schnellere Regeländerungen durch den Gesetzgeber, die keine Planungssicherheit mehr gewährleisten, als ungerecht empfunden werden und jeden Leistungsgedanken im Keim ersticken. So ist es vor diesem Hintergrund nicht verwunderlich, wenn alle legalen Möglichkeiten von den Steuerpflichtigen ausgeschöpft werden.

Klaus Vogel hat die Situation wie folgt gekennzeichnet:

> Gewiß ist das Steuerrecht schon seit langem, spätestens aber seit dem Ersten Weltkrieg, ein kompliziertes, für den Laien schwer überschaubares Rechtsgebiet. Heute kann aber auch ein Fachmann dieses Gebiet kaum noch überblicken [...]. Schon seit den siebziger und achtziger Jahren mehren sich deshalb die Äußerungen von hohen Richtern, Anwälten und Wissenschaftlern, die das geltende Steuerrecht als „Chaos", „Dschungel" oder gar „Perversion" bezeichnen. In diesem Chaos gelingt es den Hochverdienenden, die sich eine teure Steuerberatung leisten können, ihre Steuerpflichten legal zu vermindern. Die Geringverdienenden haben diese Möglichkeit nicht; sie zahlen, wie dies ein namhafter Betriebswirt ausgedrückt hat, eine „Dummensteuer".[1205]

Diesen Begriff der „Dummensteuer" hat Gerd Rose geprägt, der darunter Steuerlasten versteht, „die nicht entstanden wären, wenn der Steuerpflichtige das gleiche wirtschaftliche Ziel unter klugem Einsatz der vorhandenen Gestaltungsmöglichkeiten anders erreicht hätte."[1206] Mit dieser Definition trägt Rose dem Tatbestand Rech-

1205 Vogel, Klaus: Verfassungsrechtsprechung zum Steuerrecht, S. 9 f.

1206 Rose, Gerd: Über die Entstehung von „Dummensteuern" und ihre Vermeidung, in: Die Steuerrechtsordnung in der Diskussion. Festschrift für Klaus Tipke zum 70. Geburtstag, Köln 1995, S. 153.

nung, dass Laien nicht in der Lage sind, die Lücken und Privilegien der hochgradig widersprüchlichen, inkonsistenten und intransparenten Steuergesetze zu nutzen.[1207]

An der beispielhaft untersuchten Unternehmensbesteuerung zeigt sich, dass Steuerpflichtige, die ihren finanziellen Nutzen unter Berücksichtigung von Steuern maximieren wollen, in der Vergangenheit den verändernden Belastungsunterschieden in der Unternehmensbesteuerung durch Steuergestaltung ausgewichen sind. Der Gesetzgeber war deshalb wiederholt gezwungen zu handeln, um das Ausmaß der rechtsformabhängigen Belastungsunterschiede zu vermindern bzw. diese zu unterbinden.

Die Verletzung fundamentaler Besteuerungsprinzipien durch den Gesetzgeber hat zu einem großen Bedürfnis nach einer Fundamentalreform der Ertragsteuern geführt. Ziel einer solchen Reform wäre es, die lenkungs- und verteilungspolitischen Maßnahmen aus dem Steuerrecht herauszunehmen und sich auf eine Ordnung des Steuerrechts zu besinnen, welche die Steuerlasten gleichmäßig allen Bürgerinnen und Bürgern nach Maßgabe ihrer wirtschaftlichen Leistungsfähigkeit zuweist.[1208]

Unabhängig davon bestimmen der Zustand und die Rechtsanwendung des deutschen Steuerrechts wesentlich die Steuermoral der Bundesbürger. Es ist daher dringend geboten, ein grundlegend erneuertes, zukunftsfähiges deutsches Steuersystem zu schaffen, das einfacher, sozialer, transparenter und damit wieder gerechter sowie zugleich international wettbewerbsfähig wäre.[1209] Aus Sicht der Kommission „Steuergesetzbuch" sind sechs Grundvoraussetzungen für den Erfolg eines erneuerten deutschen Steuersystems zu beachten:

1. Es muss für die Bürger verständlich sein, als sozial ausgewogen akzeptiert werden und den Menschen so wenig Zeitaufwand wie möglich abverlangen.
2. Es muss international wettbewerbsfähig sein und einen Schritt zur Harmonisierung der Grundlagen der Ertragsbesteuerung in Europa vorbereiten.
3. Es muss die Wettbewerbssituation deutscher und in Deutschland tätiger Unternehmen deutlich verbessern und sie nachhaltig und praxistauglich entlasten, insbesondere von Bürokratie.
4. Es muss die kommunale Autonomie stärken, indem es Städten und Gemeinden eine breitere Einnahmenbasis und ein stetiges Aufkommen verschafft.
5. Es darf allenfalls in der Startphase Bund und Ländern eine maßvolle Anschubfinanzierung abverlangen, muss mittel- und langfristig indes kräftige Wachstumsimpulse setzen und damit zu mehr Steuereinnahmen und weniger Sozialausgaben beitragen.

1207 Beck, Hanno/Prinz, Aloys: Zahlungsbefehl von Mord-Steuern, Karussell-Geschäften und Millionärs-Oasen, München 2010, S. 2.

1208 Eilfort, Michael/Lang, Joachim: Steuerpolitisches Programm, S. 44.

1209 Ebd., S. 52.

6. Es muss schließlich für alle Beteiligten nachvollziehbar und berechenbar sein, Rechts- und Planungssicherheit gewährleisten und damit Vertrauen für Investition und Konsum schaffen.[1210]

Der Rückblick auf die 400-jährige Ideengeschichte der Steuergerechtigkeit sollte bewusst machen, dass in einer sich schnell ändernden Welt Lehren aus den Erfahrungen der Vergangenheit gezogen werden müssen, um eine gerechte Steuerpolitik in Gegenwart und Zukunft zu gestalten.

1210 Ebd., S. 62.

11 Auswirkungen des Staatenwettbewerbs auf die Steuergerechtigkeit

Eines der wichtigsten Fundamente der Gesellschaft und jenseits der Nationalstaaten ist das Recht. Es ist das verbindende Band der Länder und Kulturen und das Ergebnis einer langen Überlieferung.[1211] Dieses verbindende Band wird zerschnitten, wenn durch den Staatenwettbewerb unterschiedliche Steuerbelastungen entstehen.

Mit der Festschreibung des Gleichheitsgebotes in der Weimarer Reichsverfassung vom 11. August 1919 wurde ein Jahrhunderte währender Streit beendet. Die letzten absolutistischen Privilegien, als auch alle Arten von unbegründeten steuerlichen Befreiungen und Vergünstigungen wurden für unzulässig erklärt und aufgehoben. Die internationalen Verflechtungen in der zweiten Hälfte des 20. Jahrhunderts jedoch – insbesondere in wirtschaftlicher Hinsicht – hatten nicht nur Auswirkungen auf die Finanzierungsgrundlagen der Nationalstaaten, sondern schufen auch mannigfaltige Möglichkeiten, die steuerlichen Belastungen zu mindern und auch völlig zum Wegfall zu bringen. Damit wurden nicht nur die Grundsätze der Allgemeinheit und Gleichmäßigkeit verletzt, sondern insbesondere der Besteuerung nach der Leistungsfähigkeit der Boden entzogen.

Auf der Ebene des Staatenwettbewerbs entstehen Gerechtigkeitsprobleme, wenn Steuerpflichtige durch Verlagerung eines mobilen Besteuerungsgutes (z. B. Kapital) in Niedrigsteuerländer weniger Steuern zahlen als Steuerpflichtige mit immobilen Besteuerungsgütern (z. B. Arbeit). Die unterschiedlichen Mobilitätsbedingungen

1211 Stolleis, Michael: Das verbindende Band, in: Rotary Magazin für Deutschland und Österreich, Juni 2017, S. 40 f.

R. Sahm, *Theorie und Ideengeschichte der Steuergerechtigkeit*,
https://doi.org/10.1007/978-3-658-25903-7_11

bewirken, dass der Standortwettbewerb nicht von allen Produktionsfaktoren gleichermaßen in Anspruch genommen werden kann; der Boden kann ihn nicht wahrnehmen, die Arbeit nur in geringem Umfang. Sach- und insbesondere Geldkapital als Hauptnachfragende des Standortwettbewerbs nehmen zwar die gleichen staatlichen Gesamtleistungen in Anspruch, können jedoch ganz oder teilweise der Besteuerung entzogen werden. Dies ist mithilfe von Staaten möglich, die sich zu ihrem eigenen Vorteil unkooperativ gegenüber anderen Staaten verhalten. Dies ist auf dreierlei Weise denkbar: Erstens durch staatliche Privilegierungen, zweitens durch internationale Steuergestaltung und drittens durch internationale Steuerhinterziehung.[1212]

11.1 Privilegierte Besteuerung für mobile Einkünfte

Bereits gegen Ende des 19. Jahrhunderts entwickelte sich steuerinduzierte Migration zu einer glaubhaften Drohung. Die Mobilitätsschranken fielen, als mobiles Kapital verstärkt der Besteuerung unterzogen wurde und lokale Gerichtsbarkeiten weitgehende fiskalische Autonomie erhielten. Offenbar überstieg die stark ansteigende steuerliche Belastung eine Schwelle, ab der steuerliche Aspekte ausschlaggebend für Wohn- und Standortentscheidungen wurden. Kommunen schienen um die Jahrhundertwende bemüht zu sein, wohlhabende Steuerzahler durch eine gezielte Kombination von Steuer- und Ausgabenpolitik anzuziehen.[1213]

Da mobile Produktionsfaktoren – insbesondere Geldkapital – relativ leicht und schnell verlagert werden können, besteht für Staaten der Anreiz, dies gegenüber immobilen Produktionsfaktoren zu privilegieren. Dies geschieht dadurch, dass Kapitaleinkünften ein niedrigerer Preis für die staatliche Gesamtgegenleistung abverlangt wird als den auf immobilen Faktoren beruhenden Einkünften.[1214]

Die Einführung einer 25 prozentigen Abgeltungsteuer auf Kapitaleinkünfte[1215] ab dem Jahr 2009 sollte die Attraktivität und Wettbewerbsfähigkeit des Finanzplatzes Deutschland verbessern und einen Anreiz schaffen, um abgeflossenes Kapital

1212 Valta, Matthias: Das Internationale Steuerrecht zwischen Effizienz, Gerechtigkeit und Entwicklungshilfe, Tübingen 2014, S. 171–174.

1213 Vgl. Spoerer, Mark: Steuerlast, S. 176–192.

1214 Ebd., S. 174 f.

1215 Bereits im Jahr 1952 wurde bei den Einkünften aus Kapitalvermögen die progressive Einkommensteuer durch eine Kapitalertragsteuer von 30 Prozent ersetzt. Vgl. das Gesetz zur Förderung des Kapitalmarkts vom 15. Dezember 1952, BGBl. I 1952, S. 793.

wieder zurück ins Land zu holen. Diese Maßnahme wird seit der Einführung als ungerecht kritisiert, da der progressive Einkommensteuersatz mit bis zu 45 Prozent Grenzsteuerbelastung bei den übrigen Einkunftsarten beibehalten wurde. Zu bedenken ist jedoch, dass – im Gegensatz zur Privilegierung von Zinsen – der effektive Steuersatz bei ausgeschütteten Gewinnen von Körperschaften unter Einbeziehung der Vorbelastung durch Gewerbe- und Körperschaftsteuer rund 48 Prozent beträgt.[1216] Dividenden werden damit keineswegs privilegiert, sondern stärker als z. B. Arbeitseinkommen und Zinsen belastet.

Bei einer Abkehr von der Abgeltungsteuer wären alle Steuerzahler, die den Sparer-Pauschbetrag für ihre Zinseinkünfte bereits ausgeschöpft haben und deren Einkommensteuergrenzsatz über 25 Prozent liegt, direkt betroffen. Bei Einzelveranlagung ist das bereits bei einem zu versteuernden Einkommen von 16.000 Euro der Fall, da der Einkommensteuergrenzsatz 25,12 Prozent beträgt, sodass auch kleine und mittlere Einkommen von Mehrbelastungen betroffen wären.[1217]

Fernerhin ist auch anzumerken, dass mit der Einführung der Abgeltungsteuer die Bemessungsgrundlage verbreitert wurde,[1218] weil die tatsächlichen Werbungskosten nicht mehr abgezogen werden können und Veräußerungsgewinne unabhängig von der Haltedauer von Wertpapieren seit 2009 besteuert werden.

Auch die Besteuerung von Kapitalgesellschaften wurde im Jahr 2008 von einer Durchschnittsbelastung von ca. 38 Prozent auf nominell ca. 29 Prozent abgesenkt.[1219] Eine weitere Privilegierung fand mit der Tonnagebesteuerung der internationalen Seeschifffahrt statt. Der Bundesfinanzhof hat den Privilegierungscharakter – mit einer Steuerbelastung der effektiven Gewinne von ca. 5 Prozent – ausdrücklich benannt.[1220]

Die hier aufgeführten Beispiele einer privilegierten Besteuerung verstoßen gegen den Gleichheitsgrundsatz, werden jedoch im internationalen Steuerwettbewerb als

---

1216 Deutsches Steuerzahlerinstitut des Bundes der Steuerzahler: Bausteine für eine Reform des Steuersystems. Das DSI-Handbuch Steuern, Berlin 2013, S. 112.

1217 Bei einem zu versteuernden Einkommen von z. B. 20.000 Euro steigt der Einkommensteuergrenzsatz auf 26,95 Prozent.

1218 Auch durch die Einschränkung der Verlustverrechnung ist die Bemessungsgrundlage erweitert worden, was sich nach Hey verfassungsrechtlich nicht rechtfertigen lässt. Vgl. Hey, Johanna: § 8 Einkommensteuer, in: Tipke, Klaus/Lang, Joachim (Hrsg.): § 8, Anm. 500.

1219 Vgl. Kavic, Claudia/Vogel, Andrea: Der tatsächliche Verlauf des Unternehmensteuertarifs nach der Unternehmensteuerreform 2008, in: Deutsches Steuerrecht, 12 (2008), S. 573.

1220 BFH vom 20. 11. 2006, VIII R 33/05, BStBl II 2007, S. 261, 263.

notwendig und legitim angesehen.[1221] Dennoch bleibt die Frage der Gerechtigkeit bestehen, denn von gleichmäßiger Steuerlastverteilung, die auf dem Leistungsfähigkeitsprinzip beruht, kann nicht gesprochen werden.

11.2 Internationale Steuergestaltung

International operierenden Unternehmen stehen eine Reihe von Steuergestaltungsmöglichkeiten zur Verfügung, die darauf hinauslaufen, möglichst hohe Gewinne in Niedrigsteuerländern anfallen zu lassen, steuermindernde Verluste hingegen in Hochsteuerländern. Einige von diesen Methoden sind illegal, aber die meisten sind vollkommen gesetzeskonform.[1222]

11.2.1 Die Unterkapitalisierungsmethode

Bei der Unterkapitalisierungsmethode (thin capitalisation), auch Fremdfinanzierungsmethode genannt, wird eine international operierende Firma in einem Land – z. B. in Deutschland – mit vergleichsweise hohen Steuersätzen mit geringem Eigenkapital ausgestattet – also unterkapitalisiert – und finanziert sich im Wesentlichen mit Fremdkapital bei einer anderen konzerneigenen Gesellschaft. Die Schuldzinsen mindern den Gewinn der deutschen Firma, die Zinserträge unterliegen dem niedrigeren Steuersatz des Landes, in dem die Konzerngesellschaft ihren Sitz hat.[1223] Diese Form der Gewinnverschiebung wurde durch die Steuerreform 2008 jedoch eingeschränkt, da seitdem die Zinsen in Deutschland nicht mehr voll abgesetzt werden können.

1221 Valta, Matthias: Das Internationale Steuerrecht, S. 176. Das Bundesfinanzministerium weist darauf hin, dass die Stellung Deutschlands im internationalen Vergleich seit der Absenkung des deutschen Körperschaftsteuersatzes in 2008 auf 15 % deutlich wettbewerbsfähiger geworden ist. Bundesministerium der Finanzen: Die wichtigsten Steuern im internationalen Vergleich 2015–Ausgabe 2016. Übersicht 3: Körperschaftsteuersysteme und Anteilseignerbesteuerung 2015, auf: http://www.bundesfinanzministerium.de/Content/DE/Downloads/Broschueren_Bestellservice/2016-05-13-wichtigsten-steuern-im-internationalen-vergleich-2015.pdf;jsessionid=448241F9200587145746 DEE9F80D439F?__blob=publicationFile&v=8, (letzter Zugriff: 02.03.2017).

1222 Liebert, Nicola: Steuergerechtigkeit in der Globalisierung. Wie die steuerpolitische Umverteilung von unten nach oben gestoppt werden kann, Münster 2011, S. 143 f.

1223 Ebd., S. 145.

11.2.2 Gewinnverlagerungen mithilfe der Nutzung von Patenten, Marken oder Urheberrechten

Analog zur Unterkapitalisierungsmethode können die Kosten für die Nutzung von immateriellen Wirtschaftsgütern im Hochsteuerland abgezogen und in Niedrigsteuerländern als Ertrag bei verbundenen Unternehmen zu geringeren Sätzen versteuert werden. Als Beispiel für eine derartige Steuergestaltung kann die Firma Amazon angeführt werden, die Verträge mit Drittanbietern, die Amazon zur Abwicklung ihrer Geschäfte nutzten, nicht mehr in den USA, sondern über Luxemburg abwickelt. Dort werden zwar die Unternehmensgewinne mit 29 Prozent belastet, Einkünfte, die mit geistigem Eigentum erwirtschaftet werden, werden jedoch unter bestimmten Umständen bis zu 80 Prozent von der Bemessung des zu versteuernden Gewinns ausgenommen. Nach Recherchen der Nachrichtenagentur Thomson Reuters soll es Amazon mithilfe dieser Maßnahmen gelungen sein, rund zwei Milliarden Dollar einzusparen, um diese für die Expansion des Unternehmens zu nutzen.[1224]

11.2.3 Manipulationen durch interne Verrechnungspreise

Die Transferpreismethoden basieren auf der Manipulation der internen Verrechnungspreise zwischen Konzerngesellschaften in verschiedenen Ländern. Gewinnverlagerungen sind dergestalt möglich, dass das Unternehmen Produkte und Dienstleistungen an das in einem Niedrigsteuerland sitzende verbundene Unternehmen unter den marktüblichen Preisen anbietet, oder umgekehrt seine Vorprodukte zu überhöhten Preisen von dort bezieht. Nach einer Schätzung der Organisation für wirtschaftliche Zusammenarbeit und Entwicklung (Organisation for Economic Cooperation and Development: OECD) sollen bis zu 60 Prozent des Welthandels innerhalb multinationaler Konzerne stattfinden, was den enormen Umfang dieser Manipulationsmöglichkeiten deutlich macht.[1225]

Nach dem OECD-Musterabkommen zur Vermeidung von Doppelbesteuerung[1226], das den meisten bilateralen Doppelbesteuerungsabkommen zugrunde liegt, sind

1224 o. V.: Wie Amazon sich ums Steuerzahlen drückt. Handelsblatt vom 07.12.2012, auf http://www.handelsblatt.com/unternehmen/dienstleister/ableger-in-luxemburg-wie-amazon-sich-ums-steuerzahlen-drueckt/7492820.html (letzter Zugriff: 20.02.2017).

1225 Neighbour, John: Transfer Pricing. Keeping it at Arms Length. OECD Centre for Tax Policy and Administration, Paris 2002.

1226 OECD: Model Tax Convention on Income and on Capital, 2008, auf: http://www.oecd-ilibrary.org/taxation/model-tax-convention-on-income-and-on-capital-2008_9789264060807-en (letzter Zugriff: 17.02.2017).

Unternehmen zur Anwendung des Fremdvergleichsprinzips verpflichtet, doch gestaltet sich die praktische Überprüfung ausgesprochen schwierig, weil die Preise nicht auf dem Markt gebildet werden.[1227]

Der Bereich des gerechten und effizienten Standortwettbewerbs wird verlassen, wenn ein Unterbietungswettbewerb um die Besteuerungsanteile entsteht, der nicht mehr im Zusammenhang mit den erbrachten staatlichen Gesamtleistungen steht.[1228] Um der aggressiven Steuergestaltung durch multinationale Großkonzerne entgegen zu wirken, haben die OECD und die G20-Staaten im Jahr 2013 die Initiative zur internationalen Bekämpfung von Gewinnkürzungen und Gewinnverlagerungen (Base Erosion and Profit Shifting – BEPS) gestartet. Im Oktober 2015 hat die OECD die Ergebnisse des BEPS-Projektes vorgestellt und einen Aktionsplan zur Bekämpfung von Steuerbetrug und zur Vermeidung globaler Minderbesteuerung vorgelegt. Das BEPS-Maßnahmenpaket wurde im November 2015 von den G20-Regierungschefs verabschiedet. In den OECD-Papieren werden fünfzehn Handlungsfelder – sogenannte Action Points – diskutiert, die die teilnehmenden Staaten in nationales Recht umsetzen sollen.[1229]

11.3 Internationale Steuerhinterziehung

Internationale Steuerhinterziehung wird durch eine hohe Faktormobilität begünstigt. Insbesondere Geldkapital lässt sich leicht und diskret ins Ausland verlagern und dort investieren. Wenn sich ein Staat der Kooperation mit anderen Staaten z. B. durch Informationsaustausch verweigert, fließt ihm vermehrt Geldkapital zu, das nicht erfasst ist. Ein solcher Staat kombiniert eine geringe oder nicht vorhandene Besteuerung des zugeflossenen Kapitals mit einem strengen Bankgeheimnis, sodass das zugeflossene Kapital und deren Erträgnisse möglichst nicht von anderen Staaten erfasst und besteuert werden können. Solche Staaten werden meist „Steueroasen" genannt.[1230]

1227 Liebert, Nicola: Steuergerechtigkeit, S. 152 f.

1228 Valta, Matthias: Das Internationale Steuerrecht, S. 178 und S. 183.

1229 Riedlinger, Raoul: Begrüßung, in: Deutsches wissenschaftliches Institut der Steuerberater e. V. (Hrsg.): Base Erosion and Profit Shifting (BEPS) – Ein Thema für den Mittelstand. DWS – Symposium 2015. DWS-Schriftenreihe 35, Berlin 2016, S. 10.

1230 Die großen Volkswirtschaften der Welt setzten sich im Jahr 1996 im Rahmen einer koordinierten Initiative der OECD das Ziel, den schädlichen Steuerwettbewerb einzuschränken. Dabei wurden sowohl Mitgliedsländer der OECD als auch Drittstaaten untersucht. Bei den Mitgliedsländern wurden die Höhe des Effektivsteuersatzes, der

Die Existenz und die Praktiken von „Steueroasen“ werfen ein Schlaglicht auf zwei Gerechtigkeitsprobleme in der Steuerpolitik: Auf nationaler Ebene tragen sie dazu bei zu verhindern, dass das Gleichheitsprinzip umgesetzt wird, weil sie zahlreiche Möglichkeiten zur Steuerflucht bieten. Auf internationaler Ebene ermöglichen sie Gewinnverschiebungen und Kapitalflucht, was insbesondere die schwachen Entwicklungsländer trifft, da diesen Steuereinnahmen entgehen.[1231]

Was machen „Steueroasen“, wie sind sie entstanden? Um dieses zu ergründen, empfiehlt es sich in die Geschichte der Schweiz als Finanzplatz in den Zwanzigerjahren des vorigen Jahrhunderts einzutauchen.

Nach dem Ersten Weltkrieg war die Staatsverschuldung in den kriegführenden Ländern explodiert, was dazu führte, dass diese dazu übergingen, große Einkommen und Vermögen zu besteuern. In Deutschland wurde mit dem von Reichsfinanzminister Matthias Erzberger geschaffenen Reichseinkommen-steuergesetz die Progression enorm verschärft; der in Preußen in der Vorkriegszeit bei vier Prozent[1232] gelegene Spitzensteuersatz wurde um das Fünfzehnfache bis auf 60 Prozent angehoben, und die Steuersätze wurden nunmehr auf alle Einkommen eines Steuerpflichtigen angewendet. Hinzu kam das im Jahr 1919 eingeführte

---

Geltungsbereich („ring fencing“), fehlende Transparenz und mangelhafter Informationsaustausch als Hauptkriterien für die Beurteilung herangezogen (OECD: Harmful Tax Competition – An Emerging Global Issue, 1998, https://www.oecd.org/tax/transparency/44430243.pdf (letzter Zugriff: 17.02.2017). Anm. 57 ff). Bei den Drittstaaten wurden keine schädlichen Einzelbestimmungen in den entsprechenden Steuergesetzen untersucht, sondern das Gesamtbild der Steuergesetze als Maßstab herangezogen. Maßgeblich für die Einordnung als „Steueroase“ waren die nominelle Höhe des Steuersatzes, ein mangelnder Informationsaustausch sowie keine oder nur mangelhafte Transparenz. Die OECD veröffentlichte im Jahr 2000 eine Liste von insgesamt 47 „potentially harmful preferential tax regimes“ innerhalb der OECD-Mitgliedsstaaten und von 35 „Steueroasen“, denen Gegenmaßnahmen angedroht wurden, wenn sie sich nicht verpflichteten, die unfairen Praktiken innerhalb eines bestimmten Zeitraumes zu eliminieren (OECD: Towards Global Tax Co-operation – Report to the 2000 Ministerial Council Meeting an Recommendations by the Committee on Fiscal Affairs, 2000 https://www.oecd.org/tax/transparency/about-the-global-forum/publications/towards-global-tax-cooperation-progress.pdf (letzter Zugriff: 17.02.2017). Die staatlichen Initiativen – auch durch den Abschluss von bilateralen Verträgen – haben Erfolge gebracht: Seit Mai 2009 befindet sich kein Land mehr auf der List of Uncooperative Tax Havens (OECD: List of Uncooperative Tax Havens, 2009).

1231 Liebert, Nicola: Steuergerechtigkeit, S. 179.

1232 EStG Preußen 1891: § 17: „Bei Einkommen von mehr als 100.000 Mark bis einschließlich 105. 000 Mark beträgt die Steuer 4.000 Mark und steigt bei höheren Einkommen in Stufen von 5.000 Mark um je 200 Mark.“ Preußisches Einkommensteuergesetz vom 24. Juni 1891 in: FinanzArchiv 8. Jahrg., H.2 (1891), S. 331–451.

„Reichsnotopfer", eine Steuer mit Spitzensätzen von 65 Prozent vom Vermögen sowie eine Kriegsabgabe für Vermögenszuwächse.

Während der Französischen Revolution hatte die französische Nationalversammlung 1791 das Kataster für Frankreich geschaffen, um den gesamten Immobilienbesitz zu erfassen, seinen Wert zu ermitteln und die Privilegien des Adels und des Klerus abzuschaffen. Seit Mitte des 19. Jahrhunderts setzte sich bewegliches Vermögen gegenüber dem Grundbesitz durch. 1920 bestand das Vermögen der Reichsten im Wesentlichen aus Wertpapieren, die nicht in einem Kataster registriert wurden und daher in Depots von Banken verwaltet werden konnten. Da zwischen Schweizer Banken und dem Ausland keinerlei Informationsaustausch bestand, konnten es die Einleger unterlassen, die erzielten Zinsen und Dividenden bei ihrer Steuererklärung anzugeben. Das war die Geburtsstunde der Steuerfluchtindustrie.[1233]

Ab den 80er Jahren des vorigen Jahrhunderts war die Schweiz nicht mehr die einzige Steueroase der Welt. In Hongkong, Singapur, Jersey, Luxemburg und die Bahamas entstanden neue Zentren für Vermögensverwaltung. Waren von den Zwanziger- bis in die Siebzigerjahre des vorigen Jahrhunderts sämtliche europäischen Vermögen in die Schweiz geflossen, so erfolgte die Steuerflucht ab den Achtzigerjahren überwiegend in die neuen Offshore-Zentren in Europa, Asien und der Karibik.[1234]

Als weiterer Faktor zur Verschleierung von Vermögenswerten kam hinzu, dass die Kunden nicht mehr selbst Aktien und Anleihen zum Kauf aussuchten, sondern diese Aufgabe an Manager von Investmentfonds übertrugen, die das Geld in Fonds in aller Welt anlegten. Gegenwärtig haben die meisten Fonds, in die Europäer gegenwärtig investieren, ihren Sitz in den Ländern Luxemburg, Irland und auf den Kaimaninseln. Das Großherzogtum Luxemburg ist seither das Land, das nach den Vereinigten Staaten die meisten dieser Fonds beherbergt. Zucman führt ein Beispiel an, wie völlig legal verschiedene Steuern umgangen werden können: „Nehmen wir als Beispiel einen luxemburgischen Fonds, der in amerikanische Aktien investiert. Aufgrund des Steuerabkommens zwischen diesen beiden Ländern erheben die Vereinigten Staaten keine Steuern auf die ausgeschütteten Dividenden. Das Großherzogtum besteuert weder die Dividenden, die der Fonds erhält, noch die Erträge, die er an die Anleger auszahlt. Die gleiche Situation herrscht in Irland und auf den Kaimaninseln."[1235]

1233 Zucman, Gabriel: Steueroasen. Wo der Wohlstand der Nationen versteckt wird, Berlin 2014, S. 12 ff.

1234 Ebd., S. 36 f.

1235 Ebd.,: S. 39 f.

Das Beispiel zeigt deutlich, dass es nicht nur die unterschiedlichen Steuersätze sind, sondern auch die ausgeübten Methoden der Regulierung und der Geheimhaltung gegenüber anderen Staaten, die die fiskalische Souveränität aller anderen Staaten untergraben. Die Folgen der Steuervermeidung und Steuerhinterziehung trifft zudem die Entwicklungsländer erheblich schwerwiegender als die reichen Länder, da diesen die Einnahmen für die Erfüllung der staatlichen Aufgaben fehlen, wenn Korruption im Spiel ist.[1236]

Wie uneffektiv die oben aufgeführten Transparenzversprechen (vgl. Fußnote 20) in der praktischen Anwendung sind, zeigte sich, als es einem internationalen Journalistenteam gelang, eine Festplatte mit einer Datensammlung aus einer anonymen Quelle zu erhalten, die bereits im Jahr 2009 US-amerikanischen, britischen und australischen Steuerbehörden angeboten worden war. Die Journalisten werteten Steuerdaten von rund 130.000 Personen aus fast allen Ländern der Welt aus und zeigten auf, wie mithilfe von Briefkastenfirmen und Offshore-Konten Steuern hinterzogen worden sind.[1237] Unabhängig von diesem damals größten grenzübergreifenden Rechercheprojekt in der Geschichte des Journalismus nehmen die USA, Großbritannien, Australien und Deutschland die Auswertung der Daten in einer international koordinierten Aktion gemeinsam vor. Nach Angaben der Behörden handelt es sich unter anderem um Daten über Briefkastenfirmen, Stiftungen und Trusts auf den Cook-, den Kaimaninseln, in Singapur und auf den Britischen Jungferninseln.[1238]

In den bekannt gewordenen Daten tauchen alle Großbanken und zahlreiche Einzelpersonen auf, die nach einer auf Daten des Internationalen Währungsfonds (IWF) basierenden Studie vom Tax Justice Network aus dem Jahr 2012 (für das Jahr 2010) weltweit mindestens zwischen 21 Billionen und 32 Billionen Dollar Finanzvermögen in „Steueroasen" versteckt haben sollen, um nicht besteuert zu werden.[1239] Der Vorsitzende der Deutschen Steuer-Gewerkschaft e. V., Thomas Eigenthaler, schätzt, dass über 400 Milliarden Euro aus Deutschland stammendes

1236 Vgl. hierzu die Steuereinnahmen ausgewählter Länder gemessen am BIP in Liebert, Nicola: Steuergerechtigkeit, S. 208–220.

1237 Uken, Marlies: Steueroasen unterlaufen Transparenzversprechen, auf: ZEIT ONLINE vom 04.04.2013, http://www.zeit.de/wirtschaft/2013-04/steueroase-oecd-praxis-liste (letzter Zugriff: 15.02.2017).

1238 o. V.: Kampf gegen Steueroasen. Deutsche Fahnder bekommen Offshore-Daten. Spiegel Online vom 10. Mai 2013, auf: http://www.spiegel.de/wirtschaft/soziales/kampf-gegen-steueroasen-deutsche-fahnder-bekommen-offshore-daten-a-899094.html (letzter Zugriff: 20.02.2017).

1239 Henry, James S.: Neue Erkenntnisse zum Preis des Offshore-Systems. Neue Schätzungen für nicht gemeldetes Privatvermögen und Einkommen sowie für Ungleichheit und

Schwarzgeld im Ausland angelegt ist, was nicht verwundert, denn Deutschland wird unter den zehn bedeutendsten Ländern für Steuerflucht vom Tax Justice Network aufgeführt.[1240]

Im November 2014 gelangten im Rahmen der „Luxemburg Leaks" 28.000 Seiten bisher geheimer Steuerdokumente an die Öffentlichkeit, die belegen, wie internationale Unternehmen ihre Steuerflucht über Luxemburg organisieren.[1241] EU-Kommissionspräsident Juncker weist die Vorwürfe zurück, in seiner Zeit als Regierungschef von Luxemburg sein Land mit Steuertricks reich gemacht zu haben.

> Wir haben keine Politik gemacht in Luxemburg mit dem Ziel, anderen Ländern Steuereinnahmen wegzunehmen. Wir haben um moderne Unternehmen wie AOL, Amazon geworben. Die dazugehörigen Steuerbeschlüsse haben die Steuerbehörden getroffen, nicht die Regierung. Aber natürlich haben wir geworben und verhandelt wie andere Regierungen auch, die irische, die niederländische und auch die belgische.[1242]

Luxemburg, das 1957 die Europäische Wirtschaftsgemeinschaft mitbegründet hat, ist es gelungen, einer der wichtigsten Finanzplätze der Welt zu werden. Der Staat ging ab den Siebzigerjahren völlig neue Wege, er verkaufte multinationalen Konzernen der ganzen Welt das Recht, selbst über ihre Steuersätze und rechtlichen Verpflichtungen zu bestimmen. Damit lockte er Tausende Investmentfonds, multinationale Holdings, Briefkastenfirmen und Privatbanken an.[1243]

Unter Federführung des Netzwerks Steuergerechtigkeit forderten verschiedene Organisationen Bundesfinanzminister Schäuble in einem offenen Brief am 3. Dezember 2014 auf, alles für die Einführung eines Registers zu tun, das die Nutznießer und Eigentümer von Firmen, Stiftungen, Trusts und anderen Rechtspersonen offenlegt. Die Unterzeichner führen aus:

> Mit dem Register hätten Ermittlungsbehörden, Öffentlichkeit, Medien und Wirtschaft in der EU und weltweit einen besseren Überblick – auch aus Entwicklungsländern, von deren Eliten einige die Intransparenz in der EU ausnutzen. Missstände und

entgangene Steuereinnahmen weltweit, Juli 2012, auf: www.taxjustice.net/cms/upload/pdf/Deutsch/TJN2012 (letzter Zugriff: 20.02.2017), S. 5.

1240 Meinzer, Markus: Deutschland im Schattenindex 2011, in: Informationsbrief 06 des Netzwerks Steuergerechtigkeit Deutschland vom 6. April 2012.

1241 ICIJ: Explore the Documents. Luxembourg Leaks Database, aus: https://www.icij.org/project/luxembourg-leaks. (letzter Zugriff: 17.02.2017).

1242 Gammelin, Cerstin: Juncker widerspricht den Vorwürfen zu Steuertricks, 27.11.2014, auf: http://www.sueddeutsche.de/wirtschaft/eu-kommissionschef-jean-claude-juncker-ich-beantworte-keine-widerlichen-fragen-1.2242453-2 (letzter Zugriff: 19.02.2017).

1243 Zucman, Gabriel: Steueroasen, S. 97 f.

Straftaten würden dadurch unterbleiben oder könnten schneller aufgeklärt werden. [...] Außerdem braucht es die Veröffentlichung aller Verstöße der Banken und anderer durch die Richtlinie verpflichteten Unternehmen. Hierfür haben sich das Europäische Parlament und die EU-Kommission ausgesprochen [...]. Nur die konsequente Offenlegung kann die Banken abschrecken. [...] Deshalb fordern wir Sie auf, sich im Rat für eine Veröffentlichung einzusetzen.[1244]

Die Geschichte des größten Daten-Leaks aller Zeiten wurde unter der Bezeichnung „Panama Papers" im Frühjahr 2016 der Öffentlichkeit zugänglich gemacht. Zwei Reporter der Süddeutschen Zeitung berichteten davon, dass ihnen die Daten Hunderttausender Briefkastenfirmen anonym zugespielt worden sind, und schalteten zur Auswertung dieser Daten ein weltweites Netzwerk – das International Consortium for Investigative Journalists (ICIJ) – in Washington D. C. – ein. Gemeinsam mit dem ICIJ koordinierten sie die Arbeit von 400 Reportern aus 80 Ländern und arbeiten fast ein Jahr mit den wichtigsten Medien der Welt zusammen.[1245]

Die Daten der Reporter „zeigen ansatzweise, wie verstrickt fast alle wichtigen deutschen Banken in das Offshore-System waren oder sind."[1246] Mehr als fünfzehn deutsche Banken haben – über ihre ausländischen Tochterfirmen – offenbar aktiv und systematisch bei der Steuerhinterziehung ihrer Kunden geholfen. Bemerkenswert ist, dass die Commerzbank, die im Jahr 2008 mit 18 Milliarden Euro Steuergeldern unterstützt wurde, sich nach einer Razzia im eigenen Haus im Februar 2015 mit der Staatsanwaltschaft auf die Einstellung des eingeleiteten Strafverfahrens geeinigt hat; im Gegenzug musste die Bank 17 Millionen Euro bezahlen. Auch die HypoVereinsbank und die HSH Nordbank haben sich mit der Staatsanwaltschaft geeinigt und ebenfalls 10 bzw. 22 Millionen Euro bezahlt.[1247]

Es stellt sich die Frage, wie Steuerhinterziehung erfolgreich bekämpft werden kann. Der französische Wirtschaftswissenschaftler Gabriel Zucman zeigt in seinem Buch „Steueroasen – Wo der Wohlstand der Nationen versteckt wird" auf, wie durch automatischen Informationsaustausch und durch die Schaffung eines weltweiten Wertpapierregisters die Erträge bzw. Vermögen im 21. Jahrhundert – notfalls

1244 Bsirske, Frank u. a.: Offener Brief an Dr. Wolfgang Schäuble vom 03.12.2014: EU-Anti-Geldwäsche-Richtlinie-Transparenz bei Eigentümern und Sanktionen, https://www.transparency.de/fileadmin/pdfs/Themen/Finanzmarkt/Brief_Schaeuble_AMLD_Dezember_2014.pdf (letzter Zugriff 17.02.2017).

1245 Aus den Unterlagen ergeben sich eine unheimliche Dichte von Mitgliedern der reichsten deutschen Familien. Vgl. Obermayer, Bastian/Obermaier, Frederik: Panama Papers. Die Geschichte einer weltweiten Enthüllung, Köln, 2016, S. 205.

1246 Ebd., S. 52.

1247 Ebd., S. 53 und 258.

durch Zwang und Sanktionen – besteuert werden können.[1248] Zucman verweist darauf, dass in Schweden ein solches Register bereits besteht und in Frankreich die französischen Banken seit Jahrzehnten dem Fiskus sämtliche Informationen liefern, die sie zum Einkommen ihrer Kunden haben. Die „Steueroasen" werden jedoch nur unter Androhung von Sanktionen nachgeben; denn „kein Land kann sich gegen den gemeinschaftlichen Willen der Vereinigten Staaten und der großen Länder der Europäischen Union stellen."[1249]

Zucman schlägt daher vor, ein weltweites Finanzkataster zu schaffen, das zeigt, wem die zirkulierenden Aktien, Anleihen und Fondsanteile auf der ganzen Welt gehören. Ein solches Kataster böte den Finanzverwaltungen die Möglichkeit, zu überprüfen, ob insbesondere die Offshore-Banken ihnen alle Daten übermitteln, die ihnen zur Verfügung stehen; denn nur mit einem weltweiten Finanzkataster sei eine Kontrolle der „Steueroasen" möglich.[1250] Zucman schlägt weiterhin vor, eine weltweite Kapitalsteuer einzuführen, verweist aber darauf, dass ein nicht zu vernachlässigender Teil der Wertpapiere beim Finanzkataster als Besitz von Trusts ohne eindeutig benannte Eigentümer geführt werden. Er hält es sogar für denkbar, dass ein Handel großen Stils mit Strohmännern entstünde, die sich als Eigentümer der Vermögen von Steuerhinterziehern oder Drogenhändlern ausgeben könnten.

11.4 Ausblick

Mit der Globalisierung und der damit verbundenen Zunahme internationaler Verflechtungen gewinnt die Frage der Steuergerechtigkeit eine ganz neue Dimension. Die Privilegierung von Produktionsfaktoren im internationalen Staatenwettbewerb, die Steuergestaltung von international operierenden Unternehmen und die Kapitalflucht in Steueroasen erfordern gezielte Maßnahmen auf nationaler und internationaler Ebene, um dem Gleichheitsgrundsatz in der Staatengemeinschaft Rechnung zu tragen. Dabei kommt es im Staatenwettbewerb darauf an, dass nicht nur widerspruchsfreie Normen geschaffen werden, sondern diese auch gleichmäßig vollzogen werden.

Anthony B. Atkinson hält es für durchaus vorstellbar, dass die derzeit praktizierten Maßnahmen gegen schädliche internationale Steuerpraktiken unter dem Schutz der OECD zur Gründung einer Weltsteuerbehörde führen könnten. Atkinson

1248 Zucman, Gabriel: Steueroasen, S. 12 ff.

1249 Ebd., S. 13.

1250 Ebd., S. 102 ff.

schlägt daher vor, den Status eines globalen Steuerzahlers zu schaffen, der Privatpersonen erlauben sollte, sich für eine globale Steuerregelung zu entscheiden.[1251]

Da Unternehmen von der Infrastruktur der Länder profitieren, in denen sie ihre Waren verkaufen, sollte eine Minimalsteuer für Unternehmen eingeführt werden. Diese könnte anhand von Betriebsergebnissen vor Zinsen, Steuern und Abschreibungen (EBITDA) bestimmt werden oder könnte sich auch am Wert der Umsatzerlöse im Steuerhoheitsgebiet orientieren.[1252]

Die BEPS-Initiative der OECD ist in erster Linie ein Vorkommnis großer, nicht inhabergeführter Unternehmen. Die Bekämpfung von BEPS dient somit der Wiederherstellung einer Größenneutralität und ist eher als hilfreich als schädlich anzusehen. Die große Stärke am BEPS-Projekt ist, dass es ein multilateral initiiertes und abgestimmtes Programm ist, das zu einer gravierenden Änderung des internationalen Steuerrechts führen wird.[1253]

Die Initiativen von internationalen Journalisten zeigen auf, dass es möglich ist, an steuerlich relevante Informationen weltweit zu gelangen und diese zu veröffentlichen, sodass eine Verfolgung von Steuerhinterziehern im großen Stil möglich wurde. Um „Steueroasen" zu besiegen, schlägt Zucman vor, Steuerfragen ins Zentrum der Handelspolitik zu rücken, denn „mit dem Finanzkataster und der Quellensteuer auf Kapital könnten die Staaten einen Teil der Souveränität wiedererlangen, die sie sich haben nehmen lassen, um die Explosion der Steuerungerechtigkeiten einzudämmen."[1254]

1251 Atkinson, Anthony B.: Ungleichheit. Was wir dagegen tun können, Stuttgart 2016, S. 260.

1252 Ebd., S. 262 f.

1253 Vgl. im Einzelnen: Rautenstrauch, Gabriele/Prinz zu Hohenlohe, Franz: KPMG International: Der BEPS Aktionsplan vom 02.03.2016, auf: https://home.kpmg.com/de/home/themen/2016/03 /beps-aktionsplan.¬html (letzter Zugriff: 17.02.2017); Reimer, Ekkehart/Heyes, Martin: Base Erosion and Profit Shifting (BEPS) – Ein Thema für den Mittelstand, in: Deutsches wissenschaftliches Institut der Steuerberater e. V. (Hrsg.): Base Erosion and Profit Shifting (BEPS) – Ein Thema für den Mittelstand, DWS – Symposium 2015. DWS-Schriftenreihe 35, Berlin 2016, S. 17–65, S. 43f.

1254 Zucman, Gabriel: Steueroasen, S. 14 und 110.

Zusammenfassung der wesentlichen Entwicklungen und Schlussfolgerungen

12

12.1 Vom Gleichheits- zum Solidaritätsprinzip bis zur Besteuerung als Instrument der Wirtschaftspolitik

Steuergerechtigkeitsverständnis und -empfinden ist nichts Absolutes, es unterliegt einem evolutionären Prozess, ist abhängig von Raum und Zeit und auch von den gesellschaftlichen Verhältnissen. Mit dem Wachsen der Staatsintervention, dem Vordringen der Geldwirtschaft und der Einführung stehender Heere wuchs der Finanzbedarf des frühmodernen Staates, was sich auch insbesondere in der finanzwissenschaftlichen Literatur niederschlug. An die Stelle der Ablehnung jeglicher Steuern trat eine generelle Steuerlehre, in der die Steuer als dauerhaftes Instrument akzeptiert wurde; der öffentliche Bedarf genügte, um die steuerliche Belastung zu rechtfertigen.

In den totalitären Fürstenstaaten des 17. und 18. Jahrhunderts kam es zu einer Zurückdrängung des Bürgertums aus der unmittelbaren politischen Verantwortung. Damit wurde eine neue Periode eingeleitet, die bis zur Aufklärung und der Französischen Revolution reichte. Die in dieser Zeit herrschenden Gerechtigkeitsvorstellungen der einzelnen Autoren waren im Wesentlichen von der Vorstellung geprägt, dass der Grundsatz der Allgemeinheit der Besteuerung verwirklicht werden sollte, d. h., alle Stände sollten der Steuerpflicht unterliegen. Die allmähliche Beseitigung der historisch gewachsenen Steuerfreiheiten, insbesondere des Adels und des Klerus, waren der Schwerpunkt der Auseinandersetzungen.

R. Sahm, *Theorie und Ideengeschichte der Steuergerechtigkeit*,
https://doi.org/10.1007/978-3-658-25903-7_12

Große Veränderungen beginnen stets mit einer Idee. Mit der Entfaltung der in Aufklärung und Rationalismus entstandenen neuen individualistischen Freiheitsidee bekam die Forderung nach Allgemeinheit der Steuerpflicht, der Gleichmäßigkeit der Steuerbelastung sowie der Betonung der ganz auf das Individuum zugeschnittenen Leistungsfähigkeit und der darauf ausgerichteten Steuerlastverteilung einen starken Auftrieb, stellte einen Auslöser für den Kampf gegen den ständischen Staat dar und wirkte auf den Ausbau einer „bürgerlichen Gesellschaft" hin. Die vom Naturrecht ausgehenden Überlegungen führten zwangsläufig zu einer Bevorzugung der direkten Steuern.

Die ersten theoretischen Ansätze einer subjektiven allgemeinen Einkommensteuer hatten unter dem Druck der finanziellen Folgen aus den Napoleonischen Kriegen keine praktischen Auswirkungen. Das Prinzip der gleichen Steuerlast bei gleichem Tatbestand wurde in Preußen bewusst der fiskalischen Ergiebigkeit geopfert. Im Verlauf des 19. Jahrhunderts gelang es dann, kontinuierlich die Steuergesetze den neuen liberalen Anforderungen von 1789 anzupassen, ohne die bestehende Einkommens- und Vermögensverteilung spürbar zu verändern. Die fortschreitende Industrialisierung und die Tatsache, dass eine anwachsende Bevölkerungsgruppe zu Lohn- und Gehaltsempfängern wurde und immer mehr Personen ein Zinseinkommen aus Kapitalmarktpapieren erhielten, gaben der Theorie der allgemeinen Einkommensteuer neue Kraft und Bedeutung. Die extrem ungleiche Steuerlastverteilung wurde mit den großen Steuerreformen 1890/91 und 1892/93 in Preußen weitgehend beseitigt und die veraltete Steuerverfassung an die veränderten Wirtschafts- und Sozialstrukturen angepasst. Die von Johannes von Miquel entwickelte neue Einkommensteuer war von der Idee her der entscheidende Schritt in das 20. Jahrhundert.

In der zweiten Hälfte des 19. Jahrhunderts verstärkten sich die sozialen Spannungen in der Bevölkerung. Die neu entstandene industrielle Arbeiterschaft war als „Unterschicht" nicht in die Gesellschaft eingegliedert. Dazu kam, dass der Liberalismus im Sozialismus einen bedeutenden Gegner fand, mit der Folge, dass die sozial ausgerichteten Parteien eine Steuerpolitik forderten, in der die sozialen Belange eine wichtige Rolle spielten. Die Forderungen gingen so weit, dass die Steuer als Regulator der Wohlstandsverhältnisse eingesetzt werden sollte. Adolph Wagner veranlassten die sozialen Spannungen dazu, den Sinn der Besteuerung nicht nur rein fiskalisch zu bestimmen, sondern auch einer sozialpolitischen Aufgabe zuzuführen. Obwohl der überwiegende Teil der zeitgenössischen Finanz- oder Staatswissenschaftler der Umverteilung von Einkommen und Vermögen durch Anpassungen der Steuer an veränderte Verhältnisse ablehnend gegenüberstand, drang Wagners Lehre schrittweise in die Steuerpolitik der deutschen Staaten, des Deutschen Reiches und in andere Länder ein. Der rein fiskalische Zweck der Steuer hatte sein Alleinstellungsmerkmal verloren. Neben die „rein finanzielle“ Aufgabe der Deckung des Finanzbedarfs trat als „sozialpolitische“ Aufgabe die Regulierung der bestehenden Verteilung von Einkommen und Vermögen.

Die veränderte Sichtweise auf die Funktion der Steuer schlug sich in Preußen in den Miquel'schen Einkommensteuerreformen 1890/91 und 1892/93 sowie in der Reichsfinanzreform von Matthias Erzberger 1919/20 nieder. Die Reichsfinanzreform zeigte den Wandel im Staatszweck: die Fortbildung des Steuersystems zu einem sozial- und gesellschaftspolitischen Instrument. Diese Wandlung hatte zur Folge, dass nicht mehr die Steuer als solche gerecht sein musste, sondern das Ziel, das mit der Steuer erreicht werden sollte.

Mit den gewaltigen Umwälzungen in Gesellschaft, Staat und Wirtschaft nach dem Ersten Weltkrieg nahm die Zahl der deutschen Finanzwissenschaftler zu, die „von der ethischen zur ökonomischen Fragestellung“ gelangen wollten, um das „Glatteis der Subjektivitäten“ zu verlassen. Als sich in den USA eine Weltwirtschaftskrise entwickelte, wurde im Gegensatz zu den traditionellen Gerechtigkeitsvorstellungen eine bewusste Entfaltung der „produktiven Kräfte“ der Volkswirtschaft für erforderlich gehalten. Nicht ob eine Steuer „gerecht“ oder „ungerecht“ ist, sondern ob diese die Wirtschaft fördert oder schädigt, wurde zur zentralen Frage erklärt.

Diese Entwicklungen um die Jahrhundertwende und im ersten Drittel des 20. Jahrhunderts haben sich in der Verfassung der Bundesrepublik Deutschland niedergeschlagen. Die Grundprinzipien des freiheitlich-sozialen Rechtsstaats sind das Freiheitsprinzip, das Prinzip der Gleichheit vor dem Gesetz und das Sozialstaatsprinzip, das eine Ungleichverteilung von Einkommen und Vermögen als Folge des freien Wirtschaftens abmildern will. § 3 Abs. 1 Satz 1 Halbsatz 2 der Abgabenordnung: „[D]ie Erzielung von Einnahmen kann Nebenzweck sein“, ist durch die Verfassungsrechtsprechung zu Art. 3 GG gesichert. Damit hat der Gesetzgeber die Möglichkeit, außerfiskalische Zwecke zu verfolgen.

Die wachstumsorientierte Steuerpolitik der Nachkriegsjahre diente dem Wiederaufbau der nach dem Krieg weitgehend zerstörten wirtschaftspolitischen Ordnung. Der Staatszweck, dem das Steuerrecht angepasst wurde, war jetzt Lenkung und Steuerung; die Umverteilung von Einkommen und Vermögen rückte in den Hintergrund. Die steuerlichen Anreize trugen zu einer Belebung der Wirtschaft bei, führten jedoch zu einer steigenden Ungerechtigkeit bei der Einkommens- und Vermögensverteilung. In den folgenden Jahrzehnten wurde das deutsche Steuerrecht durch eine Fülle von Bevorzugungs- und damit zwangsläufig auch Benachteiligungssachverhalten erweitert, dass es zu einem undurchschaubaren Dickicht wurde.

Spätestens ab Mitte der Neunzigerjahre des vorigen Jahrhunderts forderten Experten aus allen Bereichen des Steuerrechts, eine Strukturreform der deutschen Ertragsteuern herbeizuführen, um aus dem Steuerrecht die lenkungs- und verteilungspolitischen Normen herauszunehmen, es auf seine Grundstrukturen zurückzuführen und die Verteilung der Steuerlasten gleichmäßig allen Bürgern nach Maßgabe ihrer wirtschaftlichen Leistungsfähigkeit zuzuweisen. Eine gesellschaftlich konsensfähige Ethik gemeinwohlorientierter Steuerpolitik scheint jedoch nicht in Sicht zu sein.

Mit der Globalisierung und der damit verbundenen Zunahme internationaler Verflechtungen ab der zweiten Hälfte des 20. Jahrhunderts gewinnt die Frage der Steuergerechtigkeit eine neue Größenordnung. Um dem Gleichheitssatz in der Staatengemeinschaft Rechnung zu tragen, sind gezielte Maßnahmen auf nationaler und internationaler Ebene unbedingt erforderlich. Dabei kommt es darauf an, dass gemeinsam nicht nur widerspruchsfreie Normen geschaffen, sondern diese auch gleichmäßig vollzogen werden.

12.2 Die Entwicklung sachgerechter Prinzipien in der Besteuerung

Wandlungen in der Formulierung idealer Eigenschaften der Besteuerung

In der Frühen Neuzeit wollten die Autoren mit ihren Vorschlägen die Obrigkeit auf die Einhaltung bestimmter Grundsätze und Regeln verpflichten. Dies schlug sich in ihren Schriften in dem Versuch nieder, der landesherrlichen Tätigkeit auf dem Gebiet der Finanzen Richtung, Ziel und Maß zu geben. „Sparsamkeit ist die beste Steuer", war das charakteristische Steuerideal, ein Appell an die Fürsten, die Kosten für ihre privaten Prunk- und Luxusbedürfnisse zu verringern. Der Gedanke, die Obergrenze der Gesamtsumme der Steuern zur Erfüllung der obrigkeitlichen Aufgaben zu bestimmen, führte zum Grundsatz des Übermaßverbotes durch die Warnung nicht nur vor einer Besteuerung der Substanz, sondern auch vor negativen Anreizeffekten. Danach durfte der Fürst von seinem Recht auf Unterstützung nur in dem Rahmen Gebrauch machen, soweit dies zur Erfüllung seiner Herrschaftsaufgabe, des Schutzes vor inneren und äußeren Feinden, diente.

Der „Gemeine Pfennig" war die erste allgemeine Steuer in der deutschen Geschichte, die jeden Reichsangehörigen, der älter als 15 Jahre war, unmittelbar belasten sollte. Mit ihm wäre in der Frühen Neuzeit der Grundsatz der Allgemeinheit der Besteuerung grundsätzlich erfüllt gewesen, doch blieb der „Gemeine Pfennig" aufgrund des permanenten Widerstandes einzelner Reichsstände gegen diese Reichssteuer ohne nennenswerten Erfolg.

Im Zeitalter des Kameralismus trat die Idee der Steuergerechtigkeit in den Mittelpunkt der wissenschaftlichen Diskussionen. Die Grundsätze der Besteuerung, das Allgemeinheits-, das Gleichmäßigkeitspostulat sowie das Leistungsfähigkeitsprinzip wurden zu politischen Glaubensartikeln, um den Inhalt und die Grenzen der staatlichen Rechte zu bestimmen. Aus diesem Evolutionsprozess heraus entstanden Grundsätze der Besteuerung, die eine eigenständige Leistung der kameralistischen Finanzwissenschaft waren und nach Originalität und Folgewirkung ohne Vergleich dastanden. Diese Leitlinien stellten im Wesentlichen Gerechtigkeitspostulate, aber auch wirtschafts- und finanzpolitische Erwägungen dar.

In der frühen Kameralepoche gingen die Kameralisten dazu über, grundsätzliche Vorstellungen zur Ausgestaltung der Steuern zu entwickeln und diese zu einer Art „Allgemeinen Teil" der Steuerlehre zusammenzustellen. Die Forderung nach Gleichheit der Besteuerung wurde als elementarer Gerechtigkeitsanspruch aufgestellt. Bereits zur Mitte des 18. Jahrhunderts wurde die Besteuerung nach der individuellen Leistungsfähigkeit ausformuliert und spezielle Steuerfreiheiten, die aus Gerechtigkeitsgründen oder wegen der wirtschaftlichen Notwendigkeit als zweckmäßig angesehen wurden, wurden hervorgehoben. Der entscheidende Durchbruch im Denken der kameralistischen Schriftsteller lag im Wechsel des Verständnisses steuerlicher Rechtsbeziehungen vom Privatrecht zum öffentlichen Recht.

Im Hochkameralismus zeigte sich ein voll ausgebildetes System von rational entwickelten und zusammenhängenden Besteuerungsgrundsätzen, mit dem Anspruch auf vollständige Verwirklichung in Steuergesetzgebung und verwaltung. Nachhaltig und nahezu geschlossen äußerten sich die Kameralisten zur Reform der Steuern unter dem Gesichtspunkt der Begrenzung und gerechten Verteilung der Steuerlast. Die Autoren erkannten schon sehr früh, dass eine Vermögensteuer auch die Besteuerung ertragsloser Gegenstände erfassen würde und dass letztendlich jede Steuer aus dem Einkommen erfolgen müsste. Aus dieser Erkenntnis heraus entwickelte sich ein eindeutiger Trend von der Vermögensteuer als Substanz-, zur Einkommensteuer als Ertragsbesteuerung. Ebenso erkannten sie, dass keine denkbare Einzelsteuer in der Lage ist, sämtlichen – oder auch nur den meisten – Prinzipien zu genügen, denn nur eine sinnvolle Kombination mehrerer Steuerarten vermag wenigstens tendenziell der Gesamtheit der Steuergrundsätze zu entsprechen.

Adam Smith forderte in seinem fünften Buch seiner „Wealth of Nations" im Jahr 1776 eine Steuerbelastung, die sich an den Fähigkeiten orientieren sollte, weil allein diese eine Gleichmäßigkeit verbürgen würde. Diese Maxime schlug sich im 19. Jahrhundert in der liberalen Weltanschauung nieder und prägte das Denken von liberalen Politikern und Schriftstellern bis in die heutige Zeit.

Aus der französischen Erklärung der Rechte des Menschen und Bürgers von 1789 entsprang die Trias „Freiheit, Gleichheit, Brüderlichkeit“, die ihren Niederschlag im freiheitlich-sozialen Rechtsstaat der Bundesrepublik Deutschland gefunden hat.

Den Anstoß zu einer fundamentalen Veränderung in der gesamten Auffassung der Steuerlehre haben Anfang der Sechzigerjahre des 19. Jahrhunderts zwei berühmte Abhandlungen von Albert Schäffle und Gustav Schmoller gegeben, die die Person des Steuerbürgers in den Mittelpunkt stellten. Nicht mehr der abstrakte, sondern der konkrete, von ethischen Motiven bewegte Mensch mit all seinen Bedürfnissen wurde der wissenschaftlichen Betrachtung zugrunde gelegt.

Adolph Wagner war im deutschen Sprachraum der erste Finanzwissenschaftler, der ein umfassendes System von Besteuerungsgrundsätzen auf der Basis des von ihm definierten Steuerrechtsbegriffs entwickelt hatte. Die Zielhierarchie dieses Steuersystems bestand darin, dass dieses zunächst den finanzpolitischen Grundsätzen entsprechen müsse. In zweiter Linie müsse die Besteuerung die richtige Steuerquelle treffen und dafür sorgen, dass diese nicht mehr als unvermeidlich beeinträchtigt werde. Gleichzeitig dürfe die Verteilung des Produktionsertrages nicht in volkswirtschaftlich nachteiliger Weise beeinflusst werden. Erst danach – so Wagner – könne die Gestaltung des Steuersystems nach der Richtschnur angegangen werden, welche die Gerechtigkeitsprinzipien vorgeben. Die übrigen Postulate stünden unter den leitenden Prinzipien an letzter Stelle.

Wandlungen in der Beurteilung idealer Steuern

Ebenso wie sich bei den Besteuerungsgrundsätzen wechselnde Veränderungen in den Gewichtungen feststellen lassen, können auch bei der Beurteilung der einzelnen Steuerarten Wandlungen über die Jahrhunderte hinweg wahrgenommen werden.

Ab Mitte des 17. Jahrhunderts änderte sich die Beurteilung der als ideal empfundenen Steuerlastverteilung innerhalb weniger Jahre. Hervorgerufen durch die Verarmung, die durch den Dreißigjährigen Krieg entstanden war, stimmte die überwältigende Mehrheit sowohl der Praktiker als auch der Theoretiker darin überein, dass die Kontributionen und Schatzungen durch eine überwiegend den Verbrauch und Verkehr treffende Besteuerung, durch die Akzise, ergänzt oder sogar ersetzt werden sollten.

Die neue geistige Haltung, der Glaube an die Naturordnung, führte allmählich zu einem völligen Meinungsumschwung. Das Naturrecht hatte ein neues Ziel gesetzt: Das Hauptterfordernis war die Gerechtigkeit! Dies führte zu der Überzeugung, dass der sicherste Maßstab für die Steuerhöhe das Vermögen, der Ertrag und das Einkommen waren. Damit führten die vom Naturrecht ausgehenden Überlegungen zu einer Bevorzugung der direkten Steuern.

Der Alleinsteuergedanke hatte jahrhundertelang einen mächtigen Einfluss auf Wissenschaftler und Politiker ausgeübt. Bereits im Altertum gab es die Kopfsteuer, die sogar den Besitzlosen dieser Steuer unterwarf. Sie war eine inhumane und unvollkommene Art einer direkten Steuer, die jeden ohne Rücksicht auf seine Leistungsfähigkeit erfasste und deren unterdrückender Charakter als Einbuße an Freiheit empfunden wurde. Trotzdem erschien sie unter unterschiedlichen Begründungen immer wieder im Laufe der Jahrhunderte. Im 14. Jahrhundert wurde die erste regelmäßige staatliche Kopfsteuer, der „Güldene Opferpfennig", ausschließlich den Juden auferlegt. Selbst noch im 20. Jahrhundert fand die Kopfsteuer als „Bürgersteuer" im Jahr 1930 im Deutschen Reich und als „poll tax" in den 1980er Jahren in Großbritannien Anhänger.

In der kameralistischen Auseinandersetzung mit der Vision einer einzigen Steuer entstanden Einheitstheorien, die den Reinertrag des Bodens bzw. das „Vermögen" als Grundlage und Maßstab einer Alleinsteuer ansahen. Es war die Lehre vom Boden als alleiniger Quelle aller Reichtümer, aus der eine einzige Grundsteuer abgeleitet wurde. Nach der Wirtschaftstheorie der Physiokraten konnte nur die Landwirtschaft eine Nettowertschöpfung hervorbringen, aus der alle Steuern finanziert werden sollten. Es wäre deshalb auch nur diejenige Steuer gerecht, die den „produit net" erfasse, denn alle Steuern, die auf andere Erträge als den Bodenertrag erhoben würden, stellten nur einen Ausweg dar und würden daher auf die produktiven Klassen überwälzt werden.

Auch in der Idee einer Besteuerung nach Maßgabe der persönlichen Konsumausgaben schlug sich der Alleinsteuergedanke nieder, der jedoch mit unterschiedlicher Zielsetzung verfolgt wurde. Mit dem Argument, dass man allein mit einer konsumorientierten Besteuerung eine gleichmäßige Verteilung der Staatslasten ermögliche, da jedem Einzelnen ein gleiches Opfer zugemutet werde, sollte auch die Praxis der Steuerprivilegien gebrochen werden. Im 19. Jahrhundert glaubte man in der Einführung einer allgemeinen Verbrauchsteuer einen Weg gefunden zu haben, um zu der langersehnten Einheit der Besteuerung der verschiedenen deutschen Staaten zu gelangen. Auch im 20. Jahrhundert glaubte man nach dem Zusammenbruch Jugoslawiens mit der Einführung eines konsumbasierten Steuersystems in Kroatien das Ideal eines weitgehend neutralen Steuersystems gefunden zu haben.

Wandlungen in der Beurteilung von „gerechten" Besteuerungsgrundsätzen

In der rund vierhundertjährigen Geschichte der Besteuerung seit dem 16. Jahrhundert sind Besteuerungsgrundsätze entwickelt worden, die relativ breite Anerkennung gefunden, aber heute kaum noch Bedeutung haben oder durch andere Maximen abgelöst worden sind, die weiterhin Gültigkeit haben.

Über das Postulat einer Besteuerungsneutralität – die sogenannte Edinburgher Regel der „leave-them-as-you-find-them-rule of taxation" – ist die Zeit der sozialen Umbrüche des 19. Jahrhunderts hinweggegangen. Um die sozialen Spannungen mithilfe der Abflachung der Wohlstandspyramide abzumildern, wurde eine stärkere Progression bei der Besteuerung sowohl des Einkommens als auch des Vermögens gefordert; eine Sichtweise, die schrittweise in die Steuerpolitik aller fortgeschrittenen Länder eindrang.

Der gemeinsame Grundgedanke der Äquivalenztheorie bestand darin, dass in der Steuer eine Art Preis und im Besteuerungsprozess eine Sonderform von Tauschhandlungen erblickt wurden. Damit wurden jedoch die Unterschiede zwischen Staats- und Privatwirtschaft verkannt, denn eine Äquivalenz setzt eine Gleichstellung der beteiligten Partner voraus, die dem Wesen einer Steuer vollkommen fremd ist. Das Äquivalenzprinzip der Besteuerung wurde ab den Sechzigerjahren des 19. Jahrhunderts allmählich durch das Leistungsfähigkeitsprinzip ersetzt.

Mit dem Gebot der Allgemeinheit und der Gleichmäßigkeit forderten die Kameralisten, dass alle Bürger nach gleichen Regeln und nach einem gleichen, in ihrem Verhältnis zum Staat begründeten Maßstab belastet werden sollten. Es waren die Autoren der Aufklärung, die mit der Besteuerung nach der Leistungsfähigkeit ein eigenständiges Prinzip ausformulierten und mit Vorschlägen der Steuerprogression und der Freilassung des Existenzminimums die Menschen für sich gewannen.

Das von Albert Schäffle und Gustav Schmoller aufgestellte „ethische" Steuerprinzip, wonach jeder nach seiner gesamten ökonomisch-politischen Leistungsfähigkeit das Wohl der Gesamtheit zu fördern verpflichtet sei, wurde von vielen Autoren aufgegriffen und weiterentwickelt. Die meisten Autoren der zweiten Hälfte des 19. Jahrhunderts waren sich in der Zugrundelegung der Leistungsfähigkeit als gerechtem Maßstab für Steuern einig und akzeptierten die progressive Besteuerung.

Die breite Zustimmung, die die Prinzipien der Allgemeinheit, der Gleichmäßigkeit und der Leistungsfähigkeit erfahren haben, führte dazu, dass sie Eingang in zwei fundamentale Steuerreformen gefunden haben: Die erste Reform wurde durch den preußischen Finanzminister Johannes von Miquel durchgeführt, der die Reform der direkten Steuern ein „Werk ausgleichender Gerechtigkeit" nannte. Er verwirklichte die schrittweise Realisierung des Grundsatzes der Allgemeinheit der Besteuerung und führte 1890/91 und 1892/93 einen progressiven Einkommensteuertarif ein, um „eine wirklich gleichmäßige, den heutigen sozialen und wirtschaftlichen Verhältnissen entsprechendere Verteilung der Steuerlast" herbeizuführen. Weiterhin wurden subjektive Leistungsmerkmale berücksichtigt und eine Vermögensteuer eingeführt, die die Einkünfte aus Kapital einer zusätzlichen Belastung unterwerfen sollten. Die zweite fundamentale Steuerreform erfolgte durch Reichsfinanzminister Matthias Erzberger 1919/20, dessen oberstes Ziel es war, „Gerechtigkeit im gesamten Steuerwesen“ zu schaffen. Die Forderung nach einer gerechten Steuer, die „jeden nach seiner Leistungsfähigkeit unter ausreichender Berücksichtigung des Familienstandes“ erfassen sollte, führte zu einer umfassenden Reform der Finanzverfassung und des gesamten Steuersystems.

Die in den vergangenen Jahrhunderten entwickelten Prinzipien der Besteuerung haben in der heutigen Zeit nach Ansicht von Wissenschaftlern (vgl. hierzu Kapitel 2.2) eine Reife erreicht, dass ihnen an Umfang, Sorgfalt und Tiefe nicht Vergleichbares gegenübersteht. Sie sind Ausprägungen einer Leit- oder Rechtsidee und gebieten als Richtwerte die optimale Verwirklichung des ihnen innewohnenden rechtsethischen Konsenses. Diese Rechtsprinzipien sind ordnungsstiftende Grundwertungen, die aufeinander abgestimmt sein müssen, um insgesamt ein sinnvolles Ganzes zu ergeben. Sie stellen daher zumindest theoretisch eine gute Grundlage dar, um ein neues Steuersystem für Deutschland zu gestalten, das einfacher, transparenter und damit gerechter und zugleich international wettbewerbsfähiger wäre.

Da das Bundesverfassungsgericht dem Gesetzgeber einen weitreichenden Gestaltungsspielraum bei den gesetzgeberischen Entscheidungen zugesteht, ist es der Gesetzgeber, der über die Auswahl der „richtigen“ Prinzipien und deren folgerichtige Umsetzung im gesamten Steuersystem entscheidet. Sowohl die Vielzahl der gesellschaftlichen Interessen, die auf die Gestaltung des Steuerrechts einwirken, als auch die Ausrichtung der Steuerpolitik an den haushaltsmäßigen Auswirkungen – wegen deren ungewissen Berechenbarkeit – verhindern bzw. vernachlässigen jedoch eine systematische Umsetzung dieser fundamentalen Gebote. Hinzu kommt, dass sich Politiker nur ungern mit der Frage gerechter Einnahmeerzielung beschäftigen, denn die Einnahmen stellen Belastungen für die Bürgerinnen und Bürger und für Unternehmen dar. Während die Einnahmenseite nur dann interessant zu sein scheint, wenn es um eine Verminderung der Belastungen geht, scheint die Ausgabenseite in der Politik mehr Beachtung zu finden; denn auf der Ausgabenseite können die Erwartungen der Steuerzahler nach gerechter Verteilung viel besser befriedigt werden.

Die letzten umfassenden Finanz- und Steuerreformen sind mit den Namen von zwei Politikern verbunden: Dem preußischen Finanzminister Johannes von Miquel, der 1890/91 und 1892/93 das Steuersystem grundsätzlich reformierte, und dem Finanzminister der jungen Weimarer Republik, Matthias Erzberger, der 1919/20 die Grundlagen für das heute vorhandene deutsche Steuersystem legte. Seit der Erzberger′ Reform und ihrer Fortführung durch Johannes Popitz von 1925 hat es keine durchgreifende Steuerreform in Deutschland mehr gegeben. Nach dem Zweiten Weltkrieg hat der wissenschaftliche Beirat 1953 dem Bundesminister der Finanzen Fritz Schäffer Vorschläge für eine umfassende, auf das ganze Wirtschafts- und Gesellschaftssystem abgestimmte Steuerreform unterbreitet. Doch diese organische Reform wurde nicht realisiert.

In den Sechziger- und Siebzigerjahren des vorigen Jahrhunderts wurden zahlreiche Reformen, wie z. B. im Umsatzsteuer- und Körperschaftsteuerrecht, durchgeführt. Der Traum von einer „Großen Steuerreform" hat sich jedoch bis heute nicht erfüllt.

Eines der wichtigsten Fundamente der Gesellschaft ist Recht bzw. Gerechtigkeit. Ein absolut gerechtes Steuerrecht kann und wird es nicht geben; der Gesetzgeber ist jedoch verpflichtet, die im Grundgesetz normierten Gerechtigkeitsanforderungen so gut wie möglich zu erfüllen. Klaus Tipke fasst dies für das Steuerrecht wie folgt zusammen:

> Die vom Staat vorzunehmende gerechte Verteilung der Gesamtsteuerlast auf die einzelnen Bürger ist ein Imperativ der Ethik [...]. Der Rechtsstaat muß Gerechtigkeitsstaat sein. Er muß für Gesetze auf der Grundlage gerechter Prinzipien oder Regeln sorgen und das Recht durchsetzen, seine Bürger vor Unrecht schützen und so die innere Moralität seiner Rechtsetzung demonstrieren. Das geschieht im Steuerrecht dadurch, daß die Gesamtsteuerlast nach einem gerechten Maßstab verteilt und begrenzt wird.[1255]

1255 Tipke, Klaus: Die Steuerrechtsordnung, S. 238 f.

Literaturverzeichnis

Ambrosius, Gerold: Von Kriegswirtschaft zu Kriegswirtschaft 1914–1945, in: North, Michael (Hrsg.): Deutsche Wirtschaftsgeschichte. Ein Jahrtausend im Überblick, München 2000, S. 287–355.
Atkinson, Anthony B.: Ungleichheit. Was wir dagegen tun können, Stuttgart 2016.
Bareis, Peter: Zur Problematik steuerjuristischer Vorgaben für die Einkommensteuer – Tarifstruktur und Familiensplitting als Musterbeispiele, in: Deutsches Steuerrecht 11 (2010), S. 565–573.
Barkai, Avraham: Vom Boykott zur „Entjudung". Der wirtschaftliche Existenzkampf der Juden im Dritten Reich 1933–1945, Frankfurt am Main 1988.
Baumstark, Eduard: Zur Einkommensteuerfrage, Greifswald 1850.
Beck, Hanno/Prinz, Aloys: Zahlungsbefehl von Mord-Steuern, Karussell-Geschäften und Millionärs-Oasen, München 2010.
Becker, Enno: Die Reichsabgabenordnung, 7. Aufl., Berlin 1930.
Begründung zum Entwurf eines Reichseinkommensteuergesetzes, in: Verhandlungen der Verfassungsgebenden deutschen Nationalversammlung, Bd. 340, Anlagen zu den Stenographischen Berichten, Nr. 1924, Berlin 1920.
Behr, Wilhelm Joseph: Die Lehre von der Wirthschaft des Staats oder Pragmatische Theorie der Finanzgesetzgebung und Finanzverwaltung, Leipzig 1822.
Bensen, D. Heinrich: Materialien zur Polizei-, Kameral- und Finanzpraxis, Bd. 2, Erlangen 1802.
Benz, Wolfgang: Geschichte des Dritten Reiches, München 2000.
Berckhoff, Ernst: Der Bergbau und das Reichszuwachssteuergesetz, in: Glückauf. Berg- und Hüttenmännische Zeitschrift vom 09.11.1912, 48. Jg., Nr. 45, S. 1836–1842.
Bergius, Johann Heinrich Ludwig: Policey- und Cameral-Magazin in welchem nach alphabetischer Ordnung die vornehmsten und wichtigsten bey dem Policey- und Cameralwesen vorkommende Materien nach richtigen und vernünftigen Grundsätzen practisch

R. Sahm, *Theorie und Ideengeschichte der Steuergerechtigkeit*,
https://doi.org/10.1007/978-3-658-25903-7

abgehandelt und durch landesherrliche Gesetze und hin und wieder wirklich gemachte Einrichtungen erläutert werden, Bd. 1, Frankfurt am Main 1767.
Bernstein, Eduard: Das Görlitzer Programm der Sozialdemokratischen Partei Deutschlands, Berlin 1922.
Bickel, Wilhelm: Die Steuer als Instrument des Einkommens- und Vermögensausgleichs. Eine dogmenhistorische Betrachtung, in: Saitzew, Manuel u.a. (Hrsg.): Probleme der öffentlichen Finanzen und der Währung. Festgabe für Eugen Grossmann, Zürich 1949, S. 15–30.
Bierbrauer, Peter u. a. (Saarbrücker Arbeitsgruppe): Huldigungseid und Herrschaftsstruktur im Hattgau (Elsaß), in: Jahrbuch für westdeutsche Landesgeschichte 6 (1980), S. 117–155.
Biersack, Heinrich Ludwig: Ueber Besteuerung, ihre Grundsätze und ihre Ausführung, Frankfurt am Main 1850.
Bilinski, Leon von: Die Luxussteuer als Correctiv der Einkommensteuer. Finanzwissenschaftlicher Beitrag zur Lösung der socialen Frage, Leipzig 1875.
Birjukowitsch W. W. u. a.: Geschichte der Neuzeit, Bd. 1, Berlin 1954.
Birk, Dieter: Das Leistungsfähigkeitsprinzip als Maßstab der Steuernormen. Ein Beitrag zu den Grundfragen des Verhältnisses Steuerrecht und Verfassungsrecht (Steuerwissenschaft 13), Köln 1983.
Birk, Dieter: Steuerrecht (Schwerpunkte 3), 6. Aufl., Heidelberg 2003.
Blickle, Peter: „Der Stürn halb ist unser Beger, uns die zu ringren". Die Bedeutung des Steuerwesens für den Bauernkrieg von 1525, in: Schultz, Uwe (Hrsg.): Mit dem Zehnten fing es an. Eine Kulturgeschichte der Steuer, München 1986, S. 143–152.
Blum, Hans: Das Deutsche Reich zur Zeit Bismarcks. Politische Geschichte von 1871 bis 1890, Leipzig/Wien 1893.
Born, Karl Erich: Wirtschafts- und Sozialgeschichte des Deutschen Kaiserreiches 1867/71–1914, Stuttgart 1985.
Bräuer, Karl: Wertzuwachssteuer (Grundstücksgewinnsteuer), in: Elster, Ludwig/ Weber, Adolf/Wieser, Friedrich (Hrsg.): Handwörterbuch der Staatswissenschaften, Bd. 8, 4. Aufl., Jena 1928, S. 1017–1042.
Brandt, Willy: Regierungserklärung von Bundeskanzler Willy Brandt vor dem Deutschen Bundestag in Bonn am 28. Oktober 1969 auf: http://www.willy-brandt.de/fileadmin/brandt/Downloads/Regierungserklaerung_Willy_Brandt_1969.pdf (letzter Zugriff: 17.02.2017). Verhandlungen des Deutschen Bundestages, Stenographische Berichte, Bd. 71, S. 24 B/C und BT-Drucks. VI/1152, S. 2 unter II und 7/78.
Bredt, Johannes Viktor: Die Besteuerung nach der Leistungsfähigkeit. Ein Beitrag zur Systematik und Reform der direkten Steuern in Preußen und dem Reiche, Leipzig 1912.
Brinkmann, Thomas: Die Körperschaftsteuer in der Zeit von 1918 bis 1929, Köln 1987.
Brönner, Herbert: Die Bilanz nach Handels- und Steuerrecht, Eberswalde/Berlin/ Leipzig 1937.
Bsirske, Frank u. a.: Offener Brief an Dr. Wolfgang Schäuble vom 03.12.2014: EU-Anti-Geldwäsche-Richtlinie-Transparenz bei Eigentümern und Sanktionen, https://www.transparency.de/fileadmin/pdfs/Themen/Finanzmarkt/Brief_Schaeuble_AMLD_Dezember_2014.pdf (letzter Zugriff 17.02.2017).
Buck, Hannsjörg: „Steuern" in: Eppelmann, Rainer u. a. (Hrsg.): Lexikon des DDR-Sozialismus. Das Staats- und Gesellschaftssystem der Deutschen Demokratischen Republik, Paderborn 1996, S. 616–619.

Bundesbank: Die Finanz-, wirtschafts- und Staatsschuldenkrise. Ein kurzer Überblick,o.D.https://www.bundesbank.de/Redaktion/DE/Dossier/Service/schule_und_bildung_kapitel_4.html?notFirst=true&docId=147560#doc147560bodyText1 (letzter Zugriff: 02.03.2017).
Bundesministerium der Finanzen (Hrsg.): Brühler Empfehlungen zur Reform der Unternehmensbesteuerung. Bericht der Kommission zur Reform der Unternehmensbesteuerung (BMF-Schriftenreihe 66), Berlin 1999.
Bundesministerium der Finanzen: Neue Ideen und Wege der Besteuerung im 18. und frühen 19. Jahrhundert vom 09.12.2010, auf: http://www.bundesfinanzministerium.de/Content/DE/Standardartikel/Ministerium/Geschaeftsbereich/Bundesfinanzakademie/Steuermuseum/Museumsfuehrer/10-neue-ideen-und-wege-der-besteuerung.html (letzter Zugriff: 20.02.2017).
Bundesministerium der Finanzen: Die wichtigsten Steuern im internationalen Vergleich 2015–Ausgabe 2016. Übersicht 3: Körperschaftsteuersysteme und Anteilseignerbesteuerung2015,auf:http://www.bundesfinanzministerium.de/Content/DE/Downloads/Broschueren_Bestellservice/2016-05-13-wichtigsten-steuern- im-internationalen-vergleich-2015.pdf;jsessionid=448241F9200587145746 DEE9F80D439F?__blob=publicationFile&v=8, (letzter Zugriff: 02.03.2017).
Bundesregierung: Antwort auf die Kleine Anfrage [...] der Fraktion Bündnis 90/Die Grünen, Finanzielle Auswirkungen von Vorschlägen zur Reform des Ehegattensplittings und des Familienleistungsausgleichs, BT-Drucks. 17/13044 vom 11.04.2013, S. 1–4.
Burkhart, Karl: Die bestehenden Einkommensteuern. Eine vergleichende Darstellung, im Auftrage des deutschen Steuer-Reformvereins bearbeitet, Leipzig 1875.
Chirvi, Malte: Arbeiten Frauen aufgrund des Ehegattensplittings weniger? Ein quasi-experimenteller Ansatz für Deutschland. Skript zur 13. Arqus-Tagung in Berlin (Juli 2017), S. 1–39.
Christlich-Soziale Arbeiterpartei: Das Programm der Christlich-Sozialen Arbeiterpartei vom Januar 1878, in: Treue, Wolfgang (Hrsg.): Deutsche Parteiprogramme seit 1861 (Quellensammlung zur Kulturgeschichte 3), 4. Aufl., Zürich/Berlin/ Frankfurt am Main 1968, S. 77–79.
Clauß, J.: Die Körperschaftsteuer, in: Steuer und Wirtschaft. Sondernummer (1922), S. 47–92.
Crezelius, Georg: Steuerrecht II: Die einzelnen Steuerarten, 2. Aufl., München 1994.
Crome, Heinrich Wilhelm: Das Steuerwesen aus rechtlichen Gesichtspunkten betrachtet, Hildesheim 1817.
Damaschke, Adolf: Die Bodenreform. Grundsätzliches und Geschichtliches zur Erkenntnis und Überwindung der sozialen Not, 20. Aufl., Jena 1923.
Dautzenberg, Norbert: Steuergerechtigkeit, auf: http://wirtschaftslexikon.gabler.de/Definition/steuergerechtigkeit.html (letzter Zugriff: 15.02.2017).
Davidsohn, Lars: Verfassungsrechtliche Würdigung der sozial- und wirtschaftspolitisch orientierten Besteuerungsideale des 19. und 20. Jahrhunderts, Bielefeld 2007.
Deutsche Demokratische Partei: Programm der Deutschen Demokratische Partei vom Dezember 1919, in: Anschütz, Gerhard u. a. (Hrsg.): Handbuch der Politik, Bd. 6, 3. Aufl., Berlin 1926, S. 343–347.
Deutsche Volkspartei: Grundsätze der Deutschen Volkspartei. Beschlossen auf dem Parteitag in Leipzig am 19.10.1918, in: Anschütz, Gerhard u. a. (Hrsg.): Handbuch der Politik, Bd. 6, 3. Aufl., Berlin 1926, S. 332–340.
Deutsche Zentrumspartei: Aufruf und Leitsätze des Reichsausschusses der Deutschen Zentrumspartei vom 30.12.1918, in: Anschütz, Gerhard u. a. (Hrsg.): Handbuch der Politik, Bd. 6, 3. Aufl., Berlin 1926, S. 329–332.

Deutsches Steuerzahlerinstitut des Bundes der Steuerzahler e. V.: Bausteine für eine Reform des Steuersystems. Das DSI-Handbuch Steuern, Berlin 2013.

Döhler, Jacob Friedrich: Abhandlung von Domainen, Contributionen, Steuern, Schazungen und Abgaben, Nürnberg 1775.

Dollfus, Roger: Über die Idee der einzigen Steuer, Basel 1897.

Dowell, Stephen: A History of Taxation and Taxes in England. From the Earliest Times to the Present Day, London 1888, ND, 3. Aufl., New York 1965.

Dreier, Horst: „Wir hatten Gerechtigkeit erhofft … doch bekommen haben wir den Rechtsstaat", in: Frankfurter Allgemeine Zeitung vom 05.01.2015, S. 6.

Drüen, Klaus-Dieter: Die Bruttobesteuerung von Einkommen als verfassungsrechtliches Vabanquespiel, in: Steuer und Wirtschaft 85 (2008), S. 3–14.

Ehrlicher, Werner: Finanzpolitik seit 1945, in: Schremmer, Eckart (Hrsg.): Steuern, Abgaben und Dienste vom Mittelalter bis zur Gegenwart: vom 14. bis 17. April in Bamberg (Vierteljahresschrift für Sozial- und Wirtschaftsgeschichte, Beiheft 114), Stuttgart 1994, S. 213–247.

Eilfort, Michael/Lang, Joachim: Steuerpolitisches Programm, in: Lang, Joachim/ Eilfort, Michael (Hrsg.): Strukturreform der deutschen Ertragsteuern. Bericht über die Arbeit und Entwürfe der Kommission „Steuergesetzbuch" der Stiftung Marktwirtschaft, München 2013, S. 51–110.

Eisenhart, Hugo Alexander: Die Kunst der Besteuerung, Berlin 1868.

Elicker, Michael: Entwurf einer proportionalen Netto-Einkommensteuer. Textentwurf und Begründung, Köln 2004.

Elschen, Rainer: Entscheidungsneutralität, Allokationseffizienz und Besteuerung nach der Leistungsfähigkeit. Gibt es ein gemeinsames Fundament der Steuerwissenschaften?, in: Steuer und Wirtschaft 68 (1991), S. 99–115.

Elschen, Rainer: Steuerliche Gerechtigkeit – Unzulässiger oder unzulänglicher Forschungsgegenstand der Steuerwissenschaften?, in: Steuer und Wirtschaft 65 (1988), S. 1–16.

Emminghaus, Karl Bernhard Arwed: Einkommensteuer, in: Rentsch, Hermann (Hrsg.): Handwörterbuch der Volkswirtschaftslehre, Leipzig 1866, S. 246–253.

Erhard, Ludwig: Wohlstand für Alle (1957), 8. Aufl., Düsseldorf 1964.

Erler, Adalbert: Bürgerrecht und Steuerpflicht im mittelalterlichen Städtewesen mit besonderer Untersuchung des Steuereides (1939), 2. Aufl., Frankfurt am Main 1963.

Erzberger, Matthias: Reden zur Neuordnung des deutschen Finanzwesens vom Reichsminister der Finanzen Erzberger, Berlin 1919.

Eschenmayer, Philipp Christoph Heinrich: Über die Consumtions-Steuer: eine staatswirthschaftliche Abhandlung, Heidelberg 1813.

Eschenmayer, Philipp Christoph Heinrich: Vorschlag zu einem einfachen Steuer-Systeme, Heidelberg 1808.

Eulner, Johann Daniel: Practische Vorschläge, welcher gestalt Steuer und Contribution zum Nutzen eines Landesherrn und ohne Nachtheil der Unterthanen nach Anleitung der Reichsabschiede einzurichten seyn, zweyte mit Anmerckungen und einem Appendice vermehrte Auflage: wie Contribution und Accise gegen einander balanciren / und wie weit solche neben der Contribution ohne Nachtheil der Unterthanen bestehen könne. Durch einen neu ausgefundenen Modum Accisandi mit nöthiger Anweisung versehen und practisch ausgeführet, Marburg 1741.

Evers, Robert: Kommentar zum Körperschaftsteuergesetz vom 10. August 1925, 2. Aufl., Berlin 1927.

Frantz, Constantin: Die sociale Steuerreform als die conditio sine qua non, wenn der socialen Revolution vorgebeugt werden soll, Mainz 1881, ND Aalen 1972.
Friedenberger, Martin: Fiskalische Ausplünderung. Die Berliner Steuer- und Finanzverwaltung und die jüdische Bevölkerung 1933–1945, Berlin 2008.
Friedenberger, Martin: Die Rolle der Finanzverwaltung bei der Vertreibung, Verfolgung und Vernichtung der deutschen Juden, in: Friedenberger, Martin u. a. (Hrsg.): Die Reichsfinanzverwaltung im Nationalsozialismus. Darstellung und Dokumente, Bremen 2002, S. 10–94.
Fulda, Friedrich Karl von: Handbuch der Finanzwissenschaft, Tübingen 1827.
Fux, Boleslav: Die Vermögensteuer, in: Gerloff, Wilhelm/Meisel, Franz (Hrsg.): Handbuch der Finanzwissenschaft, Bd. 2: Besondere Steuerlehre, Finanzwissenschaft der öffentlichen Körperschaften, Der öffentliche Kredit, Tübingen 1927, S. 133–158.
Gammelin, Cerstin: Juncker widerspricht den Vorwürfen zu Steuertricks, 27.11.2014, auf: http://www.sueddeutsche.de/wirtschaft/eu-kommissionschef-jean-claude-juncker-ich-beantworte-keine-widerlichen-fragen-1.2242453-2 (letzter Zugriff: 19.02.2017).
George, Henry: Fortschritt und Armuth. Eine Untersuchung über die Ursache der industriellen Krisen und der Zunahme der Armuth bei zunehmendem Reichthum, aus dem Englischen von C. D. F. Gütschow, 4. Aufl., Berlin 1890.
Gerloff, Wilhelm: Steuerwirtschaftslehre, in: Gerloff, Wilhelm/Meisel, Franz (Hrsg.): Handbuch der Finanzwissenschaft, Tübingen 1926, S. 436–489.
Gerloff, Wilhelm: Die öffentliche Finanzwirtschaft, Bd. 1: Allgemeiner Teil, 2., neu bearbeitete Aufl., Frankfurt am Main 1948.
Gerloff, Wilhelm/Meisel, Franz (Hrsg.): Handbuch der Finanzwissenschaft, 3 Bde., Tübingen 1926–1929.
Gierke, Otto: Das deutsche Genossenschaftsrecht, Bd. 2: Geschichte des deutschen Körperschaftsbegriffs, Berlin 1873.
Glaser, Andreas: Verfassungs- und unionsrechtliche Grenzen steuerlicher Lenkung, in: Steuer und Wirtschaft 89 (2012), S. 168–181.
Goldscheid, Rudolf: Staat, öffentlicher Haushalt und Gesellschaft. Wesen und Aufgabe der Finanzwissenschaft vom Standpunkt der Soziologie, in: Gerloff, Wilhelm/Meisel, Franz (Hrsg.): Handbuch der Finanzwissenschaft, Bd. 1, Tübingen 1926, S. 146–184.
Gossen, Hermann Heinrich: Entwicklung der Gesetze des menschlichen Verkehrs und der daraus fließenden Regeln für menschliches Handeln, 3. Aufl., Berlin 1927.
Gottlob, Adolf: Die päpstlichen Kreuzzugs-Steuern des 13. Jahrhunderts. Ihre rechtliche Grundlage, politische Geschichte und technische Verwaltung, Heiligenstadt 1892.
Gömmel, Rainer/Klump, Rainer: Merkantilisten und Physiokraten in Frankreich. Geschichte der volkswirtschaftlichen Lehrmeinungen, Darmstadt 1994.
Graffenried, Carl Wilhelm von: Ueber die Einkommensteuer: ein staatswissenschaftlicher Versuch, Zürich 1855.
Grotefend, Georg August (Hrsg.): Das gesammte preußisch-deutsche Gesetzgebungs-Material. Die Gesetze und Verordnungen nebst den Erlassen, Reskripten, Anweisungen und Instruktionen der preußischen und deutschen Centralbehörden, Düsseldorf 1892.
Gutachten der Steuerreformkommission 1971 (Schriftenreihe des Bundesministeriums der Finanzen 17), Bonn 1971.
Hacke, Constanze: Blick nach Europa. In: Bundeszentrale für politische Bildung. Informationen zur politischen Bildung vom 24.10.2012, auf: http://www.bpb.de/izpb/147109/blick-nach-europa?p=all (letzter Zugriff 17.02.2017).

Hacker, Mark: Gibt es „Gerechtigkeit“ in der Steuerpolitik? Der politisch-philosophische Diskurs über Recht und Gerechtigkeit am Beispiel der Entstehung des modernen Einkommensteuerrechts in der Weimarer Republik, Stuttgart/Berlin 2013.

Haensel, Paul: Der Staatshaushalt und das Finanzsystem Großbritanniens, in: Gerloff, Wilhelm/Meisel, Franz (Hrsg.): Handbuch der Finanzwissenschaft, Bd. 3, Tübingen 1929, S. 70–102.

Hansemann, David Justus Ludwig: Das Preußische und Deutsche Verfassungswerk. Mit Rücksicht auf mein politisches Wirken, 2. Aufl., Berlin 1850.

Hass, Gerhard u. a. (Hrsg.): Biographisches Lexikon zur deutschen Geschichte. Von den Anfängen bis 1945, Berlin 1971.

Held, Adolf: Die Einkommensteuer. Finanzwissenschaftliche Studien zur Reform der directen Steuern in Deutschland, Bonn 1872.

Henning, Friedrich-Wilhelm: Die nationalsozialistische Steuerpolitik. Programm, Ziele und Wirklichkeit, in: Schremmer, Eckart (Hrsg.): Steuern, Abgaben und Dienste vom Mittelalter bis zur Gegenwart. Referate der 15. Arbeitstagung der Gesellschaft für Sozial- und Wirtschaftsgeschichte vom 14. bis 17. April 1993 in Bamberg, Stuttgart 1994, S. 197–211.

Henry, James S.: Neue Erkenntnisse zum Preis des Offshore-Systems. Neue Schätzungen für nicht gemeldetes Privatvermögen und Einkommen sowie für Ungleichheit und entgangene Steuereinnahmen weltweit, Juli 2012, auf: www.taxjustice.net/cms/upload/pdf/Deutsch/TJN2012 (letzter Zugriff: 20.02.2017).

Hensel, Albert: Verfassungsrechtliche Bindungen des Steuergesetzgebers. Besteuerung nach Leistungsfähigkeit – Gleichheit vor dem Gesetz, in: Vierteljahresschrift für Steuer- und Finanzrecht 4 (1930), S. 441–493.

Herzfeld, Hans (Hrsg.): Geschichte in Gestalten, Bd. 1, Frankfurt am Main 1981, S. 7–375.

Herzog, Roman: Steuer- und Finanzpolitik im geeinten Deutschland. Die Sicht des Bundesverfassungsgerichts, in: Bund der Steuerzahler (Hrsg.): Steuer und Finanzpolitik im geeinten Deutschland und in Europa, Deutscher Steuerzahler Kongress, Wiesbaden 1991, S. 10–22.

Hey, Johanna: Verletzung fundamentaler Besteuerungsprinzipien durch die Gegenfinanzierungsmaßnahmen des Unternehmensteuerreformgesetzes 2008, in: Betriebs-Berater 62/24 (2007), S. 1303–1309.

Hey, Johanna: § 3 Steuersystem und Steuerverfassungsrecht, in: Tipke, Klaus/ Lang, Joachim (Hrsg.): Steuerrecht, fortgeführt von Roman Seer u. a., 22. Aufl., Köln 2015, S. 63–137.

Hey, Johanna: § 7 Einführung in das besondere Steuerschuldrecht, in: Tipke, Klaus/Lang, Joachim (Hrsg.): Steuerrecht, fortgeführt von Roman Seer u. a., 22. Aufl., Köln 2015, S. 247–273.

Hey, Johanna: § 8 Einkommensteuer, in: Tipke, Klaus/Lang, Joachim (Hrsg.): Steuerrecht, fortgeführt von Roman Seer u. a., 22. Aufl., Köln 2015, S. 283–484.

Hey, Johanna: § 11 Körperschaftsteuer, in: Tipke, Klaus/Lang, Joachim (Hrsg.): Steuerrecht, fortgeführt von Roman Seer u. a., 22. Aufl., Köln 2015, S. 669–716.

Hey, Johanna: § 13 Rechtsformneutralität der Unternehmensbesteuerung, in: Tipke, Klaus/Lang, Joachim (Hrsg.): Steuerrecht, fortgeführt von Roman Seer u. a., 22. Aufl., Köln 2015, S. 776–783.

Hey, Johanna: Rechtsprechung des Bundesverfassungsgerichts zum Steuerrecht im Wandel?, in: Piltz, Detlev J./Günkel, Manfred/Niemann, Ursula (Hrsg.): Steuerberater-Jahrbuch 2007/2008, S. 19–58.

Hirth, Georg: Über Culturpolizei und Rechtsgleichheit. Zur Lösung der socialen Frage in: Ders. (Hrsg.): Annalen des Deutschen Reiches für Gesetzgebung, Verwaltung und Statistik, Leipzig 1873, Sp. 795–862.

Hobbes, Thomas: Philosophical Elements of a True Citizen (1658), in: Hobbes Gesamtausgabe, Bd. 2, Aalen 1966.

Hobbes, Thomas: Leviathan. The Matter, Form and Power of a Commonwealth Ecclesiastical and Civil (1658), London 1886, auf: https: ebooks/adelaide.edu.au/h/hobbes/Thomas / h68l/ chapter 30.html (letzter Zugriff: 28.02.2017).

Hoffmann, Walther G.: Das Wachstum der deutschen Wirtschaft seit der Mitte des 19. Jahrhunderts, Berlin/Heidelberg/New York 1965.

Homburg, Stefan: Allgemeine Steuerlehre, 5. Aufl., München 2007.

Hundsdoerfer, Jochen: Die einkommensteuerliche Abgrenzung von Einkommenserzielung und Konsum. Eine einzelwirtschaftliche Analyse, Wiesbaden 2002.

Hundsdoerfer, Jochen: Halbeinkünfteverfahren und Lock-In-Effekt, in: Steuer und Wirtschaft 78 (2001), S. 113–125.

Huttel, Alfred: Gleichmäßige Besteuerung nach der Leistungsfähigkeit. Inhalt und Bedeutung des Artikels 134 der Reichsverfassung, Frankfurt am Main 1934.

ICIJ: Explore the Documents. Luxembourg Leaks Database, aus: https://www.icij.org/project/luxembourg-leaks. (letzter Zugriff: 17.02.2017).

Inama-Sternegg, Karl Theodor Ferdinand Michael von: Der Accisenstreit deutscher Finanztheoretiker im 17. und 18. Jahrhundert, in: Zeitschrift für die gesammte Staatswissenschaft 21 (1865), S. 515–545.

Isenmann, Eberhard: Reichsfinanzen und Reichssteuern im 15. Jahrhundert, in: Zeitschrift für historische Forschung 7 (1980), S. 1–75 und S. 129–218.

Isenmann, Moritz: Einleitung, in: Isenmann, Moritz (Hrsg.): Merkantilismus. Wiederaufnahme einer Debatte (Vierteljahresschrift für Sozial- und Wirtschaftsgeschichte, Beiheft 228), Stuttgart 2014, S. 9–21.

Isensee, Josef: Gemeinwohl und Bürgersinn im Steuerstaat des Grundgesetzes. Gemeinnützigkeit als Bewährungsprobe des Steuerrechts vor der Verfassung, in: Maurer, Hartmut u. a. (Hrsg): Das akzeptierte Grundgesetz. Festschrift für Günter Dürig zum 70. Geburtstag, München 1990, S. 33–65.

Isensee, Josef: Vom Beruf unserer Zeit für Steuervereinfachung, in: Steuer und Wirtschaft 71 (1994), S. 3–14.

Jacobs, Otto H./Scheffler, Wolfram/Spengel, Christoph: Unternehmensbesteuerung und Rechtsform. Handbuch der Besteuerung deutscher Unternehmen, 5. Aufl., München 2015.

Jagdfeld, August: Steuerflucht und Steuerfluchtbekämpfung von Brüning bis Brandt, in: Steuer und Wirtschaft 49 (1972), S. 258–263.

Jakob, Ludwig Heinrich von: Die Staatsfinanzwissenschaft. Theoretisch und praktisch dargestellt und erläutert durch Beyspiele aus der neuern Finanzgeschichte europäischer Staaten, Bd. 1, Halle 1821.

Jakob, Ludwig Heinrich von: Die Staatsfinanzwissenschaft. Theoretisch und praktisch dargestellt und erläutert durch Beyspiele aus der neuern Finanzgeschichte europäischer Staaten, Bd. 2, Halle 1821.

Jakob, Ludwig Heinrich von: Einleitung in das Studium der Staatswissenschaften, als Leitfaden für seine Vorlesungen ausgearbeitet, Bd. 1, Halle 1819.

Jansen, Harald: Erbschaftsteuerliche Wirkungen bei Vermögensübertragungen. Entscheidungswirkungen und Gleichmäßigkeit der Besteuerung, Berlin 2006.

Jecht, Horst: Die Entwicklung der Problemstellung in der neueren deutschen Finanztheorie, in: Finanzarchiv 2 (1932), S. 185–240.
Jenetzky, Johannes: System und Entwicklung des materiellen Steuerrechts in der wissenschaftlichen Literatur des Kameralismus von 1680–1840, dargestellt anhand der gedruckten zeitgenössischen Quellen (Schriften zum Steuerrecht 17), Berlin 1978.
Jonscher, Reinhard: Der Bauernkrieg in Thüringen, Mühlhausen 2003.
Jung (genannt Stilling), Johann Heinrich: Lehrbuch der Finanz-Wissenschaft, Leipzig 1789, ND Wiesbaden 1978.
Justi, Johann Heinrich Gottlob von: Grundsätze der Policey-Wissenschaft (1756), 3. Aufl., Göttingen 1782.
Justi, Johann Heinrich Gottlob von: System des Finanzwesens. Nach vernünftigen aus dem Endzweck der bürgerlichen Gesellschaften, und aus der Natur aller Quellen der Einkünfte des Staats hergeleiteten Grundsätzen und Regeln, Halle an der Saale 1766, ND Aalen 1969.
Justi, Johann Heinrich Gottlob von: Ausführliche Abhandlung von denen Steuern und Abgaben nach ächten, aus dem Endzweck der bürgerlichen Gesellschaften abfließenden Grundsätzen, und zur Wohlfarth der Völker dienlichen Maaßregeln abgefasset, Königsberg/Leipzig 1762, ND Wiesbaden 1977.
Justi, Johann Heinrich Gottlob von: Staatswirthschaft oder Systematische Abhandlung aller Oekonomischen und Cameral=Wissenschaften, die zur Regierung eines Landes erfordert werden. Erster Theil, Welcher die Lehre von Erhaltung und Vermehrung des Vermögens des Staats, und mithin die Staatskunst, die Policey- und Commercien-Wissenschaft nebst der Haushaltungskunst in sich begreift (1755), 2. Aufl., Leipzig 1758.
Justi, Johann Heinrich Gottlob von: Staatswirthschaft oder Systematische Abhandlung aller Oekonomischen und Cameral=Wissenschaften, die zur Regierung eines Landes erfordert werden, Zweyter Theil, Welcher die Lehre von dem vernünftigen Gebrauche des Vermögens des Staats, und mithin die eigentliche Cameral- oder Finanz-Wissenschaft in sich begreift (1755), 2. Aufl., Leipzig 1758.
Kant, Immanuel: Grundlegung zur Metaphysik der Sitten (1785), hrsg. v. Karl Vorländer, 3. Aufl., Leipzig 1919.
Kavic, Claudia/Vogel, Andrea: Der tatsächliche Verlauf des Unternehmensteuertarifs nach der Unternehmensteuerreform 2008, in: Deutsches Steuerrecht, 12 (2008), S. 573–578.
Kellenbenz, Hermann: Deutsche Wirtschaftsgeschichte, Bd. 2: Vom Ausgang des 18. Jahrhunderts bis zum Ende des Zweiten Weltkriegs, München 1981.
Kempny, Simon: Die Staatsfinanzierung nach der Paulskirchenverfassung. Eine Untersuchung des Finanz- und Steuerverfassungsrechts der Verfassung des deutschen Reiches vom 28. März 1849, Tübingen 2011.
Kessler, Heinrich: Finanzsystem nach den Verhältnissen Württembergs, Stuttgart 1821.
Kirchhof, Paul: Steuergleichheit, in: Steuer und Wirtschaft 61 (1984), S. 297–314.
Kirchhof, Paul: Einkommensteuergesetz. Kompaktkommentar, in: Ders. u. a. (Hrsg.): Einkommensteuergesetz mit Aktualisierungsservice, Loseblattsammlung, Heidelberg Stand: 2000.
Kirchhof, Paul: Die Leistungsfähigkeit des Steuerrechts – Steuerrecht und Verfassungsrecht, in: Steuer und Wirtschaft 88 (2011), S. 365–371.
Kirchhof, Paul: Bundessteuergesetzbuch. Ein Reformentwurf zur Erneuerung des Steuerrechts, Heidelberg 2011.
Klock, Caspar: De contributionibus hodie ut plurimum in Germania usitatis. Dissertatio Theoretico-practica, Basel 1608.

Koch, Waldemar: Das Verhältnis zwischen gesellschaftlicher und steuerlicher Gerechtigkeit bei Adolph Wagner, in: FinanzArchiv, NF 23 (1963/64), S. 36–52.
Köhler, Henning: Arbeitsbeschaffung, Siedlung und Reparationen in der Schlußphase der Regierung Brüning, in: Vierteljahreshefte für Zeitgeschichte 17 (1969), S. 276–307.
Körner, Martin: Steuern und Abgaben in Theorie und Praxis im Mittelalter und in der frühen Neuzeit, in: Schremmer, Eckart (Hrsg.): Steuern, Abgaben und Dienste vom Mittelalter bis zur Gegenwart. Referate der 15. Arbeitstagung der Gesellschaft für Sozial- und Wirtschaftsgeschichte vom 14. bis 17. April 1993 in Bamberg, Stuttgart 1994, S. 53–76.
Kröncke, Claus: Über die Grundsätze einer gerechten Besteuerung, aus: Abhandlungen über staatswirthschaftliche Gegenstände, Vierter Theil, Heidelberg 1819.
Krug, Leopold: Abriss der Staatsökonomie oder Staatswirthschaftslehre, Berlin 1808.
Kumpf, Johann Heinrich: 5000 Jahre Steuern und Zölle. Die Finanzgeschichtliche Schausammlung der Bundesfinanzakademie in Brühl, Brühl 1996.
Kumpf, Johann Heinrich: Der Reichsfinanzhof und seine Rechtsprechung in steuerlichen Angelegenheiten von Juden, in: Schönknecht, Ehrhardt (Hrsg.): Die Reichsfinanzverwaltung im Nationalsozialismus, Bremen 2002, S. 143–185.
Landmann, Julius: Produktionspolitische Gesichtspunkte der Besteuerung, in: Colm, Gerhard/ Neisser, Hans (Hrsg.): Kapitalbildung und Steuersystem. Verhandlungen und Gutachten der Konferenz von Eilsen, 1. Teil, (Veröffentlichungen der Friedrich List-Gesellschaft e. V. 3), Berlin 1930, S. 171–187.
Lang, Joachim: Die Bemessungsgrundlage der Einkommensteuer. Rechtssystematische Grundlagen steuerlicher Leistungsfähigkeit im deutschen Einkommensteuerrecht, Köln 1988.
Lang, Joachim: Perspektiven der Unternehmensteuerreform, in: Bundesministerium der Finanzen (Hrsg.): Brühler Empfehlungen zur Reform der Unternehmensbesteuerung. Bericht der Kommission zur Reform der Unternehmensbesteuerung (BMF-Schriftenreihe 66), Berlin 1999, Anhang Nr. 1, S. 19 ff.
Lang, Joachim: § 4 Rechtsstaatliche Ordnung des Steuerrechts, in: Tipke, Klaus/ Lang, Joachim (Hrsg.): Steuerrecht, 18. Aufl., Köln 2005, S. 64–130.
Lang, Karl Heinrich von: Historische Entwicklung der Teutschen Steuerverfassungen seit der Karolinger bis auf unsere Zeiten, Berlin/Stettin 1793, ND Aalen 1966.
Lassalle, Ferdinand: Die indirekte Steuer und die Lage der arbeitenden Klassen. Eine Verteidigungsrede vor dem königlichen Kammergericht zu Berlin gegen die Anklage, die besitzlosen Klassen zum Haß und zur Verachtung gegen die Besitzenden öffentlich angereizt zu haben, in: Ders.: Gesammelte Reden und Schriften, Bd. 2, Berlin 1893, S. 241–389.
Lehner, Moris: Einkommensteuerrecht und Sozialhilferecht. Bausteine zu einem Verfassungsrecht des sozialen Steuerstaates (Beiträge zum öffentlichen Recht 5), Tübingen 1993.
Leisner, Walter: Wertzuwachsbesteuerung und Eigentum. Zugleich ein Beitrag zur Lehre vom Leistungseigentum (Schriften zum Steuerrecht 19), Berlin 1978.
Leupert (Rechnungs-Kalkulator): Die Einkommen-Besteurung als das gerechteste Finanzsystem (Blos im Entwurf), in: Minerva. Ein Journal historischen und politischen Inhalts, Johann Wilhelm von Archenholz (Hrsg.), 3. Bd, Juli, August, September, Berlin 1810, S. 38–52.
Lieb, Ralf: Direkte Steuerprogression. Geschichtliche Entwicklung und kritische Würdigung ihrer Begründungen, Wiesbaden 1992.
Liebert, Nicola: Steuergerechtigkeit in der Globalisierung. Wie die steuerpolitische Umverteilung von unten nach oben gestoppt werden kann, Münster 2011.

Liebig, Stefan/Mau, Steffen: Wann ist ein Steuersystem gerecht? Einstellungen zu allgemeinen Prinzipien der Besteuerung und zur Gerechtigkeit der eigenen Steuerlast, in: Zeitschrift für Soziologie 34 (2005), S. 468–486.

Lips, Alexander: Ueber die allein wahre und einzige Steuer die Einkommen-Taxe und ihre Ausführbarkeit. Ein Versuch die Kosten der General-Landes-Vermessung zum Behuf der General-Steuer-Rektifikazion, das Steuerprovisorium und die Mehrheit der Steuern überhaupt zu umgehen, und an deren Stelle eine allgemeine, einzige, gleiche, gerechte, alle treffende, keinen drückende, kraftvolle, und in ihrer Erhebung höchst einfache Nazionalauflage zu setzen, Erlangen 1812.

Lips, Alexander: Deutschlands National-Oekonomie. Ein Versuch zur endlichen Lösung der Frage: wie kann Deutschland zu lohnendem Ackerbau, zu blühender Industrie und wirksamem Handel gelangen?, Gießen 1830.

Lith, Johann Wilhelm von der: Neue vollständig erwiesene Abhandlung von denen Steuern und deren vortheilhafter Einrichtung in einem Lande nach den Grundsätzen einer wahren die Verbesserung der Macht eines Regenten und die Glückseligkeit seiner Unterthanen wirkenden Staatskunst entworfen, Ulm 1766.

Lith, Johann Wilhelm von der: Politische Betrachtungen über die verschiedenen Arten der Steuern, Breslau 1751.

Löhr, Kerstin/Serwe, Reinhard: Das Ehegattensplitting auf dem Prüfstand. Verfassungsrecht – Unionsrecht – EMRK (Steuerwissenschaftliche Schriften), Baden-Baden 2011.

Longerich, Peter: Politik der Vernichtung. Eine Gesamtdarstellung der nationalsozialistischen Judenverfolgung, München/Zürich 1978.

Lotz, Johann Friedrich Eusebius: Handbuch der Staatswirthschaftslehre, Bd. 3, Erlangen 1822.

Lueder, August Ferdinand: Über Nationalindustrie und Staatswirthschaft, nach Adam Smith bearbeitet, Bd. 1–3, Berlin 1800–1804.

Lütge, Friedrich: Deutsche Sozial- und Wirtschaftsgeschichte. Ein Überblick, 3. Aufl., Berlin/Heidelberg/New York 1979.

Mack, Eugen: Die kirchliche Steuerfreiheit in Deutschland seit der Dekretalenfestsetzung (Kirchenrechtliche Abhandlungen 88), Stuttgart 1916, ND Amsterdam 1965.

Maiterth, Ralf/Chirvi, Malte: Das Ehegattensplitting aus Sicht der Steuerwissenschaften, in: Steuer und Wirtschaft 92 (2015), S. 19–32.

Malchus, Carl August von: Handbuch der Finanzwissenschaft und Finanzverwaltung, 1. Theil: Finanzwissenschaft, Stuttgart/Tübingen 1830.

Mann, Fritz Karl: Der Marschall Vauban und die Volkswirtschaftslehre des Absolutismus. Eine Kritik des Merkantilsystems, München/Leipzig 1914.

Mann, Fritz Karl: Grundsätze der Besteuerung, in: Spiethoff, Arthur (Hrsg.): Schmollers Jahrbuch für Gesetzgebung, Verwaltung und Volkswirtschaft im Deutschen Reiche, 50. Jg., 1. Halbband, München/Leipzig 1926, S. 55–82.

Mann, Fritz Karl: Zur Frage der steuerlichen Lastenverteilung. Eine Ergänzung und Entgegnung, in: Jahrbücher für Nationalökonomie und Statistik 124 (1926), S. 30–40.

Mann, Fritz Karl: Vermögensteuer, in: Elster, Ludwig/Weber, Adolf/Wieser, Friedrich (Hrsg.): Handbuch der Staatswissenschaften, Bd. 8, 4. Aufl., Jena 1928 S. 608–620.

Mann, Fritz Karl: Steuerpolitische Ideale. Vergleichende Studien zur Geschichte der ökonomischen und politischen Ideen und ihres Wirkens in der öffentlichen Meinung 1600–1935 (Finanzwissenschaftliche Forschungen 5), Jena 1937.

Markov, Walter u. a. (Hrsg.): Kleine Enzyklopädie Weltgeschichte, Leipzig 1964.

Marx, Karl: An das preußische Volk, Beilage der Neuen Rheinischen Zeitung Nr. 145 vom 17.11.1848.
Marx, Karl/Engels, Friedrich: Das kommunistische Manifest (1847/48), 8. Aufl., Berlin 1918.
Maurus, Heinrich: Die moderne Besteuerung und die Besteuerungsform vom Standpunkte des gemeinen Rechtes, Heidelberg 1870.
Mayer, Theodor: Geschichte der Finanzwirtschaft und Finanzwissenschaft vom Spätmittelalter bis zum Ende des 18. Jahrhunderts, in: Gerloff, Wilhelm/Meisel, Franz (Hrsg.): Handbuch der Finanzwissenschaft, Bd. 1, Tübingen 1926, S. 210–244.
Meilicke, Wienand: Nachlese zum EuGH-Urteil vom 06.03.2007 – Rs. C-292/04, in: Der Betrieb 2007, S. 650 f.
Meinecke, Friedrich: Die Idee der Staatsräson in der neueren Geschichte, München/Berlin 1924.
Meinzer, Markus: Deutschland im Schattenindex 2011, in: Informationsbrief 06 des Netzwerks Steuergerechtigkeit Deutschland vom 6. April 2012.
Meisel, Franz: Moral und Technik bei der Veranlagung der preußischen Einkommensteuer, Leipzig 1911.
Meisel, Franz: Stand und Wert der deutschen Finanzwissenschaft, in: Schumacher, Hermann/Spiethoff, Arthur (Hrsg.): Schmollers Jahrbuch für Gesetzgebung, Verwaltung und Volkswirtschaft im Deutschen Reiche, 42. Jg, Heft 3 und 4, Leipzig 1918, S. 317–364.
Meisel, Franz: Wo steht die deutsche Finanzwissenschaft?, in: Zeitschrift für die gesamte Staatswissenschaft 74 (1919), S. 361–408.
Mentzendorff, Johann Friedrich: Neues Staatswirthschaftssystem zur Beförderung eines allgemeinen und dauernden Volkswohlstandes, IV. Theil, 1. Abtheilung, Magdeburg 1848.
Merkle, Franz: „DM-Eröffnungsbilanz", in: Köhler, Richard u. a. (Hrsg.): Handwörterbuch der Betriebswirtschaft, Bd. 1, 3. Aufl., Stuttgart 1956, Sp. 1448.
Metzger, Ulrike/Weingarten, Joe: Einkommensteuer und Einkommensteuerverwaltung in Deutschland. Ein historischer und verwaltungswissenschaftlicher Überblick, Wiesbaden 1989.
Meyer, Robert: Die Principien der gerechten Besteuerung in der neueren Finanzwissenschaft, Berlin 1884.
Mill, John Stuart: Principles of Political Economy (1848), ND Toronto 1977.
Miquel, Johannes von: Die Reform der direkten Steuern, Rede vor dem Abgeordnetenhaus am 20.11.1890, in: Schultze, Walther/Thimme, Friedrich (Hrsg.): Johannes von Miquels Reden, Bd. 3, Halle an der Saale 1913, S. 303–329.
Miquel, Johannes von: Rede zu den Grundprinzipien der Reform der Einkommensteuer im Abgeordnetenhaus am 16.02.1891, in: Schultze, Walther/Thimme, Friedrich (Hrsg.): Johannes von Miquels Reden, Bd. 3, Halle an der Saale 1913, S. 360–365.
Miquel, Johannes von: Rede zur Vermögensteuer am 17.04.1893, in: Schultze, Walther/Thimme, Friedrich (Hrsg.): Johannes von Miquels Reden, Bd. 4, Halle an der Saale 1914, S. 65–71.
Mitschke, Joachim: Erneuerung des deutschen Einkommensteuerrechts. Gesetzestextentwurf und Begründung. Mit einer Grundsicherungsvariante, Köln 2004.
Möller, Alex: Reichsfinanzminister Matthias Erzberger und sein Reformwerk, (Blickpunkt Finanzen. Informationshefte des Bundesministeriums für Wirtschaft und Finanzen 7), Bonn 1971.

Möller, Hans: Die Währungsreform von 1948 und die Wiederherstellung marktwirtschaftlicher Verhältnisse, in: Hampe, Peter (Hrsg.): Währungsreform und Soziale Marktwirtschaft. Rückblicke und Ausblicke, München 1989, S. 55–77.

Mössner, Jörg Manfred: Prinzipien im Steuerrecht, in: Tipke, Klaus u. a. (Hrsg.): Gestaltung der Steuerrechtsordnung. Festschrift für Joachim Lang zum 70. Geburtstag. Köln 2011, S. 83–99.

Mohl, Robert von: Encyklopädie der Staatswissenschaften, Tübingen 1859.

Moll, Bruno: Lehrbuch der Finanzwissenschaft, Berlin 1930.

Moraw, Peter: Der „Gemeine Pfennig". Neue Steuern und die Einheit des Reiches im 15. und 16. Jahrhundert, in: Schultz, Uwe (Hrsg.): Mit dem Zehnten fing es an. Eine Kulturgeschichte der Steuer, München 1986, S. 130–142.

Müller-Mertens, Eckhard u. a. (Hrsg.): Kleine Enzyklopädie Deutsche Geschichte, Leipzig 1965.

Muscheid, Jutta: Die Steuerpolitik in der Bundesrepublik Deutschland 1949–1982. Volkswirtschaftliche Schriften 365 (1986).

Neighbour, John: Transfer Pricing. Keeping it at Arms Length. OECD Centre for Tax Policy and Administration, Paris 2002.

Neumann, Friedrich Julius: Die progressive Einkommensteuer im Staats- und Gemein-de-Haushalt. Gutachten über Personalbesteuerung auf Veranlassung des Vereins für Socialpolitik (Schriften des Vereins für Socialpolitik 8), Leipzig 1874.

Neumann, Friedrich Julius: Nach dem Vermögen der Erbenden klassifizierte Erbschaftssteuern, in: Annalen des Deutschen Reichs für Gesetzgebung, Verwaltung und Volkswirtschaft. Rechts- und staatswissenschaftliche Zeitschrift und Materialiensammlung 42 (1909), S. 417–424.

Neumark, Fritz: Grundsätze gerechter und ökonomisch rationaler Steuerpolitik, Tübingen 1970.

Neumark, Fritz: Grundsätze der Besteuerung in Vergangenheit und Gegenwart, 2. Aufl., Wiesbaden 1970.

Nipperdey, Thomas: Deutsche Geschichte 1866–1918, Bd. 2: Machtstaat vor der Demokratie, München 1992.

Nostiz, Hans von: Wertzuwachssteuer, in: Conrad, Johannes u. a. (Hrsg.): Handwörterbuch der Staatswissenschaften, 3. Aufl., Jena 1911, S. 774–785.

Obermayer, Bastian/Obermaier, Frederik: Panama Papers. Die Geschichte einer weltweiten Enthüllung, Köln 2016.

OECD: Model Tax Convention on Income and on Capital, 2008, auf: http://www.oecd-ilibrary.org/taxation/model-tax-convention-on-income-and-on-capital-2008_9789264060807-en (letzter Zugriff: 17.02.2017).

OECD: Harmful Tax Competition – An Emerging Global Issue, 1998, https://www.oecd.org/tax/transparency/44430243.pdf (letzter Zugriff: 17.02.2017.

OECD: Towards Global Tax Co-operation – Report to the 2000 Ministerial Council Meeting an Recommendations by the Committee on Fiscal Affairs, 2000 https://www.oecd.org/tax/transparency/about-the-global-forum/publications/towards-global-tax-cooperation-progress.pdf (letzter Zugriff: 17.02.2017).

OECD: List of Uncooperative Tax Havens, 2009.

Oechsle, Klaus: 100 Jahre Einkommensteuergesetze in Deutschland. Ein Beitrag zum preußischen EStG von 1891, in: Steuer und Studium. Zeitschrift für Aus- und Weiterbildung im Steuerrecht 12 (1991), S. 203–206.

Oechsle, Klaus: Die steuerlichen Grundrechte in der jüngeren deutschen Verfassungsgeschichte. Zugleich eine Untersuchung über das historische Verhältnis von Steuerverfassungsrecht und Finanzwissenschaft (Tübinger Schriften zum Staats- und Verwaltungsrecht 20), Berlin 1993.
Oermann, Josef: Sozialausgleichsabgabe, Lohnausgleichsabgabe, Ostarbeiterabgabe, Berlin/ Wien 1942.
Overesch, Manfred/Saal, Friedrich Wilhelm: Chronik deutscher Zeitgeschichte, Bd. 2: Das Dritte Reich 1933–1939, Düsseldorf 1982.
o. V.: Begründung zum Reichseinkommensteuergesetzentwurf vom 29.11.1919, Drucksachen der Nationalversammlung Nr. 1624, in: Finanzarchiv 37 (1920), S. 591–631.
o. V.: Betriebsteuerausschuss der Verwaltung der Finanzen: Bericht und Gesetzentwürfe zur Betriebsteuer, in: Steuer und Wirtschaft 26 (1949), Sp. 929–1068.
o. V.: Der neue Staatssekretär im Reichsfinanzministerium. Reinhardts Einführungsrede am 4. April 1933, in: Steuer-Warte 1933, S. 107.
o. V.: Reutlinger Generalanzeiger vom 29.08.2011, auf: http://www.gea.de/region+reutlingen/ueber+die+alb/+einsatz+fuer+kleine+leute.2164499.html (letzter Zugriff: 20.02.2017).
o. V.: Bulletin der Bundesregierung vom 23. 06.1971.
o. V.: Wie Amazon sich ums Steuerzahlen drückt. Handelsblatt vom 07.12.2012, auf http://www.handelsblatt.com/unternehmen/dienstleister/ableger-in-luxemburg-wie-amazon-sich-ums-steuerzahlen-drueckt/7492820.html (letzter Zugriff: 20.02.2017).
o. V.: Kampf gegen Steueroasen. Deutsche Fahnder bekommen Offshore-Daten. Spiegel Online vom 10. Mai 2013, auf: http://www.spiegel.de/wirtschaft/soziales/kampf-gegen-steueroasen-deutsche-fahnder-bekommen-offshore-daten-a-899094.html (letzter Zugriff: 20.02.2017).
Paulick, Heinz: Die wirtschaftspolitische Lenkungsfunktion des Steuerrechts und ihre verfassungsmäßigen Grenzen, in: Haller, Heinz u. a. (Hrsg.): Theorie und Praxis des finanzpolitischen Interventionismus. Fritz Neumark zum 70. Geburtstag, Tübingen 1970, S. 203–228.
Pausch, Alfons: Johannes von Miquel. Sein Leben und Werk, Stuttgart 1964.
Pausch, Alfons: Wie sich Hitler der Steuerpflicht entzog, in: Deutsches Steuerrecht. Zeitschrift für Praxis und Wissenschaft des gesamten Steuerrechts 21 (1983), S. 499–502.
Pausch, Alfons: Fritz Reinhardt als Mahnung. Ein Steuerfachmann im Dienste Hitlers, in: Der Steuerberater 11 (1987), S. 349–360.
Pausch, Alfons: Wir prüfen Hitlers Steuerakten. Ein praktischer Fall aus der Steuergeschichte, in: Steuer und Studium. Zeitschrift für die Aus- und Fortbildung im Steuerrecht 9 (1988), S. 226–231.
Pausch, Alfons: Persönlichkeiten der Steuerkultur. Steuergeschichte in Lebensbildern von Johannes von Miquel bis Armin Spitaler, Herne/Berlin 1992.
Pehl, Günter: Steuerpolitik in der Bundesrepublik Deutschland, Köln 1962.
Pescherinus, Carl Ferdinand: Politische Gedanken über die bisher zwar ungebräuchlichen aber doch dem Lande und Fürsten höchstersprieslichen Gerneralzehenden. Worinn derselben Vollkommenheit erwiesen, die Beschaffenheit der Anlagen und die Unzulänglichkeit derjenigen, so bisher gebrauchet worden, gezeiget, auch worauf die Glückseligkeit eines Staats beruhe, demonstriret wird. Beigabe zu Schröder, Wilhelm von: Fürstliche Schatz- und Rentkammer, nebst seinem Tractat vom Goldmachen, Königsberg/ Leipzig 1752, S. 485–622.

Petty, William: A Treatise of Taxes and Contributions, London 1662, in: Hull, Charles Henry (Hrsg.): The Economic Writings of Sir William Petty, Cambridge 1899, S. 1–98.
Petzina, Dietmar: Die deutsche Wirtschaft in der Zwischenkriegszeit, Wiesbaden 1977.
Pfau, Elsa F.: Industriepolitische Gesichtspunkte in der Besteuerung (Finanz- und Volkswirtschaftliche Zeitfragen 71), Stuttgart 1921.
Pfeiffer, Eduard: Die Staatseinnahmen, Geschichte, Kritik und Statistik derselben, Stuttgart/Leipzig 1866.
Pistoris, Modestinus/Pistoris, Simon/Fachsius, Ludovicus: Consilia sive responsa Trium Saxoniae Iureconsultorum celeberrimorum. Pistoris, Jacob (Hrsg.), Bd. 2, Leipzig 1599.
Popitz, Johannes: Einkommensteuer in: Elster, Ludwig u. a. (Hrsg.): Handwörterbuch der Staatswissenschaften, Bd. 3, 4. Aufl., Jena 1926, S. 400–491.
Popitz, Johannes: Sammelbesprechung finanzwissenschaftlicher Lehrbücher, in: Jahrbücher für Nationalökonomie und Statistik 116 (1921), S. 556 f.
Potthast, Thilo: Die Entwicklung der Körperschaftsteuer von den Vorformen bis zur Unternehmenssteuerreform 2001. Eine Untersuchung körperschaftsteuerlicher Entwicklungstendenzen in Steuergesetzgebung und Steuergestaltung, Frankfurt am Main 2008.
Prätorius, Carl Gotthelff: Versuch über das Besteurungswesen, Königsberg 1802.
Prince-Smith, John: Über die Abwälzung, in: Michaelis, Otto (Hrsg.): John Prince-Smiths Gesammelte Schriften. Zur Physiologie des Verkehrs, Staat und Volkshaushalt. Ueber das Denken. Zur Münzreform. Zur Lohnfrage. Die Sozialdemokratie. Bd. 1, Berlin 1877, S. 43–64.
Rau, Karl Heinrich: Lehrbuch der politischen Oekonomie, Bd. 3: Grundsätze der Finanzwissenschaft, Erste Abtheilung, 3. Ausgabe, Leipzig/Heidelberg 1855.
Rau, Karl Heinrich: Lehrbuch der politischen Oekonomie, Bd. 3: Grundsätze der Finanzwissenschaft, Zweite Abtheilung, 3. Ausgabe, Leipzig/Heidelberg 1855.
Raumer, Friedrich von: Das Brittische Besteuerungs-System, insbesondere die Einkommensteuer, dargestellt, mit Hinsicht auf die in der Preußischen Monarchie zu treffenden Einrichtungen, Berlin 1810.
Rautenstrauch, Gabriele/Prinz zu Hohenlohe, Franz: KPMG International: Der BEPS Aktionsplan vom 02.03.2016, auf: https://home.kpmg.com/de/home/themen/2016/03 / beps-aktionsplan.¬html (letzter Zugriff: 17.02.2017).
Recktenwald, Horst Claus: Würdigung des Werkes, in: Smith, Adam: Wohlstand der Nationen. Eine Untersuchung seiner Natur und seiner Ursachen (1776), aus dem Englischen übertragen und mit einer umfassenden Würdigung des Gesamtwerkes hrsg. von Horst Claus Recktenwald, 13. Aufl., München 2013, S. XV–LXXIX.
Reif, Walter: Abweichungen vom Grundsatz der Allgemeinheit der Besteuerung, Nürnberg 1953.
Reimer, Ekkehart/Heyes, Martin: Base Erosion and Profit Shifting (BEPS) – Ein Thema für den Mittelstand, in: Deutsches wissenschaftliches Institut der Steuerberater e. V. (Hrsg.): Base Erosion and Profit Shifting (BEPS) – Ein Thema für den Mittelstand, DWS – Symposium 2015. DWS-Schriftenreihe 35, Berlin 2016, S. 17–65.
Reinhardt, Fritz: Das Reinhardt-Programm. Die große nationalsozialistische Steuerreform. Vortrag von Fritz Reinhardt an der Universität München, Berlin 1934.
Reinhardt, Fritz: Die neuen Steuergesetze. Einführung in die neuen Steuergesetzesübersichten über die wesentlichen Änderungen gegenüber dem bisherigen Recht. Wortlaut der zehn neuen Gesetze, Berlin 1934.

Reinhardt, Fritz: Beurteilung von Tatbeständen nach nationalsozialistischer Weltanschauung. Vortrag gehalten auf der Dritten Jahrestagung der Akademie für Deutsches Recht vom 23. Oktober 1936 in München, in: Reichssteuerblatt 1936, S. 1041–1056.
Reinhardt, Fritz: Leitsätze für die Gestaltung und Auslegung der Steuergesetze nach nationalsozialistischer Anschauung, in: Deutsche Steuer-Zeitung und Wirtschaftlicher Beobachter 24 (1935), S. 625–633.
Ricardo, David: Grundsätze der Volkswirtschaft und Besteuerung, 2. Aufl., Jena 1921.
Richelieu, Armand-Jean du Plessis, Premier Duc: Politisches Testament und kleinere Schriften (1633), übers. von Frieda Schmidt (Klassiker der Politik 14), Bremen 1984.
Richter, Ute G.: Einkommensbesteuerung privater Finanzanlagen in Deutschland, Europa und USA. Ökonomische und rechtliche Gesichtspunkte, Wiesbaden 1995.
Riebesell, Paul: Die neuen Reichssteuertarife vom mathematischen Standpunkt aus. Vortrag, gehalten in der Abteilung Mathematik auf der 86. Versammlung Deutscher Naturforscher und Aerzte in Bad Nauheim, in: Zeitschrift für die gesamte Staatswissenschaft 75 (1921), S. 469–477.
Riedlinger, Raoul: Begrüßung, in: Deutsches wissenschaftliches Institut der Steuerberater e. V. (Hrsg.): Base Erosion and Profit Shifting (BEPS) – Ein Thema für den Mittelstand. DWS – Symposium 2015. DWS-Schriftenreihe 35, Berlin 2016.
Röpke, Wilhelm: Finanzwissenschaft, Berlin/Wien 1929, S. 118–122.
Roscher, Wilhelm: Ein grosser Nationalökonom des vierzehnten Jahrhunderts, in: Zeitschrift für die gesamte Staatswissenschaft 19 (1863), S. 305–318.
Roscher, Wilhelm: System der Finanzwissenschaft. Ein Hand- und Lesebuch für Geschäftsmänner und Studierende (1854), Bd. 4, Erste Abtheilung, 2. Aufl., Stuttgart 1886.
Rose, Gerd: Über die Entstehung von „Dummensteuern" und ihre Vermeidung, in: Die Steuerrechtsordnung in der Diskussion. Festschrift für Klaus Tipke zum 70. Geburtstag, Köln 1995, S. 153–164.
Rose, Manfred: Vom Steuerchaos zur Einfachsteuer. Der Wegweiser durch die Steuerdebatte, Stuttgart 2003.
Rüdiger, Johann Christian Christoph: Anfangsgründe der allgemeinen Staatslehre mit einem kurzen Lehrbegriff der ökonomischen Policey, Halle 1795.
Sachverständigenrat, Jahresgutachten 1989/1990 des Sachverständigenrates zur Begutachtung der gesamtwirtschaftlichen Entwicklung, BT-Drucks. 11/5786 vom 23.11.1989.
Sachverständigenrat zur Begutachtung der gesamtwirtschaftlichen Entwicklung (SVR)/ Max-Planck-Institut für Geistiges Eigentum, Wettbewerbs- und Steuerrecht (MPI)/ Zentrum für Europäische Wirtschaftsforschung GmbH (ZEW): Reform der Einkommens- und Unternehmensbesteuerung durch die Duale Einkommensteuer. Expertise im Auftrag der Bundesminister der Finanzen und für Wirtschaft und Arbeit vom 23. Februar 2005, Wiesbaden 2006.
Sachverständigenrat zur Begutachtung der gesamtwirtschaftlichen Entwicklung: „Die Zukunft nicht aufs Spiel setzen", Jahresgutachten 2009/10, veröffentlicht am 13.11.2009, auf: https://www.sachverstaendigenrat-wirtschaft.de/jahresgutachten-2009-2010.html (letzter Zugriff: 17.02.2017).
Sahm, Reiner: Zum Teufel mit der Steuer! 5000 Jahre Steuern – ein langer Leidensweg der Menschheit, Wiesbaden 2012.
Salin, Edgar: Geschichte der Volkswirtschaftslehre, in: Spiethoff, Arthur (Hrsg.): Enzyklopädie der Rechts- und Staatswissenschaft, Abteilung Staatswissenschaft, Berlin/ Heidelberg 1923, S. 1–44.

Sandel, Michael J.: Gerechtigkeit. Wie wir das Richtige tun, Berlin 2013.

Sandweg, Severin: Der Splittingtarif nach § 32 a Abs. 5 EStG – Relikt aus alten Zeiten oder ausgewogene Berücksichtigung der steuerlichen Leistungsfähigkeit?, in: Deutsches Steuerrecht 43 (2014), S. 2097–2102.

Schäffle, Albert Eberhard Friedrich: Mensch und Gut in der Volkswirtschaft oder der ethisch-anthropologische und der chrematistische Standpunkt in der Nationalökonomie, mit besonderer Rücksicht auf die Grundprincipien der Steuerlehre, in: Deutsche Vierteljahrs-Schrift 24.4 (1861), S. 232–307.

Schäffle, Albert Eberhard Friedrich: Die Grundsätze der Steuerpolitik und die schwebenden Finanzfragen Deutschlands und Oesterreichs, Tübingen 1880.

Schäffle, Albert Eberhard Friedrich: Die Steuern, Allgemeiner Teil, in: Frankenstein, Kuno (Hrsg.): Hand- und Lehrbuch der Staatswissenschaften, Zweite Abteilung: Finanzwissenschaft, Bd. 2, Leipzig 1895, S. 1–420.

Schall, Karl Friedrich von: Allgemeine Steuerlehre, in: Schönberg, Gustav von (Hrsg.): Handbuch der Politischen Oekonomie, Finanzwissenschaft und Verwaltungslehre, Bd. 3, 1. Halbband, 4. Aufl., Tübingen 1897, S. 151–246.

Schauer, Ralf Erich: Die Steuergesetzgebung des Nationalsozialismus als Mittel der Machtpolitik. Vom Steuerrecht zum Steuerunwesen (Europäische Hochschulschriften 3: Geschichte und ihre Hilfswissenschaften), Frankfurt am Main 2003.

Scheel, Friedrich Wilhelm Hans von: Die progressive Besteuerung, in: Zeitschrift für die gesammte Staatswissenschaft 31 (1875), S. 289–303.

Scheel, Friedrich Wilhelm Hans von: Die Erbschaftsteuer, in: Hildebrand, Bruno u. a. (Hrsg.): Jahrbücher für Nationalökonomie und Statistik 24 (1875), S. 233–261.

Scheer, Christian: Die deutsche Finanzwissenschaft 1918–1933 – Ein Überblick, in: Rieter, Heinz (Hrsg.): Deutsche Finanzwissenschaft zwischen 1918 und 1939 (Studien zur Entwicklung der ökonomischen Theorie 13), Berlin 1994, S. 11–141.

Scheer, Christian: Steuerpolitische Ideale – gestern und morgen, in: Krause-Junk, Gerold (Hrsg.): Steuersysteme der Zukunft, Jahrestagung des Vereins für Socialpolitik, Gesellschaft für Wirtschafts- und Sozialwissenschaften in Kassel vom 25. bis 27. September 1996, Berlin 1998, S. 155–198.

Scheffler, Wolfram: Besteuerung von Unternehmen, Bd. I: Ertrag-, Substanz- und Verkehrsteuern, 13. Aufl., Heidelberg 2016.

Schefold, Bertram: Kaspar Klock. Der Vater der guten Staatsfinanzen, in: Frankfurter Allgemeine Zeitung vom 25.01.2014, S. 1–6; http://www.faz.net/aktuell/wirtschaft/wirtschaftswissen/die-weltverbesserer/kaspar-klock-der-vater-der-guten-staatsfinanzen-12769341.html (letzter Zugriff: 28.02.2017).

Scherf, Wolfgang: Das Ehegattensplitting aus finanzwissenschaftlicher Sicht, in: Steuer und Wirtschaft 77 (2000), S. 269–278.

Schilde, Kurt: Bürokratie des Todes. Lebensgeschichten jüdischer Opfer des NS-Regimes im Spiegel von Finanzamtsakten, Berlin 2002.

Schlosser, Friedrich Christoph: F. C. Schlossers Weltgeschichte für das deutsche Volk, Bd. 16, Frankfurt am Main 1854.

Schlosser, Friedrich Christoph: F. C. Schlossers Weltgeschichte für das deutsche Volk, Bd. 17, Frankfurt am Main 1855.

Schlosser, Friedrich Christoph: F. C. Schlossers Weltgeschichte für das deutsche Volk, Bd. 18, Frankfurt am Main 1856.

Schmalz, Theodor von/Thaer, Albrecht Daniel (Hrsg.): Encyclopädie der Cameralwissenschaften, Königsberg 1819.
Schmid, Peter: Reichssteuern, Reichsfinanzen und Reichsgewalt in der ersten Hälfte des 16. Jahrhunderts, in: Angermeier, Heinz/Seybold, Reinhard (Hrsg.): Säkulare Aspekte der Reformationszeit, München/Wien 1983, S. 153–198.
Schmidt, Dora: Nichtfiskalische Ziele der Besteuerung. Ein Beitrag zur Steuertheorie und Steuerpolitik, Tübingen 1926.
Schmiel, Ute: Werturteilsfreiheit als Postulat für die Betriebswirtschaftliche Steuerlehre?, in: Zeitschrift für betriebswirtschaftliche Forschung 57 (2005), S. 525–545.
Schmölders, Günter: Das Gerechtigkeitspostulat in der Besteuerung, in: Finanzarchiv 23 (1963), S. 53–65.
Schmölders, Günter: Geschichte der Besteuerung, in: Strickroth, Georg u. a. (Hrsg.): Handwörterbuch des Steuerrechts unter Einschluß von betriebswirtschaftlicher Steuerlehre, Finanzrecht, Finanzwissenschaft, Bd. 1, 2. Aufl., München/ Bonn 1981, S. 617–626.
Schmoller, Gustav: Die Epochen der preußischen Finanzpolitik, Separatabdruck aus: Jahrbuch Gesetzgebung, Verwaltung und Volkswirtschaft 1 (1877), S. 3–114.
Schmoller, Gustav: Die Lehre vom Einkommen in ihrem Zusammenhang mit den Grundprincipien der Steuerlehre, in: Zeitschrift für die gesamte Staatswissenschaft 19 (1863), S. 1–86.
Schmoller, Gustav: Skizze einer Finanzgeschichte von Frankreich, Österreich, England und Preußen (1500-1900). Historische Betrachtungen über Staatenbildung und Finanzentwicklung. Sonderabdruck aus: Jahrbuch für Gesetzgebung, Verwaltung und Volkswirtschaft im Deutschen Reich 33 (1909), S. 1–64.
Schneider, Dieter: Steuerbilanzen. Rechnungslegung als Messung steuerlicher Leistungsfähigkeit, Wiesbaden 1978.
Schneider, Dieter: Bezugsgrößen steuerlicher Leistungsfähigkeit und Vermögensbesteuerung, in: Finanzarchiv, N. F. 37 (1979), S. 26–49.
Schneider, Dieter: Geschichte betriebswirtschaftlicher Theorie: allgemeine Betriebswirtschaftslehre für das Hauptstudium, München/Wien 1981.
Schneider, Dieter: Mängel in der ökonomischen Begründung einer Steuerfreiheit für Kapitaleinkünfte, in: Steuer und Wirtschaft 77 (2000), S. 421–424.
Schneider, Dieter/Siegel, Theodor: Existenzminimum und Familienlastenausgleich: Ein Problem der Reform des Einkommensteuerrechts, in: Deutsches Steuerrecht 17 (1994), S. 597–604.
Schoen, Johann: Die Staatswissenschaft, geschichts-philosophisch begründet (1831), 2. Aufl., Breslau 1840.
Schomburg, Walter: Lexikon der deutschen Steuer und Zollgeschichte. Abgaben, Dienste, Gebühren, Steuern und Zölle von den Anfängen bis 1806, München 1992.
Schremmer, Eckart: Steuern und Staatsfinanzen während der Industrialisierung Europas. England, Frankreich, Preußen und das Deutsche Reich 1800 bis 1914, Berlin Heidelberg 1994.
Schremmer, Eckart: Zusammenhänge zwischen Katastersteuersystem, Wirtschaftswachstum und Wirtschaftsstruktur im 19. Jahrhundert. Das Beispiel Württemberg: 1821–1877/1903, in: Bog, Ingomar u. a. (Hrsg.): Wirtschaftliche und soziale Strukturen im saekularen Wandel. Festschrift für Wilhelm Abel zum 70. Geburtstag, Bd. 3, Hannover 1974, S. 679–706.
Schremmer, Eckart: Über „gerechte Steuern". Ein Blick zurück ins 19. Jahrhundert, in: Ders. (Hrsg.): Steuern, Abgaben und Dienste vom Mittelalter bis zur Gegenwart. Referate der

15. Jahrestagung der Gesellschaft für Sozial- und Wirtschaftsgeschichte vom 14. bis 17. April in Bamberg, Stuttgart 1994, S. 9–42.

Schremmer, Eckart: Finanzreform und Staatshaushalt in Preußen nach 1820. Einige Beurteilungen, in: Ullmann, Hans-Peter/Zimmermann, Claus (Hrsg.): Restaurationssystem und Reformpolitik. Süddeutschland und Preußen im Vergleich, München 1996, S. 111–138.

Schulz, Frank: Zur Dogmengeschichte der funktionalen Finanzwirtschaftslehre. Eine literaturgeschichtliche Untersuchung zur Entwicklung der „funktional finance" vom Merkantilismus bis zur „neuen Wirtschaftslehre", Berlin 1987.

Schulz, Hermann: Das System und die Prinzipien der Einkünfte im werdenden Staat der Neuzeit, dargestellt anhand der kameralwissenschaftlichen Literatur (1600–1836), Berlin 1982.

Schulze, Hagen: Die keineswegs Goldenen Zwanziger Jahre in: Schultz, Uwe (Hrsg.): Mit dem Zehnten fing es an. Eine Kulturgeschichte der Steuer, München 1986, S. 209–218.

Schumpeter, Joseph A.: Economic Doctrine and Method. An Historical Sketch, London 1957.

Schwennicke, Andreas: „Ohne Steuer kein Staat". Zur Entwicklung und politischen Funktion des Steuerrechts in den Territorien des Heiligen Römischen Reichs (1500–1800), Frankfurt am Main 1996.

Seckendorff, Veit Ludwig von: Teutscher Fürsten-Staat samt des Seel. Herrn Autoris Zugabe sonderbarer und wichtiger Materialien, Jena 1720.

Seer, Roman: § 1 Steuerrecht als Teil der Rechtsordnung, in: Tipke, Klaus/Lang, Joachim (Hrsg.): Steuerrecht, fortgeführt von Roman Seer u. a., 22. Aufl., Köln 2015, S. 1–33.

Seer, Roman: Personenunternehmerbesteuerung – Zur Willkürlichkeit des Einkunftsarten-Steuerrechts, in: Tipke, Klaus u. a. (Hrsg.): Gestaltung der Steuerrechtsordnung. Festschrift für Joachim Lang zum 70. Geburtstag. Köln 2010, S. 655–681.

Seeger, Friedrich: Versuch über das vorzüglichste Abgaben=System, Heidelberg 1811.

Sensburg, Ernst Philipp Freiherr von: Pragmatische Untersuchung des Ursprungs und der Ausbildung alter Abgaben und Steuern zur Vorbereitung eines gleichheitlichern, und repräsentativen Verfassungen angemessenern Abgaben-Systems, Erlangen 1823.

Siegel, Theodor: Konsum- oder einkommensorientierte Besteuerung? Aspekte quantitativer und qualitativer Argumentation, in: Zeitschrift für betriebswirtschaftliche Forschung 52 (2000), S. 724–741.

Siegel, Thomas: Geschichte der Erbschaftsteuer (Wissenschaftlicher Aufsatz aus dem Jahr 2012 im Fachbereich Jura – Rechtsphilosophie, Rechtssoziologie, Rechtsgeschichte), München 2012.

Simon, Thomas: Merkantilismus und Kameralismus. Zur Tragfähigkeit des Merkantilismusbegriffs und seiner Abgrenzung zum deutschen „Kameralismus" in: Isenmann, Moritz (Hrsg.): Merkantilismus. Wiederaufnahme einer Debatte (Vierteljahresschrift für Sozial- und Wirtschaftsgeschichte, Beiheft 228), Stuttgart 2014, S. 65–82.

Smith, Adam: Der Wohlstand der Nationen. Eine Untersuchung seiner Natur und seiner Ursachen (1776), aus dem Englischen übertragen und mit einer umfassenden Würdigung des Gesamtwerkes hrsg. von Horst Claus Recktenwald, 13. Aufl., München 2013.

Sonnenfels, Joseph von: Grundsätze der Polizey, Handlung und Finanz. Zu dem Leitfaden des politischen Studiums (1771), 5. Aufl., Wien 1787.

Sozialdemokratische Arbeiterpartei: Das Eisenacher Programm der Sozialdemokratischen Arbeiterpartei vom 08.08.1869, in: Treue, Wolfgang (Hrsg.): Deutsche Parteiprogramme seit 1861 Quellensammlung zur Kulturgeschichte 3, 4. Aufl., Zürich/Berlin/Frankfurt am Main, S. 69–71; https://www.marxists.org/deutsch/geschichte/deutsch/spd/1869/eisenach.htm (letzter Zugriff: 28.02.2017).

Sozialdemokratische Partei Deutschlands: Das Erfurter Programm der Sozialdemokratischen Partei Deutschlands vom 21.10.1891, in: Mommsen, Wilhelm (Hrsg.): Deutsches Handbuch der Politik, Bd. 1: Deutsche Parteiprogramme, 2. Aufl., München 1960, S. 349–353; www.marxists.org/deutsch/ geschichte/ deutsch /spd/1891/erfurt.htm. (letzter Zugriff: 28.02.2017).

Sozialdemokratische Partei Deutschlands: Görlitzer Programm der Sozialdemokratischen Partei Deutschlands vom 23. September 1921, in: Anschütz, Gerhard u. a. (Hrsg.): Handbuch der Politik, Bd. 6, 3. Aufl., Berlin 1926, S. 353–357.

Spaeth, Philipp Jacob: Gedanken über das Steuerwesen im Allgemeinen und über Steuer-Rektifikationen insbesondere, Stuttgart 1806.

Sparre, Karl von: Die allgemeine Einkommensteuer als einzige gerechte direkte Abgabe, Gießen 1848.

Spengel, Christoph/Zinn, Benedikt: Konsequenzen und Folgerungen aus den Unternehmenssteuerreformen in Deutschland in den vergangenen 20 Jahren, in: Tipke, Klaus u. a. (Hrsg.): Gestaltung der Steuerrechtsordnung. Festschrift für Joachim Lang zum 70. Geburtstag, Köln 2010, S. 399–422.

Spoerer, Mark: Steuerlast, Steuerinzidenz und Steuerwettbewerb. Verteilungswirkungen der Besteuerung in Preußen und Württemberg (1815–1913), (Jahrbuch für Wirtschaftsgeschichte, Beiheft 6), Berlin 2004.

Spengler, Oswald: Das Verhältnis von Wirtschaft und Steuerpolitik seit 1750. Vortrag gehalten am 19. September 1924 vor dem Verein zur Wahrung der wirtschaftlichen Interessen von Rheinland und Westfalen in Düsseldorf, in: Ders.: Politische Schriften, München 1933, S. 296–310.

Statistisches Reichsamt: Die deutsche Einkommensbesteuerung vor und nach dem Kriege (Statistik des Deutschen Reiches, N. F. 312), Berlin 1925, ND Osnabrück 1978.

Stein, Lorenz von: Lehrbuch der Finanzwissenschaft, Erster Theil: Die Finanzverfassung Europas. Mit specieller Vergleichung Englands, Frankreichs, Deutschlands, Oesterreichs, Italiens, Rußlands und anderer Länder, 5. Aufl., Leipzig 1885, ND Hildesheim/New York 1975.

Stein, Lorenz von: Lehrbuch der Finanzwissenschaft, Zweiter Theil: Die Finanzverwaltung Europas. Mit specieller Vergleichung Englands, Frankreichs, Deutschlands, Oesterreichs, Italien, Rußlands und anderer Länder. Erste Abteilung, Der Staatshaushalt, die Staatsausgaben, die wirtschaftlichen Staatseinnahmen und der allgemeine Theil der Steuerlehre, 5. Aufl., Leipzig 1885, ND Hildesheim/New York 1975.

Stollberg-Rilinger, Barbara: Handelsgeist und Adelsethos. Zur Diskussion um das Handelsverbot für den deutschen Adel vom 16. bis zum 18. Jahrhundert, in: Zeitschrift für historische Forschung 15, 1988, S. 273–309.

Stolleis, Michael: Pecunia nervus rerum. Zur Staatsfinanzierung in der frühen Neuzeit, Frankfurt am Main 1983.

Stolleis, Michael: Das verbindende Band, in: Rotary Magazin für Deutschland und Österreich, Juni 2017, S. 40–41.

Strutz, Georg: Das neue Einkommensteuergesetz, in: Steuer und Wirtschaft 4 (1925), S. 1753–1755.

Strutz, Georg: Die Vermögensteuer, in: Ders. (Hrsg.): Handbuch des Reichssteuerrechts. Systematische Darstellung der Steuergesetze (einschließlich Zollrecht) des Deutschen Reiches, 3. Aufl., Berlin/Wien 1927, S. 619–673.

Stücken, Rudolf: Deutsche Geld- und Kreditpolitik 1914 bis 1963, 3. Aufl., Tübingen 1964.

Sturm, Karl Christian Gottlob: Grundlinien einer Encyklopaedie der Kameralwissenschaften, Jena 1807.
Tammelo, Ilmar: Theorie der Gerechtigkeit (Kolleg Rechtstheorie 1), Freiburg/ München 1977.
Terhalle, Fritz: Geschichte der deutschen öffentlichen Finanzwirtschaft vom Beginn des 19. Jahrhunderts bis zum Schlusse des Zweiten Weltkriegs, in: Gerloff, Wilhelm/Neumark, Fritz (Hrsg.): Handbuch der Finanzwissenschaft, Bd. 1, 2. Aufl., Tübingen 1951, S. 273–326.
Thier, Andreas: Steuergesetzgebung und Verfassung in der konstitutionellen Monarchie. Staatsteuerreformen in Preußen 1871–1893 (Studien zur Europäischen Rechtsgeschichte 119), Frankfurt am Main 1999.
Thier, Andreas: Steuergesetzgebung und Staatsfinanzen in Preußen 1871–1891, in: Lingelbach, Gerhard (Hrsg.): Staatsfinanzen – Staatsverschuldung – Staatsbankrotte in der europäischen Staaten- und Rechtsgeschichte, Köln/Weimar/Wien 2000, S. 311–333.
Thier, Andreas: Die Gesetzgebungsverfassung der deutschen konstitutionellen Monarchie als bewegliches System: Preußische Steuergesetzgebung 1879–1893, in: Holtz, Bärbel/Spenkuch, Hartwin (Hrsg.): Preußens Weg in die politische Moderne. Verfassung – Verwaltung – politische Kultur zwischen Reform und Reformblockade (Berlin-Brandenburgische Akademie der Wissenschaften, Berichte und Abhandlungen 7), Berlin 2001, S. 285–320.
Thünen, Johann Heinrich von: Der isolierte Staat in Beziehung auf Landwirtschaft und Nationalökonomie (1842), ND Jena 1910.
Tipke, Klaus: Die Steuerrechtsordnung, Bd. 1: Wissenschaftsorganisatorische, systematische und grundrechtlich-rechtsstaatliche Grundlagen, 2., völlig überarbeitete Aufl., Köln 2000.
Tipke, Klaus: Steuergerechtigkeit in Theorie und Praxis. Vom politischen Schlagwort zum Rechtsbegriff und zur praktischen Anwendung, Köln 1981.
Tipke, Klaus: Steuerrecht als Wissenschaft, in: Tipke, Klaus u. a. (Hrsg.): Gestaltung der Steuerrechtsordnung. Festschrift für Joachim Lang zum 70. Geburtstag, Köln 2011, S. 21–56.
Treisch, Corinna: Existenzminimum und Einkommensbesteuerung. Dogmengeschichte, Analyse der Besteuerungsprinzipien und Regelungsvorschlag, Aachen 1999.
Uken, Marlies: Steueroasen unterlaufen Transparenzversprechen, auf: ZEIT ONLINE vom 04.04.2013, http://www.zeit.de/wirtschaft/2013-04/steueroase-oecd-praxis-liste (letzter Zugriff: 15.02.2017).
Ullmann, Hans-Peter: Der deutsche Steuerstaat. Geschichte der öffentlichen Finanzen vom 18. Jahrhundert bis heute, München 2005.
Valta, Matthias: Das Internationale Steuerrecht zwischen Effizienz, Gerechtigkeit und Entwicklungshilfe, Tübingen 2014.
Vesper, Dieter: Finanzpolitische Entwicklungstendenzen und Perspektiven des Öffentlichen Dienstes in Deutschland, Gutachten im Auftrag des Instituts für Makroökonomie und Konjunkturforschung in der Hans-Böckler-Stiftung, Berlin 2012.
Vocke, Wilhelm: Die Abgaben, Auflagen und die Steuer vom Standpunkte der Geschichte und der Sittlichkeit, Stuttgart 1887, ND Frankfurt am Main 1970.
Vocke, Wilhelm: Ueber Kapitalrentenbesteuerung mit besonderer Rücksicht auf Bayern. Artikel. Ueber Kapitalrentenbesteuerung im Allgemeinen, in: Zeitschrift für die gesamte Staatswissenschaft 24, 1 (1868), S. 47–79.
Vogel, Klaus: Die Besonderheit des Steuerrechts, in: Deutsche Steuer-Zeitung/A 1977, S. 5–12.
Vogel, Klaus: Der Verlust des Rechtsgedankens im Steuerrecht als Herausforderung an das Verfassungsrecht, in: Deutsche Steuerjuristische Gesellschaft e. V. 12 (1989), S. 123–144.
Vogel, Klaus: Steuerrechtswissenschaft als Steuergerechtigkeitswissenschaft, in: Juristen-Zeitung 48 (1993), S. 1123.

Vogel, Klaus: Besteuerung von Eheleuten und Verfassungsrecht, in: Steuer und Wirtschaft 76 (1999), S. 201–226.
Vogel, Klaus: Verfassungsrechtsprechung zum Steuerrecht. Vortrag gehalten vor der Juristischen Gesellschaft zu Berlin am 16. September 1998, Berlin/New York 1999, S. 1–23.
Vollmer, Franziska: Zur Verfassungsmäßigkeit des Ehegattensplittings, in: Sell, Barbara (Hrsg.): Ehegattensplitting und Familienpolitik, Wiesbaden 2007, S. 37–53.
Voß, Reimer: Steuern im Dritten Reich. Vom Recht zum Unrecht unter der Herrschaft des Nationalsozialismus, München 1995.
Waas, Adolf: Der Bauernkrieg. Die Bauern im Kampf um Gerechtigkeit 1300 bis 1525, München o. J.
Wachenhausen, Manfred: Staatsausgabe und Öffentliches Interesse in den Steuerrechtfertigungslehren des naturrechtlichen Rationalismus. Ein dogmengeschichtlicher Beitrag zur Rationalität des Modernen Staates in seinem Verhältnis zum Individuum (Schriften zur Verfassungsgeschichte 16), Berlin 1972.
Wagner, Adolph: Finanzwissenschaft 2. Teil: Theorie der Besteuerung, Gebührenlehre und allgemeine Steuerlehre (Lehr- und Handbuch der politischen Oekonomie. 4. Hauptabteilung), 2. Aufl., Leipzig 1890.
Wagner, Adolph: Das soziale und ethische Moment in Finanzen und Steuern, in: Die Verhandlungen des vierzehnten Evangelisch-sozialen Kongresses, abgehalten in Darmstadt am 3. und 4. Juni 1903, Göttingen 1903, S. 46–79.
Wagner, Adolph: Finanzwissenschaft 3. Teil, Bd. 1: Steuergeschichte vom Altertum bis zur Gegenwart, Leipzig 1910, überarbeitet und erweitert in Gemeinschaft mit Hermann Deite, ND Glashütten im Taunus 1973.
Wagner, Franz W.: Neutralität und Gleichmäßigkeit als ökonomische und rechtliche Kriterien steuerlicher Normkritik, in: Steuer und Wirtschaft 69 (1992), S. 2–13.
Walcker, Carl: Die Selbstverwaltung des Steuerwesens im Allgemeinen und die russische Steuerreform. Mit besonderer Berücksichtigung der Projecte der allerhöchst verordneten russischen Steuerreform-Commission. Zugleich ein Beitrag zur Kenntnis innerrussischer und baltischer Zustände und Parteien, Berlin 1869.
Wallmann, Ferdinand: Die Finanzpolitik des deutschen Reiches nach dem Kriege bis zur Währungsstabilisierung, Köln 1931.
Walz, Wolfgang Rainer: Steuergerechtigkeit und Rechtsanwendung. Grundlinien einer relativ autonomen Steuerrechtsdogmatik (R. v. Decker's rechts- und sozialwissenschaftlichen Abhandlungen 8), Heidelberg/Hamburg 1980.
Washington, George, Abschiedsrede am 17.09.1796, in: Senatsdokument Nr. 3, 102. Kongress, 1. Sitzung, Washington D. C. 1991, S. 24.
Weber-Grellet, Heinrich: Steuern im modernen Verfassungsstaat. Funktionen, Prinzipien und Strukturen des Steuerstaats und des Steuerrechts, Köln 2001.
Wilke, Gustav: Die Entwicklung der Theorie des staatlichen Steuersystems in der deutschen Finanzwissenschaft des 19. Jahrhunderts, in: Finanz-Archiv 38 (1921), S. 1–108.
Wirth, Max: Grundzüge der Nationalökonomie, 2. Aufl., Bd. 2, Köln 1861.
Wolf, Jürgen Rainer: „… zu Einführung einer Gott wohlgefälligen Gleichheit auf ewig …“. Steuerreformen im Zeitalter des Absolutismus und der Aufklärung, in: Schultz, Uwe (Hrsg.): Mit dem Zehnten fing es an. Eine Kulturgeschichte der Steuer, München 1986, S. 162–173.

Ziegler, Dieter: Das Zeitalter der Industrialisierung (1815–1914), in: North, Michael (Hrsg.): Deutsche Wirtschaftsgeschichte. Ein Jahrtausend im Überblick, 2. Aufl., München 2005, S. 197–286.

Zucman, Gabriel: Steueroasen. Wo der Wohlstand der Nationen versteckt wird, Berlin 2014.

The manufacturer's authorised representative in the EU is Springer Nature Customer Service Centre GmbH, Europaplatz 3, 69115 Heidelberg, Germany. If you have any concerns regarding our products, please contact ProductSafety@springernature.com

Printed and bound by CPI Group (UK) Ltd, Croydon, CR0 4YY
21/10/2026
02237170-0003